Vorwort

Als wir im Herbst 1994 die „Chronik der Wende" vorlegten, war durchaus ungewiß, wie die Reaktionen ausfallen würden. Fünf Jahre sind gewöhnlich ein zu kurzer Abstand für derartige historische Dokumentationen, denn einerseits sind die Erinnerungen noch wach, andererseits fehlt die Distanz für Reflexionen und Analysen.

Diesen Bedenken zum Trotz entwickelte sich die Chronik zu einem riesigen Erfolg. Binnen drei Monaten erschienen sechs Auflagen, konnten rund 50 000 Exemplare verkauft werden. Uns erreichten Berge von Post, immer wieder wurden wir zu Lesungen und Diskussionsabenden eingeladen.

Entscheidenden Anteil daran hatte die gelungene Verfilmung durch den Ostdeutschen Rundfunk Brandenburg. Die 73teilige ARD-Fernsehserie, deren Videozusammenschnitt überraschenden Absatz fand, erhielt wenig später den begehrten Adolf-Grimme-Preis in Gold, Deutschlands angesehenste Fernsehauszeichnung. Offensichtlich war es Buch wie Film gelungen, ein authentisches Bild der damaligen Vorgänge zu liefern – ohne nachträgliche Wertungen oder gar politische Uminterpretationen. Die innere Dynamik der Abläufe war das entscheidende Gestaltungsprinzip, die Dramatik wurde aus den Ereignissen selbst gewonnen. Besonderer Wert wurde auf den „Blick von unten" gelegt, auf die Einbeziehung der Akteure, auf die Frage, was die jeweiligen politischen Entscheidungen für die davon Betroffenen brachten.

Diesem Prinzip fühlt sich auch der zweite Teil verpflichtet, der auf Anregung vieler Leser und Zuschauer entstanden ist. Mit dem Ende der ersten Welle der Montagsdemonstrationen am 18. Dezember 1989 endete ja keineswegs der begonnene Umgestaltungsprozeß, und vor allem war noch nicht entschieden, auf welche Weise und wie schnell es zur deutschen Einheit kommen würde. Zwar waren die alte SED-Führung abgelöst und die Mauer geöffnet worden, doch die eigentliche Machtfrage war noch weitgehend ungeklärt. Die Bürgerbewegung befand sich in der

Defensive, der Runde Tisch operierte in einem politischen Vakuum. Neue Gegensätze brachen auf, unterschiedliche Alternativen zeichneten sich ab.

Wie es dann zu dieser Form von Einheit in diesem Tempo gekommen ist – mit all den bekannten Folgen –, ist Gegenstand des vorliegenden zweiten Teils. Er folgt bis zur entscheidenden Volkskammerwahl am 18. März 1990 dem Ansatz des ersten Teils, die Ereignisse des jeweiligen Tages möglichst umfassend in ihrer inneren Widersprüchlichkeit darzustellen. In den Monaten danach werden dann vor allem die Eckpunkte der Einheit nachgezeichnet. Die Auseinandersetzungen um die beiden Staatsverträge mit den strittigen Fragen des Geldumtausches, der Rückübertragung von Eigentum, der Anpassung des Strafrechts (§ 218 u.a.) und des Umganges mit den Stasi-Akten sowie die internationalen Kontroversen um die zukünftige Bündniszugehörigkeit des vereinten Deutschland sind so vielfältig, daß eine Berücksichtigung aller innenpolitischen Vorgänge den Umfang eines solchen Buches gesprengt hätte. Um das ohnehin schon reichhaltige Faktenmaterial für den Leser noch besser nutzbar zu machen, sind drei Register erarbeitet worden, die ein schnelles Auffinden gesuchter Politiker, Parteien und Orte in beiden Bänden ermöglichen sollen. (Der Dank der Autoren gilt hierfür Anke Pätsch und Georg Bach.)

Parallel zum Manuskript ist gemeinsam mit dem ORB eine weitere Fernsehdokumentation in neun Teilen entstanden. Den drei Wende-Monaten des Herbstes 1989 folgen nun die „Stationen der Einheit" in den letzten Monaten der DDR, die den Zeitraum bis zum 3. Oktober 1990 umfassen. Behandelt werden dabei nicht nur die vielfältigen Freudenbekundungen, sondern auch jene Probleme, die uns seit der schnellen Vereinigung beschäftigen und wohl auch noch ein Stück begleiten werden.

Hannes Bahrmann / Christoph Links

Berlin, im August 1995

Dezember 1989

Dienstag, 19. Dezember

Während sich noch kurz zuvor nahezu drei Viertel der befragten DDR-Bürger gegen eine baldige Vereinigung mit der Bundesrepublik ausgesprochen hatten, schlägt Bundeskanzler Helmut Kohl bei seinem Besuch in Dresden eine Welle der Begeisterung entgegen. Vor seinem Hotel wird er mit Rufen wie „Helmut, Helmut" und „Deutschland, einig Vaterland" empfangen. Nach seinen Gesprächen mit DDR-Premier Hans Modrow äußert sich Helmut Kohl „sehr zufrieden". Gleichsam mit verteilten Rollen geben beide Politiker auf einer Pressekonferenz die Ergebnisse ihrer Gespräche bekannt. Danach soll das Brandenburger Tor noch vor Weihnachten geöffnet werden und die Reisen in die DDR für Bundesbürger ab Heiligabend visafrei sein. Alle politischen Gefangenen sollen bis Weihnachten entlassen werden. Bundesbürger können ihr Geld ab 1. Januar 1990 in der DDR zum Kurs 1:3 umtauschen. Hans Modrow verweist darauf, daß ein „Vertrag über Zusammenarbeit und gute Nachbarschaft" erarbeitet werden soll, um so schrittweise eine Vertragsgemeinschaft mit der Bundesrepublik aufzubauen.

In einer an diesem Tag veröffentlichten „Berliner Erklärung" spricht sich die SPD dafür aus, „Reformen und Reformer in der DDR zu unterstützen und die werdende Demokratie wirtschaftlich abzusichern. Das soll den Menschen begründete Zuversicht geben, daß es für sie und ihre Kinder sinnvoll ist, in der DDR zu bleiben oder dorthin zurückzukehren." Die SPD distanziert sich von der SED-PDS und sagt ihre volle Unterstützung der SDP zu. Im Gegensatz zu Oskar Lafontaine begrüßt Willy Brandt ausdrücklich die wachsende „Einheit von unten".

Für die Einordnung der deutsch-deutschen Zusammenarbeit in den gesamteuropäischen Kooperationsprozeß setzt sich der ehemalige Grünen-Bundestagsabgeordnete Otto Schily ein, der zur SPD übergetreten ist: „Die Deutschen können um so deutscher sein, je europäischer sie werden." Schily lehnt den Begriff Wiedervereinigung ab. „Wir können nicht in die Vergangenheit zurück, und wir wollen auch nicht dorthin zurück."

Die Liberal-Demokratische Partei Deutschlands (LDPD) bekennt sich zu einer deutschen Einheit, die die bestehenden Grenzen zu Polen und anderen Nachbarn nicht verletzen darf. Wie aus einem Papier des Zentralvorstandes der Partei hervorgeht, wird eine „neue staatliche Einheit Deutschlands in den Grenzen von 1989" angestrebt. Das Grundsatzpapier distanziert sich – wie es zuvor schon CDU und Demokratischer Aufbruch öffentlich bekundet hatten – vom Sozialismus.

Gegen den ehemaligen ZK-Sekretär für Wirtschaft, Günter Mittag, ermittelt die Generalstaatsanwaltschaft wegen Machtmißbrauchs. Der Vorsitzende des parlamentarischen Untersuchungsausschusses der Volkskammer, Heinrich Toeplitz (CDU), schließt nicht aus, daß es „in Richtung Hochverrat" gehe. Er teilt außerdem mit, daß die frühere Bildungsministerin Margot Honecker sich bislang erfolgreich einer Ausschußvorladung entzogen hat. Sie begründe dies mit der Pflege ihres Mannes. Zur Zeit befänden sich sechs ehemalige Politbüromitglieder und zwei frühere Staatssekretäre in Haft. Der ehemalige Devisenbeschaffer Alexander Schalck-Golodkowski sitzt in einer West-Berliner Untersuchungshaftanstalt.

Durch die Übersiedlung zahlreicher Ärzte in den Westen wird die Sicherung der medizinischen Versorgung prekär. Der Magistrat von Ost-Berlin bietet deshalb jungen West-Berliner Ärzten ohne Beschäftigung eine Anstellung und Facharztausbildung an. Umgekehrt kündigt der Senat von West-Berlin die Lieferung der ersten 30 Tonnen medizinischer Hilfsgüter an, die im Rahmen einer Soforthilfe für das Ost-Berliner Gesundheitswesen bereitgestellt wird. Hierbei handelt es sich insbesondere um Einwegspritzen und -kanülen, die den Jahresbedarf mehrerer großer Krankenhäuser decken sollen.

Nach den Berichten über die blutige Zerschlagung von Demonstrationen in Rumänien halten 30 Mitglieder der DDR-Oppositionsgruppe Neues Forum vor der rumänischen Botschaft in

Ost-Berlin eine Mahnwache für die Opfer ab. Der organisierte Tourismus für DDR-Bürger nach Rumänien wird nach offiziellen Angaben „vorläufig eingestellt".

Als erstes Bundesland lockert Schleswig-Holstein mit sofortiger Wirkung die Richtlinien für Reisen von Angehörigen des öffentlichen Dienstes in die DDR. Wie Innenminister Hans-Peter Bull mitteilt, brauchen Personen, die zum Umgang mit Verschlußsachen ermächtigt sind, ihrer Behörde derartige Fahrten nur noch rechtzeitig anzuzeigen. Demnach können auch Landesbedienstete, die die Geheimhaltungsstufen „Geheim" und „Streng geheim" führen, in die DDR reisen. Für alle nicht zum Umgang mit Verschlußsachen ermächtigten Angehörigen des öffentlichen Dienstes entfällt sogar die Anzeigepflicht. Für Mitarbeiter des Verfassungsschutzes und vergleichbare Angehörige der Kriminalpolizei bleiben DDR-Reisen jedoch weiterhin untersagt. Eine Regelung wie in Schleswig-Holstein bereitet der Bund zum 1. Januar 1990 für alle seine Bediensteten vor.

Rund 50 000 Ost-Berliner demonstrieren am Abend „Für eine souveräne DDR, gegen Wiedervereinigung und einen Ausverkauf des Landes". Wiedervereinigung ist an diesem Abend ein Reizwort. Dem Redner der Bewegung Demokratie Jetzt schlägt ein gellendes Pfeifkonzert entgegen. Er hatte versucht, in einem Drei-Stufen-Plan Schritte in Richtung einer Wiedervereinigung vorzustellen. Für die Sprecherin des Neuen Forum Berlin, Ingrid Köppe, lautet die prägnante Formel: „Erst erwachsen werden und dann vielleicht ans Heiraten denken".

In Rostock versammeln sich 30 000 Menschen unter dem Motto: „Dieses Land gehört uns – Wir müssen seine Zukunft in die eigenen Hände nehmen!"

Mittwoch, 20. Dezember

Am Rande der Gespräche von Bundeskanzler Kohl und der ihn begleitenden Minister wird in Dresden das erste deutsch-deutsche Joint-venture zwischen dem Kombinat Robotron und der Firma Pilz aus Kranzberg bei München vereinbart. Das Projekt sieht die

Errichtung eines Werkes zur Herstellung von Compact Discs (CDs) vor.

Die DDR rechnet damit, daß es infolge der Sanierung von Betrieben zu Arbeitslosigkeit kommen kann. Die stellvertretende Vorsitzende des Ministerrats Christa Luft (SED-PDS), zuständig für das Wirtschaftsressort, betont vor der West-Berliner Industrie- und Handelskammer jedoch zugleich, daß die Vollbeschäftigung als Prinzip beibehalten werden solle – „bei Sicherung des sozialen Existenzminimums im Falle zeitweiliger Nichtbeschäftigung aufgrund von Strukturwandel".

Mit einem neuen Informationspaket will die nordrhein-westfälische Verbraucherberatung verhindern, daß immer mehr Aus- und Übersiedler bereits in den Aufnahmestellen und Wohnheimen Opfer von betrügerischen Versicherungsvertretern und „Kredithaien" werden. Nur durch ausreichende Information sei zu verhindern, daß die Aus- und Übersiedler in dem ihnen fremden Wirtschaftssystem in finanzielle Schwierigkeiten gerieten, heißt es im Wirtschaftsministerium in Düsseldorf.

Das Präsidium der Volkskammer faßt den Beschluß, dem Runden Tisch anzubieten, in die Arbeit der parlamantarischen Ausschüsse jeweils einen Vertreter der neuen Parteien und Bürgerbewegungen einzubeziehen.

Ungeachtet aller Proteste der Opposition will die Regierung die neuen Geheimdienste „zu einem baldmöglichen Zeitpunkt arbeitsfähig" machen. Über die Modalitäten verständigen sich Rechts- und Geheimdienstexperten bei einem Treffen in Ost-Berlin. Die Regierung hatte kürzlich die Bildung eines Nachrichtendienstes und eines Verfassungsschutzes anstelle des Amtes für Nationale Sicherheit – der Stasi-Nachfolgeorganisation – beschlossen. Nachrichtendienst und Verfassungsschutz sollen eng mit den entsprechenden Organen der Sowjetunion und anderer sozialistischer Staaten zusammenarbeiten.

Der ehemalige DDR-Staatssekretär Alexander Schalck-Golodkowski soll dem schwedischen Rüstungskonzern Nobel Kemi bei der illegalen Ausfuhr von Waffen in den Iran geholfen haben. Nach Angaben der Zeitung „Dagens Nyheter" (Stockholm) haben die Zollbehörden Schwedens wegen dieses Verdachts formell bei den zuständigen Stellen in Bonn die Genehmigung zu einem Verhör des in West-Berlin in Untersuchungshaft sitzenden DDR-Politikers erbeten. Er war als Staatssekretär im DDR-Außenhandelsministerium auch für Waffengeschäfte zuständig gewesen. Die schwedischen Zollfahnder erhoffen sich dabei genauen Aufschluß über die illegale Ausfuhr von 600 Tonnen Sprengstoff und anderer Kriegsausrüstung durch das zum Bofors-Konzern gehörende Unternehmen Nobel Kemi zwischen 1981 und 1985 von Schweden in den Iran.

Zwei Amerikaner im Alter von 28 und 43 Jahren sowie ein in Berlin lebender 21jähriger Mann brechen in der Nacht mehrere Brocken aus der Mauer in Steinstücken am Rande Berlins. Fünf Platten haben sie bereits auf einen angemieteten Lkw geladen, als sie von einer Polizeistreife ertappt werden. Hämmer, Meißel und Brechstangen werden sichergestellt. DDR-Grenzer hatten das „Abbruchunternehmen" beobachtet und Strafantrag gestellt. Auf westlicher Seite rücken sowohl die Funkstreife als auch Kriminalpolizei und britische Militärpolizei an.

Die Nationale Volksarmee will die bislang übliche Anrede „Genosse" im Zuge der Militärreform abschaffen. Wie der NVA-Hauptinspekteur und Vorsitzende der Kommission Militärreform, Generalleutnant Hans Süß, der in Frankfurt/Oder erscheinenden SED-PDS-Zeitung „Neuer Tag" sagt, spreche nichts dagegen, Soldaten und Offiziere künftig mit „Herr" anzureden: „Wir müssen uns nur daran gewöhnen."

Zu einem ersten Treffen kommen fünf führende Polizeibeamte aus West-Berlin mit hochrangigen Vertretern der Volkspolizei im Ostteil der Stadt zusammen. Ein zentrales Thema dieses Meinungsaustausches „nach 41 Jahren Sprachlosigkeit" ist die bevorstehende Öffnung des Brandenburger Tores. Seit dem Fall der Mauer werden Sicherheitsbelange vor allem telefonisch geklärt. 158 Telefonate wurden nach Ost-Berlin geführt, 127 nach West-Berlin. Verkehrsfragen, Vermißtennachforschungen und Todesfälle standen dabei im Mittelpunkt.

Kooperation von Polizei und Justiz soll es künftig auch in Fäl-

11

len sogenannter „Bagatellkriminalität" durch DDR-Bürger geben, zum Beispiel bei Eigentumsdelikten bis 100 D-Mark, die an die jeweiligen Heimatbehörden übergeben werden sollen. Alle straffällig Gewordenen werden zugleich im Informationssystem zur Verbrechensbekämpfung (ISVB) erfaßt, um Wiederholungstäter künftig zu erkennen.

Eine 27jährige Ost-Berlinerin wird in West-Berlin unter dem Vorwurf festgenommen, ihre drei kleinen Kinder unversorgt zurückgelassen zu haben. Die Kinder im Alter von zwei, vier und acht Jahren sollen drei Tage allein in einer verschlossenen Wohnung zugebracht haben, was die Beschuldigte jedoch bestreitet.

Das Zweite Deutsche Fernsehen (ZDF) und das DDR-Fernsehen wollen enger zusammenarbeiten. ZDF-Intendant Dieter Stolte vereinbart nach einem ersten Arbeitsgespräch in Ost-Berlin mit Generalintendant Hans Bentzien einen „zügigen Ausbau der bilateralen Zusammenarbeit".

Ein Joint-venture ganz besonderer Art planen die Schamoni Medien GmbH (West-Berlin) und der Ost-Berliner Verlag „Der Morgen". Anläßlich der Öffnung des Brandenburger Tores wollen beide eine Extraausgabe des „Morgen" produzieren und in einer Auflage von 300 000 Stück kostenlos an den Grenzübergängen und im Ostteil der Stadt verteilen. Die Redaktion soll von Mitarbeitern der Ost-Berliner Zeitung übernommen werden. Schamoni, der in West-Berlin mit seinem Privatsender „Hundert,6" erfolgreich ist, zeichnet für Produktion und Druck verantwortlich.

Die zweifache Eiskunstlauf-Olympiasiegerin Katarina Witt aus Karl-Marx-Stadt gibt nach Angaben der Zeitung „Junge Welt" den ihr 1988 verliehenen „Bambi"-Preis des Burda-Verlages zurück. Ein möglicher Hintergrund sei offenbar die veränderte Darstellung über die DDR-Sportlerin. „Viele, die heute in Ost und West gehässige Bemerkungen (wegen ihrer Systemnähe) formulieren, übten sich noch vor Monaten in Euphorie. Vergessen?" schreibt das Blatt.

Donnerstag, 21. Dezember

Nach seinem zweitägigen Dresdener Arbeitstreffen mit dem DDR-Ministerpräsidenten Hans Modrow setzt sich Bundeskanzler Helmut Kohl vor dem Bundesrat für eine Vereinigung ein, betont aber zugleich: „Wir alle wissen, daß wir erst am Anfang eines langen und schwierigen Weges stehen. Wir wissen, daß wir mit Behutsamkeit, Geduld und Augenmaß die vor uns liegenden Aufgaben anpacken müssen. Wir wissen, daß Lösungen immer mit Rücksicht auf unsere Nachbarn in Europa und im wechselseitigen Vertrauen gesucht und gefunden werden müssen."

Der französische Präsident François Mitterrand trifft im Ost-Berliner Palasthotel mit DDR-Ministerpräsident Hans Modrow zu einem Arbeitsfrühstück zusammen. Der Gast war am Vortag zu einem dreitägigen Aufenthalt in der DDR eingetroffen. Es ist der erste Besuch eines Staatsoberhauptes der Westmächte. In seiner Begleitung befinden sich prominente Wirtschaftsvertreter. Sie hoffen auf Joint-ventures in den Bereichen Luftfahrt, Schienenverkehr, Telekommunikation und Nahrungsmittel. Hier soll Terrain gewonnen werden, das an Westdeutschland verloren wurde.

Die Bayerische Hypotheken- und Wechselbank AG (Hypo-Bank) beantragt beim Ministerium für Außenwirtschaft der DDR die Eröffnung von drei Büros – in Ost-Berlin, Leipzig und Dresden. Die Büros sollen in Bankfilialen umgewandelt werden, sobald hierfür die Voraussetzungen geschaffen sind.

Die Gründung einer Fortschrittlichen Volkspartei (FVP) wird bekanntgegeben. Ihr Hauptziel ist ein Wahlbündnis aller Kräfte in der DDR, die einen erneuten sozialistischen Versuch ablehnen. Die FVP tritt außerdem für eine Vereinigung der beiden deutschen Staaten sowie für die Einführung der Marktwirtschaft ein, heißt es in den Gründungsthesen, die die im Bezirk Potsdam erscheinende Zeitung „Märkische Volksstimme" abdruckt.

Kauf und Verkauf von Grundstücken in der DDR stehen nach wie vor unter staatlicher Kontrolle. Die derzeitige Rechtslage schließt einen spekulativen Grundstückserwerb durch Ausländer aus. Darauf verweist die „Berliner Zeitung" in einem Beitrag mit dem Titel „Die Westmakler sitzen schon in den Startlöchern". Das geltende Gesetz verbiete zum Beispiel den Kauf zu spekulativen Zwecken. Der Einsatz von sogenannten „Strohmännern" würde wenig helfen, da einmal erteilte Genehmigungen widerrufen werden können. Für „Westgrundstücke", die zwischen 1953 und dem 31. Juli 1989 von ihren Eigentümern verlassen wurden, haben die staatlichen Treuhänder oder Verwalter zumeist Nutzungsverträge mit DDR-Bürgern abgeschlossen, die weiter ihre Gültigkeit hätten. Lediglich Bürger, die nach dem Juli 1989 die DDR verlassen hätten, müßten sich selbst um ihre Vermögenswerte kümmern.

Die Schwarzarbeit von DDR-Bürgern im Westen wollen der Regierende Bürgermeister von West-Berlin, Walter Momper, und Ost-Berlins Oberbürgermeister Erhard Krack gemeinsam bekämpfen. Das kündigten beide Politiker in einem Gespräch des Nachrichtenmagazins „Spiegel" an. Momper betont, es liege nicht im West-Berliner Interesse, „daß bei uns die ohnehin rare Arbeit weggenommen wird und auf der anderen Seite dann der DDR auch noch die Arbeitskraft fehlt".

Was bisher verpönt war, soll in der DDR schon 1990 eingeführt werden: Fernsehwerbung. Dies kündigt der neue Generalintendant des DDR-Fernsehens, Hans Bentzien, auf einer gemeinsamen Pressekonferenz mit WDR-Intendant Friedrich Nowottny in Köln an. Geworben werden soll hauptsächlich für westliche Produkte, damit „Valutamittel" eingefahren werden können. Diese Mittel sollen dazu beitragen, westliche Fernsehproduktionen anzukaufen und Auslandsreisen von DDR-Kamerateams zu finanzieren. Eine westliche Firma soll sich um das Werbegeschäft kümmern.

Mit „Vorschlägen für einen erneuerten Schriftstellerverband" gehen Ost-Berliner Autoren an die Öffentlichkeit. In einem Neun-Punkte-Programm fordern 60 der rund 500 Mitglieder des Bezirksverbands Ost-Berlin, der Verband solle künftig „unabhängig und allein vom mehrheitlichen Willen seiner Mitglieder getragen sein". Zum außerordentliche Kongreß, der für Anfang März vorgesehen ist, sollten alle ehemaligen Mitglieder, „die die DDR aus kulturpolitischen Gründen verlassen haben oder verlassen muß-

14

ten", eingeladen werden, um auch die Verbandsgeschichte kritisch aufzuarbeiten. Der Präsident des DDR-Schriftstellerverbandes, Hermann Kant, erklärt seinen Rücktritt.

Souvenirjäger haben neue Objekte entdeckt: die Hoheitszeichen der DDR, die an den schwarz-rot-gold gestrichenen Grenzsäulen angebracht sind. Gleich 50 dieser Embleme wurden nach Angaben der Bayerischen Grenzpolizei allein an einem Grenzabschnitt abmontiert. Das Bayerische Innenministerium verweist darauf, daß es sich bei dem Diebstahl der Embleme nicht nur um Straftaten, sondern aus der Sicht der DDR auch um Verletzungen ihres Hoheitsgebietes handle, die in der Regel zu offiziellen Protesten führen. Da bundesdeutsche Firmen originalgetreue Nachbildungen anböten, sollten Souvenirjäger die DDR-Embleme legal erwerben, empfiehlt das Ministerium.

Am Abend finden in Erfurt und Gera Schweigemärsche „Zum Gedenken an die Opfer des Stalinismus" statt, an denen sich Tausende Menschen beteiligen.

Freitag, 22. Dezember

Das Brandenburger Tor wird unter großer internationaler Medienaufmerksamkeit in strömendem Regen wieder geöffnet. Der Durchbruch der Mauer zu beiden Seiten des Tores für zwei Fußgängerübergänge beendet nach 28 Jahren symbolisch die Teilung Berlins. Bundeskanzler Kohl und Ministerpräsident Modrow würdigen mit kurzen Ansprachen den historischen Moment, den rund 100 000 Menschen auf beiden Seiten des Tores mit brausendem Jubel begleiten. Der sowjetische Botschafter Wjatscheslaw Kotschemassow ist ostentativ nicht erschienen. Modrow sagt in seiner Ansprache, die Mauer sei seinerzeit gebaut worden, um den Bestand der DDR zu sichern und den Frieden zu bewahren. Sie habe den Menschen nützen sollen und ihnen doch sehr weh getan.

In einem Interview mit der Zeitung „Junge Welt" äußert er am gleichen Tag seinen Unmut über „einige lautstarke Begleitumstände" beim Kohl-Besuch in Dresden. Auf die Frage nach einer möglichen Währungsreform in der DDR antwortet er mit einem eindeutigen „Nein".

Um weitere Spekulationen und den von den Bürgern befürchteten Ausverkauf der DDR zu verhindern, plant die Regierung zusätzliche Maßnahmen. Als Beispiele nennt Wirtschaftsministerin Christa Luft Ausweiskontrollen beim Friseur, bei der Massage oder beim Schuhmacher. Solche Kontrollen seien „Mindestmaßnahmen", sagt sie vor Regierungsvertretern und Oppositionsgruppen am Runden Tisch in Ost-Berlin.

Unterschiedliche Auffassungen über Art und Tempo der deutschen Vereinigung spalten die neugegründete Oppositionspartei Demokratischer Aufbruch. In ihr hätten sich nach den Worten ihres Mitinitiators Friedrich Schorlemmer „zwei Flügel" herausgebildet. Der linke sei stärker „ökosozial" orientiert, frage nach der ökologischen und sozialen Verträglichkeit allen Handelns und denke „in einer größeren Perspektive". Der andere Flügel sage: „Wir müssen sehen, wie wir sofort aus unseren Problemen herauskommen." Die unmittelbare Schaffung einer sozialen Marktwirtschaft und die möglichst rasche Annäherung an die Bundesrepublik stehe im Vordergrund bei dieser Gruppe, die „stärker am Wiedervereinigungsgedanken orientiert" sei.

Zur offensichtlichen Rechtfertigung des kritisierten Aufbaus eines Verfassungsschutzes in der DDR meldet die Spionageabwehr verstärkte Aktivitäten der Geheimdienste der USA und der Bundesrepublik. Die von ihnen gesammelten Informationen seien insbesondere für westliche Führungskräfte zur Neubestimmung ihrer „deutschlandpolitischen Konzeptionen" gedacht.

Alexander Schalck-Golodkowski bleibt vorerst weiter in West-Berliner Untersuchungshaft. Grundlage sei die Genehmigung der Vollziehung des DDR-Haftbefehls, in dem ihm „Untreue zum Nachteil sozialistischen Eigentums in schwerem Fall" vorgeworfen wird, meldet ADN.

Die Volkswagen AG und der VEB IFA-Kombinat Personenkraftwagen gründen ein Joint-venture. Das neue Unternehmen soll seine Geschäftstätigkeit unverzüglich aufnehmen und die Planung, Entwicklung und Produktion von Personenkraftwagen und

16

*Zur Öffnung des symbolträchtigen Brandenburger Tores erschienen trotz strö-
menden Regens Zehntausende Menschen*

*Seitlich des Tores wurden in der Nacht zum 22. Dezember mehrere Mauerseg-
mente entfernt, um Platz für einen zusätzlichen Grenzübergang zu schaffen*

17

Transportern in Angriff nehmen. Die neue Gesellschaft, an der beide Partner mit je 50 Prozent beteiligt sind, hat ihren Firmensitz zunächst in Wolfsburg. Er soll nach Karl-Marx-Stadt verlagert werden, sobald in der DDR die für die Gründung eines Gemeinschaftsunternehmens erforderlichen gesetzlichen Voraussetzungen geschaffen sind.

Aufwendungen für Besuche von Angehörigen aus der DDR können in der BRD als außergewöhnliche Belastung vom steuerpflichtigen Einkommen abgesetzt werden. Das Finanzamt rechnet dafür pro Tag und Person zehn Mark an. Auf diese und andere Möglichkeiten einer Steuerminderung verweist das hessische Finanzministerium in Wiesbaden. Steuerlich absetzbar sind danach auch Verwandtenbesuche in der DDR. Für jede Reise in die DDR könnten pauschal 50 Mark als steuersenkend geltend gemacht werden. Solche Aufwendungen müßten allerdings durch Belege nachgewiesen oder durch Bestätigungen glaubhaft gemacht werden.

Samstag, 23. Dezember

Die Bürgerbewegung Neues Forum fordert die Regierung auf, ausgebürgerten ehemaligen DDR-Bürgern die Wiedererlangung der Staatsbürgerschaft in einer würdigen Form anzubieten. Dies solle auch für jene gelten, die unter hohem psychischem Druck zur Ausbürgerung gezwungen worden sind. Gerade diese Menschen hätten durch ihr Vorbild wesentlichen Anteil an den jetzt erkämpften Veränderungen.

Sonntag-Dienstag, 24.-26. Dezember (Weihnachten)

Um 0.00 Uhr sind am 24. Dezember Visumzwang und Mindestumtausch für Bundesbürger bei Besuchen in der DDR entfallen. 380 000 Westdeutsche und 760 000 West-Berliner reisen während der Feiertage in den Osten, während über zwei Millionen DDR-Bürger Verwandte und Freunde im Westen besuchen. In Oelsnitz, im Süden der DDR, läßt sich das Neue Forum eine besondere Aktion einfallen. Um die Gastfreundschaft der Bundesbürger zu erwidern, werden die DDR-Bürger aufgefordert, kostenlos Quartiere zur Verfügung zu stellen. Bereits kurz nach dem Aufruf, den die Lokalpresse veröffentlicht, stehen 1 000 Betten für die angereisten Bundesbürger zur Verfügung.

In seiner Weihnachtsansprache ruft Bundespräsident Richard von Weizsäcker dazu auf, das Vertrauen in die politische und wirtschaftliche Reform der DDR mit allen Kräften zu stärken. „Wir suchen keinen deutschen Sonderweg in eine isolierte Zukunft. Naturgemäß sind wir Deutschen hüben und drüben einander näher als andere Europäer. Wir Deutschen sind ein Volk. Aber es geht zugleich um einen gemeinsamen großen Aufbruch nach Europa, in dem einer dem anderen weiterhelfen kann." Was man in Europa und Deutschland miterlebe, sei das Werk friedlicher und tapferer Menschen, „das wir herbeigesehnt und doch nicht erwartet hatten".

Staatssekretär Walter Priesnitz vom Bundesministerium für innerdeutsche Beziehungen teilt auf Anfrage mit, daß alle politischen Häftlinge in der DDR, die aus der Bundesrepublik Deutschland einschließlich West-Berlin stammen, vereinbarungsgemäß aus der Haft entlassen worden sind.

Für eine souveräne DDR demonstrieren am zweiten Weihnachtsfeiertag in Schwerin nach Schätzungen der Polizei etwa 1500 Einwohner. Sie fordern, daß die DDR „kein Bundesland der BRD" werden dürfe. Auf Transparenten warnen sie bei ihrem Marsch durch die Innenstadt vor einem „Ausverkauf der DDR". Zu dem Marsch hatte die Initiativgruppe „Für unser Land" aufgerufen. In einem von ihr verteilten Flugblatt heißt es unter anderem: „Wir wollen einen souveränen deutschen Staat auf freiheitlich-demokratischer, humanistischer Grundlage, der die Ideen der Pariser Kommune und der Novemberrevolution 1918 aufgreift und fortsetzt."

Mittwoch, 27. Dezember

In Ost-Berlin findet die vierte Sitzung des Runden Tisches statt. Zu Beginn tritt der Vorsitzende des Demokratischen Aufbruch,

Wolfgang Schnur, als Gremiumsvertreter zurück. Zur Begründung führt er eine „zügellose massive Kampagne" der DDR-Presse gegen seine Person an. Schnur ist nach eigenen Angaben wiederholt Korruption und Amtsmißbrauch unterstellt worden. An einen Rücktritt als Vorsitzender des Demokratischen Aufbruch, der sich vor zwei Wochen in Leipzig als Partei gegründet hat, denke er zunächst jedoch nicht.

Die Vertreter des Runden Tisches fordern die ständige Präsenz eines kompetenten Regierungsvertreters bei ihren Sitzungen. Darüber hinaus sollen alle Gesetzesvorlagen sowie wesentliche Regierungsentscheidungen dem Runden Tisch künftig vor Beschlußfassung schriftlich eingereicht werden und der Runde Tisch ein Vetorecht erhalten. Die derzeitige Regierung habe die Gespräche am Runden Tisch bislang „mißachtet", eine Offenlegung der wirtschaftlichen, sozialen und ökologischen Situation im Lande sei noch nicht geleistet worden. Vielfach sei man vor vollendete Tatsachen gestellt worden, unter anderem bei der Umwandlung des aufgelösten Amtes für Nationale Sicherheit in einen Verfassungsschutz sowie bei dem Beschluß, ehemaligen Mitarbeitern der Staatsorgane Abfindungsgehälter über drei Jahre zu zahlen.

Die Vertreter des Runden Tisches fordern die Regierung auf, die Weisung zur Bildung des Amtes für Verfassungsschutz bis zu den Wahlen am 6. Mai auszusetzen. Es wird eine gesonderte Arbeitsgruppe Sicherheit gebildet, um den Auflösungsprozeß des Geheimdienstes zu kontrollieren.

Die Liberal-Demokratische Partei Deutschlands (LDPD) setzt sich dafür ein, daß frühere Unternehmer ihre Betriebe, die 1972 in Volkseigene Betriebe umgewandelt wurden, zurückkaufen können. Der LDPD-Vorsitzende Manfred Gerlach, derzeit amtierender Staatsratsvorsitzender, hatte sich mit einem entsprechenden Brief an Ministerpräsident Modrow gewandt, berichtet die Parteizeitung „Der Morgen".

Die DDR beteiligt sich am schwunghaften Handel mit Bruchstücken der Berliner Mauer. Der Außenhandelsbetrieb Limex-Bau Export-Import übernimmt den Verkauf der derzeit verfügbaren Originalteile, kündigt Generaldirektor Dirk Peter Pfannschmidt an. Bis dahin durften Segmente der Mauer weder vertrieben noch Dritten außerhalb der DDR überlassen werden. Die Erlöse würden ausschließlich humanitären Zwecken dienen.

Donnerstag, 28. Dezember

Am sowjetischen Ehrenmal im Ost-Berliner Stadtteil Treptow werden antisowjetische und neonazistische Schmierereien entdeckt. Acht Steinsarkophage des Ehrenhains und der Sockel der Krypta sind von Unbekannten mit Inschriften wie „Besatzer raus", „Volksgemeinschaft statt Klassenkampf" und „Nationalismus für ein Europa freier Völker" besprüht worden.

Eine wachsende Zahl von Neonazis, Bombendrohungen und offene Sympathieerklärungen für die rechtsradikalen Republikaner alarmiert die Öffentlichkeit. Der Kriminalpolizei in der DDR sind inzwischen etwa 1 100 Personen bekannt, die im Zusammenhang mit rechtsradikal motivierten Straftaten in Erscheinung getreten sind. Der Pressesprecher des Generalstaatsanwalts, Peter Przybylski, teilt mit, daß wegen neonazistischer Aktivitäten im Jahr 1988 gegen 185, bis Dezember 1989 gegen 296 Personen ermittelt worden sei. Er ruft angesichts der offenen Grenzen zum Westen zu „erhöhter Wachsamkeit" auf.

Verteidigungsminister Admiral Theodor Hoffmann kündigt an, daß die Wehrdienstzeit in der DDR von derzeit 18 auf zwölf Monate verkürzt und ein Zivildienst von 18 Monaten eingeführt werden soll.

Der Präsident der Volkskammer, Günther Maleuda, lädt Repräsentanten jener am Runden Tisch vertretenen Organisationen, die keine eigene Fraktion im Parlament haben, ein, als Gäste an der nächsten Volkskammertagung am 11. und 12. Januar teilzunehmen.

Die Bürgerbewegung Neues Forum bekennt sich zu den besonderen Beziehungen zwischen beiden deutschen Staaten. Diese gründeten sich auf die geschichtliche Einheit der deutschen Nation und könnten „von der Vertragsgemeinschaft bis zur Konföderation reichen", heißt es im Entwurf einer Programmerklärung. Die Annäherung der beiden deutschen Staaten müsse allerdings in den Nachkriegsgrenzen stattfinden und dürfe die Interessen von Drittstaaten nicht einschränken.

Die Deutsche Bundesbank und die Staatsbank der DDR vereinbaren die vollständige Rückführung der DDR-Mark-Beträge, die beim Umtausch durch DDR-Reisende in die Bundesrepublik gelangen. Sie sollen auf ein gesondertes Konto der Staatsbank eingezahlt werden. Damit seien die Gefahr und die Möglichkeit ausgeschlossen, „daß die zum Zwecke des Erwerbes von Reisedevisen ausgeführten DDR-Mark in Kanäle fließen, die sich gegen die DDR-Währung richten".

Für einen halben Liter Bier muß ein DDR-Bürger zehn Minuten arbeiten, während ein Bundesbürger das Halbe schon nach drei Minuten verdient hat. Bei Bekleidungsartikel klafft die aufzuwendende Arbeitszeit noch weiter auseinander. Für den Kauf eines Herrenoberhemdes sind in der DDR über sieben Stunden und 19 Minuten Arbeitszeit nötig, in der Bundesrepublik eine Stunde und 22 Minuten. Der Arbeitsaufwand für den Erwerb eines Damenkleids beträgt in der DDR 31 Stunden zehn Minuten, in der Bundesrepublik vier Stunden 44 Minuten. Diese auf das Jahr 1985 bezogenen Zahlen veröffentlicht das bayerische Sozialministerium in München, was von vielen Medien aufgegriffen wird, um auf die großen wirtschaftlichen Unterschiede im deutsch-deutschen Annäherungsprozeß zu verweisen.

„Die Bundesliga war vielleicht mein Wunsch, niemals aber mein Traum," erzählt Andreas Thom von Dynamo Berlin, der als erster Fußballspieler der DDR offiziell in die Bundesliga wechselt. Bayer Leverkusen zahlt für ihn eine Ablösesumme von über zwei Millionen Mark.

Freitag, 29. Dezember

Die Vorsitzenden von Staatsrat, Ministerrat und Volkskammer veröffentlichen eine gemeinsame Neujahrsbotschaft: „Das zu Ende gehende Jahr 1989 wird als das Jahr der friedlichen Revolution in die Geschichte unseres Landes eingehen. Die DDR braucht weitere revolutionäre Veränderungen. (...) Auch bei voller Öffnung der Grenzen zur BRD und zu West-Berlin wird ein Ausverkauf der DDR nicht zugelassen. Eine Währungsunion ist nicht vorgesehen."

Für die Bewahrung der Eigenstaatlichkeit der DDR bei der Annäherung der beiden deutschen Staaten sprechen sich Politikwissenschaftler des Ost-Berliner Instituts für Internationale Politik und Wirtschaft aus. Ihre „Thesen zur deutschen Frage und zu den Beziehungen zwischen der DDR und BRD" werden von „Neues Deutschland" veröffentlicht. Die Wissenschaftler gehen davon aus, „daß nicht ein als Wiedervereinigung getarnter Anschluß auf der Tagesordnung der Geschichte steht, sondern ein Normalisierungsprozeß neuer Qualität zwischen der DDR und der BRD".

Das Ansehen der SED-PDS ist nach ihrer Neuorientierung offenbar in der Bevölkerung wieder gestiegen. 34 Prozent würden der Partei jetzt ihre Stimme geben, während es im November nur 31,5 Prozent waren. Eine als repräsentativ bezeichnete Umfrage von Soziologen der Akademie für Gesellschaftswissenschaften ergab außerdem, daß das Vertrauen in die Regierung unter Ministerpräsident Modrow sehr groß ist. Das Tempo der Demokratisierung im politischen Leben verläuft für 41,4 Prozent in angemessenem Tempo, während 23,9 Prozent sogar meinen, es sei zu schnell. Modrow wird von fast 59 Prozent der Befragten als sympathisch bezeichnet. Bei einer Befragung im November waren es rund 42 Prozent. Das Ansehen des neuen SED-PDS-Vorsitzenden Gregor Gysi stieg von 3,0 auf 13 Prozent.

Mehrere Spitzenpositionen im Ost-Berliner Verteidigungsministerium und in der Nationalen Volksarmee werden ab 1. Januar 1990 neu besetzt. Der Chef der Rückwärtigen Dienste, Generalleutnant Manfred Grätz, wird stellvertretender Verteidigungsminister und Chef des Hauptstabes der NVA. Er löst damit Generaloberst Fritz Streletz ab. Neuer Chef der Rückwärtigen Dienste wird Vizeadmiral Hans Hofmann. Aus dem aktiven Dienst scheidet auch der Chef der Politischen Hauptverwaltung der NVA, Generaloberst Horst Brünner, aus. Seine Behörde wird aufgelöst. Generalleutnant Horst Skerra ist mit Jahresbeginn Chef der Landstreitkräfte. Er tritt die Nachfolge von Generaloberst Horst Stechbarth an.

Die Nationaldemokraten (NDPD) bewerben sich als Partei der Mitte um das Vertrauen der Wähler. Das geht aus dem Wahlprogrammentwurf hervor, der vorab veröffentlicht wird. Im Mittelpunkt der Politik der NDPD stehe das „Ideal der freien Individualität jedes Menschen als Voraussetzung für das Gemeinwohl unseres Landes". Die NDPD ist für einen „Bund zweier unabhängiger Staaten deutscher Nation mit unterschiedlichen sozialen Ordnungen, der mehr sein muß als eine Vertragsgemeinschaft".

Die DDR erweitert zum 1. Januar 1990 die Einfuhrmöglichkeiten für neue und gebrauchte Fahrzeuge. Danach können mehr als 30 weitere Fahrzeugtypen importiert werden. Darunter fallen auch ganze Baureihen von BMW und Mercedes. Darüber hinaus wird das zulässige Alter gebrauchter Fahrzeuge von ursprünglich vier auf nunmehr zehn Jahre heraufgesetzt.

Samstag, 30. Dezember

Die DDR bleibt nach den Worten des SED-PDS-Vorsitzenden Gregor Gysi „die linke Alternative in Deutschland". Gysi bekundet den „absoluten Willen" seiner Partei zur Eigenständigkeit und Eigenstaatlichkeit. Die deutsche Frage müsse im europäischen Rahmen gelöst werden. Gysi spricht sich in diesem Zusammenhang gegen einen deutschen Sonderweg aus. Seine Partei sei für eine umfassende Vertragsgemeinschaft mit der Bundesrepublik, aber gegen eine Vereinnahmung durch sie, „gegen jeden deutschnationalistischen Taumel". Eine Vereinigung der beiden deutschen Staaten würde gegenwärtig zu einem „Übergewicht rechter Gedanken" führen.

Ehemalige Funktionäre in Ministerien und im Staatsapparat erhalten bei weniger Lohn in neuer Position offenbar ein sogenanntes Überbrückungsgeld. Nach Verkleinerung oder Auflösung ihrer Einrichtungen hätten die Betroffenen drei Jahre lang Anspruch darauf, die Differenz zu ihrem früheren Durchschnittslohn zu erhalten, berichtet die „Berliner Zeitung". Grundlage sei eine erst jetzt bekanntgewordene Vereinbarung zwischen dem Ministerrat und der Gewerkschaft der Mitarbeiter der Staatsorgane von Anfang Dezember. Unmut darüber herrsche bei den „Werktätigen in der Volkswirtschaft" insbesondere wegen der Geheimhaltung der Regelung.

Die bislang weitgehend unter Verschluß gehaltenen Memoiren des früheren Kanzleramtsspions Günter Guillaume mit Einzelheiten seiner Agententätigkeit sollen 1990 veröffentlicht werden. Der Militärverlag, der alle Rechte hat und bislang nur eine Buchklubausgabe unter dem Titel „Die Aussage" für einen begrenzten Personenkreis aufgelegt hatte, kündigt eine zweite Ausgabe an. Wie Guillaume im Jugendradio DT 64 mitteilt, nehme er derzeit „ein paar Korrekturen" vor. Der Top-Spion gestand ein „Gefühl des Mißbrauchs" ein, weil die Agenten „doch nur Schild und Schwert der Parteiführung waren" und nicht des Volkes und des Staates. Doch hoffe er, daß seine Tätigkeit nicht vergeblich gewesen sei. Den Kundschaftern der DDR draußen in der Welt wolle er sagen, daß sie sich keine Sorgen machen sollten: „Mir ist keine Panne bekannt, und ich wünsche Ihnen draußen alles Gute und vor allen Dingen weiter Gesundheit und Sicherheit."

Sonntag, 31. Dezember

„Wir wollen alles tun, um die wirtschaftliche Lage für die Menschen in der DDR rasch und spürbar zu verbessern. Sie sollen sich in ihrer Heimat – in Mecklenburg und Thüringen, in Brandenburg, Sachsen und Sachsen-Anhalt – wohl fühlen können", sagt Bundeskanzler Helmut Kohl in einer vom ARD-Fernsehen und ZDF übertragenen Neujahrsansprache zum Jahreswechsel 1989/90: „In meinem Zehn-Punkte-Programm zur deutschen Einheit habe ich den Weg aufgezeigt, wie das deutsche Volk in freier Selbstbestimmung seine Einheit wiedererlangen kann. Die Zulassung unabhängiger Parteien und freie Wahlen in der DDR sind wichtige Schritte auf diesem Wege."

Mit Blick auf ein marktorientiertes Wirtschaftssystem formiert sich ein Unternehmerverband privater Betriebe und Genossenschaften. Für den Gründungskongreß am 15. Januar haben sich bereits 400 Gewerbetreibende und Unternehmer angesagt. Auch eine Handels- und Gewerbekammer ist in Vorbereitung.

Unterstützung bei der Umstrukturierung des Geldsektors haben die bundesdeutschen Sparkassen angeboten. Der notwendige Prozeß der marktwirtschaftlichen Orientierung müsse durch ein effizienteres Geldsystem begleitet werden, sagt der Präsident des bundesdeutschen Sparkassen- und Giroverbandes, Helmut Geiger.

Januar 1990

Montag, 1. Januar

Vereinigungsstimmung herrscht in der Silvesternacht in Berlin. Am Brandenburger Tor begrüßen dichtgedrängt etwa hunderttausend Menschen auf beiden Seiten der Mauer das neue Jahr. Aus allen Teilen in Ost und West hatten viele eine stundenlange Fahrt auf sich genommen, um die „Nacht der Nächte" live mitzuerleben. Einige Dutzend erklimmen sogar das 20 Meter hohe Wahrzeichen Berlins und besteigen die Quadriga. Sie ziehen sich an Kabeln und Antennen hoch, um die DDR-Flagge mit dem Hammer- und Zirkelemblem zu zerreißen und die bundesdeutsche sowie die blaue Europa-Flagge zu hissen. Später berichtet die „Aktuelle Kamera", daß die Besteiger des Brandenburger Tors dort wie die Vandalen gehaust hätten. Es sei kaum einer der Scheinwerfer auf dem Tor heil geblieben. Die Quadriga habe schwere Beschädigungen davongetragen. Kupferblechteile seien verbogen und abgebrochen worden. Aus dem Eichenkranz der Siegesgöttin seien Blätter herausgerissen worden.

Mit einem tragischen Unglück endet eineinhalb Stunden nach Mitternacht die „Jahrhundert-Silvester-Party" in Berlin. Durch eine einstürzende Videoleinwand werden auf der Ostseite des Brandenburger Tores rund 50 Menschen teilweise schwer verletzt. Sie werden mit Rettungswagen in Ost- und West-Berliner Krankenhäuser gebracht. Ein Mann erliegt seinen Verletzungen. Die Katastrophe ereignete sich, als mehrere Jugendliche versuchten, über die Videowand auf das Brandenburger Tor zu gelangen. Mitarbeiter des DDR-Fernsehens sowie Angehörige der Volkspolizei und der Grenztruppen hatten wiederholt dazu aufgefordert, das Leichtmetallgerüst zu verlassen. Ein Scherbenteppich unzähliger zerschlagener Flaschen behinderte das Heranfahren der Rettungsfahrzeuge. Wie Augenzeugen berichten, hatten viele noch Sektflaschen und Feuerwerkskörper in der Hand, als sie mit dem Metallgerüst der Videowand in die Tiefe stürzten.

Beim Zoll in Duderstadt (Kreis Göttingen) geht gegen 7.30 Uhr am Neujahrsmorgen erstmals ein Hilfeersuchen aus der DDR ein: „Der Kohlenbunker der Ziegelei in Zwinge brennt, könnt ihr uns helfen?" Der Hilferuf der Volkspolizei löst den ersten deutsch-deutschen Feuerwehreinsatz nach dem Mauerbau aus.

Die Sozialdemokratische Partei (SDP) der DDR will erreichen, daß Karl-Marx-Stadt wieder den Namen Chemnitz erhält. Mit mehreren hundert Anhängern veranstaltet die SDP am Abend in der sächsischen Bezirksstadt ihre erste diesjährige Kundgebung in Vorbereitung der für Mai geplanten Wahlen. Mit schwarz-rot-goldenen Fahnen und entsprechenden Losungen sprechen sich die SDP-Anhänger für die Vereinigung beider deutscher Staaten aus. Die Kundgebungsteilnehmer ziehen anschließend zu einer Demonstration durch die Innenstadt.

Dienstag, 2. Januar

Der starke Rückreiseverkehr in die DDR überrollt die Bahn. Auf dem Hauptbahnhof in Frankfurt/Main herrschen zeitweise chaotische Zustände: die Züge nach Leipzig und Frankfurt/Oder werden regelrecht gestürmt. Reisende klettern durch die Waggonfenster, da die Plattformen und Gänge hoffnungslos verstopft sind. Um die Abfahrt der Züge nicht länger zu verzögern, muß schließlich die Bahnpolizei an den Waggontüren mit körperlichem Einsatz einschreiten.

Der neue Präsident der CSSR, Václav Havel, stattet vier Tage nach seinem Amtsantritt beiden deutschen Staaten seinen ersten Auslandsbesuch ab. Nach seinen Unterredungen in Ost-Berlin fliegt er am Nachmittag nach München weiter. „Wir Europäer müssen der DDR dafür danken, daß sie mit dem Abreißen einer der schlimmsten Mauern begonnen hat", sagt Havel am Brandenburger Tor. Zurückhaltend äußert er sich auf Fragen nach der deutschen Einheit. Zunächst müßten sich die Emotionen beruhigen. In Ost-Berlin trifft der Präsident auch mit Vertretern des Runden Tisches zusammen.

Die Gewerkschaftszeitung „Tribüne" fordert in einem Kommentar den Runden Tisch auf, „seinen kleinkarierten Firlefanz über Bord zu werfen. Er soll zu wirklich wichtigen Sachthemen scharf und zugespitzt Fragen stellen, Antworten einklagen und praktikable Vorschläge machen, bei denen es auf die Substanz ankommt und nicht so sehr auf die gestochene Formulierung. Er soll was fürs Volk tun, sonst verliert er sein Mandat."

Der Freie Deutsche Gewerkschaftsbund (FDGB) hat in der jüngsten Vergangenheit rund 800 000 Mitglieder verloren. Das bestätigt der amtierende Vorsitzende Werner Peplowski in einem Interview der DGB-Funktionärszeitschrift „Die Quelle". Darüber hinaus seien zahlreiche Mitglieder dazu übergegangen, ihre Mitgliedsbeiträge auf Sperrkonten zu überweisen. Es bestehe nun die Gefahr, daß der Gewerkschaftsbund zusammenbreche.

Ministerpräsident Hans Modrow empfängt Vertreter des Runden Tisches. Die Regierung suche und brauche Rat. Er bekräftigt seine Bereitschaft zur Zusammenarbeit. „Wenn es uns nicht gelingt, gemeinsam ein Klima der gegenseitigen Achtung, ein Klima der Vertrauensbildung zu schaffen, werden wir auch nicht das notwendige Klima für freie und demokratische Wahlen am 6. Mai haben", betont der Regierungschef

Das Neue Forum macht die weitere Teilnahme an den Gesprächen am Runden Tisch von der Beantwortung noch offener Fragen abhängig. Die Einladung von Modrow habe das Neue Forum abgelehnt, da die Gespräche nicht hinter verschlossenen Türen, sondern öffentlich stattfinden müßten. Das Kabinett Modrow werde vom Neuen Forum als Übergangsregierung mit eingeschränkter Kompetenz bis zu den freien Wahlen am 6. Mai angesehen.

Die Westgrenze der DDR und die Mauer in Berlin werden nach Ansicht des amtierenden Staatsratsvorsitzenden Manfred Gerlach nicht fortbestehen. Über die neue Form müsse man sich noch verständigen. Vorstellbar seien einfache Grenzmarkierungen, wie sie auch zwischen vielen anderen Ländern üblich seien. Die Vorstellungen Gerlachs zum Abbau der massiven Sperranlagen sind die bisher weitestgehenden, die hierzu von DDR-Offiziellen vorgetragen werden.

Nach mehreren vergeblichen Anläufen in der Vergangenheit kündigt der Rockmusiker Udo Lindenberg seine erste DDR-Tournee an. In Leipzig, Erfurt, Schwerin, Rostock und Magdeburg werden seine Fans aus der DDR Gelegenheit haben, Udo mit dem Panik-Orchester live in ihrem Land zu erleben. Für die sechs Auftritte erhält Lindenberg samt Musikern 120 000 Mark der DDR. „Da fahr ich dann zum Vergnügen nach Rügen", meint er auf die Frage, was er mit der „DDR-Kohle" machen wolle. Er habe eine „ungeheure Neugier, mehr über Land und Leute rauszukriegen".

In einem Interview des FDJ-Organs „Junge Welt" sprechen sich der Regierende Bürgermeister von West-Berlin, Walter Momper, und der Ost-Berliner Oberbürgermeister Erhard Krack für „Gesamt-Berlin als Olympiastadt" aus. Als mögliche Termine für Olympische Spiele nennt Momper die Jahre 2000 oder 2004.

Mittwoch, 3. Januar

Vertreter von 16 Parteien, politischen Gruppierungen und Organisationen kommen in Ost-Berlin zum fünften Mal am Runden Tisch zusammen. Beschlossen wird, daß die Regierung binnen weniger Tage den Vertretern des Runden Tisches die Arbeitsplanungen und die Gesetzesentwürfe für das erste Halbjahr 1990 vorlegen wird. In einer gemeinsamen Erklärung protestieren acht am Runden Tisch versammelte oppositionelle Gruppen gegen den Aufbau eines Nachrichtendienstes und eines Amtes für Verfassungsschutz. Die Regierung wird aufgefordert, alle derartigen „Handlungen zu unterlassen" und Vertrauenspersonen zur Kontrolle der MfS-Auflösung einzusetzen.

Wirtschaftsministerin Christa Luft informiert über die Neuverschuldung des Landes. Grund hierfür seien die geringeren Deviseneinnahmen des Jahres 1989. Die Schulden gegenüber den nichtsozialistischen Ländern beziffert sie auf zur Zeit über 20 Milliarden US-Dollar. Die Guthaben bei westlichen Banken würden dagegen nur bei einer Summe zwischen 7 und 9 Milliarden Dollar liegen.

Die Wirtschaftsministerin informiert auch über die zunehmenden Probleme auf dem Arbeitsmarkt. 25 000 offenen Stellen würden 50 000 ehemalige Behördenmitarbeiter gegenüberstehen, die nun eine neue Arbeitsstelle brauchen. Weiter teilt sie mit, daß nach den Planungen ihres Ministerium ausländische Unternehmen an DDR-Betrieben auch künftig keine Mehrheit erhalten.

Nach der ab Jahresbeginn gültigen neuen Regelung über den Umtausch von DM-West in DDR-Mark zum Kurs von 1:3 bei Banken der DDR wird auch weiterhin privat und damit „schwarz" getauscht. Der frühere Schwarzmarktkurs von 1:7, 1:8 und teilweise höher – und damit noch ungünstiger für die DDR-Mark – hat sich inzwischen aber den neuen Kursen bei Westbanken angepaßt. Dort ist die DDR-Mark in den vergangenen Tagen deutlich geklettert und pendelt derzeit bei etwa 1:5.

Zur Verhinderung von Schwarzarbeit von DDR-Bürgern in der Bundesrepublik wollen die DDR und die Bundesrepublik eine gemeinsame Strategie entwickeln. Bei einem ersten Gespräch von Vertretern beider Arbeitsministerien in Ost-Berlin betont der stellvertretende DDR-Minister für Arbeit und Löhne, Hans-Jürgen Kaminski, die DDR habe ein verständliches Interesse daran, den „weiteren Abfluß von Arbeitskräften einzudämmen".

Sechs oppositionelle Parteien und politische Bewegungen – Sozialdemokratische Partei (SDP), Demokratischer Aufbruch, Neues Forum, Demokratie Jetzt, Vereinigte Linke sowie Initiative Frieden und Menschenrechte – schließen sich zu einem Wahlbündnis 90 zusammen. In einer dazu verfaßten Erklärung bekräftigen sie den Willen, zu den Volkskammerwahlen am 6. Mai 1990 gemeinsam anzutreten, um die bisher regierenden politischen Kräfte abzulösen.

Das Neue Forum tritt für eine Schlüsselrolle von Betriebsräten in einem aus Staats- und Privatbetrieben gemischten neuen Wirtschaftssystem ein. So soll der Betriebsrat ein Vetorecht gegenüber wichtigen Entscheidungen der Betriebsleitung erhalten, geht aus dem in der CDU-Zeitung „Neue Zeit" abgedruckten Entwurf einer Programmerklärung hervor. Beschlüsse über Kapitalbeteiligungen ausländischer Firmen und andere Formen der ökonomischen Zusammenarbeit könnten „nur mit Zustimmung des Betriebsrates" herbeigeführt werden.

Mehrere Mitglieder des öko-sozialen Flügels der Partei Demokratischer Aufbruch (DA), darunter die stellvertretende Vorsitzende Sonja Schröter, Pressesprecherin Christiane Ziller und der Mitbegründer Friedrich Schorlemmer, beschließen in Leipzig, die Partei zu verlassen, da deren Vorsitzender Wolfgang Schnur dieser zunehmend einen Rechtskurs aufdränge.

In der SED-PDS konstituiert sich eine Kommunistische Plattform. Sie will „für einen starken, an Lenin und dem Bucharinschen Versuch, Leninsche Ideen weiterzuführen, orientierten kommunistischen Flügel in der SED-PDS wirken", berichtet „Neues Deutschland". Dieser solle zugleich eine Brücke zu anderen politischen Kräften bilden, die sich links von der SED-PDS sehen.

Nach Meinungsumfragen, über die der Kriminalsoziologe Wolfgang Brück in einem Interview informiert, tendieren etwa zwei Prozent der DDR-Jugendlichen „nach rechtsaußen". Den Schwerpunkt bilde Ost-Berlin mit sechs Prozent, gefolgt von Leipzig und Erfurt. Bei Untersuchungen, Interviews und Umfragen hätten sich eine „ansteigende Ausländerfeindlichkeit" ebenso wie „primitiver Antikommunismus" und „Formen des Antisemitismus" gezeigt.

Bestürzt über die zunehmenden neonazistischen und antisemitischen Vorfälle in der DDR äußert sich der Vorsitzende des Zentralrats der Juden in Deutschland, Heinz Galinski. In einer Erklärung fordert er die Regierung sowie die politischen Parteien und gesellschaftlichen Gruppen auf, „energische Gegenmaßnahmen zu ergreifen, um diesen Auswüchsen mit aller Entschiedenheit entgegenzutreten".

Am Abend folgen 250 000 Menschen dem Aufruf der SED-PDS zum Protest gegen die Schändung des sowjetischen Ehrenmals in Berlin-Treptow, wo unbekannte Täter antisowjetische Parolen geschmiert und den Ehrenhain verwüstet hatten. Die Opposition vermutet hinter der Demonstration ein Wahlkampfmanöver.

Das Ehepaar Honecker und andere Mitglieder der früheren SED-Führung, die noch in der Prominentensiedlung Wandlitz im Norden Berlins wohnen, müssen die Koffer packen. Die Waldsiedlung untersteht seit Jahresbeginn dem Gesundheitsministerium und wird derzeit als Rehabilitationssanatorium umgebaut. Das ehemalige Einkaufszentrum, das erlesene Waren aus dem Westen feilbot, soll eine Gaststätte für die Patienten werden. Die Arbeiten haben bereits begonnen.

Bei einem ersten deutsch-deutschen Treffen der Karnevalsvereine wird engere Kooperation vereinbart. Die Delegationen des Bundes Deutscher Karneval und des Verbandes Deutscher Karneval in der DDR teilen jedoch zugleich mit, daß kein Export oder Import von Karnevalsbräuchen oder -gruppen geplant sei. Vielmehr gelte es, freundschaftliche Zusammenarbeit auf menschlichem Gebiet zu pflegen, zu feiern und fröhlich zu sein.

Donnerstag, 4. Januar

Die Regierung will die umstrittenen Überbrückungshilfen für ehemalige Mitarbeiter des aufgelösten Staatssicherheitsdienstes noch einmal überprüfen. Diese Entscheidung trifft der Ministerrat vor dem Hintergrund anhaltender Kritik in der Öffentlichkeit und am Runden Tisch. Dagegen weist Regierungssprecher Wolfgang Meyer die Forderung nach Verzicht auf einen Verfassungsschutz zurück, da dies angesichts der neonazistischen Aktivitäten einen „nicht wiedergutzumachenden" Fehler darstellen würde. Zur Vermeidung des Mißbrauchs subventionierter Dienstleistungen durch Bundesbürger und West-Berliner beschließt der Ministerrat Sofortmaßnahmen, mit denen vor allem Sammelaufträge für Wäschereien, Reinigungen, Schuhmacher und Schneider durch Nicht-DDR-Bürger unterbunden werden sollen. Solche Aufträge können künftig nur noch bei Vorlage eines DDR-Ausweises erteilt werden.

Die SED-PDS und die anderen vier Volkskammer-Parteien wollen ihre Vermögenslage erst auf ihren jeweiligen Parteitagen – bei der SED-PDS für den April geplant – offenlegen. Dies teilen die Parteien nach Angaben der Opposition auf der Sitzung der

Arbeitsgruppe des Runden Tisches zum Parteien- und Vereinigungsgesetz in Ost-Berlin mit.

Der frühere SED-Chefideologe Kurt Hager gesteht vor dem Volkskammerausschuß zur Überprüfung von Amtsmißbrauch und Korruption „große Schuld" ein. Er übernehme die Verantwortung für alles, was mißlungen sei, sagt er. Von Hager stammt der berühmte Ausspruch zur Ablehnung von Perestroika und Glasnost in der DDR: „Würden Sie, wenn Ihr Nachbar seine Wohnung neu tapeziert, sich verpflichtet fühlen, Ihre Wohnung ebenfalls neu zu tapezieren?" Als größten Fehler der Parteiführung nach 1985 nannte Hager die „Überheblichkeit gegenüber der Sowjetunion". Es sei versäumt worden zu prüfen, was in der DDR in der politischen Struktur zu ändern sei im Hinblick „auf einen evolutionären Wandel zu mehr Mitwirkung der Bürger".

Erich Honecker steht nicht mehr unter Hausarrest. Diese Maßnahme sei rechtlich nicht zu begründen gewesen, meldet ADN. Ihm sei eine Wohnung angeboten worden. Die evangelische Kirche hatte sich zuvor schon bereit erklärt, unter bestimmten Bedingungen für eine Unterkunft des 77jährigen zu sorgen.

Die Finanzverwaltungen in West- und Ost-Berlin wollen jetzt Informationen über bisher ungeklärte Immobilienfragen austauschen. Betroffene Bürger, die zum Beispiel Ansprüche auf ihre früheren Grundstücke in der DDR anmelden, sollen künftig darüber auch Auskünfte erhalten. Bisher waren von der DDR-Seite solche Anfragen nicht beantwortet worden.

Der 39jährige Ost-Berliner Hartmut Ferworn gesteht im DDR-Fernsehen, daß seine angebliche Entführung nach einer Betäubung durch eine präparierte Mentholzigarette aus Budapest nach Wien im September 1989, die damals von den Medien groß ausgeschlachtet worden war, eine freie Erfindung gewesen sei. Er habe dem SED-Organ „Neues Deutschland" damals die Geschichte aufgetischt, nachdem der Staatssicherheitsdienst ihn zur Kooperation aufgefordert und ihm anderenfalls eine Strafverfolgung wegen ungesetzlichen Grenzübertritts angedroht habe.

Umweltschützer aus der DDR und der Bundesrepublik protestieren vor der Deponie Schönberg erstmals gemeinsam gegen

Mülltransporte in die DDR. Mit Transparenten blockieren die Demonstranten zeitweise die Ein- und Ausfahrt der Deponie. Sie fordern den sofortigen Stopp der Mülltransporte in die DDR und die Sanierung der Deponie.

Freitag, 5. Januar

Ministerpräsident Modrow wirft den oppositionellen Parteien und Gruppierungen vor, durch ihre Kritik an der jetzigen Regierungsarbeit die wirtschaftliche Konsolidierung zu stören. „So etwas trägt in jedem Fall nicht dazu bei, der Regierung mehr Spielraum für ihre Entscheidungen, für ihre konstruktive Arbeit zu geben." Entschieden wandte sich Modrow dagegen, daß westdeutsche Politiker vom Boden der DDR einen Wahlkampf führten.

Der stellvertretende Regierungssprecher der Bundesregierung, Norbert Schäfer, macht vor der Bundespressekonferenz in Bonn deutlich, daß die angestrebte Zusammenarbeit mit der DDR unter dem Vorbehalt stehe, daß am 6. Mai freie Wahlen stattfinden. „Freie Wahlen heißt auch, daß Chancengleichheit gegeben werden muß. Und diese Chancengleichheit gibt es derzeit nach unseren Beobachtungen nicht." In bezug auf die von der Modrow-Regierung angestrebte Vertragsgemeinschaft gäbe es noch keine konkreten Fortschritte.

Die Bürgerkomitees der Bezirke zur Auflösung des MfS/AfNS verlangen auf ihrem ersten landesweiten Koordinierungstreffen in Leipzig Ermittlungen gegen die SED-PDS wegen „verfassungswidriger Aktivitäten". Die Stasi habe außerhalb jeder parlamentarischen Kontrolle gestanden und maßgeblich dazu beigetragen, die Macht des SED-Apparates jedem demokratischen Einfluß zu entziehen. Alle von der SED-PDS weiterhin benutzten Sondertelefon-, Fernschreib- und Richtfunkverbindungen seien sofort stillzulegen und zu demontieren. Die Grundorganisationen der SED-PDS seien aus allen Betrieben, öffentlichen und staatlichen Organisationen herauszulösen.

Später werden in Leipzig Räume der SED-PDS von Polizei, Staatsanwaltschaft und Vertretern des Bürgerkomitees durchsucht. Es handelt sich um Räume der Abteilung Innere Sicherheit der Bezirksleitung sowie um Zimmer in einem weiteren Haus der Partei. Akten und Archive werden versiegelt.

Knapp 24 000 Mitarbeiter des ehemaligen Staatssicherheitsdienstes und des Nachfolgeamtes sollen bis Anfang Januar entlassen werden. Das geht aus einem Bericht des Regierungsbeauftragten zur Auflösung des Amtes für Nationale Sicherheit hervor. Bis Jahresende seien ferner 364 frühere Stasi-Gebäude anderen Bestimmungen übergeben worden.

In Wolgast an der Ostseeküste muß sich eine Gruppe von Neonazis vor Gericht verantworten, die eine „SS-Geheimorganisation" mit eigener Satzung gebildet hatten. Sie hätten „SS-Dienstränge" getragen und sich bereits Jagdwaffen beschafft. Wie die Presse weiter berichtet, wollten die rechtsradikalen Republikaner jetzt Verbände in der DDR und in Ost-Berlin gründen.

Die Regierung wird bei der Staatsbank einen Überbrückungskredit zur Sicherung der Zahlungsfähigkeit aufnehmen. Der Kredit habe „kurzfristigen Charakter" und werde mit fünf Prozent verzinst, kündigt der Präsident der Staatsbank, Horst Kaminsky, an. Der Haushalt für das vergangene Jahr weise nach Angaben von Finanzministerin Uta Nickel ein Defizit von fünf bis sechs Milliarden DDR-Mark aus.

Die Bundesregierung sagt der DDR Hilfe bei der Lösung ihrer Probleme im Wohnungsbau und bei der Stadtsanierung zu. Bundesbauministerin Gerda Hasselfeldt vereinbart mit ihrem Amtskollegen Gerhard Baumgärtel die Bildung einer gemeinsamen Fachkommission. Neue Wege bei der Stadtsanierung sollen modellhaft in Meißen, Weimar, Brandenburg und Stralsund erprobt werden. Baumgärtel kündigt in diesem Zusammenhang Korrekturen bei der bisherigen Subventionierung der Mieten an, was zu Mieterhöhungen führen werde. Das bisherige Mietniveau zwischen 35 Pfennig und 1,80 Mark pro Quadratmeter je nach Ausstattung der Wohnung sei nicht zu halten.

Mehr als zwei Milliarden Mark sind nach Informationen der „Frankfurter Rundschau" im vergangenen Jahr als „Begrüßungsgeld" an Besucher aus der DDR gezahlt worden. Eine Hochrechnung aufgrund der bislang aus Ländern und Gemeinden vorliegenden Summen ergebe 2,05 Milliarden D-Mark, hatte die Zeitung eigenen Angaben zufolge aus Regierungskreisen in Bonn erfahren. Fast die Hälfte sei in West-Berlin ausgezahlt worden. Diese Summe deute nach Auskunft von Fachleuten darauf hin, daß „viele Besucher aus der DDR nicht nur einmal, sondern mehrfach Begrüßungsgeld von 100 Mark kassiert haben".

Nach über zwei Jahrzehnten der „Wortlosigkeit" bei offiziellen Anlässen dürfen die elektronischen Medien der DDR die 1949 geschaffene Nationalhymne wieder mit dem Text von Johannes R. Becher senden. Sie beginnt mit den Zeilen:

„Auferstanden aus Ruinen / Und der Zukunft zugewandt / Laß uns dir zum Guten dienen / Deutschland, einig Vaterland". Damit wird die Weisung für Fernsehen und Rundfunk aufgehoben, den Text nicht mehr bei offiziellen Anlässen zu singen.

Der Zustrom von Übersiedlern aus der DDR in die Bundesrepublik hält an. Jede Woche wechseln etwa 4 000 Menschen das Land. Das Bundesministerium des Innern gibt an diesem Tag bekannt, daß im Jahr 1989 insgesamt 343 854 Übersiedler aus der DDR gekommen sind.

Vor den Folgen einer „gewollten oder ungewollten Anwerbung von Aus- und Übersiedlern" warnt der Landrat des Lahn-Dill-Kreises, Gerhard Bökel (SPD). Jeder Übersiedler schwäche das Sozialsystem und den Generationenvertrag in der DDR und verschärfe die sozialen Spannungen in der Bundesrepublik. „Nach dem Wegfall von Mauer und Stacheldraht darf ein Verlassen der DDR nicht mehr mit Sonderleistungen belohnt werden."

Der saarländische Ministerpräsident Oskar Lafontaine (SPD) fordert auf einer Wahlveranstaltung in seinem Bundesland ultimativ die Abschaffung von Privilegien für DDR-Bürger. Nach den Wahlen in der DDR am 6. Mai müsse jede Bevorzugung für diese Gruppe in der Bundesrepublik „wegsein".

Samstag, 6. Januar

Die SED-PDS stellt ein „Sicherheitsmodell 2000" vor. Es sieht die Halbierung der Truppenstärke von NVA und Bundeswehr, Reduzierung der Wehrdienstzeit auf ein Jahr und den Rückzug aller fremden Truppen vor. Statt dessen fordert CDU/CSU-Fraktionschef Alfred Dregger, daß ein vereintes Deutschland der NATO angehören müsse.

Der Mitgliederschwund bei der SED-PDS hält an: Auf „mehr als 1,4 Millionen" beziffert der Parteivorstand den gegenwärtigen Mitgliederstand. Ende Dezember gehörten der Partei 1,5 Millionen und vor Jahresfrist noch 2,3 Millionen Genossen an. Dennoch bleibt die SED-PDS die bei weitem mitgliederstärkste Partei in der DDR. Die nächstgrößte ist die CDU mit etwa 140 000 Mitgliedern. Die stärkste Oppositionsgruppe, das Neue Forum, zählt gut 200 000 Angehörige.

Die Schaffung eines sozialistischen Aktienmarktes in der DDR schlägt der Wirtschaftswissenschaftler Bodo Thöns von der Pädagogischen Hochschule Potsdam im „Neuen Deutschland" vor. Die Ausgabe von Belegschaftsaktien biete die Chance, daß sich alle an der Produktion Beteiligten dann als Eigentümer der sozialistischen Wirtschaft fühlen könnten.

Auch der Vorsitzende der bundesdeutschen CDU-Sozialausschüsse, Ulf Fink, regt die Ausgabe von Volksaktien der DDR-Betriebe an die Bevölkerung an. Da die Mitarbeiter als Miteigentümer an den Gewinnen beteiligt wären, würden sie sich auch stärker engagieren, sagt Fink in einem Interview der „Berliner Morgenpost". „Damit die Bezeichnung ‚Volkseigene Betriebe' den Namen verdient, sollten sie an die Mitarbeiter verkauft werden." Auf diesem Wege wäre auch gewährleistet, daß die Unternehmen nicht in der Hand weniger sind. „Nicht Großkapitalisten sollten die Werke übernehmen, sondern die Mitarbeiter in der Produktion", meint der CDA-Vorsitzende.

Die Auflösung des Amtes für Nationale Sicherheit (AfNS) geht nur schleppend voran. Von „etwas mehr als 2 000 Objekten" sind erst knapp 400 übergeben worden, wobei es sich in der Hauptsache um ehemalige Kreisdienststellen und zum Teil um Bezirksdienststellen handelt. Nach Angaben des Regierungsbeauftragten für die AfNS-Auflösung, Peter Koch, sei eines der Hauptprobleme die Ungewißheit über den neu zu bildenden Verfassungsschutz bzw. Nachrichtendienst sowie deren Bedarf an

38

Landesdelegiertenkonferenz des Neuen Forum am 6./7. Januar in Leipzig; im Präsidium u.a. Marianne Birthler (1.v.l.); Jens Reich (4.v.l.) und Joachim Gauck (6.v.l.)

Kontroverse Debatte mit Rolf Henrich (Mitte, mit Brille) über die Umwandlung der Bürgerbewegung Neues Forum in eine Partei

Objekten und Ausrüstungen. „Es wäre absolut töricht, wenn man jetzt etwas insgesamt auflösen würde, um es dann neu zu gründen."

Sonntag, 7. Januar

Das Neue Forum beschließt auf einer zweitägigen Delegiertenkonferenz, sich nicht in eine Partei umzuwandeln, sondern als dezentrale Bürgerbewegung weiterzuarbeiten. Damit ist eine im Vorfeld für möglich gehaltene Spaltung des Neuen Forum mit seinen mehr als 200 000 Mitgliedern zunächst vom Tisch. Jene Mitglieder, die sich zur Jahreswende für die Gründung der Deutschen Forum-Partei eingesetzt hatten, waren zur Konferenz in Leipzig nicht erschienen, sondern hatten lediglich eine Grußadresse geschickt. Die Delegierten beschließen, den Runden Tisch gegebenenfalls zu verlassen, falls vor den Wahlen am 6. Mai die Neubildung von Geheimdiensten eingeleitet wird.

Der Vertreter der Vereinigten Linken, Bernd Gehrke, zieht seine Unterschrift unter das Mitte der Woche geschlossene Wahlbündnis von sechs Oppositionsgruppen zurück. Der Sprecherrat hatte die Zustimmung als voreilig und falsch bezeichnet.

Die Sozialdemokraten in der DDR rufen für den kommenden Sonntag zu landesweiten Demonstrationen gegen die anhaltende Vorherrschaft der SED-PDS auf. Ihr Machtapparat behindere in erschreckendem Maße die Demokratisierung des Landes, heißt es in einer Erklärung des SDP-Vorstandes.

Zehntausende Menschen aus Ost und West bilden eine 60 Kilometer lange Menschenkette zwischen der DDR-Region Eichsfeld und dem Werraland in Niedersachsen und Hessen. Während der viertelstündigen Aktion werden weitere Veränderungen in der DDR auf dem Weg zur deutschen Einheit gefordert.

Zum ersten Mal seit dem Ende des Zweiten Weltkrieges fliegt ein Flugzeug der Deutschen Lufthansa nach Dresden. An Bord der Boeing 737-200 befindet sich eine von der Handelskammer der Hansestadt Hamburg geführte Wirtschaftsdelegation.

Montag, 8. Januar

Der Runde Tisch tagt vor dem Hintergrund anhaltender Spannungen zwischen Regierung und Opposition. Zum ersten Mal berichtet das DDR-Fernsehen in seinem Zweiten Programm live.

Gespräche über gemeinsame Kriterien für einen fairen Wahlkampf schlägt der Vorsitzende der SED-PDS, Gregor Gysi, vor und reagiert damit auf heftige Vorwürfe von Vertretern der Opposition, SED-PDS und Medien benutzten das Thema Neofaschismus dazu, um Stimmung im Lande für die rasche Einrichtung eines Verfassungsschutzes zu machen.

Nach Angaben des Sprechers der oppositionellen Bürgerbewegung Demokratie Jetzt, Konrad Weiß, gibt es in der DDR mindestens 1 500 Neonazis, „aber die genaue Zahl kennt keiner". Seit Anfang der 80er Jahre gebe es Skinheads, seit Mitte der 80er Jahre fielen sie durch Gewalttätigkeiten auf. Weil Neonazis in der DDR nicht zur „schönen Fassade" gepaßt hätten, seien ihre Aktionen von der Staatsführung „verheimlicht" worden. Die SED-PDS versuche jetzt den Eindruck zu vermitteln, daß es erst seitdem die Staatssicherheit weg sei, Neonazis gebe. „Aber die gab es eben auch schon, als es noch die Staatssicherheit gab."

Die Republikaner bekräftigen am gleichen Tag ihre Absicht, an den Wahlen in der DDR teilzunehmen. Der Fraktionsvorsitzende der Berliner Republikaner, Frank Degen, äußert in einer Presseerklärung, Kennzeichen wirklich freier Wahlen sei es, daß auch seine Partei teilnehmen könne. Die Zurückweisung von Republikanern an der Grenze, wie an diesem Tag mit Franz Schönhuber geschehen, und die Beschlagnahme von Informationsmaterial sei mit Demokratie unvereinbar.

Um den Vorwürfen zu begegnen, die Oppositionsgruppen hätten keine gleichberechtigten Chancen im Wahlkampf, kündigt Gysi an, daß seine Partei das Hauses des Kreisvorstands Berlin-Mitte diesen Gruppen zur Verfügung stellen werde. Es solle ein „Haus der Demokratie" werden.

Die Opposition am Runden Tisch will von der Regierung Auskunft über ein Fernschreiben, das von der Bezirksbehörde Gera des Amtes für Nationale Sicherheit stammt und zur Lahmlegung der Opposition auffordert. Vertreter des Runden Tisches äußern sich besorgt, daß noch etwa 60 000 Mitarbeiter im Amt für Nationale Sicherheit gegen den begonnenen Demokratisierungsprozeß arbeiten.

Die Opposition unterbricht am Nachmittag die Verhandlungen am Runden Tisch. In einer Erklärung heißt es, man spreche dem Beauftragten der Regierung zur Auflösung des Amtes für Nationale Sicherheit, Peter Koch, sowie Werner Halbritter, Staatssekretär beim Ministerrat, das „Mißtrauen" aus. Beide seien nicht in der Lage gewesen, die gestellten Fragen zur Sicherheitspolitik und zur Auflösung des Amtes zu beantworten. Markus Meckel von der SDP bezeichnet das Verhalten der Regierung als „Unverschämtheit" und äußert ernste Zweifel an ihrem Veränderungswillen. Er erklärt unter Beifall: „Die Opposition muß jetzt neuen Druck auf der Straße organisieren und zwar mit Warnstreiks und Demonstrationen."

Der stellvertretende Vorsitzende der Konferenz der evangelischen Kirchenleitungen in der DDR, Konsistorialpräsident Manfred Stolpe, warnt dagegen in einem Zeitungsinterview vor einer Destabilisierung der Regierung: „Man darf Modrow nicht die Beine weghauen. Das schadet nicht nur den Menschen in der DDR – es schadet vor allem der Deutschlandpolitik."

CDU-Generalsekretär Volker Rühe fordert die Ost-CDU auf, die Regierung zu verlassen. „Die CDU in der DDR sollte jetzt einen Schlußstrich gegenüber der SED ziehen und sich an die Seite der Opposition stellen", sagt Rühe in einem Gespräch mit der Tageszeitung „Die Welt".

„Wir in Leipzig" heißt die erste gemeinsame deutsch-deutsche Zeitung, die vom nordrhein-westfälischen Verlags- und Redaktionsleiter Matthias Finck finanziert wird. An dem Blatt, das am 26. Januar zum ersten Mal erscheint, können Anteilscheine zum Nennwert von 500 DDR-Mark erworben werden.

Die Hansestadt Hamburg chartert für zwei Jahre ein drittes Wohnschiff zur vorübergehenden Unterbringung von Aus- und Übersiedlern. Auf dem britischen Containerschiff „Bibby Endeavour" können bis zu 800 Personen untergebracht werden.

Die Zahl der DDR-Besucher, die nach Bayern einreisen, ist seit Jahresbeginn deutlich rückläufig. Ein Sprecher des bayerischen Grenzpolizeipräsidiums in München vermutet, daß der Rückgang der Besucherzahlen nicht zuletzt damit zusammenhängt, daß seit dem 1. Januar kein Begrüßungsgeld mehr gezahlt wird.

Nach dreiwöchiger Pause nehmen einige zehntausend Menschen in Leipzig die traditionellen Montagsdemonstrationen wieder auf. Die Zusammensetzung hat sich spürbar verändert. Die Befürworter der deutschen Einheit sind mit ihren Transparenten und schwarz-rot-goldenen Fahnen fast ganz unter sich.

Etwa 50 000 Karl-Marx-Städter sprechen sich während einer Demonstration für allseitige demokratische Mitbestimmung in den Betrieben aus.

Auskunft über das Vermögen und die Finanzierung der SED-PDS verlangen Sprecher der SDP und des Neuen Forum in Neubrandenburg vor 5 000 Teilnehmern.

In Cottbus werden in Sprechchören und auf Transparenten Forderungen wie „Nieder mit der SED", „Stasi in die Produktion" und „Keine Stimme der SED" erhoben. Scharf kritisiert werden die dreijährigen Übergangszahlungen für Stasi-Mitarbeiter und Staatsbedienstete.

Etwa 8 000 Menschen demonstrieren in Schwerin gegen Rechtsradikalismus und Mißbrauch der jetzigen politischen Situation durch die SED-PDS. Im Stadtzentrum von Frankfurt/Oder versammeln sich am Abend mehr als zehntausend Demonstranten, die ebenfalls die Machtstellung der SED-PDS kritisieren. Sie wenden sich gegen eine „Panikmache" durch die Partei hinsichtlich der neonazistischen Gefahr.

Die CDU im DDR-Teil des Eichsfeldes droht damit, sich von der Ost-CDU zu lösen. Nach dem Singen eines „Wendehals-Liedes" fordern 30 000 Demonstranten am Abend in Heiligenstadt: „Nieder mit der SED" – „Keine Zusammenarbeit mit dieser Verbrecherpartei". Der Vorsitzende des Rates des Kreises, Dr. Werner Henning (CDU), fordert seine Partei auf, ein klares Bekenntnis zur Einheit des deutschen Vaterlandes und zur freien

Marktwirtschaft abzulegen. Sollte dies nicht geschehen, „werden auch wir überlegen, ob wir nicht zukünftig eigene Wege gehen." Ab sofort trete die Partei im Kreis Heiligenstadt nur noch unter dem Namen „CDU Eichsfeld" auf.

Dienstag, 9. Januar

Die Regierung gibt nach: Ausgeschiedene Stasi-Mitarbeiter sollen nur noch für höchstens ein Jahr ein Übergangsgeld erhalten, wenn sie keinen neuen Arbeitsplatz finden. Das ordnet das Kabinett Modrow an, nachdem die zunächst vorgesehene Dreijahresregelung in der Öffentlichkeit auf heftige Proteste gestoßen war. In Suhl und Ost-Berlin war es am Vortag zu Warnstreiks gegen die Überbrückungsgelder für ehemalige Stasi-Leute gekommen.

Zugleich werden sämtliche Restriktionen für die Arbeit ausländischer Journalisten in der DDR aufgehoben. Ihnen steht es künftig frei, Zugang zu öffentlichen und privaten Informationsquellen zu suchen. Sie haben volle Reisemöglichkeiten, Umfragen und Straßenbefragungen sind jederzeit möglich. Staatliche Institutionen werden zur Unterstützung der Journalisten verpflichtet.

Die Ost-CDU will nicht auf Wahlkampfhilfe aus dem Westen verzichten. In der DDR würden nicht freie und geheime Wahlen gebraucht, sondern solche mit gleichen Chancen für alle, sagt der Sprecher der Ost-CDU Helmut Lück im Interview mit der CDU-Zeitung „Neue Zeit". „Wie die Dinge jetzt liegen, geht das nicht ohne Unterstützung: für die neuen Parteien und jene ‚alten‘, die zur Eigenständigkeit erwacht sind."

Die Führung der LDPD um den langjährigen Vorsitzenden Manfred Gerlach gerät zunehmend unter den Druck der Parteibasis. Gerlach ist auch amtierender Staatsratsvorsitzender. Immer mehr Kreisverbände fordern die stärkere Abgrenzung von der SED-PDS. Die Ost-Liberalen müßten „eher eine Oppositionshaltung als eine Regierungsbeteiligung" anstreben, wie es die Parteibasis in Karl-Marx-Stadt in einer Erklärung fordert.

Die Opposition will an dem für Februar geplanten Besuch des Ministerpräsidenten in Bonn beteiligt werden. Sie wendet sich damit auch gegen Forderungen Bonner Politiker, Kohl solle Modrow wieder ausladen, da die Begegnung Wahlhilfe für die SED sei. Es müsse aber deutlich werden, daß „Modrow nur eine Übergangsregierung leitet und ohne den Runden Tisch nicht verhandlungsfähig ist", fordert SDP-Vorstandsmitglied Markus Meckel.

Der SPD-Partei- und Fraktionsvorsitzende Hans-Jochen Vogel kündigt Gespräche mit Ministerpräsident Hans Modrow in Ost-Berlin an. „Ich bin dagegen, daß man hier eine Art Kontaktsperre oder Gesprächsverbote verhängt", sagt er in einem Radiointerview.

Mit dem Abschluß einer deutsch-deutschen Vertragsgemeinschaft soll die Bundesregierung nach Ansicht des stellvertretenden SPD-Vorsitzenden und saarländischen Ministerpräsidenten, Oskar Lafontaine, bis nach den Wahlen am 6. Mai warten. Ein solch entscheidender „konstitutiver Akt" solle nicht mit der jetzigen, sondern mit einer frei gewählten Regierung eingegangen werden.

Mehrere tausend Handwerker drohen auf einer Kundgebung in Halle mit einem ganztägigen Ausstand für den Fall, daß weiterhin nicht auf ihre Bedürfnisse eingegangen wird. Sie fordern die ungehinderte Entfaltung einer privaten Klein- und mittelständischen Wirtschaft. Die Demonstration mit historischen Fahnen der Innungen ist die erste dieser Art in der DDR.

Um zu verhindern, daß die DDR „das neue Billiglohnland Europas" wird, ist der DGB bereit, mit einer neu formierten Spitze des Freien Deutschen Gewerkschaftsbundes (FDGB) „ein breit gefächertes Kooperationsabkommen zu schließen". Der DGB stehe aber auch als Gesprächspartner für jene zur Verfügung, die außerhalb des FDGB einen gewerkschaftlichen Neuanfang wagten, sagt DGB-Vorsitzender Ernst Breit in Düsseldorf.

Die frühere stellvertretende Vorsitzende des Freien Deutschen Gewerkschaftsbundes, Prof. Johanna Töpfer (60), wird tot aufgefunden. Das Gewerkschaftsblatt „Tribüne" nennt keine Todesursache. Frau Töpfer war Volkskammerabgeordnete und seit 1981 Mitglied des Staatsrats.

Egon Krenz (SED-PDS) legt sein Volkskammermandat nieder.

In einer Erklärung erläutert der 52jährige, er scheide aus dem Parlament auf Wunsch seiner Parteiführung aus.

Der frühere Staatssekretär Alexander Schalck-Golodkowski wird in West-Berlin aus der Untersuchungshaft entlassen. Generalstaatsanwalt Dietrich Schultz lehnt eine beantragte „Zulieferung" seines Mandanten an die DDR-Behörden ab. Es seien keine zureichenden Anhaltspunkte für die Notwendigkeit eines strafrechtlichen Einschreitens bekannt geworden.

Mittwoch, 10. Januar

Innerhalb der SED-PDS gehen die Richtungskämpfe weiter. Nach der Kommunistischen Plattform meldet sich an diesem Tag im „Neuen Deutschland" eine „Plattform 3. Weg" zu Wort. Sie kritisiert die Orientierungslosigkeit der amtierenden Führung, die vom „alten Apparat genutzt werde, um sich zu konsolidieren". Die Losung scheine zu sein: „Alles anders und jeder wie er will." Es käme aber darauf an, die „Wandlung von einer stalinistischen zu einer demokratischen Partei" konsequent zu vollziehen und praktische Alternativen zum Bisherigen und zum Anschluß an die Bundesrepublik aufzuzeigen.

Abwehrstellen wollen in der Nähe eines „Komplexlagers" der Nationalen Volksarmee im Bezirk Karl-Marx-Stadt eine amerikanische Spionagesonde enttarnt haben. Das gefundene Gerät wird von Vertretern „des im Aufbau befindlichen Verfassungsschutzes" und Kriminalbeamten des Bezirks unter großer Medienaufmerksamkeit der Öffentlichkeit vorgestellt.

Der Streit um die mögliche Bildung von Betriebsräten spitzt sich zu. Wie der Vorsitzende des FDGB, Werner Peplowski, in der Gewerkschaftszeitung „Tribüne" erklärt, bestehen die Gewerkschaften weiter auf dem Anspruch, die Interessen der Arbeitnehmer auf allen Ebenen wahrzunehmen. Eine entsprechende Klärung müsse auf dem Ende Januar stattfindenden außerordentlichen FDGB-Kongreß erzielt werden.

Einen regelrechten Run gibt es auf einen Sonderlehrgang „Joint-ventures", den die Akademie für Staats- und Rechtswissenschaft der DDR anbietet. Über tausend Bewerbungen sind eingegangen, von denen jedoch nur ein geringer Teil berücksichtigt werden kann. Die Akademie kündigt weitere Kurse an.

Als „Land der vielen Gefangenen" charakterisiert der Potsdamer Strafrechtler Prof. Hans Weber die DDR. Sie nehme, was den Anteil der Strafgefangenen an der Bevölkerung betrifft, „seit langem einen führenden Platz in der Welt ein", schreibt er in der „Märkischen Volksstimme". In den Gefängnissen befänden sich annähernd so viele Insassen wie in denen der Bundesrepublik. Dabei weise die Kriminalstatistik nur 120 000 Straftaten im Jahr aus, die der Bundesrepublik aber über vier Millionen. Hinzu komme, daß die Dauer der Freiheitsstrafen in der DDR insgesamt länger sei. Weber führt diese Relationen auf einen „Strafenfetischismus" zurück, der sich seit Anfang der 70er Jahre als Ergebnis eines „einseitigen Schutz- und Sicherheitsdenkens" breitgemacht habe. Dies habe zu einer ständigen Zunahme der mit Freiheitsentzug verbundenen Strafen geführt, obwohl die Art der Delikte in vielen Fällen den Verzicht auf einen solchen durchaus gerechtfertigt hätte.

Der CDU-Vorsitzende Lothar de Maizière würdigt den DDR-Ministerpräsidenten als „authentischen Demokraten". So habe er Modrow in der Regierungsarbeit kennengelernt, sagt er in einem Interview der französischen Zeitung „Le Figaro". Das Problem seien die vielen Opportunisten aus dem alten Apparat, die ihre Privilegien behalten wollten. Die DDR befinde sich in einer alarmierenden Situation, die nur von einer sehr breiten Koalition nach den Wahlen bewältigt werden könne. Mit einem „antagonistischen Gegeneinander" von Opposition und Mehrheit werde das Land nicht zu retten sein, hebt der CDU-Chef hervor.

Die zumeist von der SED-PDS herausgegebenen Zeitungen sollen den anderen Parteien des Landes Platz zur Verbreitung ihrer politischen Vorstellungen einräumen. Dies ist das Ergebnis eines Gesprächs, daß der Parteivorsitzende Gregor Gysi auf Druck des Runden Tisches mit Chefredakteuren und Verlagsdirektoren der Bezirkszeitungen der Partei führt. Den anderen Parteien und Bewegungen werde bis zu den Wahlen Gelegenheit gegeben, sich in den Bezirkszeitungen selbst darzustellen, solange sie über keine eigene Zeitung verfügen und mithin kein Pressewettbewerb stattfinden könne.

Auch die Leipziger Opposition erhält ein eigenes Gebäude für ihre Arbeit – den Sitz der ehemaligen SED-Stadtleitung. Das „Haus der Demokratie", das an diesem Tag eingeweiht wird, steht fortan der SDP, den Ökolöwen, dem Neuen Forum und anderen Gruppierungen für die politische Arbeit zur Verfügung.

Der frühere Staats- und Parteichef Erich Honecker wird in der Ost-Berliner Charité an einem bösartigen Nierentumor operiert. Seine behandelnden Ärzte werfen den früheren Leibärzten mangelnde Sorgfaltspflicht vor. Der Tumor sei schon im August diagnostizierbar gewesen, aber nicht behandelt worden. Statt dessen sei Honecker damals am Darm operiert worden. Seither habe der Tumor ungehindert wachsen können und sei erst jetzt bei der Untersuchung der Haftfähigkeit Honeckers in seiner vollen Größe entdeckt worden.

In der DDR leben rund 177 500 Ausländer. Davon haben 43 033 einen ständigen Wohnsitz und 134 525 einen länger befristeten Aufenthalt, berichtet die Monatszeitschrift „horizont". Der weitaus größte Teil lebe hier auf der Grundlage von Regierungsabkommen, um vier oder fünf Jahre in einem Betrieb zu arbeiten. 94 000 ausländische Arbeiter sind in nahezu 1 000 Betrieben beschäftigt. 60 000 kommen aus Vietnam, 16 000 aus Mosambik, 9 000 aus Kuba, 7 000 aus Polen und je 1 000 aus Angola und China.

Donnerstag, 11. Januar

Die Wiedervereinigung der beiden deutschen Staaten steht für Ministerpräsident Modrow nicht auf der Tagesordnung. Das Verhältnis von DDR und Bundesrepublik könne nur in einen europäischen Weg eingebunden sein, sagt er in seiner eineinhalbstündigen Regierungserklärung vor der Volkskammer in Ost-Berlin. Modrow ruft die Bevölkerung auf, die historische Chance der demokratischen Revolution nicht zu verspielen.

Modrow wendet sich gegen Versuche, die Legitimation seiner Regierung in Frage zu stellen, und gegen ein Vetorecht der Oppositionsgruppen. Er sei nicht durch einen Staatsstreich Ministerpräsident geworden, ruft Modrow unter dem Beifall vieler Abgeordneter aus. Zugleich bietet er der Opposition weitere Möglichkeiten der Mitbestimmung an.

Modrow verteidigt in seiner Rede den umstrittenen Plan, schon bald einen neuen Verfassungsschutz aufzubauen. Dabei gehe es nicht darum, die Arbeit des alten Staatssicherheitsdienstes fortzusetzen. Die Regierung müsse aber die notwendigen Instrumente erhalten, die Rechtsstaatlichkeit und Rechtssicherheit der Bevölkerung zu gewährleisten.

Die Wirtschaftslage bezeichnet Modrow als nach wie vor angespannt. Dies sei vor allem eine Folge der Ausreisewelle. Der Wirtschaft fehlten rund 250 000 Arbeitskräfte. In den letzten drei Monaten habe der tägliche Produktionsumfang der Industrie um 40 Millionen Mark unter dem des ersten Quartals 1989 gelegen. Gleichzeitig seien mehr Importe aus dem Westen nötig gewesen als geplant.

Mit der Abwanderung von weiteren 400 000 DDR-Bürgern rechnet der Direktor des Instituts für Soziologie und Sozialpolitik der Ost-Berliner Akademie der Wissenschaften, Prof. Gunnar Winkler, in den nächsten Monaten. „Es können durchaus auch über 500 000 werden", sagt der Wissenschaftler in einem Interview. Hauptgrund dafür sei der Wunsch nach einer gesicherten Zukunft und materiellem Wohlstand.

An die Stelle der bisherigen staatlichen Plankommission soll ein Wirtschaftskomitee beim Ministerrat treten. Ihm sollen Wissenschaftler, Praktiker aus der DDR-Wirtschaft und auch vom Runden Tisch benannte Experten angehören. Das Gremium soll die Regierung beraten und ihre Wirtschaftspolitik koordinieren.

Die Volkskammer billigt eine kleine Regierungsumbildung, die faktisch schon weitgehend vollzogen war. Der Liberaldemokrat Kurt Wünsche wird als neuer Justizminister, Peter Diederich von der Bauernpartei (DBD) als Umweltminister und Hans Joachim Lauck (SED-PDS) zum neuen Minister für Maschinenbau gewählt. Zum neuen Generalstaatsanwalt wird Hans-Jürgen Joseph (SED-PDS) bestimmt. Zuvor hatte das Parlament einstimmig die Vorgänger der neuen Minister abberufen. Auch der ehemalige Leiter des aufgelösten Amtes für Nationale Sicherheit, Wolfgang Schwanitz, wird als Minister abgelöst.

Einen Entwurf für ein Zivildienstgesetz legt Verteidigungsminister Vizeadmiral Theodor Hoffmann vor. Der Dienst soll ausdrücklich kein „Wehrersatzdienst" sein und dem Arbeitsministerium unterstehen, eine „Gewissensprüfung" sei nicht vorgesehen. Der Zivildienst müsse mit Glaubens- und Gewissensgründen begründet werden. Der Dienst soll mit 18 Monaten ein halbes Jahr länger dauern als der Wehrdienst.

Volkskammerpräsident Günther Maleuda teilt den Mandatsverzicht zahlreicher ehemaliger prominenter SED-Politiker mit, darunter der zeitweilige Staats- und Parteichef Egon Krenz, Politbüro-Mitglied Günter Schabowski und der frühere Verteidigungsminister Heinz Keßler.

Bei nur einer Gegenstimme verabschiedet die Volkskammer das neue Reisegesetz, mit dem die seit November geltende Reisefreiheit besiegelt wird. Nach Angaben von Finanzministerin Uta Nickel haben bisher mehr als 1,5 Millionen DDR-Bürger bei den Banken 235 Millionen D-Mark eingetauscht.

Eine Gesetzgebungskommission zur Ausarbeitung eines Mediengesetzes legt den Beschlußentwurf vor. Darin wird jegliche Zensur der Medien aufgehoben. Natürliche und juristische Personen sollen das Recht auf Herausgabe von Zeitungen, Zeitschriften und anderen Publikationen erhalten, Rundfunk, Fernsehen und ADN als unabhängige Einrichtungen wirken. Die bisher von der SED kontrollierte Lizenzierung im Bereich der Printmedien soll entfallen. Auch im Bereich von Film, Fernsehen und Rundfunk soll die Lizenzpflicht der Programmanbieter aufgehoben werden.

Die Opposition reagiert kritisch auf die Regierungserklärung von Ministerpräsident Hans Modrow. Sie habe kein Interesse, als Krisenverwalter in die Regierung hineingezogen zu werden, sagt Ehrhart Neubert von der Partei Demokratischer Aufbruch zu Vorschlägen Modrows, die Opposition in die Regierungsarbeit einzubinden. Der Ministerpräsident könne nicht verlangen, daß die Opposition vor Neuwahlen im Kabinett Verantwortung für die Fehler der SED übernehme.

Rund 20 000 Menschen protestieren am Abend nach Abschluß der Volkskammertagung in Ost-Berlin gegen die Pläne der Regierung zur Einrichtung eines Nachrichtendienstes und eines Verfassungsschutzes. Zu der Kundgebung haben zahlreiche oppositionelle Gruppen und Parteien aufgerufen, die auch schon am Runden Tisch die neuen Sicherheitsdienste scharf verurteilt hatten. Die Demonstranten bilden eine Menschenkette um das Gebäude der Volkskammer.

Der frühere SED-Devisenbeschaffer Alexander Schalck-Golodkowski wird nicht in die DDR zurückkehren. Das kündigt sein West-Berliner Anwalt Peter Danckert in einem Interview an. „Bei den gegenwärtigen Verhältnissen in der DDR ist das ausgeschlossen." Danckert: „Das geht ja bis zur Lynchjustiz." Auf die Frage nach den Zukunftsplänen von Schalck sagt er, dieser wolle künftig in der Bundesrepublik leben – „eine Entscheidung, die ihm nicht leicht gefallen ist".

Die Verweigerung der Auslieferung von Schalck führt nach Ansicht der „tageszeitung" zu einer logischen Konsequenz: „Der bundesdeutsche Geheimdienst verhindert eine adäquate Aufklärung der Öffentlichkeit der DDR und deckt damit indirekt die Ex-Kollegen und Gegner von gestern. Gibt es bereits seit längerem einen heißen Draht zwischen BND und Schalck-Golodkowski, ist die Ablehnung der Auslieferung völlig plausibel. Denn dann könnte in einem Prozeß die Kumpanei zwischen Stasi und BND zur Sprache kommen."

Freitag, 12. Januar

Der zweite Tag der Parlamentssitzung wird von Demonstrationen vor dem Ost-Berliner Palast der Republik begleitet, bei denen Tausende gegen die anhaltende Vorherrschaft der SED protestieren. Hunderte Taxis umrunden hupend das Gebäude und behindern so die Zufahrt. Ihre Fahrer verwahren sich gegen damit Manipulationen des Wahlkampfes und gegen Privilegien ehemaliger Stasi-Mitarbeiter.

In der Debatte gehen Sprecher der Liberal-Demokratischen Partei und der Bauernpartei trotz weiterer Mitarbeit in der Regierung Modrow auf Distanz zur SED-PDS. Der stellvertretende LDPD-Vorsitzende Hans-Dieter Raspe fordert in der Volkskammer Modrow und dessen Parteifreunde in scharfer Form auf, „schleunigst Abschied von allen Übeln der alten Ordnung" zu nehmen. Nur wenn dies geschehe, werde die liberale Partei weiter die Regierung stützen. Ihre Kompromißfähigkeit ende an der Reformunfähigkeit der SED. „Hier stellt sich für uns die Koalitionsfrage", sagt Raspe.

Otto Fiedler von der Bauernpartei bestätigt, daß sich seine Partei weiterhin an der Koaliton beteilige, da das Land gerade jetzt eine arbeitsfähige Regierung brauche. Zur Diskussion um den Verfassungsschutz sagt er, die Bauernpartei sei für ein „demokratisch legitimiertes Sicherheitskonzept". Der Vorsitzende der Fraktion der Nationaldemokraten (NDPD), Günter Hartmann, wirft der Regierung hingegen vor, daß ihr niemand ein demokratisches Mandat für den Aufbau eines Verfassungsschutzes gegeben habe.

Schließlich gibt Ministerpräsident Modrow nach. In seinem Schlußwort verzichtet er darauf, bis zu den Wahlen am 6. Mai neue Sicherheitsdienste zu etablieren. Ferner teilt er mit, daß der Regierungsbeauftragte für die Auflösung des Amtes für Nationale Sicherheit, Peter Koch, abgelöst werde. Koch habe sich als „nicht fähig und kompetent" erwiesen. Die Auflösung des ehemaligen Staatssicherheitsdienstes soll nach Modrows Worten bis zum 30. Juni beendet sein.

Die Volkskammer billigt auf ihrer Sitzung auch ein Investitionsschutzgesetz mit der für eine Verfassungsänderung erforderlichen Zweidrittelmehrheit. Danach sind in der DDR zukünftig Unternehmen mit ausländischer Kapitalbeteiligung möglich. Die Beteiligung von Ausländern an Gemeinschaftsunternehmen ist allerdings auf maximal 49 Prozent beschränkt.

Bundesdeutsche Wirtschaftshilfe für die DDR gibt es nach den

Worten von Bundeswirtschaftsminister Haussmann nur bei „freien und geheimen Wahlen mit gleichen Chancen für die Opposition". Wichtig sei ferner, daß die DDR schnell zu einer sozialen marktwirtschaftlichen Ordnung übergehe, betont Haussmann vor dem Konjunkturrat für die öffentliche Hand im Bundeswirtschaftsministerium. Bonn sei bereit, der DDR mit zinsgünstigen Krediten und einem erhöhten Garantierahmen für Lieferungen zu helfen. Der von Ost-Berlin angekündigte Abbau der Handelshemmnisse sowie das Investitionsschutzabkommen reichten aber bei weitem nicht aus.

Das umstrittene sogenannte Überbrückungsgeld für Ex-Funktionäre beträgt maximal 300 Ost-Mark und wird gegenwärtig rund 7 000 von etwa 20 000 früheren Mitarbeitern zentraler und örtlicher Staatsorgane gezahlt. Die Mittel kämen aus eingesparten Lohngeldern des Staatsapparates, nicht aus den Betrieben, in denen die „freigesetzten Mitarbeiter" tätig sind, teilt Klaus Umlauf vom Zentralvorstand der Gewerkschaft der Mitarbeiter der Staatsorgane und der Kommunalwirtschaft mit. Auch gelte die Regelung nicht für ehemalige Mitarbeiter des Amtes für Nationale Sicherheit.

Der Geschäftsführer der Sozialdemokratischen Partei (SDP), Ibrahim Böhme, ruft alle Oppositionsgruppen auf, für den weiteren friedlichen Verlauf der demokratischen Revolution zu sorgen. Der Umbruch müsse weiter gewaltlos in der Form, aber radikal in der Sache vorangetrieben werden, sagt er auf der ersten landesweiten Delegiertenkonferenz seiner Partei in Ost-Berlin.

In Erfurt treten mehrere tausend Beschäftigte in einen Warnstreik gegen die SED-PDS. „Was durch Demo sollte weichen, müssen wir durch Streik erreichen", steht auf ihren Plakaten. Aus Protest gegen deren Vormachtstellung in der Erfurter Stadtverordnetenversammlung erklärt die CDU ihren Austritt und bezeichnet sich als künftige außerparlamentarische Opposition. Mit ihrer Maßnahme will sie nach eigenen Angaben rasche kommunale Neuwahlen erzwingen. Am Abend versammeln sich Zehntausende Erfurter auf dem Domplatz der Stadt, um gegen die Restaurationspolitik der SED-PDS und ihres Sicherheitsapparates zu protestieren. In Gera setzen sich rund zehntausend Menschen vor allem für mehr Pressefreiheit ein.

Auch in Rostock wird am Abend mit Gottesdiensten in sechs kirchlichen Einrichtungen die erste Demonstration dieses Jahres in der Hafenstadt eingeleitet. Auf einer kurzen Versammlung vor dem Rathaus verlangen Sprecher anschließend gleiche Wahlkampfchancen für alle Parteien und Organisationen.

Samstag, 13. Januar

Bundesdeutsche Politiker befürworten erstmals öffentlich eine „deutsch-deutsche Wirtschafts- und Währungsunion" als schnellsten Weg zur deutschen Einheit noch vor der Klärung der staatlichen Vereinigung, da diese noch an viele offene außenpolitische Fragen geknüpft sei. Für den Parlamentarischen Staatssekretär im Bundeswirtschaftsministerium, Erich Riedl (CSU), müsse das Ziel ein zeitlich abgestuftes, klar definiertes Zusammenwachsen der beiden Wirtschaftsräume sein. Der wirtschaftspolitische Sprecher der Unionsfraktion, Matthias Wissmann, empfiehlt der DDR, die D-Mark als Parallelwährung offiziell zuzulassen. Dem müsse umgehend eine radikale Preisreform folgen, damit sehr bald als nächster Schritt die D-Mark offiziell als gemeinsame Währung eingeführt werden könne. Diese „gesamtdeutsche D-Mark" könne dann 1995 als starke Währung in den europäischen Währungsverbund eingebracht werden.

Tausende Eltern stürmen an diesem Samstagvormittag die Kaufhäuser, um sich noch vor der am Montag in Kraft tretenden Preiserhöhung mit Kindersachen einzudecken. In langen Schlangen warten Mütter und Väter stundenlang, um überhaupt erst in die Kinderbekleidungsabteilungen der Kaufhäuser hineinzukommen. Mit Beginn der neuen Woche erhöht die DDR die Preise für hochsubventionierte Kindersachen um das Zwei- bis Dreifache.

Die Regierung will nicht effektiv arbeitende Kombinate entflechten. Das kündigt Wirtschaftsministerin Christa Luft bei einem deutsch-deutschen Treffen hochrangiger Wirtschaftsexperten in Ost-Berlin an. Die so entstehenden mittelgroßen Unternehmen sollen dann auch mit gleichen Produkten gegeneinander konkurrieren können. Bei besonders wichtigen Gemeinschaftsunternehmen will die Regierung auch eine über 50 Prozent liegende ausländische Kapitalbeteiligung zulassen, womit die Regierung erstmals von ihrer starren Haltung in dieser Frage abrückt.

Ministerpräsident Modrow bietet dem Geschäftsführer der Sozialdemokraten, Ibrahim Böhme, an, in sein Kabinett einzutreten und stellvertretender Umweltminister zu werden. Bei einem Gespräch mit dem SPD-Vorsitzenden Hans-Jochen Vogel in Ost-Berlin informiert Modrow auch darüber, daß dem geplanten Wirtschaftskomitee der Regierung künftig Vertreter vom Runden Tisch angehören sollen.

Die Sozialdemokratische Partei in der DDR (SDP) heißt künftig SPD. Das beschließt die erste Delegiertenkonferenz in Ost-Berlin mit großer Mehrheit. Damit bekennt sich die Partei zur über hundertjährigen Tradition der deutschen Sozialdemokratie und zu ihrer westlichen Schwesterpartei. Die Namensänderung macht auch den Weg frei, Anspruch auf das ehemalige SPD-Vermögen auf dem Gebiet der DDR zu erheben, das 1946 an die SED übergegangen war.

Die Erfurter Zeitung „Das Volk", jahrzehntelang Parteiorgan der SED-Bezirksleitung, wird künftig als unabhängiges Blatt erscheinen. Es ist der erste Verzicht der SED-PDS auf eine der von ihr offiziell herausgegebenen 14 Bezirkszeitungen.

Eine neue marxistische Partei, Die Nelken, will allen parteilosen Kommunisten eine politische Heimat geben. Auf der Gründungsversammlung in Ost-Berlin wählen die etwa 100 Vertreter der Bezirksgruppen die Dresdener Lehrerin Brigitte Kahnwald zur Parteivorsitzenden. Die Partei setzt sich für die Marktwirtschaft ein. Karl Marx habe nicht die Marktwirtschaft und die Ware-Geld-Beziehung kritisiert, sondern ein unter damaligen Verhältnissen damit verbundenes Chaos kapitalistischer Produktionsweise, erläutert der stellvertretende Parteichef Michael Czollek. Die Anrede „Genossinnen" und „Genossen" lehnen die Delegierten ab. Die neue Partei will sich an den Wahlen am 6. Mai beteiligen.

Die Auflösung des ehemaligen Staatssicherheitsdienstes geht jetzt offenbar voran. In Leipzig überzeugen sich Vertreter des Bürgerkomitees, der Volkspolizei und der Presse davon, daß das Bezirksamt für Nationale Sicherheit seine Arbeit eingestellt hat. Mit der Räumung und Sicherstellung von Akten und Waffen war bereits vor Weihnachten begonnen worden. Auch die Waffenkammer des ehemaligen Bezirksamtes Cottbus ist inzwischen geräumt. Das Verteidigungsministerium habe die in fünf Bunkern gelagerte Munition für Handfeuer- und panzerbrechende Schützenwaffen übernommen.

In Rostock tritt bei der Stasi-Auflösung Pastor Joachim Gauck hervor, der bereits als künftiger Politiker angesehen wird. Die „tageszeitung" befragt ihn danach: „Ich habe im Moment ein Gespür für das, was politisch notwendig ist. Und ich habe die Fähigkeit, mit verschiedenen Menschengruppen so zu sprechen, daß sie mich verstehen. (...) Und dann entsteht natürlich auch ein Gefühl von Macht oder Verantwortung, wie Sie es nennen wollen." Gefragt nach dem Festhalten an sozialistischen Grundwerten, sagt Gauck: „Wir werden alle dieses Sätze im Programm des Neuen Forum revidieren. Wir wollen ja gewählt werden. (...) Im Moment stellt sich die Frage der Einheit und der Marktwirtschaft. Und wir wollen dieses System nicht verteufeln, sondern gucken, wie es funktioniert. Vor dem Guten kommt das weniger Schlechte."

Sonntag, 14. Januar

Der bevorstehende Wahlkampf bestimmt die Gedenkdemonstration zu Ehren von Rosa Luxemburg und Karl Liebknecht in Ost-Berlin. Zehntausende Berliner folgen dem Aufruf der SED-PDS zum Marsch an die Gedenkstätte der Sozialisten im Stadtteil Friedrichsfelde. Eine geplante Menschenkette quer durch Berlin kommt nicht zustande. Die Resonanz auf West-Berliner Seite ist gleich null.

„Von nun an sind die Namen Rosa Luxemburgs und Karl Liebknechts nicht mehr durch die SED okkupiert", verspricht SPD-Geschäftsführer Ibrahim Böhme. Die Sozialdemokraten der DDR bekennen sich zugleich zur Einheit der deutschen Nation. „Ziel unserer Politik ist ein geeintes Deutschland", heißt es in einer von der SPD-Delegiertenkonferenz in Ost-Berlin verabschiedeten „Erklärung zur deutschen Frage". Eine sozialdemokratische Regierung werde einen „Wirtschafts- und Währungsverbund als vorrangige Aufgabe in Angriff nehmen". Eine solche Regierung werde alle notwendigen Schritte auf dem Weg zur deutschen Einheit in Abstimmung mit der Bundesregierung gehen. „Was sofort möglich ist, soll sofort geschehen."

Als „unseriös" weist SPD-Geschäftsführer Ibrahim Böhme das Angebot von Ministerpräsident Hans Modrow zurück, er solle als stellvertretender Umweltminister in dessen Kabinett eintreten. Zuvor hatten bereits andere Vertreter der neuen Parteien und Gruppen erklärt, sie würden sich nicht an einer SED-geführten Regierung beteiligen und dann eine Krise verwalten, für die sie nicht verantwortlich seien.

Für eine Mitgliedschaft der DDR in der Europäischen Gemeinschaft (EG) spricht sich Bundesaußenminister Hans-Dietrich Genscher aus. Ob die DDR eine solche Mitgliedschaft wolle, könne nicht die Regierung Modrow, „das müssen am 6. Mai die Bürger entscheiden". Die Bundesrepublik werde jede Entscheidung der Deutschen in der DDR respektieren.

Bundeskanzler Helmut Kohl fährt zu einem privaten Besuch nach Ost-Berlin, um politische Freunde zu treffen. Er hatte am Vorabend am West-Berliner Presseball teilgenommen und in der Stadt übernachtet.

Für ein Wahlbündnis aller neuen Gruppierungen sprechen sich die Mitbegründer des Neuen Forum Bärbel Bohley und Jens Reich aus. Trotz aller Differenzierungen der verschiedenen Gruppen, die nach 40 Jahren SED-Herrschaft ganz normal seien, müsse ein solches Bündnis „Neu gegen alt" für die Volkskammerwahl am 6. Mai erreicht werden. Nachdrücklich wendet sich Bohley gegen die gezielte Unterstützung einzelner Parteien aus dem Westen. Auch stehe sie zu der Utopie, „daß es etwas anderes geben muß als diesen Kapitalismus".

Daimler Benz-Chef Edzard Reuter trifft mit Ministerpräsident Hans Modrow und Vertretern anderer Gruppen und Parteien in

Ost-Berlin zusammen. Besonders beeindruckt zeigt sich der Daimler-Chef von dem klaren Bekenntnis von Wirtschaftsministerin Christa Luft (SED-PDS) zur sozialen Marktwirtschaft. Dies sei in dieser Form für ihn neu, sagt Reuter.

Die SED-PDS will einen Teil ihres Parteivermögens in Volkseigentum überführen und ihre beherrschende Stellung im Medienbereich einschränken. Das Parteipräsidium schlägt dem Vorstand deshalb unter anderem vor, elf von 16 Zeitungsverlagen und 21 von 26 Druckereien, die sich bisher im Besitz der SED-PDS befinden, in Volkseigentum zu überführen. Die Konzentration der Medien in der Hand der SED-PDS wird von den Oppositionsgruppen als entscheidende Behinderung ihrer eigenen Arbeit angesehen.

Mehrere zehntausend Menschen demonstrieren in Magdeburg gegen die anhaltende Macht der SED-PDS. „Die sogenannte Wende ist absolut noch nicht eingetreten", erklärt ein Vertreter des Neuen Forum. Er wirft der SED-PDS eine „Restaurierungspolitik" vor, die besonders bei der zögerlichen Auflösung der Staatssicherheit deutlich werde.

Montag, 15. Januar

Für sofortige Investitionen bundesdeutscher Unternehmen in der DDR noch vor den Wahlen am 6. Mai spricht sich der Präsident der Bundesvereinigung der Arbeitgeberverbände, Klaus Murmann, aus. Mit dem jetzt von der Regierung vorgenommenen Kurswechsel hin zur freien Marktwirtschaft sei die notwendige Voraussetzung geschaffen, sagt Murmann in einem Rundfunkinterview.

Das Verlangen nach schnellen wirtschaftlichen Verbesserungen dokumentiert der anhaltende Ausreisestrom. Nach Angaben von Staatssekretär Carl-Dieter Spranger (CSU) vom Bundesinnenministerium meldeten sich allein in den ersten beiden Wochen des neuen Jahres 20 818 DDR-Bürger, die auf Dauer im Westen bleiben wollen, bei den bundesdeutschen Behörden. Zugleich teilt Bayerns Sozialminister Gebhard Glück mit, daß Übersiedler künftig keine Entschädigung mehr für zurückgelassenes Vermögen oder Hausrat erhalten werden. Ausreisende könnten jetzt nach einer entsprechenden DDR-Anordnung über ihr zurückgelassenes Vermögen frei verfügen. Einen Zwang zum Zurücklassen von Gütern gebe es nicht mehr.

Im Gesundheitswesen kommt es zum ersten Warnstreik. Ärzte und Schwestern einer Ost-Berliner Poliklinik im Neubaugebiet Marzahn legen für eine Stunde die Arbeit nieder. Sie fordern eine Verdreifachung ihrer Gehälter und eine deutliche Verbesserung der Sozialleistungen.

In Gera legen mehrere tausend Beschäftigte verschiedener Betriebe für eine Stunde ihre Arbeit nieder. Sie fordern spürbare Veränderungen und die „konsequente Auflösung" des früheren Amtes für Nationale Sicherheit. In einem zweistündigen Warnstreik verlangen Beschäftigte des Metalleichtbaukombinats Plauen im Bezirk Karl-Marx-Stadt eine „schnelle Volksabstimmung über die Zukunft der DDR".

Über den Stand der Auflösung des gefürchteten Staatssicherheitsdienstes berichtet der stellvertretende Chef des Sekretariats des Ministerrats, Manfred Sauer. Danach ist die gesamte umfangreiche Post- und Telefonüberwachung inzwischen eingestellt worden. Die Stasi sei in den vergangenen Jahren personell verdoppelt worden. Zuletzt hätten 85 000 hauptamtliche Mitarbeiter und 109 000 inoffizielle Mitarbeiter für sie gearbeitet. Von den 85 000 Hauptamtlichen seien rund 21 000 unmittelbar operativ, 1 052 in der Telefon- und über 2 100 in der Postüberwachung tätig gewesen. Ferner hätten 5 000 Personen in der Überwachung und Ermittlung gearbeitet. Im vergangenen Jahr hätten der Stasi 3,6 Milliarden Mark (1,3 Prozent des Staatshaushalts) zur Verfügung gestanden. 30 000 ehemalige Stasi-Mitarbeiter seien seit Auflösung des Amtes entlassen worden, so Sauer. Bei weiteren 22 500 werde die Eingliederung in die Volkswirtschaft, das Gesundheitswesen, in Armee und Volkspolizei vorbereitet. 20 000 von den verbleibenden 32 500 würden in allernächster Zeit entlassen. 12 500 Mitarbeiter sollen bis zur endgültigen Übergabe der Stasi-Objekte an den Staat weiterbeschäftigt werden. Bis zum vergangenen Wochenende seien alle Waffenbestände aus den ehemaligen Kreis- und Bezirksämtern übernommen und die Waffenkammern der zentralen Objekte geräumt worden. Sauer nannte auch Zahlen: Unter anderem verfügten die Stasi-Leute über 124 000 Pistolen und Revolver, mehr als 76 000 Maschinenpistolen sowie Panzer- und Flugabwehrwaffen. Die elektronischen Daten seien in Archiven gelagert und durch die Staatsanwaltschaft versiegelt worden. Das Rechenzentrum habe seine Arbeit eingestellt.

Nach Kenntnis der Bürgerkomitees, die die Auflösung des Staatssicherheitsdienstes überwachen, ist die Stasi-Zentrale in Ost-Berlin noch voll funktionsfähig. Ein Vertreter der Komitees widerspricht damit den Regierungsauskünften am Runden Tisch. Da diese Zentrale über eigene Strukturen in der ganzen DDR verfüge, sei auch die Reorganisation des ansonsten völlig unter Kontrolle stehenden Dienstes möglich.

In der Ost-Berliner Stasi-Zentrale übernimmt am Nachmittag ein Bürgerkomitee in einer Sicherheitspartnerschaft mit der Volkspolizei und der Militärstaatsanwaltschaft die Kontrolle.

In einem dramatischen Appell ruft die Regierung am Abend die Bevölkerung zur Besonnenheit „in dieser schweren Stunde" auf. Die junge Demokratie sei in „höchster Gefahr", heißt es in einer Erklärung, für die das DDR-Fernsehen sein Programm unterbrochen hatte. „Unverantwortliche Kräfte" hätten im Schutz der Dunkelheit die Zentrale des ehemaligen Amtes für Nationale Sicherheit in Ost-Berlin gestürmt und verwüstet. Die Bürger sollten Ruhe und Besonnenheit bewahren und staatsbürgerliches Bewußtsein beweisen.

Aus den eingeschlagenen Fensterscheiben der Stasi-Zentrale fliegen Akten und Honecker-Bilder, das Eingangstor ist von Bauarbeitern zugemauert, draußen setzen Zehntausende zu Sprechchören an: „Stasi raus" und „Stasi in den Tagebau". Aufgebrachte Demonstranten stürmen die Lager des ehemals so berüchtigten Gebäudes und stoßen auf üppige Lebensmittelvorräte.

Kurz vor sieben Uhr mahnt Ministerpräsident Modrow, der eigens vom Runden Tisch herbeigeeilt ist, die aufgebrachten Demonstranten über Lautsprecher zur Besonnenheit. Schließlich

Beim Sturm auf die Ost-Berliner Stasi-Zentrale in der Normannenstraße durchsuchen Bürger Aktenstapel, die zur Vernichtung bereitgestellt wurden.

übernehmen Mitglieder des Neuen Forum die Initiative. Sie blockieren die Eingänge, halten Schilder mit der Aufschrift „Keine Gewalt" in die Höhe. Erst nach einer Stunde verlassen die Eingedrungenen langsam wieder das Gebäude.

Dienstag, 16. Januar

Bundeskanzler Helmut Kohl will jetzt doch keine Vereinbarung über eine Vertragsgemeinschaft mit der amtierenden DDR-Regierung vor den angekündigten freien Wahlen unterzeichnen. Davon unberührt seien konkrete Maßnahmen der Kooperation in einzelnen Bereichen, etwa der Wirtschaft, des Gesundheitswesens, des Fernmeldewesens und des Umweltschutzes. Damit rückt Kohl von seiner Zusage während des Treffens mit Hans Modrow am 19. Dezember in Dresden und seiner Erklärung vor dem Bundesrat ab, noch vor den Wahlen eine Vertragsgemeinschaft herzustellen und das schrittweise Zusammenwachsen festzuschreiben.

Die Erstürmung der Zentrale des Staatssicherheitsdienstes am Vorabend hat das Klima im Land verändert und beschäftigt die Öffentlichkeit. Wie der Chef der Volkspolizei und stellvertretende Innenminister, Dieter Wunderlich, mitteilt, hätte die Gefahr bestanden, daß die Gewalttätigkeiten auf das ganze Land übergreifen. Angesichts von Massendemonstrationen in zwölf Städten zur gleichen Zeit wäre mit einer möglichen „Signalwirkung" der Berliner Ereignisse zu rechnen gewesen.

Die Opposition distanziert sich von dem gewaltsamen Charakter der Ereignisse. Eindringlich appellieren Sprecher des Neuen Forum, der SPD und von Demokratie Jetzt an die Bevölkerung, ihren verständlichen Zorn nicht in Gewalt ausufern zu lassen.

Schwere Vorwürfe gegen die SED-PDS erhebt der stellvertretende Vorsitzende des Demokratischen Aufbruch, Erhardt Neubert. In einem Rundfunkinterview wirft er der Partei vor, Mitte Dezember den Abtransport von Akten und Gütern des Ministeriums für Staatssicherheit nach Rumänien veranlaßt zu haben. Es gebe Zeugen dafür, daß nach der Weigerung von Beschäftigten der Fluggesellschaft Interflug, entsprechende Frachtmaschinen abzufertigen, ein Güterzug mit offenbar belastenden Akten aus der DDR in Richtung Rumänien auf den Weg gebracht worden sei.

Bei einem Pressegespräch lehnt Modrow eine persönliche Verantwortung für die frühere Tätigkeit des Staatssicherheitsdienstes im Bezirk Dresden ab. Er war dort vor seiner Wahl zum Regierungschef SED-Bezirkssekretär. Er selbst sei in diesem Zusammenhang nie in irgendwelche Fragen eingeweiht oder informiert worden. Für eine Rechts- oder Dienstaufsicht habe keine Möglichkeit bestanden.

Proteste von DDR-Bürgern begleiten den Besuch des Bundesumweltministers Klaus Töpfer auf der Baustelle des AKW-Komplexes Stendal. Etwa hundert Anhänger des Neuen Forum und der DDR-Grünen fordern ihn auf, sich nicht für den Ausbau, sondern für das „Abschalten der völlig verschlampten DDR-AKWs" einzusetzen. Atomkraftwerke, deren Bau in der Bundesrepublik bei der Bevölkerung nicht mehr durchsetzbar sei, brauche die DDR nicht als Wirtschaftshilfe aus der BRD.

Zeitungen und Zeitschriften aus der Bundesrepublik sollen in den nächsten Monaten an Kiosken zu kaufen sein. Wie Postminister Klaus Wolf ankündigt, lägen bereits zahlreiche Angebote renommierter Verlage vor. Vor Vertragsabschluß seien aber noch offene Finanzierungsfragen zu klären. Statt Abonnements bevorzuge das Ministerium einen freien Verkauf der Blätter, um die zumeist weiblichen Zusteller der Post nicht noch mehr durch zusätzliches Gewicht zu belasten.

Mittwoch, 17. Januar

Der innere Zersetzungsprozeß der SED-PDS hält an. Eine weitere Strömung meldet sich zu Wort. Im „Neuen Deutschland" veröffentlicht die Initiative für eine „Plattform demokratischer Sozialismus" einen Aufruf, in dem sie sich für eine konsequentere Demokratisierung der Partei einsetzt. „Wir sind besorgt, daß sich mit dem außerordentlichen Parteitag zwar das äußere Erscheinungsbild der SED-PDS verändert hat, der tatsächliche Bruch mit der Vergangenheit im Inneren der Partei jedoch noch nicht vollzogen ist", heißt es darin.

In der „tageszeitung" kritisiert der SED-Reformer Rainer Land öffentlich die Entwicklung seiner Partei. „Jetzt, nachdem das alte totalitäre Machtregime gebrochen ist und in der SED-PDS formal nach Mehrheiten entschieden wird, zeigt sich, daß die Hoffnungen sich nicht erfüllen. Der Reformflügel ist wieder in der Minderheit, schlimmer ist aber: Er wird nach wie vor von einer praktischen Wirkung auf die Politik ausgeschlossen."

Im Rat der thüringischen Stadt Weimar wird die SED-PDS keinen Einfluß mehr auf kommende politische Entscheidungen haben. Alle ihre bisher noch der Partei angehörigen Ratsmitglieder mit Oberbürgermeister Volkhardt Germer an der Spitze geben ihren Austritt aus der Partei bekannt.

Der Druck auf die Koalitionsregierung von Ministerpräsident Modrow wächst: Die CDU kündigt ihren Austritt aus der Regierung an. Die oppositionellen Gruppierungen, die Modrow in letzter Zeit mehrmals zur Regierungsbeteiligung aufgefordert hat, halten sich ihrerseits bedeckt oder erteilen – wie SPD-Geschäftsführer Ibrahim Böhme – Modrow eine Absage. Die Entscheidung über den bevorstehenden Ausstieg der CDU soll laut Generalsekretär Kirchner noch in dieser Woche auf einer Präsidiumssitzung gefällt werden.

Der Vorstand der Handwerkskammer des Bezirks Gera ruft die privaten Handwerker dazu auf, keine Steuern mehr an den Staat abzuführen. Die Kammer will damit gegen die „mehr als halbherzigen Maßnahmen" der Regierung protestieren, „die alle Handwerker nur noch mehr beunruhigen und verärgern", heißt es in dem in der „Thüringischen Landeszeitung" veröffentlichten Aufruf. Sämtliche Betriebssteuern der Handwerker für das Kalenderjahr 1990 sollen auf Sperrkonten gehen und von Selbstkontrollausschüssen verwaltet werden.

In der DDR sind inzwischen 13 neue Parteien entstanden. Gegenwärtig sind 154 Vereinigungen staatlich anerkannt, teilt Gotthard Hubrich, Hauptabteilungsleiter im Innenministerium, mit. Weitere 113 Vereinigungen arbeiteten „auf der Grundlage von

Rechtsvorschriften", zum Beispiel im Gesundheitswesen und in der Kultur. Täglich erreichen das Innenministerium zwei bis drei Anträge von neuen Vereinigungen.

Durch einen unbefristeten Streik versuchen Gefangene der Strafvollzugsanstalt Karl-Marx-Stadt ihre Einbeziehung in die vor Weihnachten verkündete Amnestie durchzusetzen. Alle Gefangenen, mit Ausnahme der in Versorgungsbereichen eingesetzten, haben die Arbeit niedergelegt. Die Streikenden fordern gleiches Recht für alle Strafgefangenen im Land.

Donnerstag, 18. Januar

Mit der Mahnung, den Erfolg der Demokratiebewegung nicht zu verspielen, eröffnet Monsignore Karl-Heinz Ducke die achte Sitzung des Runden Tisches in Ost-Berlin. Dieses Dialoggremium verdanke seine Existenz dem Volk. Seine Teilnehmer dürften daher nie „über oder gegen das Volk, sondern immer nur mit dem Volk und für das Volk sprechen".

Die Lage ist nach Ansicht von Ministerpräsident Modrow weiterhin angespannt. Die Vorgänge vom vergangenen Montag, als Tausende aufgebrachter DDR-Bürger die ehemalige Stasi-Zentrale in Ost-Berlin stürmten und teilweise verwüsteten, signalisiere, wie dringend sich die Frage nach der Zusammenarbeit aller politischen Kräfte und Parteien stelle.

Die Ankündigung des Generalsekretärs der CDU, Martin Kirchner, seine Partei werde die Regierung von Ministerpräsident Modrow (SED-PDS) verlassen, sei ein Alleingang gewesen. Parteichef Lothar de Maizière bezeichnet dessen Äußerungen als „ungedecktes, verfrühtes Vorpreschen ohne Absprache". Zuvor hatte SPD-Geschäftsführer Ibrahim Böhme die CDU und die anderen Parteien eindringlich gemahnt, in der Regierung zu bleiben. Ein Zerfasern des Kabinetts würde zu einem früheren Wahltermin führen, was der Opposition nur schaden könne.

Der bisherige Sonderbeauftragte der Regierung für die Stasi-Auflösung, Kurt Halbritter, der bei den Vertretern des Runden Tisches auf starke Kritik gestoßen war, wird von den Beratungen am Runden Tisch zurückgezogen. Die Arbeitsgruppe Sicherheit des Runden Tisches erhält zusätzliche Kompetenzen und darf nun auch die entsprechenden Regierungsgremien kontrollieren.

Die Oppositionsparteien des Runden Tisches setzen weiterhin durch, daß sie künftig ein Rederecht in der Volkskammer erhalten. Außerdem wird ein Beschluß verabschiedet, wonach jegliche Medienzensur verboten wird und das uneingeschränkte Recht der Bürger auf Meinungsfreiheit sowie freier Zugang zu Informationen gewährleistet werden. Ferner soll ein Medienkontrollrat geschaffen werden, dem alle Vertreter der am Runden Tisch beteiligten Parteien und Gruppierungen angehören.

Wenig später gibt der Generalintendant des DDR-Fernsehens, Hans Bentzien, bekannt, daß alle Parteien und politischen Gruppierungen künftig im DDR-Fernsehen gleichberechtigt zu Wort kommen sollen. Es werde dafür gesorgt, daß sich alle politischen Bewegungen vor der Wahl am 6. Mai mit ihren Programmen vorstellen können. Es werde genau darauf geachtet, daß jeder die gleichen Chancen hat.

Die Regierung will mit den EG-Staaten und Jugoslawien über Reiseerleichterungen für ihre Bürger verhandeln. Danach sollen sich DDR-Bürger mit Reisepässen künftig bis zu drei Monaten in den betreffenden Ländern aufhalten können, ohne ein Visum oder Valuta vorweisen zu müssen. Durch eine solche Regelung erhofft man sich ein Abschwellen des Ausreisestroms.

Bundeskanzler Helmut Kohl schlägt vor, die für den 6. Mai geplanten Volkskammerwahlen vorzuverlegen, da die Modrow-Regierung rapide an Vertrauen verliere. Aus Bonner Regierungskreisen verlautet zusätzlich, ein solcher Schritt könne durch den Austritt der Ost-CDU aus der Regierung nur beschleunigt werden.

In Potsdam gründet sich mit der „Deutschen Volkspolizei Gewerkschaft" die erste unabhängige Gewerkschaft der DDR. Die neue Arbeitnehmervertretung forderte alle Gewerkschaftsgruppen des Ost-Berliner Innenministeriums auf, sich ihr anzuschließen.

Rund 2 500 früher an der Grenze der DDR zur Bundesrepublik eingesetzte Wachhunde sollen in den nächsten Tagen und Wochen in die Bundesrepublik „übersiedeln". Das teilt der Deutsche Tierschutzbund der BRD mit. Die Wachhunde konnten in der DDR nicht in private Hände vermittelt werden. Die Schäferhunde, Schnauzer, Rottweiler und Mischlinge seien kerngesund, gegen Staupe und Tollwut geimpft, durchschnittlich vier Jahre alt und ausgesprochen menschenfreundlich. Sie seien nicht, wie behauptet, „auf den Mann" abgerichtet worden, sondern hätten ausschließlich als Wachhunde gedient.

Freitag, 19. Januar

Der stellvertretende Vorsitzende der Ost-CDU, Gottfried Müller, erwartet, daß eine Mehrheit seiner Partei den Austritt aus der Regierung durchsetzen wird. „Es wird nicht viel anderes übrigbleiben", sagt Müller vor der Präsidiumssitzung seiner Partei in einem Radiointerview. Zur Forderung von SPD-Geschäftsführer Ibrahim Böhme, die CDU solle bis zur Wahl am 6. Mai im Kabinett bleiben, erklärt Müller, diese Empfehlung des politischen Gegners sei „ein Argument, schleunigst aus der Regierung herauszugehen".

Der Bruch der von Ministerpräsident Modrow geführten Koalitionsregierung wird vorerst jedoch abgewendet. Die Führungsspitzen der CDU und der Liberaldemokraten entscheiden nach mehrstündigen Sitzungen mit jeweils großer Mehrheit, weiterhin Regierungsverantwortung zu tragen.

Der Demokratische Aufbruch will nach den Worten von Pfarrer Rainer Eppelmann weiter ein breites politisches Spektrum vertreten. Er hoffe, daß von dem Entschluß Friedrich Schorlemmers, in die SPD einzutreten, keine Signalwirkung für weitere Mitglieder des Demokratischen Aufbruch ausgehe. Parteivize Neubert bestätigt, daß der Druck groß sei, sich mehr nach rechts zu orientieren.

SED-PDS-Vorsitzender Gregor Gysi bezeichnet die lauter werdenden Forderungen nach Auflösung der Partei als eine „Katastrophe". Es werde unter den jetzigen Bedingungen nicht gelingen, eine neue Partei zu formieren. Die SED-PDS sei die einzige

Kraft, die die Eigenstaatlichkeit der DDR noch gewährleiste und damit auch die Stabilität in Europa.

Die steuerrechtliche Abzugsfähigkeit von Spenden für Oppositionsparteien in der DDR fordert der rheinland-pfälzische CDU-Landesvorsitzende Hans-Otto Wilhelm. Selbst wenn es eine rechtlich garantierte Chancengleichheit für alle Parteien bei der Wahl am 6. Mai geben sollte, werde die SED tatsächlich Vorteile haben, betont der CDU-Politiker. Sie habe entscheidenden Einfluß auf die Medien und sei bis in die untersten Ebenen durchorganisiert.

Die sofortige Einführung der Konvertierbarkeit der Mark der DDR dürfte nach Meinung von Prof. Johannes Welcker von der Universität Saarbrücken „binnen einer Woche" die Läden mit Waren füllen, wenn diese auch zunächst der Bevölkerung teuer erscheinen würden. Gleichzeitig würde das staatlich verordnete Lohn- und Preisgefüge in Bewegung kommen und die Betriebe sich sofort auf den internationalen Wettbewerb einstellen, argumentiert Welcker.

4,1 Millionen DDR-Bürger haben seit Jahresbeginn Reisegeld im Umfang von 570 Millionen DM erworben. Etwa zwei Drittel kauften den vollen Betrag von 200 DM, die anderen nahmen nur 100 DM beziehungsweise 50 DM für Kinder oder Teilbeträge dieser Summe in Anspruch, berichtet der Vizepräsident der Staatsbank, Hans Taut.

Zöllner haben im Dezember wegen Verletzung der Aus- und Einfuhrbestimmungen über 5 600 Zoll- und Devisenstrafverfahren eingeleitet. Gegenstände im Wert von 1,4 Millionen DDR-Mark sowie Zahlungsmittel in einer Höhe von etwa einer Million DDR-Mark wurden eingezogen. Wie weiter bekannt wird, bearbeitete der Zollfahndungsdienst im selben Zeitraum 52 Ermittlungsverfahren mit einem Schadensumfang von 8,7 Millionen Mark. Sie betrafen die Ausfuhr von verbotenen Gegenständen wie Schuhwaren, Kindertextilien, Backzutaten und Gemüse, die ungesetzliche Aus- und Einfuhr von DDR-Mark, die Einfuhr von Erzeugnissen der Unterhaltungselektronik „zu spekulativen Zwecken" sowie die Ausfuhr von Kulturgut und antiquarischen Gegenständen.

In Leipzig protestieren Studentinnen der Pädagogischen Fachschule für Kindergärtnerinnen mit Kerzen und Transparenten gegen den hergebrachten Unterricht, den sie als überholt bezeichnen. In Frankfurt/Oder legen die Krankenwagenfahrer in einem dreistündigen Warnstreik die Arbeit nieder, um ihren Forderungen nach höherer Entlohnung und besseren Arbeitsbedingungen Nachdruck zu verleihen. Bus- und Taxifahrer bringen in Suhl den Personenverkehr durch einen Warnstreik vollständig zum Erliegen.

Auf ungewöhnliche Weise würdigen vier Studenten der Fachhochschule für Weinbau- und Getränketechnologie Geisenheim/Rheingau die Öffnung der deutsch-deutschen Grenze am 9. November 1989. Sie entwickeln ein Sonderetikett für Weinflaschen, auf dem das Brandenburger Tor mit den Flaggen beider deutscher Staaten zu sehen ist. „Durchbruch '89" heißt der halbtrockene rheinische Landwein.

Samstag, 20. Januar

Nach der Entscheidung der CDU, in der Regierung von Ministerpräsident Hans Modrow zu verbleiben, ist in der Bonner Union ein offener Streit über die weitere Zusammenarbeit mit der DDR-Partei entbrannt. CDU-Generalsekretär Volker Rühe und der CSU-Vorsitzende Theo Waigel rücken in scharfer Form davon ab, während der stellvertretende Parteichef Heiner Geißler und der West-Berliner CDU-Vorsitzende Eberhard Diepgen an einer weiteren Unterstützung festhalten wollen. Auch in der DDR geht der Streit um den politischen Kurs der CDU trotz der Entscheidung des Parteipräsidiums weiter, ihre beiden Minister nicht aus der Koalitionsregierung abzuziehen. Generalsekretär Martin Kirchner, der am entschiedensten für einen Bruch mit der Regierung Modrow plädiert hatte, schloß seinen Parteiaustritt nicht aus, wenn es bei dem Beschluß bleiben sollte.

In Leipzig beschließen zwölf christliche, liberale und konservative Gruppen die Gründung der Deutschen Sozialen Union (DSU). Zum Vorsitzenden wird der Leipziger Pfarrer Hans-Wilhelm Ebeling gewählt. Die Partei setzt sich für eine schnellstmögliche deutsche Vereinigung ein und versteht sich als Schwesterpartei der Unionsparteien der Bundesrepublik.

Die SED-PDS bekennt sich nunmehr auch offiziell zur Marktwirtschaft. Die wirtschaftliche Umgestaltung erfordere einen „radikalen Bruch mit dem bisherigen zentralistischen Kommandosystem der Wirtschaft", heißt es in einem Bericht des „Neuen Deutschland". Es sei eine wichtige historische Erfahrung, daß das bisherige System die Triebkräfte des internationalen Marktes nicht ersetzen könne und der Marktwirtschaft unterlegen sei.

Die Zentrale Schiedskommission der SED-PDS schließt über die Hälfte der ehemaligen Politbüromitglieder aus der Partei aus, da diese „durchweg persönliche Verantwortung für die existenzbedrohende Krise in der Partei und im Lande" tragen. Die Tätigkeit der ausgeschlossenen Spitzenfunktionäre sei im eindeutigen Gegensatz zum Statut von „Subjektivismus, Egoismus, Lobhudelei, Schönfärberei und der ständigen Verletzung des Prinzips der Kollektivität" geprägt gewesen. Egon Krenz legt als einziger Widerspruch dagegen ein.

Genau 28 Jahre, fünf Monate und sieben Tage nach dem 13. August 1961 beginnt die DDR offiziell mit dem Verkauf der Berliner Mauer. Die „Mauervermarktung" nach den Kriterien von Angebot und Nachfrage hat die Außenhandelsfirma Limex-Bau Export-Import übernommen.

Umweltschützer aus beiden deutschen Staaten fordern die Schließung der Deponie Vorketzin und einen sofortigen Stopp der Sondermüllimporte aus der BRD und West-Berlin. Bei einem Umwelt-Aktionswochenende in Ketzin (Bezirk Potsdam) wird darauf verwiesen, daß die Deponie keine Abdichtung habe und austretendes Gift direkt ins Grundwasser oder in die Havel gelangen könne.

Jeder dritte DDR-Bürger wird stärker als zugelassen durch Schwefeldioxid belastet. Gut ein Viertel der Bevölkerung ist übermäßigen Staubemissionen ausgesetzt. Dies geht aus einem Bericht der Kommission Umweltpolitik beim Vorstand der Bauernpartei hervor, über den die „Berliner Zeitung" berichtet. Der

Untersuchung zufolge gehört die DDR zu den am höchsten schadstoffbelasteten Ländern Europas.

Die DDR ist nach einem Bericht des Nachrichtenmagazins „Der Spiegel" im Jahre 1976 nur durch Zufall einer Atomkatastrophe entgangen. Im Kernkraftwerk Lubmin bei Greifswald habe nach einem Brand im Stromnetz und einem Ausfall von elf Pumpen nur eine einzige Noteinrichtung geholfen, die Kernschmelze zu vermeiden.

Reuige ehemalige Mitarbeiter des Staatssicherheitsdienstes könnten eine Chance auf eine neue Stellung in kirchlichen Sozialeinrichtungen des Landes erhalten. Der Präsident des Diakonischen Werkes der DDR, Ernst Petzold, bekundet die Bereitschaft seiner Organisation, unter bestimmten Bedingungen auch früheren Leuten des Staatssicherheitsdienstes zu einer neuen Aufgabe zu verhelfen. Er sagt: „Ich würde die Einstellung von einem persönlichen Gespräch abhängig machen, in dem mir die Motivation des Bewerbers deutlich wird. Die Mitarbeiterschaft muß reinen Wein eingeschenkt bekommen und dazu stehen: Ja, wir nehmen ihn als Christen, ohne hochmütig zu sein, bei uns auf – auch im Wissen um unsere eigene Schwachheit. Auch wir haben es nötig, Buße zu tun und neu anzufangen. Da soll keiner ausgeschlossen werden."

In Plauen demonstrieren rund 35 000 Menschen für eine Auflösung der regierenden SED-PDS. Mehrere Parteien – darunter die SPD und die Grüne Partei – sowie Bürgerbewegungen stellen während der Kundgebung ihre Wahlprogramme vor.

Sonntag, 21. Januar

Die Krise der SED-PDS spitzt sich dramatisch zu. Der stellvertretende Parteivorsitzende und populäre Dresdener Oberbürgermeister, Wolfgang Berghofer, erklärt mit 39 weiteren Parteimitgliedern seinen Austritt. In einer am Abend verbreiteten Erklärung der 40 heißt es, sie unterstützten eine „sozialdemokratische Programmatik". Mit ihrem Parteiaustritt wollten sie sich nicht der Mitverantwortung für die Vergangenheit entziehen, es gehe ihnen auch nicht um politische Ämter. Berghofer und die übrigen Ex-Parteimitglieder fordern die Auflösung der SED-PDS.

Mit einem eindringlichen Appell vor dem Vorstand kann Parteichef Gregor Gysi einen solchen Beschluß abwenden. Bei der Sitzung in Ost-Berlin schließt er eine künftige Oppositionsrolle seiner Partei jedoch nicht mehr aus. Der Parteivorstand spricht sich für die Abschaffung des bisherigen Doppelnamens und des Symbols der SED aus. Künftig sollte die Partei nur noch den Namen PDS tragen.

Gegen führende Politiker, darunter den früheren Parlamentspräsidenten Horst Sindermann und Ex-Bauminister Wolfgang Junker, wird Haftbefehl wegen Veruntreuung und Vertrauensmißbrauchs erlassen und vollstreckt.

Die Staatsanwaltschaft Leipzig hat gegen Finanzministerin Uta Nickel (SED-PDS) ein Ermittlungsverfahren wegen Untreue eingeleitet. Dies teilt der Generalstaatsanwalt mit. Frau Nickel wird vorgeworfen, als Ratsmitglied für Finanzen und Preise des Bezirkes Leipzig ungesetzliche Zahlungen zum Schaden des sozialistischen Eigentums veranlaßt zu haben.

Die Oppositionsgruppierung Demokratischer Aufbruch, die sich vor wenigen Wochen als Partei gegründet hatte, will eine „Partei der Mitte" sein und die „antisozialistischen, christlichen, liberalen, sozialen und konservativen Kräfte" für die Wahl am 6. Mai bündeln. Vorsitzender Wolfgang Schnur fordert bei der Gründung des thüringischen Landesverbandes ein „starkes Wahlbündnis der politischen Mitte". Die Partei bekräftigt ihr Bekenntnis zur staatlichen Einheit Deutschlands und zur Einführung einer sozial-ökologischen Marktwirtschaft.

Die Bewegung Demokratie Jetzt widersetzt sich als einzige Oppositionsgruppe dem allgemeinen Wiedervereinigungstrend. Zum Abschluß des 1. Landestreffens bekräftigen die Delegierten in einer Erklärung, daß sie eine „Wiedervereinigung in Form eines Anschlusses" ebenso ablehnen wie „alle Versuche, die sofortige Einheit zu realisieren oder zu erzwingen". Sie sprechen sich für eine schrittweise Annäherung über einen Drei-Stufen-Plan hin zu einem entmilitarisierten Deutschland aus. Hans-Jürgen Fischbeck, Konrad Weiß und Wolfgang Ullmann werden zu Sprechern der Bürgerbewegung gewählt.

Die Nationaldemokraten beschließen während ihres zweitägigen Sonderparteitages in Ost-Berlin mit großer Mehrheit einen Acht-Stufen-Plan zur deutschen Einheit bis zum Jahr 1995 und ein überarbeitetes Parteistatut. Darin wird der Name National-Demokratische Partei Deutschlands (NDPD) unverändert beibehalten. Mitglied der NDPD könnten nur DDR-Bürger werden. Ein Passus, der die Mitgliedschaft auch auf „andere Angehörige deutscher Nationalität" ausweiten sollte, wurde aus „völkerrechtlichen Gründen" gestrichen. Neuer Parteivorsitzender wird Wolfgang Glaeser, der einen aggressiven Wahlkampf, vor allem gegen die PDS, verspricht und sich für die Annahme jedweder Hilfe einsetzt.

Der Ost-Berliner Philosoph und Ökomarxist Wolfgang Harich legt einen Plan für ein vereinigtes und blockfreies Deutschland vor. Ziel ist ein „rot-grünes Deutschland", das binnen zwei Jahren zu verwirklichen sei. Nach dem Konzept Harichs, der 1956 mit einer „Plattform über den besonderen deutschen Weg zum Sozialismus" bekannt geworden und 1957 als „Kopf" einer oppositionellen SED-Gruppe zu zehn Jahren Zuchthaus verurteilt worden war, sollen die beiden Militärbündnisse in Ost und West durch ein gemeinsames europäisches Sicherheitssystem ersetzt werden. Bereits Anfang 1991 sollen die beiden deutschen Regierungen konkrete Maßnahmen zur Schaffung einer deutschen Konföderation ergreifen und eine Verfassungskommission mit Sitz in West-Berlin einsetzen. Sollten sich NATO und Warschauer Pakt dem Gedanken einer Auflösung widersetzen, „könnten wir auch den Weg der gemeinsamen Neutralisierung gehen", meint Harich.

Durch einen symbolischen Massenauszug aus der DDR demonstrieren rund 50 000 Bewohner des Eichsfeldes am niedersächsischen Grenzübergang Duderstadt-Worbis (Landkreis Göttingen) gegen die Politik der SED-PDS. Mit Koffern in der Hand kommen ganze Familien für einige Stunden in den Westen, um der Regierungspartei mögliche Konsequenzen einer weiteren „Verschleppung von Reformen" vor Augen zu führen. Sie tragen

Transparente mit der Aufschrift „Diesmal gehen wir noch einmal zurück".

Montag, 22. Januar

Finanzministerin Uta Nickel tritt wegen des gegen sie erhobenen schweren Vorwurfs der Untreue zurück. In einem Interview mit der „Berliner Zeitung" hatte sie zuvor noch bestritten, ungesetzliche Zahlungen zum Schaden sozialistischen Eigentums veranlaßt zu haben.

Ministerpräsident Hans Modrow bietet den Oppositionsvertretern während der neunten Sitzung am Runden Tisch in Ost-Berlin Ministerposten an. Sie sollten ihm so bald wie möglich Vorschläge zur Beteiligung an der Regierung unterbreiten. Er wolle noch in dieser Woche Koalitionsgespräche führen und bereits in der nächsten Woche eine neue Große Koalition vereinbaren.

Zugleich wird der Opposition auch eine umfassende Mitarbeit auf kommunaler Ebene angeboten. Entsprechende Vorschläge unterbreitet der zuständige Minister Peter Moreth (LDPD) am Runden Tisch. Die örtlichen Volksvertretungen sollen ermächtigt werden, unverzüglich Vertreter der Opposition in die kommunalen Parlamente, deren Kommissionen, Arbeitsgruppen und in Beiräte als Mitglieder aufzunehmen.

Die SPD signalisiert ihre Bereitschaft zur Mitarbeit in der Regierung. Geschäftsführer Ibrahim Böhme bestätigt, daß die Opposition bereit sei, in einer „Notsituation" ohne lange Koalitionsverhandlungen in die Regierung einzutreten. Dafür müßten die Kriterien für eine Notsituation dargelegt werden. Die SPD schlage für die nächste Zeit Gespräche mit Modrow vor, um solche Kriterien zu benennen. Das Angebot Modrows habe er mit „Interesse zur Kenntnis" genommen. Böhme erklärt seine volle Loyalität zur Regierung und spricht sich gegen Aufrufe zum Generalstreik aus.

Die Modrow-Regierung setzt ihre Bemühungen um den baldigen Abschluß eines Vertrages mit der Bundesrepublik über Zusammenarbeit und nachbarschaftliche Beziehungen fort, berichtet Außenminister Oskar Fischer (SED-PDS) vor dem Runden Tisch in Ost-Berlin. Die angestrebte Vertragsgemeinschaft könne später zu einer Konföderation ausgebaut werden. Es gebe auch im Ausland keine Stimmen gegen eine gesamteuropäische Konföderation, bei der die beiden deutschen Staaten zu einem deutschen staatlichen Gemeinwesen zusammenwachsen könnten.

Der britische Außenminister Douglas Hurd unterstreicht bei einem Besuch in Ost-Berlin, daß Großbritannien „das Recht auf freie Selbstbestimmung der Deutschen" immer unterstütze. „Das Verhältnis zwischen den beiden deutschen Staaten muß von den Deutschen selbst auf freiem und demokratischem Wege entschieden werden", erklärt er während seines mehrtägigen Besuches in der DDR.

Verteidigungsminister Theodor Hoffmann unterstreicht die Loyalität der Nationalen Volksarmee „zur demokratischen Revolution in der DDR" und zur Regierung Modrow. Hintergrund ist ein Bericht der „Bild"-Zeitung über Vorbereitungen eines Putschversuches von ehemaligen Stasi-Mitarbeitern und der Armee, der auf entschiedene Ablehnung bei allen Teilnehmern des Runden Tisches stößt.

Das Staatliche Amt für Atomsicherheit und Strahlenschutz bestätigt dem Bonner Umweltministerium den „Spiegel"-Bericht, wonach sich die DDR 1976 tatsächlich nahe an einer Atomkatastrophe befunden hat. Nach einem Brand im Kabelnetz des AKW Greifswald sei es nur mit Hilfe einer zufällig funktionierenden Pumpe gelungen, eine Kernschmelze zu verhindern. Umweltminister Töpfer war bei seinem Besuch letzte Woche die Beinahe-Katastrophe verschwiegen worden.

Innerhalb der CDU/CSU-Bundestagsfraktion hält der Streit über den weiteren Umgang mit der Ost-CDU an. Gegen einen Abbruch der Beziehungen spricht sich der Parlamentarische Geschäftsführer Friedrich Bohl aus. Es gebe nach wie vor die Hoffnung, daß der „quälende Prozeß der Selbstreinigung" dieser ehemaligen Blockpartei weitergehe. Gleichzeitig sollen die Bemühungen der Unionsparteien, einen gleichgesinnten bevorzugten Gesprächspartner in der DDR zu finden, fortgesetzt werden, heißt es am Rande der zweitägigen Beratungen der CDU/CSU-Abgeordneten in Berlin.

Immer mehr Bundesbürger befürworten inzwischen die deutsche Vereinigung und rechnen bald mit deren Verwirklichung. 74 Prozent der Befragten sprachen sich im Januar für eine Wiedervereinigung aus, 14 Prozent sagten nein. 68 Prozent erwarten eine solche Entwicklung bis spätestens in zehn Jahren. Der in Bonn umstrittene Besuch von Ministerpräsident Modrow Anfang Februar wird von 73,5 Prozent der Bundesbürger begrüßt.

In Leipzig demonstrieren am Abend über 100 000 Personen, die eine schnelle Vereinigung beider deutscher Staaten sowie die Entmachtung der SED fordern. Dabei kommt es laut ADN zu einer „regelrechten Hetzjagd" auf eine Gruppe junger Linker, die mit Sprechchören, Transparenten und DDR-Fahnen auf sich aufmerksam gemacht hatte. Sie erregten das Mißfallen der für deutsche Einheit und gegen „Rote" auf die Straße gegangenen Bürger, die die Gegendemonstranten unter wüsten Beschimpfungen in die Flucht geschlagen hätten, so daß diese sich schließlich in die Mensa der Karl-Marx-Universität retten mußten.

Demonstrationen werden auch aus Dresden, Karl-Marx-Stadt, Magdeburg, Halle, Schwerin, Suhl, Potsdam und Cottbus gemeldet.

Dienstag, 23. Januar

Ein Wachstum von nur zwei statt der geplanten vier Prozent erzielte die Wirtschaft im vergangenen Jahr im Vergleich zu 1988. Das in der Volkswirtschaft produzierte Nationaleinkommen – vergleichbar mit dem Bruttosozialprodukt ohne Dienstleistungen – beträgt für 1989 etwas mehr als 273,5 Milliarden Mark. Diese und weitere Eckdaten für die wirtschaftliche und soziale Entwicklung veröffentlicht in Ost-Berlin die Staatliche Zentralverwaltung für Statistik. Der geplante Beitrag zum Wachstum des Nationaleinkommens sei in keinem der volkswirtschaftlichen Hauptbereiche erreicht worden.

In der DDR gibt es derzeit bis zu 85 000 Arbeitslose. Das teilt

Wahlkampfveranstaltung der NDPD in der Berliner Kongreßhalle, zugeschnitten auf das Kleingewerbe und den Mittelstand

Frühere Partner als politische Widersacher: Vera Wollenberger (Grüne) und Wolfgang Schnur (Demokratischer Aufbruch)

Werner Peplowski vom Gewerkschaftsbund FDGB mit. Er fordert die Regierung auf, einen speziellen Fonds zur Arbeitslosenunterstützung im Staatshaushalt zu planen.

Die Oppositionsgruppe Demokratischer Aufbruch kritisiert das Wirtschaftsreformprogramm der Regierung von Ministerpräsident Hans Modrow als unbrauchbar. Das Programm sei mit „heißer Nadel" zusammengeflickt, in sich widersprüchlich und werde der tatsächlichen Situation nicht gerecht. Es sei ein Traum, wenn die Wirtschaftsreformer der Regierung planwirtschaftliche und marktwirtschaftliche, dirigistische und auf Eigeninitiative beruhende Elemente verbinden und harmonisieren wollten. Es müsse konsequent eine Marktwirtschaft mit weitestgehender unternehmerischer Freiheit, einem leistungsfähigen Sozialsystem und einem den Wettbewerb fördernden ordnungspolitischen Rahmen angestrebt werden, sagt der Wirtschaftsexperte des DA, Martin Dube, vor der in Berlin tagenden CDU/CSU-Bundestagsfraktion.

Der Vorsitzende der Nationaldemokraten, Wolfgang Glaeser, tritt zwei Tage nach seiner Wahl zurück. Er wolle und könne sich nicht „zur Personifizierung des rechten Flügels in der Partei machen", wie dies nach seinem Schlußwort auf dem Parteitag geschehen sei, gibt er zur Begründung an.

Das weithin sichtbare fast fünf Meter hohe Symbol der Sozialistischen Einheitspartei Deutschlands mit den ineinandergreifenden Händen am Haus des SED-PDS-Parteivorstandes am Werderschen Markt in Ost-Berlin – dem ehemaligen SED-ZK-Gebäude – wird demontiert, was in den Medien als Ausdruck des zunehmenden Machtverlustes der Partei gewertet wird.

Wie der Schatzmeister der Ost-Sozialdemokraten, Gerd Döhling, mitteilt, erhält die SPD altes Vermögen der Sozialdemokratie zurück. Es gebe ein entsprechendes Angebot der SED-PDS, das von Ministerpräsident Hans Modrow übermittelt worden sei. Das ehemalige Vermögen der Sozialdemokratie umfasse Immobilien, die der SPD vor 1933 gehört haben, sowie Druckereien und Gebäude von Organisationen, die der SPD nahestanden. Bereits in der nächsten Woche bezieht die SPD eigenen Angaben zufolge in Ost-Berlin die frühere Parteihochschule der SED.

Der Parteivorstand der SED-PDS bestreitet am Abend die geplante Übergabe des Gebäudes der Parteihochschule an die SPD. Dies sei „bisher weder geplant noch vereinbart". Gesprochen worden sei lediglich über die Nutzung von Räumen durch die SPD. Der SPD sei auch kein Ersatz früheren Eigentums angeboten worden. Vielmehr sei es so, daß sich die PDS von einem großen Teil parteieigener Betriebe der SED trenne, die entweder in genossenschaftliches oder in Volkseigentum überführt werden. Soweit eine Überführung in Volkseigentum stattfinde, sei der Regierung empfohlen worden, die Übertragung der Rechtsträgerschaft an neue Parteien und Bewegungen, das heißt auch an die SPD, zu prüfen.

Die Erstunterzeichner des Aufrufs „Für unser Land" vom 28. November 1989 ziehen Bilanz. Danach haben sich 1,16 Millionen Bürger für die weitere Eigenständigkeit der DDR und gegen den Ausverkauf der materiellen und moralischen Werte der DDR-Bürger ausgesprochen. Zu den Erstunterzeichnern zählen die Schriftsteller Christa Wolf, Stefan Heym und Volker Braun sowie der Pfarrer Friedrich Schorlemmer.

Mittwoch, 24. Januar

Die Grundsätze für eine neue Verfassung sollen Ende März der Öffentlichkeit vorgelegt werden. Darüber informiert die Arbeitsgruppe „Neue Verfassung" des Runden Tisches. An hervorragender Stelle, so berichten die Vertreter der 16 beteiligten Parteien, politischen Gruppierungen und Bewegungen, stünden die Grund- und Menschenrechte. Weitere Schwerpunkte seien Wirtschafts- und Eigentumsfragen, die politische Willensbildung und die Staatsorganisation, einschließlich der Kommunalverfassung.

Der Vorsitzende der Liberaldemokraten, Manfred Gerlach, will von der politischen Bühne abtreten. Er werde bei den kommenden Volkskammerwahlen nicht als Kandidat zur Verfügung stehen, kündigt Gerlach an, der noch amtierender Staatsratsvorsitzender ist.

Die bundesdeutsche CDU will nach einem Zusammenschluß der christlichen, liberalen und konservativen Kräfte der DDR eine solche Allianz „massiv" unterstützen, kündigt CDU-Generalsekretär Rühe an. Der Vorsitzende des Demokratischen Aufbruch, Wolfgang Schnur, sagt: „Ich gehe davon aus, daß die Partei Demokratischer Aufbruch bereits ein Partner der CDU ist." Die bürgerlichen Parteien und Gruppierungen in der DDR müßten sich sehr schnell, spätestens bis Ende Februar, zusammenschließen.

In ein bis zwei Jahren sei der totale Kollaps der Wirtschaft absehbar, wenn notwendige Rohstoffe aufgrund fehlender Devisen nicht mehr importiert werden könnten. Bisherige Exportschlager würden sich auf dem Weltmarkt nicht mehr absetzen lassen. Dieses düstere Bild zeichnet der stellvertretende Direktor des Forschungsinstituts Manfred von Ardenne in Dresden, Siegfried Schiller. „Das Haus brennt", so Schiller in der Ost-CDU-Tageszeitung „Neue Union", „während sich die Regierung in zeitaufwendigen Arabesken produziert." Helfen könnten, so der Professor, nur westliche Investitionen in Höhe von 500 Milliarden Mark, weitere 100 bis 200 Milliarden seien zur Lösung von Umweltproblemen notwendig.

Donnerstag, 25. Januar

Die CDU zieht ihre Minister aus der Regierung zurück. Sie will damit den Weg für Verhandlungen mit den neuen Parteien und Gruppierungen im Vorfeld der Wahlen freimachen. Die CDU-Minister werden ihre Ämter bis zum 9. Februar geschäftsführend wahrnehmen, heißt es. Die CDU würde tolerieren, daß Ministerpräsident Modrow eine neue Regierung mit allen am Runden Tisch Beteiligten bilde, wenn er gleichzeitig das Ruhen seiner Mitgliedschaft und seiner Ämter in seiner Partei erkläre.

Ministerpräsident Hans Modrow trifft in Ost-Berlin Kanzleramtschef Rudolf Seiters. Die Unterredung im Hause des Ministerrats dient der Vorbereitung des Modrow-Besuchs in Bonn im kommenden Monat. Eine Annäherung der Positionen zum Thema Vertragsgemeinschaft kann nicht erzielt werden.

Der West-Berliner CDU-Vorsitzende Diepgen legt einen Fünf-Stufen-Plan vor, mit dem bis zum 8. Mai 1995, genau 50 Jahre nach Ende des Zweiten Weltkrieges, der Prozeß der deutschen Einheit abgeschlossen sein soll. Aufbauend auf dem Zehn-Punkte-Plan von Kohl regt Diepgen an, schrittweise eine Währungs-, Sozial- und Rechtsunion zu schaffen. Parallel mit der Wiedereinführung der Länder in der DDR sollte unverzüglich ein gemeinsamer „Rat der deutschen Länder" mit Sitz in Berlin gebildet werden. Möglichst bald müßten auch gesamtdeutsche Wahlen durchgeführt werden. Die daraus hervorgehende „Parlamentarische Versammlung" mit Sitz in Berlin sollte dann für eine Übergangszeit neben dem Bundestag und der Volkskammer alle Fragen einer gemeinsamen Verfassung und der Herbeiführung der staatlichen Einheit beraten.

Die Rufe nach der staatlichen Einheit Deutschlands auf jeder Dresdener Montagsdemonstration beweisen nach Ansicht des dortigen Oberbürgermeisters Wolfgang Berghofer, daß die deutsche Nation trotz zweistaatlicher Entwicklung erhalten geblieben ist. Berghofer wird in seinem Amt bestätigt und bis zu den Volkskammerwahlen Stadtoberhaupt bleiben. In seiner Erklärung vor der Stadtverordnetenversammlung stellt der als Reformpolitiker geltende Berghofer fest, daß sich keine eigenständige Nationalität der DDR herausgebildet hat.

Der Magdeburger Oberbürgermeister Werner Nothe fordert die SED-PDS am Runden Tisch der Stadt auf, sofort sämtliche politischen Aktivitäten auf dem Gebiet der Stadt Magdeburg einzustellen. Nothe gehört selbst der SED-PDS an und war im Dezember Delegierter beim Sonderparteitag der SED in Ost-Berlin. Er tritt für eine Selbstauflösung der Partei ein.

Alle acht SED-PDS-Ratsmitglieder der Spielzeugstadt Sonneberg in Thüringen, einschließlich des Bürgermeisters, erklären ihren Austritt aus der Partei. Sie wollen aber als Parteilose ihre Amtsgeschäfte bis zu den regulären Neuwahlen „in voller Verantwortung" weiterführen. Den neuen demokratischen Gruppierungen in Sonneberg, wie SPD, Podium und Bürgerinitiative, wird Sitz und Stimme in der Stadtverordnetenversammlung angeboten.

Die Regierung beschließt volle Gewerbefreiheit. Diese für Handwerk und Unternehmen bestimmte Regelung dient, wie Wirtschaftsministerin Christa Luft sagt, der weiteren wirtschaftlichen Stabilisierung des Landes. Mit der neuen Verordnung werden alle bisher bestehenden Beschränkungen etwa über die Größe der Unternehmen und über Importe aufgehoben.

Mit Hämmern zerstören in Erfurt Nachrichtenfachleute Teile der ehemaligen Stasi-Abhöranlage. Früher konnten damit schätzungsweise an die 150 Telefonanschlüsse gleichzeitig abgehört werden. Ferner seien Säcke mit gelöschten Tonbändern vorgefunden worden.

Die in der Bundesrepublik angebotenen Diensthunde der Grenztruppen sind nach Ansicht des Vereins für Deutsche Schäferhunde für unerfahrene Tierfreunde gefährlich. Derartige Hunde, die ohne soziale Kontakte zu Menschen gehalten werden, seien mit zunehmendem Alter nur schwer in Familien integrierbar und für normale Alltagsbedürfnisse kaum umzuziehen. Der Deutsche Tierschutzbund erweise sich mit seiner Werbeaktion für etwa 2 500 ausgemusterte DDR-Diensthunde „einen Bärendienst".

In Gera demonstrieren 20 000 Menschen für ein vereintes Deutschland und die Auflösung der SED-PDS. Weitere Demonstrationen finden in Rostock und Erfurt statt.

Freitag, 26. Januar

Die Opposition am Runden Tisch tritt am Vormittag zu einem abschließenden Gespräch über die Bedingungen für den Eintritt in die SED-PDS-geführte Regierung von Hans Modrow zusammen. Sprecher aller Parteien und Gruppierungen äußern die grundsätzliche Bereitschaft, mit in die Übergangsregierung zu gehen. Wolfgang Schnur, Vorsitzender des Demokratischen Aufbruch, spricht von der Notwendigkeit, bis zu den Volkskammerwahlen am 6. Mai eine Regierung der nationalen Verantwortung unter Einbeziehung der SED-PDS zu bilden.

Die Demokratische Bauernpartei Deutschlands (DBD) will vorgezogene Neuwahlen beantragen, falls eine Große Koalition in der Übergangsregierung Modrow nicht zustande kommt. Sie würde eine Regierungsbeteiligung der neuen Oppositionsgruppen sehr begrüßen, „um gemeinsam aus dieser Talsohle herauszugehen", sagt ein Parteisprecher.

Zufrieden zeigt sich Bundeswirtschaftsminister Haussmann (FDP) bei der Debatte im Bonner Bundestag um den Jahreswirtschaftsbericht 1990. Seit Bestehen der Bundesrepublik seien die ökonomischen Daten beim Start in ein neues Jahrzehnt noch nie so gut gewesen. Zugleich warnt er vor einer überschnellen deutsch-deutschen Währungsunion. Dazu seien im Vorfeld grundlegende Reformen notwendig.

SPD-Präsidiumsmitglied Egon Bahr spricht sich für eine feste Währungsrelation zwischen beiden deutschen Staaten aus. Bonn müsse dafür die Garantie übernehmen, sagt Bahr in Treffurt (Bezirk Erfurt) vor mehr als 1 000 Teilnehmern eines Bürgergesprächs zum Thema „Wie geht es weiter in den deutsch-deutschen Beziehungen?" Bahr appelliert in seiner Geburtsstadt an alle DDR-Bürger, „keine Hexenjagd" auf ehemalige SED-Mitglieder zu machen.

Die Leipziger Stadtverordnetenversammlung löst sich auf. Grund dafür ist ein durch den inhaftierten ehemaligen Oberbürgermeister Bernd Seidel zugegebener Wahlbetrug. Wie das amtierende Stadtoberhaupt Günther Hädrich (parteilos) in einer Erklärung des Rates unterstreicht, hätten die Abgeordneten damit keinerlei Legitimation. Ebenso hinfällig wurde damit die ursprünglich geplante Neuwahl des Oberbürgermeisters. Der Rat der Stadt arbeitet vorerst geschäftsführend weiter.

Der Verband der Journalisten der DDR (VDJ) bekennt sich zu konsequenter wahrheitsgetreuer Berichterstattung und bittet um Entschuldigung für die Verherrlichung einer stalinistisch geprägten Politik. Die Delegierten des Journalistenkongresses sprechen sich in Ost-Berlin mehrheitlich für ihr Streikrecht aus. Beschlossen wird ferner die Rehabilitierung in der Vergangenheit gemaßregelter Journalisten, darunter des ehemaligen Verbandsvorsitzenden Rudi Wetzel.

Die erste überregionale unabhängige Wochenzeitung der DDR kommt auf den Markt. Das Neue Forum hatte im Dezember eine Drucklizenz beantragt, und bringt nun – nach einer Rekordvorbereitungszeit von nur einem Monat – „die andere" heraus. Das 16seitige Blatt im klassischen Berliner Format wird von Chefre-

dakteur Dietmar Halbhuber „irgendwie basisdemokratisch" geführt, wie es im Editorial heißt.

Die Verlegerverbände der Bundesrepublik erheben Bedenken
gegen den Entwurf des DDR-Mediengesetzes. Der Hauptge-
schäftsführer des Bundesverbandes Deutscher Zeitungsverleger
(BDZV), Claus Detjen, sagt, die Vorlage müsse gründlich über-
arbeitet werden, da sie noch diskreditierte Begriffe wie Volkseigentum enthalte und sich auf nicht genau definierte Rechtsbe-
stimmungen beziehe. Der stellvertretende Präsident des
Verbandes Deutscher Zeitschriftenverleger (VDZ), Hans-Peter
Scherrer, macht Einwände gegen die Einrichtung eines „Medien-
kontrollrates" geltend.

Samstag, 27. Januar

Auf dem offiziellen Gründungskongreß des Neuen Forum in
Berlin erleidet die bis dahin dominierende linke Fraktion in der
Programmdebatte eine Niederlage. Statt einer Festschreibung
der Zweistaatlichkeit findet sich in der Grundsatzerklärung ein
Bekenntnis zur Einheit der deutschen Nation und zur schrittweisen Annäherung der beiden deutschen Staaten. In einem
Volksentscheid soll über den Modus der deutschen Einheit entschieden werden. Gleichzeitig wird das Neue Forum als „landesweite Bürgerinitiative" definiert, die sich für direkte Demokratie und eine Kontrolle des Marktes einsetzt. Man wolle sich
auf die eigenen Kräfte verlassen und nicht auf Hilfe von außen
bauen. Sprecher Jens Reich erklärt: „Die romantische Phase, die
wilde, die Sturm- und Drangzeit unserer Revolution ist vorbei.
Sie ist durch den begeisterten Aufbruch gekennzeichnet, durch
die Leipziger Demonstrationen, durch ‚Wir sind das Volk!' und
‚Wir bleiben hier!', durch die wunderbar phantasievolle Demonstration vom 4. November in Berlin. Sie endet mit dem 9.
November, dem Tag, an dem das Volk die Eierschale sprengte
und gänzlich unvorbereitet ins Freie drängte. Nach dem ersten
wahnsinnigen Karneval der entfesselten Freude kam der All-
tag." Er sei für das Neue Forum u.a. gekennzeichnet durch feh-

lende inhaltliche Klarheit und ungenügende Vernetzung der Basisgruppen.

Die Deutsche Forum-Partei (DFP) wählt auf ihrem Gründungsparteitag in Karl-Marx-Stadt den 37jährigen Diplomingenieur Jürgen Schmieder mehrheitlich zu ihrem Vorsitzenden. Im Programmentwurf bezeichnet sich die DFP als eine Volkspartei der politischen Mitte. Sie sei offen für Menschen verschiedener Weltanschauung und widersetze sich jedem Extremismus von rechts und links.

Die Freie Demokratische Partei (FDP) in der DDR spricht sich auf ihrer ersten landesweiten Delegiertenkonferenz in Ost-Berlin für eine schnelle deutsche Einheit aus. Ziel sei eine deutsch-deutsche Wirtschafts- und Währungsunion bis Ende 1990 sowie die Wiedervereinigung bis spätestens 1992.

Gegen eine Auflösung der SED-PDS stimmt die überwiegende Mehrheit der Kreissekretäre und der Vertreter der Bezirksvorstände der Partei auf einer zentralen Funktionärskonferenz in Berlin. Statt dessen wird beschlossen, „sich vollständig vom alten Parteinamen SED zu trennen".

Das ehemalige SED-Politbüromitglied Joachim Herrmann wird verhaftet. Gegen ihn wird im Zusammenhang „mit seiner Verantwortung für die grundrechtswidrige Medienpolitik der vergangenen Jahre wegen Hochverrats ermittelt", teilt die Generalstaatsanwaltschaft mit. Haftbefehl ergeht auch gegen den ehemaligen Chef der Staatlichen Plankommission, Gerhard Schürer. Ihm wird „verbrecherischer Vertrauensmißbrauch" vorgeworfen.

Die Zentralleitung des Komitees der antifaschistischen Widerstandskämpfer stellt nach fast vier Jahrzehnten Existenz ihre Tätigkeit ein. Die Einrichtung, „deren Mitglied man nur aufgrund der eigenen Herkunft oder mittels einer höheren ,Wahlfunktion' in einer anderen gesellschaftlichen Organisation oder Partei werden durfte", war im Grunde nur eine Art Vermächtnisverwalter, schreibt die „Junge Welt". Sie habe sich die Pflege des antifaschistischen Erbes auf die Fahnen geschrieben und „dabei dieses wichtige Gut zu Tode gepflegt".

Die Einrichtung eines Parlamentarischen Rates zur Vorbereitung eines gesamtdeutschen Bundesstaates schlägt der Generalsekretär der Ost-CDU, Martin Kirchner, vor. Sofort nach den Wahlen zur Volkskammer am 6. Mai sollte der Einigungsprozeß beginnen, durch die Bildung von Bundesländern. Kirchner spricht sich für einen gemeinsamen deutschen Reisepaß als „vorweggenommenes Symbol deutscher Einheit" aus. Den Menschen solle dieses Dokument „Zugang in die freie Welt" ermöglichen.

Mit einer Blockade des Grenzübergangs Lübeck-Schlutup protestieren am frühen Morgen rund 300 Menschen gegen die anhaltenden Müllexporte auf die Deponie Schönberg. Der Verkehr am Grenzübergang in Richtung DDR staut sich zeitweilig auf drei bis vier Kilometer, obwohl die Demonstranten alle 15 Minuten Personenwagen passieren lassen.

Sonntag, 28. Januar

Die Umweltschützer der Bundesrepublik und der DDR wollen ab sofort eng zusammenarbeiten und einen „gesamtdeutschen Grünen Runden Tisch" einberufen. Dieses Gremium, so beschließen rund 1 300 Vertreter der führenden Verbände beider Staaten in West-Berlin, soll als erste Maßnahme großflächige Naturschutzgebiete im bisherigen Todesstreifen der innerdeutschen Grenze durchsetzen.

Ministerpräsident Hans Modrow trifft mit den Vorsitzenden sowie weiteren Vertretern der Opposition und der ehemaligen Blockparteien zu Koalitionsverhandlungen zusammen. Erzielt wird eine Einigung auf ein „Vier-Punkte-Programm". Danach wird der Termin der Volkskammerwahlen vom 6. Mai auf den 18. März vorgezogen. Kommunalwahlen sollen am 6. Mai stattfinden. Es soll eine „Regierung der nationalen Verantwortung" gebildet werden.

Der Vorsitzende der Ost-CDU, Lothar de Maizière, reagiert zurückhaltend auf den Vorstoß des CSU-Vorsitzenden, Theo Waigel, jetzt die SPD der DDR hart anzugreifen: „Als Christ halte ich es lieber mit der Sachlichkeit. (...) Die westdeutsche Politik sollte uns gegenüber ihr Tempo verlangsamen und uns Zeit zum Nachdenken und zum Strukturieren lassen." De Maizière, der im Kabinett Modrow stellvertretender Ministerpräsident ist, fordert von der Bundesrepublik umfangreiche Kredite für die Wirtschaft.

Die Konvertierbarkeit der DDR-Mark steht für Wirtschaftsfachleute des Neuen Forum an der Spitze aller Überlegungen zur Wirtschaftsreform. „Die Konvertierung ist die Nummer eins" und müsse noch in diesem Jahr erreicht werden, sagt Prof. Gert Wilde vom Institut für Industriemanagement an der Ost-Berliner Hochschule für Ökonomie (HfÖ) auf der zweiten Wirtschaftstagung des Neuen Forum.

Vor rund 3 500 begeisterten Bürgern schlägt der niedersächsische Ministerpräsident Ernst Albrecht am Abend in Magdeburg die baldige Einführung einer einheitlichen deutschen Staatsbürgerschaft vor. Das wichtigste sei jetzt, eine „De-facto-Einheit" zu schaffen. Niemand könne die Deutschen hindern, schon jetzt eine Rechtseinheit zu vollziehen und beispielsweise „Schritt für Schritt aus der West-Mark und der Ost-Mark eine Deutsche Mark zu machen". Ein späterer staatsrechtlicher Vollzug der Einheit sei dann der „krönende Abschluß".

Montag, 29. Januar

Der ehemalige Staats- und SED-Chef Erich Honecker wird aus dem Krankenhaus entlassen und unmittelbar danach verhaftet. Mitarbeiter der Staatsanwaltschaft und der Kriminalpolizei bringen ihn in die Untersuchungshaftanstalt Berlin-Rummelsburg.

Gegen den früheren stellvertretenden Generalstaatsanwalt, Karl-Heinrich Borchert, wird ein Ermittlungsverfahrens wegen Rechtsbeugung eingeleitet. Borchert soll nach den Kommunalwahlen 1989 angewiesen haben, Anzeigen von Bürgern, die im Zusammenhang mit Wahlfälschungen stehen, nicht ordnungsgemäß zu prüfen und zu bearbeiten.

Das Wirtschaftswachstum wird 1990 gegenüber dem Vorjahr um weitere vier bis fünf Prozent zurückgehen. Ein Importüberschuß im Westhandel ist „unabwendbar", was die Auslandsverschuldung weiter ansteigen läßt. Das Staatsdefizit, das im vergangenen Jahr etwa sechs Milliarden DDR-Mark betrug, wird 1990 „nach Lage der Dinge" weiter anwachsen. Dies sind die Kernaussagen eines Berichts der Regierung zu den wirtschaftlichen Aussichten, den Maschinenbauminister Prof. Karl Grünheid (SED-PDS) in der Volkskammer vorträgt. Allein im vierten Quartal 1989 haben seinen Angaben zufolge nahezu 350 000 DDR-Bürger das Land verlassen.

Ministerpräsident Hans Modrow teilt mit, daß der Fehlbetrag im Staatshaushalt auf 17 Milliarden Mark gestiegen sei. Die ökonomische Lage verschlechtere sich besorgniserregend. Streiks führten zu Produktionsausfällen, und die sozialen Spannungen könnten mit den vorhandenen politischen Strukturen nicht mehr beherrscht werden. Die örtlichen Volksvertretungen hätten sich weitgehend aufgelöst oder seien nicht mehr beschlußfähig. Zum Teil würden die Abgeordneten nicht mehr anerkannt. Die Rechtsstaatlichkeit und die Rechtsordnung würden zunehmend in Frage gestellt. Daher seien vorgezogene Wahlen und eine Übergangsregierung auf breiter Grundlage unumgänglich.

Der Vertreter des Runden Tisches, Wolfgang Ullmann (Demokratie Jetzt), schlägt vor, Parteien und Vereinigungen zur Wahl zuzulassen und das Verhältniswahlrecht anzuwenden.

Die Volkskammer verabschiedet ein neues Wahlgesetz. Danach soll politischen Parteien und Vereinigungen die Annahme materieller und finanzieller Unterstützung aus anderen Staaten nicht mehr untersagt sein. Ein zunächst beabsichtigtes Verbot der Annahme solcher Hilfe war in der Öffentlichkeit auf vehementen Protest gestoßen. Der entsprechende Absatz wurde daraufhin aus dem Papier des Wahlausschusses gegen die Stimmen der Bauernpartei (DBD) und bei Enthaltung zweier anderer Fraktionen gestrichen.

Die Regierung Modrow wird noch in dieser Woche dem Runden Tisch ein Konzept „für einen Übergang zur sozialen Marktwirtschaft" überreichen. Dies kündigt der Staatssekretär und Leiter der DDR-Regierungskommission zur Reform der Wirtschaft, Wolfram Krause, in Stuttgart an. Vor weit über 1 000 baden-württembergischen Unternehmern sagt Modrows Wirtschaftsplaner, dieser Übergang zur sozialen Marktwirtschaft müsse schneller vollzogen werden als in anderen osteuropäischen Ländern.

Zur traditionellen Montagsdemonstration in Leipzig versammeln sich am Abend rund 120 000 Bürger. Wie auch bei der Kundgebung in der vergangenen Woche steht die Demonstration im Zeichen aufgebrachter Wut und Empörung gegen die ehemalige Staatspartei SED-PDS und der Forderung eines Großteils der Teilnehmer nach der sofortigen Vereinigung beider deutscher Staaten. Sprecher der teilnehmenden Bürgerkomitees kritisieren, daß die Demonstration mehr und mehr zur Wahlkampfveranstaltung umfunktioniert werde.

Auch in mehreren anderen Städten demonstrieren Zehntausende für Wirtschaftsreformen, deutsche Vereinigung und Demokratie in allen Lebensbereichen, so in Halle, Magdeburg, Cottbus und Schwerin. In Karl-Marx-Stadt versammeln sich etwa 85 000 Demonstranten. Es werden Transparente mit der Aufschrift „Wählt die SED nie mehr, sonst ist Sachsen menschenleer" mitgeführt.

Dienstag, 30. Januar

Die Vereinigung der Deutschen werde niemals und von niemandem prinzipiell in Zweifel gezogen, erklärt der sowjetische Staats- und Parteichef Gorbatschow anläßlich des Besuchs von Ministerpräsident Modrow in Moskau. Gorbatschow: „Wenn wir gesagt haben, die Geschichte wird entscheiden – und ich habe das viele Male gesagt –, dann wird es auch so sein." Modrow trägt ihm „Vorschläge zu Fragen der Vereinigung beider deutscher Staaten" vor, die Gorbatschow möglichst in seine Verhandlungen mit den Westalliierten einbringen soll.

Im Ergebnis der Gespräche gibt die SED-PDS-Spitze ihr bisheriges Festhalten an der Eigenständigkeit der DDR auf. In einer Erklärung bekennt sich die Partei zur „Gemeinsamkeit der deutschen Nation und der beiden deutschen Staaten, die einhergeht mit der Einigung Europas und wirksam zu ihr beiträgt". Gegenüber der „Bild"-Zeitung sagt Parteichef Gregor Gysi, da der Prozeß nicht mehr aufzuhalten sei, ginge es jetzt nicht mehr um das Ob, sondern das Wie. „Das, was jetzt passiert, ist mir zu schnell und zu chaotisch. Man läßt den Menschen nur die Wahl zwischen Hertie und Horten. Das kann nicht gutgehen. Man verneint die eigenständige Leistung der DDR und versucht dem Volk das Genick zu brechen, weil man sagt, das Volk war 40 Jahre dämlich und dumm."

Die DDR steht nach Ansicht des Ökonomen Heinz-Dieter Haustein nicht vor einer Reform ihrer Wirtschaft, sondern vor einem Wechsel der Wirtschaftsordnung. Dafür gebe es historisch kein Vorbild, und die Forscher in Ost und West hätten kein Konzept, wie eine Volkswirtschaft von einer zentralen Planwirtschaft zur Marktwirtschaft umgebaut werden kann. „Wir erleben ein großes Abenteuer", sagt Haustein. „Wir stoßen uns an einem Ufer ab, wissen aber nicht, ob und wann wir am anderen Ufer ankommen." Von 3 400 DDR-Betrieben arbeiten nach Angaben des Ökonomen 800 mit Verlust. 30 Prozent der Produktionsanlagen seien praktisch verrottet. Laut Haustein sind gewaltige Kapitalmengen erforderlich, um die Wirtschaft auf westliches Niveau zu bringen; er rechne mit 1 350 Milliarden DM.

Der ehemalige Staats- und Parteichef Erich Honecker wird am Nachmittag aus der Haft entlassen und in das kirchliche Pflegeheim Lobetal bei Bernau im Norden Berlins gebracht. Dort erwartet ihn bereits seine Frau. Nach Angaben des Sprechers des Generalstaatsanwalts sei seine Freilassung ohne Auflagen erfolgt. Honecker könne sich frei bewegen. Was dessen Gesundheit betreffe, sagte der Sprecher, so sei der ehemalige Staatchef in einem „normalen altersgemäßen Zustand". Honeckers Anwalt hatte im Gegensatz dazu erklärt, Honecker leide an einer „generellen Depression" und sei voraussichtlich nicht vernehmungsfähig.

Der ehemalige Beauftragte der Regierung zur Auflösung des Amtes für Nationale Sicherheit, Generalmajor Peter Koch, ist in Untersuchungshaft genommen worden. Gegen ihn läuft ein Ermittlungsverfahren wegen dringenden Verdachts der Untreue in schwerem Fall zum Nachteil sozialistischen Eigentums und Anmaßung staatlicher Befugnisse. Koch, der zugleich Leiter des ehemaligen Amtes für Nationale Sicherheit im Bezirk Neubrandenburg war, wurde von Ministerpräsident Hans Modrow am 12. Januar in öffentlicher Sitzung der Volkskammer von seinem Amt entbunden, „weil er sich nicht als fähig und als kompetent erwiesen" habe.

Die Bürgerkomitees zur Auflösung der ehemaligen Stasi-Zentrale in der Ost-Berliner Normannenstraße haben in dem Gebäudekomplex mit 60 Häusern zwölf Kilometer Akten vorgefunden. Eine Abhörzentrale zur Überwachung von Telefongesprächen befand sich im Süden Berlins. Diese sei stillgelegt und die Kassettengeräte sichergestellt worden, berichten Vertreter des Bürgerkomitees vor Journalisten.

Nach Mitteilung des Vorsitzenden der bundesdeutschen Postgewerkschaft, Kurt van Haaren, kontrolliert der BND weiterhin zum Zweck der „strategischen Überwachung" die Postsendungen, die von der DDR in der Bundesrepublik gelangen. Auch werde der Telefonverkehr überwacht. Da die Überwachungsaktivitäten des BND gesetzlich abgesichert sind, müsse „man das politisch geißeln", erklärt der Gewerkschafter in einem Rundfunkinterview.

Zum neuen Präsidenten des P.E.N.-Zentrums DDR wird in Ost-Berlin der Schriftsteller Heinz Knobloch gewählt. Stephan Hermlin ist Ehrenpräsident. Zur künftigen Arbeit der Schriftstellervereinigung sagt Knobloch, man werde „als unabhängiger, überparteilicher Zusammenschluß von Autoren und anderen literarisch Tätigen wirken".

Mittwoch, 31. Januar

Die aufsehenerregenden Äußerungen von Ministerpräsident Hans Modrow (SED-PDS) zur deutschen Einheit am Vortag in Moskau stellen nach Auffassung der Ost-CDU den Versuch dar, sich die Forderungen anderer Parteien nach Vereinigung zu eigen zu machen und auf den fahrenden Zug aufzuspringen.

In der PDS-Zentrale in Ost-Berlin sagt André Brie von der Kommission für Internationale Politik, die Äußerungen Modrows in Moskau stellten seine Auffassung als Regierungschef dar. Die Partei wolle sich diese Auffassung nicht zu eigen machen. Die deutsche Frage dürfe nicht unter populistischen Gesichtspunkten gelöst werden. Eine schnelle Angliederung an die Bundesrepublik würde zu einem Verlust an Demokratie und zu einem sozialen Bruch führen.

Einige der elf am Runden Tisch vertretenen Parteien und Organisationen haben ihre Minister für die mit Ministerpräsident Modrow verabredete Regierung der nationalen Verantwortung benannt. Die Minister ohne Geschäftsbereich sollen auf der nächsten Tagung der Volkskammer in der kommenden Woche vorgestellt und bestätigt werden. Die SPD nominierte den 61jährigen Mathematiker Walter Romberg, der Demokratische Aufbruch (DA) den Ost-Berliner Pfarrer Rainer Eppelmann, Demokratie Jetzt den Theologen Wolfgang Ullmann, die Grüne Liga den 50 Jahre alten Diplom-Ingenieur Klaus Schlüter und die Initiative Frieden und Menschenrechte ihr Gründungsmitglied Gerd Poppe.

Eine radikale Abrechnung mit der Vergangenheit und einen Neubeginn von unten nach oben fordern die Delegierten des außerordentlichen Kongresses des Freien Deutschen Gewerkschaftsbundes (FDGB) in Berlin. „Der Prozeß gegen Harry Tisch ist ohne Verzögerung durchzuführen", heißt es in einer Entschließung der gut 2 500 Gewerkschafter. Der FDGB will künftig nicht mehr in der Volkskammer, sondern nur noch im vorparlamentarischen Raum wirken. Zugleich wird eine Reihe von Forderungen an die Regierung gestellt. Sie reichen über ein neues Gewerkschaftsgesetz, das Streikrecht, das Aussperrungsverbot bis zum sozialen Schutz bei Arbeitslosigkeit sowie Umschulungen und Qualifizierungen bei Rationalisierung und kürzerer Arbeitszeit.

Der noch fast ungebremste Strom der Übersiedler aus der DDR in die Bundesrepublik droht nach Auffassung des Deutschen Städtetages der BRD zu einem großen nationalen Problem zu werden. Wenn sich die Hoffnung auf Stabilisierung der Verhältnisse nicht erfülle, müsse die Bundesrepublik in diesem Jahr mit Übersiedlern in einer Größenordnung von 850 000 bis zu 1,5 Millionen Menschen rechnen, sagt der Städtetagspräsident und Stuttgarter Oberbürgermeister Manfred Rommel nach einer Präsidiumssitzung in Speyer. Der Städtetag fordert eine Einschränkung der

Wahlfreiheit des Aufenthaltsortes, um die Konzentration des Flüchtlingsstroms auf die großen Städte und bereits jetzt überlastete Bundesländer wie etwa Nordrhein-Westfalen zu verhindern. Darüber hinaus müsse die Bundesregierung, so Rommel, „die Subventionierung des Abwanderns und Zuwanderns" einstellen. Die Übersiedlung in die Bundesrepublik dürfe „finanziell nicht noch verlockend gemacht werden", sagt der Städtetagspräsident.

Das Saarland wird Übersiedler aus der DDR ab Mitte Februar vorübergehend auch im benachbarten Frankreich unterbringen. Wie die Saar-Sozialministerin Brunhilde Peter (SPD) erklärt, stehen für zunächst 150 bis 200 Personen im lothringischen Frebersville etwa zehn Kilometer jenseits der deutsch-französischen Grenze fünf komplett eingerichtete Häuser mit jeweils sechs Wohnungen zur Verfügung. Die Landesregierung habe sich zu diesem Schritt entschlossen, nachdem die Unterbringungskapazitäten im Saarland so gut wie erschöpft seien.

Bayern will mit dem Nachbarland Sachsen eng zusammenarbeiten. Ministerpräsident Max Streibl (CSU) vereinbart bei seinen Gesprächen in Dresden mit den Ratsvorsitzenden der drei sächsischen Bezirke Leipzig, Dresden und Karl-Marx-Stadt eine Arbeitsgemeinschaft Bayern-Sachsen. Beim Besuch in einem Volkseigenen Betrieb appelliert Streibl an die Bürger der DDR: „Bleiben Sie im Land, die Perspektiven sind da."

Die Schriftstellerin Christa Wolf bedauert, daß nach der Revolution in der DDR die Chance für eine Alternative und für „den Bestand unseres Landes" in nur wenigen Wochen verschwunden sei. Die 60jährige erhält die Ehrendoktorwürde der Universität Hildesheim. In ihrer Dankesrede sagt die Schriftstellerin, ihre Hoffnung auf eine „evolutionäre Erneuerung des Landes" sei enttäuscht worden. Der Aufbruch sei offenbar zu spät gekommen. Nun sei den Menschen die dringend notwendige Besinnungspause nicht vergönnt. In einem „extremen seelischen Ausnahmezustand müssen wir über eine Zukunft entscheiden, die wir nicht bedenken können", meint sie.

In der DDR erscheint eine weitere unabhängige Zeitung. „Die Leipziger Andere Zeitung" (DAZ) vom Forum Verlag versteht sich als unabhängiges Wochenblatt und wird zum Preis von einer Mark verkauft. Die Startauflage liegt bei 40 000 Exemplaren. Die Herausgeber stehen dem Neuen Forum nahe, doch die Zeitung wird nicht von dieser Bürgerbewegung verantwortet.

Nach einem Bericht der Dresdener Zeitung „Die Union" sitzen in DDR-Gefängnissen noch immer politische Häftlinge ein. Das Blatt stützt sich auf die Aussagen von zwei Ende Dezember aus dem Gefängnis Bautzen II entlassenen ehemaligen politischen Gefangenen. Sie hatten berichtet, daß von 112 politischen Häftlingen noch rund 15 nicht entlassen worden seien. In Haft seien noch „hochkarätige Wirtschaftsfunktionäre wie Felix Dieter Pfau, ehemaliger Direktor für Export bei Technokommerz, und Siegfried Schuster, Generaldirektor des Kunst- und Antiquitäten-Außenhandelsbetriebes". Beide seien genauer über die Geschäfte des früheren „Devisenbeschaffers" Alexander Schalck-Golodkowski informiert, als bisher in der Öffentlichkeit bekannt geworden sei.

Februar 1990

Donnerstag, 1. Februar

Eine der wichtigsten Errungenschaften der Wende, das „Gesetz über Reisen von Bürgern der Deutschen Demokratischen Republik in das Ausland" tritt offiziell in Kraft. Jeder Bürger kann nunmehr mit einem Reisepaß jederzeit das Land verlassen.

Ministerpräsident Modrow überrascht die Öffentlichkeit mit einer eigenen Konzeption für den Weg zur deutschen Einheit. „Deutschland soll wieder einig Vaterland aller Bürger deutscher Nation werden. Damit von ihm nie mehr Gefahr für Leben und Gut seiner Nachbarn ausgeht, sind Verantwortungsbewußtsein, Behutsamkeit und Verständnis für das Machbare und für Europa Ertragbare erforderlich", erklärt Modrow vor der Presse in Ost-Berlin. Als denkbare Schritte nennt Modrow eine Vertragsgemeinschaft mit konföderativen Elementen, die Bildung einer Konföderation von DDR und Bundesrepublik mit gemeinsamen Organen, die Übertragung von Souveränitätsrechten beider Staaten an Machtorgane der Konföderation und schließlich die Bildung eines einheitlichen deutschen Staates in Form einer Deutschen Föderation oder eines Deutschen Bundes durch Wahlen.

Die Bundesregierung will über Einzelheiten des Weges zur deutschen Einheit erst nach dem 18. März mit einer freigewählten Regierung verhandeln. Es sei selbstverständlich, daß der Weg zur Einheit eingebettet bleiben müsse in den gesamteuropäischen Prozeß, sagt Kanzleramtsminister Bohl in West-Berlin zur jüngsten Erklärung von Modrow. Es sei allerdings klar, daß der Weg zur deutschen Einheit nicht über ein Konzept der Neutralität gegangen werden könne, weil dies der Logik des gesamteuropäischen Einigungsprozesses widerspreche.

Bundeskanzler Helmut Kohl trifft in West-Berlin mit dem Vorsitzenden der CDU, Lothar de Maizière, zusammen, um mit ihm die Bildung eines Wahlbündnisses mehrerer konservativer Parteien zu beraten. Der Vorsitzende des Demokratischen Aufbruch,

Wolfgang Schnur, sieht bereits „eine klare Mehrheit", die sich christlichen, liberalen, sozialen und konservativen Werten verbunden fühle.

In Bischofswerda mahnt der baden-württembergische Ministerpräsident Lothar Späth bei einem Bürgergespräch zur Geduld. Die wirtschaftliche Sanierung der DDR gehe nicht so schnell, wie mancher sich das wünsche. Pfarrer Christian Naecke sagt an den Ministerpräsidenten gewandt: „Haben Sie nicht die Deutschland-Deutschland-Rufe gehört? Das sind Hilferufe von Menschen, die gar nicht in der Lage sind, die Sache selbst in die Hand zu nehmen." Späth ist betroffen. Er spricht von einer „ganz gefährlichen Analyse", der er allerdings nicht widersprechen könne.

Die niedersächsische Finanzministerin Birgit Breuel (CDU) fordert die DDR auf, zumindest einen Teil der rund sechs Millionen staatlichen Wohnungen den Bürgern zum Kauf anzubieten. Zur Eröffnung des deutsch-deutschen Bautages in Hannover sagt Breuel, Eigentum schaffe Anreize, in der DDR zu bleiben.

Der Vizepräsident der Bauakademie, Professor Werner Teuber, zeichnet ein schonungsloses Bild der Situation der Bauten in der DDR. So hätten von den insgesamt 7,1 Millionen Wohnungen eineinhalb Millionen weder Bad noch Dusche, fast eine Million keine Toilette in der Wohnung. Rund die Hälfte aller Wohnungen werde noch mit Einzelöfen beheizt. Die Häuser seien im Durchschnitt 58 Jahre alt. Von den nach dem Zweiten Weltkrieg gebauten Wohnhäusern seien elf Prozent bereits so verfallen, daß sie nicht mehr zu erhalten seien.

Die Regierung beschließt als Sofortmaßnahme die Erhöhung von Löhnen und Gehältern für 2,3 Millionen Arbeiter und Angestellte. Die Erhöhungen, für die rund 3,6 Milliarden Mark erforderlich sind, sollen vom 1. März bis 1. Juli in Kraft treten. Der Ministerrat verabschiedet weiter eine Vorruhestandsregelung für ältere Beschäftigte, die ihren Arbeitsplatz verloren haben sowie eine Verordnung über Ausgleichszahlungen während der Arbeitsvermittlung. Beides wird dem Runden Tisch zugeleitet.

In Heimen der DDR warten noch fast 300 Kinder darauf, daß ihre in die Bundesrepublik übergesiedelten Eltern sie zu sich holen. Für den amtierenden Vizebildungsminister Karl-Heinz Höhn ist es „unbegreiflich", daß viele der Eltern die DDR verlassen hätten, ohne vorher den Kontakt zu ihren Kindern zu suchen und mit ihnen über ihre Gründe zu sprechen. Oft wären die Kinder durch eine Karte oder „einen nüchternen Brief" von der veränderten Situation in Kenntnis gesetzt worden.

Nach einem Friedensgebet in der Geraer Johanniskirche ziehen am Abend 5 000 Bürger durch das Stadtzentrum. Das Bild des Zuges bestimmen vor allem schwarz-rot-goldene Fahnen. Auf Transparenten und Schildern ist zu lesen: „Thüringen meine Heimat – Deutschland mein Vaterland" oder „Euch Sowjetsoldaten ein Dankeschön, doch jetzt ist es Zeit, nach Hause zu gehn". Auch in Erfurt fordern Tausende energisch den Fortgang des Demokratisierungsprozesses. Sprechchöre „Deutschland einig Vaterland" übertönen Warnungen vor einer schnellen Einheit.

Statt der gewohnten Demonstration durch das Zentrum Rostocks bilden mehrere tausend Bürger eine Menschenkette um das siebentürmige Rathaus am Ernst-Thälmann-Platz. Sie unterstützen die Forderung des Bürgerkomitees, die Rostocker Stadtväter sollten ihr Amt niederlegen und bis zu den Kommunalwahlen am 6. Mai nur noch kommissarisch regieren.

Freitag, 2. Februar

SED-PDS-Chef Gregor Gysi trifft in Moskau mit dem sowjetischen Staats- und Parteichef Michail Gorbatschow zusammen, um mit ihm Fragen des Vereinigungsprozesses zu erörtern. Dabei wird deutlich, daß auf sowjetischer Seite keine detaillierten Vorstellungen bestehen.

Zur gleichen Zeit erklärt der stellvertretende Sprecher des sowjetischen Außenministeriums, Juri Gremitskich, in Ost-Berlin, die Sowjetunion sei dafür, die militärischen Bündnisse aufzulösen oder in politische umzuwandeln. Es sei unrealistisch und nicht akzeptabel, davon auszugehen, daß ein vereinigtes Deutschland entweder in der NATO oder im Warschauer Pakt bleiben könne. Die Lösung müsse dazwischen gesucht werden.

Außenminister Oskar Fischer empfängt die Botschafter Frankreichs, Großbritanniens und der USA zu einem Meinungsaustausch, um deren Positionen zur Vereinigung beider deutscher Staaten kennenzulernen.

Modrows Deutschland-Initiative ist Kommentarthema in allen großen Zeitungen. Die „taz" spricht in diesem Zusammenhang von einer politischen Kapitulation und erklärt sie aus den täglich anwachsenden Ausreisezahlen. „So wie die überfüllten Botschaften in Budapest, Prag und Warschau die Abbrucharbeiten am SED-Staat einleiteten, hat der anhaltende Exodus von der DDR in die BRD der Regierung Modrow und wohl auch Hans Modrow als Person letztlich den Rest gegeben." Ebenso am Ende seien all jene, die im letzten Herbst angetreten waren, eine neue, nicht fremdbestimmte Identität zu entwickeln, denn die kurze Phase des aufrechten Ganges, der Hoffnungsschimmer der Utopie blieb – so wisse man heute – letztlich auf eine Minderheit beschränkt.

Die DDR-Behörden haben seit Öffnung der Grenzen am 9. November vergangenen Jahres bis Ende Januar 12 275 354 Visa für Besuchsreisen in das Ausland ausgestellt. Gleichzeitig seien 44 510 Anträge von Bürgern zur ständigen Ausreise in die Bundesrepublik und nach West-Berlin genehmigt worden, 12 480 allein im Januar, teilt das Innenministerium mit. In der DDR gibt es bei der Ausstellung der neuen Reisepässe Schwierigkeiten. Täglich würden rund 5 000 Anträge gestellt. Die Druckerei arbeite jetzt rund um die Uhr. Bürger können bis Ende des Jahres auch mit ihrem Personalausweis reisen.

Die Hamburger Illustrierte „Stern" verteilt in mehreren DDR-Städten eine kostenlose Sondernummer zur Volkskammerwahl. Das 72 Seiten starke Heft wurde in Zusammenarbeit mit den Oppositionsgruppen erstellt und informiert u.a. über deren politische Ziele. Die in einer Million Exemplaren gedruckte Sonderausgabe soll nach Angaben der Redaktion in insgesamt 15 Städten verteilt werden.

In Ost-Berlin führt die Verteilung des „Stern" zu einem Massenandrang und zu einem Verkehrschaos. Vor dem Grand Hotel fährt ein Sattelschlepper auf, um den sich viele hundert Menschen drängen, um eines der Hefte zu erhalten. Die Polizei mahnt über Lautsprecher zur Besonnenheit. Auf der nahegelegenen Kreuzung Friedrichstraße/Unter den Linden und in der näheren Umgebung bricht teilweise der Verkehr zusammen. Bei dem Gedränge werden mehrere Personenkraftwagen beschädigt, Türen und Kofferraumklappen eingebeult. Gäste des Hotels können das Haus nicht wie geplant verlassen, einige erreichen nicht rechtzeitig den Flughafen.

Das angestrebte konservative Wahlbündnis aus vier Parteien ist noch nicht unter Dach und Fach, da es an der Parteibasis des Demokratischen Aufbruch Widerstände gegen ein Zusammengehen mit der DSU gibt. In der nächsten Woche soll daher ein neues Treffen mit Bundeskanzler Helmut Kohl stattfinden, um noch offene Fragen zu klären.

Zum ersten Mal in der DDR treten Arbeitnehmer in einen unbefristeten Streik. Die Belegschaft des Kaliwerkes „Thomas Müntzer" in Bischofferode im Bezirk Erfurt will damit eine Lohnerhöhung um pauschal 400 Mark erreichen. Außerdem wollen die Arbeitnehmer nach eigenen Angaben mit ihrer Aktion ein Signal für ein Aufbrechen der Wirtschaftsstruktur geben. Erwirtschaftete Gewinne müßten innerhalb des Betriebes verwendet werden können und nicht mehr mehrheitlich an den Staat abgeführt werden, fordern sie.

Samstag, 3. Februar

Nach Ansicht von Ralf Fücks, Sprecher im Bundesvorstand der West-Grünen, markieren die Erklärungen des sowjetischen Staats- und Parteichefs Michail Gorbatschow und von Ministerpräsident Hans Modrow einen „Wendepunkt". Die Auseinandersetzung gehe jetzt nur noch um Tempo und Ausgestaltung der Verbindung beider deutschen Staaten, nicht mehr um den Zusammenschluß an sich. Er plädiert für sofortige massive wirtschaftliche Unterstützung der DDR, um den inneren Kollaps abzuwenden. Er fordert einen finanziellen „Lastenausgleich", der die historische Benachteiligung der DDR berücksichtige.

Wirtschaftsministerin Christa Luft strebt einen festen Wechselkurs zwischen der D-Mark und der DDR-Mark an. Dieser Kurs müsse aber von seiten der Bundesrepublik gestützt werden und sollte eine Konvertierbarkeit bis 1992 gestatten, sagt sie in einem Interview mit dem „Neuen Deutschland". Die hohen Sparguthaben müßten ihren Wert behalten. An die Adresse Bonns gewandt regt Frau Luft an, Milliardenbeträge „aus der wohl überholten Förderung der Zonenrandgebiete" für die Wirtschaftsreform freizumachen.

Für den Fortgang der Wirtschaftsreform ist es nach Meinung von Bundeswirtschaftsminister Helmut Haussmann (FDP) unabdingbar, „mehrere Schritte gleichzeitig und nicht nacheinander zu vollziehen". Die DDR könne schon 1992 ein vollwertiges Mitglied der EG werden. Bis dahin gebe es einen „harten, aber hoffnungsvollen Weg, und je eher wir diesen Weg gemeinsam gehen, um so eher werden die Menschen hierbleiben oder hierher zurückkehren", sagt Haussmann in einem Interview mit dem LDPD-Organ „Der Morgen".

Der West-Berliner Finanzsenator Norbert Meisner (SPD) ruft dazu auf, Mark der DDR nur offiziell bei den DDR-Wechselstellen zu dem vereinbarten Kurs von 1:3 einzutauschen und nicht dem verlockenden Schwarzmarktkurs nachzugeben. Der reguläre Umtausch sei immer noch ein guter Kurs für Westbesucher. Meisner fordert die DDR-Regierung auf, für diese mehr Wechselstellen einzurichten. Der Schwarzmarktkurs schade letztlich den Menschen und der Wirtschaft in der DDR.

Mit einer Kundgebung vor dem Rathaus in Halle beginnt der Demokratische Aufbruch seinen Wahlkampf in der DDR. Der Parteivorsitzende Wolfgang Schnur, der sich selbst als künftigen Ministerpräsidenten bezeichnet, verlangt, Schluß mit sozialistischen Experimenten zu machen und eine soziale und ökologische Marktwirtschaft einzuführen. Bundesumweltminister Klaus Töpfer (CDU) fordert als Redner auf der Kundgebung ebenfalls, daß mit der Volkskammerwahl dem Sozialismus endgültig eine Absage erteilt werden müsse.

In Schkopau findet der Gründungskongreß der Grünen Liga seinen Abschluß. Im angenommenen Programm bezeichnet sich die Organisation als Netzwerk und überparteiliche Vereinigung, der es vor allem um einen ökologischen Umbau der DDR gehe, um die Erweiterung von Naturschutzgesetzen und stärkere Bürgerkontrolle. Klaus Schlüter erhält das Mandat, in der Regierung Modrow als Minister ohne Ressort mitzuarbeiten.

Die Initiativgruppe für Betriebsarbeit der Vereinigten Linken organisiert in Berlin die erste Betriebsrätekonferenz. Dabei geht es um die Geschichte der Betriebsräte von 1945 bis 1948, die wirtschaftliche Situation des Landes sowie rechtliche Grundlagen der Betriebsrätearbeit.

Sonntag, 4. Februar

Die ehemaligen DDR-Blockparteien suchen im begonnenen Wahlkampf die Unterstützung bundesdeutscher Schwesterparteien. Die FDP will die LDPD jedoch nur dann unterstützen, wenn sie dem Sozialismus kategorisch abschwört. Für den FDP-Vorsitzenden Otto Graf Lambsdorff ist es ein „politisches Risiko", die frühere Blockpartei als Partner im Hinblick auf die Wahlen zu akzeptieren. Nach Lambsdorffs Worten muß sich die LDPD klarer als bisher zur deutschen Einheit, zu rechtsstaatlichen liberalen Grundsätzen und zur sozialen Marktwirtschaft bekennen. Auch personell müßten Konsequenzen gezogen werden.

Die vier konservativen Parteien unternehmen erneut einen Versuch, zu einem Wahlbündnis zusammenzufinden. Vertreter des Demokratischen Aufbruch (DA), der Deutschen Sozialen Union (DSU), der Deutschen Forum-Partei und der Ost-CDU treffen im Gästehaus der Bundesregierung in West-Berlin zusammen.

Der Vorsitzende der Ost-SPD, Ibrahim Böhme, wirft der Bonner CDU eine „unerträgliche Einmischung" in den Wahlkampf vor. Während der CDU-Vorsitzende, Bundeskanzler Helmut Kohl, noch vor einigen Monaten alle demokratischen Kräfte habe unterstützen wollen, verhandele seine Partei jetzt mit der für die frühere Politik in der DDR mitverantwortliche Ost-CDU, um das konservative Bündnis zu stärken, sagt Böhme auf dem ersten Bezirksparteitag der SPD in Ost-Berlin. Der Demokratische Aufbruch mit seiner Absicht zu einer Allianz der Mitte müsse sich fragen lassen, wie er es mit seiner bisherigen Haltung vereinbaren könne, mit einer früheren Regierungspartei Wahlkampf gegen die SPD zu machen.

Die SED-PDS legt endgültig ihren alten Namen ab und heißt ab sofort nur noch Partei des Demokratischen Sozialismus (PDS), unter dem sie auch in den Wahlkampf ziehen will. Das beschließt der Vorstand der Partei in Ost-Berlin nach Konsultationen mit den Parteiorganisationen an der Basis. Die PDS habe sich von der alten SED-Führung getrennt, vom ehemaligen Machtmonopol losgesagt, mit den Strukturen der Vergangenheit gebrochen und begonnen, ihre Geschichte aufzuarbeiten, heißt es dazu.

Ferner wird beschlossen, daß die Partei über drei Milliarden Mark an den Staat abgibt. Das Geld stammt aus einer Kasse, die außerhalb der offiziellen Bilanz geführt wurde. Es sind nicht verbrauchte Gewinne aus den Parteibetrieben der vergangenen 20 Jahre. Aus dem Bericht zu den Parteifinanzen geht hervor, daß die SED im vergangenen Jahr 1,6 Milliarden Mark eingenommen und etwa 1,75 Milliarden Mark ausgegeben hat.

Eine marxistische Jugendvereinigung Junge Linke wird in Ost-Berlin gegründet. Dem neuen Jugendverband gehören etwa 3 000 bis 5 000 Mitglieder an. Die Gründung geht auf den Beschluß eines Treffens linker Jugendorganisationen und Aktionsgruppen vom Dezember vergangenen Jahres zurück.

Der Schriftsteller Erik Neutsch zieht das vierte Buch seiner Romanfolge „Friede im Osten", „Nahe der Grenze", mit einem Entschuldigungsbrief an den tschechoslowakischen Präsidenten, den Schriftsteller und Dramatiker Václav Havel, zurück. Er begründet diese Entscheidung, „weil ich in diesem Buch eine falsche Darstellung der 68er Ereignisse in der CSSR und des damit verbundenen Einsatzes der Warschauer Vertragsstaaten gegeben habe".

Montag, 5. Februar

Vertreter der Opposition übernehmen Regierungsverantwortung. Die Volkskammer stimmt der „Regierung der Nationalen Verantwortung" zu, in der acht Vertreter der Gruppen und Parteien

*Nach der Demontage des alten Parteisymbols am ZK-Gebäude in Berlin er-
folgt die offizielle Umbenennung von SED über SED-PDS in PDS*

des Runden Tisches Ministerposten ohne Geschäftsbereich erhalten. Zuvor hatte Modrow die Parlamentarier nachdrücklich um Zustimmung für die am Runden Tisch gefundene neue Regierungskonstellation ersucht. Die Lage im Land habe sich seit der Parlamentssitzung vor einer Woche weiter verschlechtert. Anders als in einer breiten Verantwortung könne die DDR nicht mehr regiert werden.

Die Oppositionsparteien und -gruppen schicken folgende Minister in die Regierung: die SPD den Mathematiker Walter Romberg (61), der Demokratische Aufbruch den Pfarrer Rainer Eppelmann (46), das Neue Forum den Physiker Sebastian Pflugbeil (42), Demokratie Jetzt den Theologen Wolfgang Ullmann (60), der Unabhängige Frauenverband die Soziologin Tatjana Böhm (35), die Initiative Frieden und Menschenrechte den Physiker Gerd Poppe (48), die Grüne Liga den Diplomingenieur Klaus Schlüter (40) und die Grüne Partei den ebenfalls von der Liga gestellten Umwelthygieniker Matthias Platzeck (36).

Die Volkskammer bestätigt auf Wunsch Modrows den stellvertretenden Ministerpräsidenten Peter Moreth (LDPD), zuständig für örtliche Staatsorgane, und Minister Wolfgang Ullmann als ständige Regierungsvertreter am Runden Tisch, der an diesem Tag zum elften Mal tagt und Probleme des Parteiengesetzes und der bevorstehenden Wahlen berät.

Als „ungeheuerlichen Vorgang" kritisiert der Vorstand der CSU-Landtagsfraktion in München den Beschluß des Runden Tisches, Politikern aus der Bundesrepublik den Auftritt im Wahlkampf in der DDR zu verbieten. Der Vorsitzender der CSU-Landtagsfraktion, Alois Glück, kündigt an, seine Partei werde sich durch diesen Beschluß nicht hindern lassen, im DDR-Wahlkampf aufzutreten.

Die Volkskammer stimmt dem vorgezogenen Termin der Parlamentswahlen am 18. März zu. In erster Lesung wird ein Gesetz über die Kommunalwahlen behandelt, die am 6. Mai stattfinden sollen. Ohne Gegenstimmen faßt die Volkskammer einen Beschluß zur Meinungs-, Informations- und Medienfreiheit, der unter anderem die Bildung eines Medienkontrollrats vorsieht.

Aktivitäten der rechtsradikalen Republikaner bleiben nach einem Beschluß der Volkskammer in der DDR weiterhin verboten. Auch Nachfolge- oder Ersatzorganisationen mit gleicher Zielsetzung dürfen in der DDR politisch nicht tätig werden.

Die Bergarbeiter im Kaliwerk Südharz „Thomas Müntzer" in Bischofferode haben mit einem Streik erhebliche Lohnforderungen durchgesetzt. Ihre Forderungen nach 400 Mark Lohnerhöhung pro Beschäftigtem und wirtschaftlicher Selbständigkeit des Kombinats wurden erfüllt. Deshalb wird die Arbeit am Nachmittag wieder aufgenommen.

Zugleich wird mitgeteilt, daß die Subventionen für Lebensmittel in Höhe von 33 Milliarden Mark bis zu den Volkskammerwahlen am 18. März in Kraft bleiben. Damit kommt es vorerst nicht zu einer Erhöhung der Verbraucherpreise.

In Leipzig und zahlreichen anderen Städten wird am Abend wieder für die deutsche Einheit demonstriert und gleichzeitig erneut die Auflösung der ehemaligen SED, der jetzigen PDS, gefordert. In Leipzig demonstrieren allein etwa 100 000 Menschen. Mehrere zehntausend Demonstranten ziehen durch das Stadtzentrum von Dresden. Auf einer Kundgebung des Neuen Forum in Suhl erläutern Sprecher der Bürgerbewegung ihre Wahlkampfplattform.

Die drei konservativen Parteien, Demokratischer Aufbruch (DA), Deutsche Soziale Union (DSU) und CDU werden zur Volkskammerwahl am 18. März als Allianz für Deutschland antreten. Darauf verständigen sich deren Vertreter am Abend in West-Berlin. Die Deutsche Forum-Partei wird als eigenständige politische Kraft antreten, teilt DSU-Vorsitzender Hans-Wilhelm Ebeling im Anschluß an das Treffen im Gästehaus der Bundesregierung vor Journalisten mit. An dem Gespräch nahm auch der CDU-Vorsitzende und Bundeskanzler Helmut Kohl teil. Kohl begrüßt die Entscheidung und kündigt an, daß die CDU die Allianz tatkräftig unterstützen werde.

Dienstag, 6. Februar

Vor der Bundestagsfraktion der CDU/CSU in Bonn stellt Bundeskanzler Helmut Kohl das Konzept der Arbeitsgruppe Deutschlandpolitik des Kanzleramts für eine baldige Wirtschaftsunion mit der DDR vor. Nach den Wahlen vom 18. März sollen unverzüglich Verhandlungen über eine Wirtschaftsunion aufgenommen werden.

Die Grünen nehmen als letzte Bundestagspartei Abschied von ihrer Forderung nach Erhalt zweier deutscher Staaten. „Die DDRler entscheiden jetzt, wie und was sie wollen, und das ist gut so. Sie wollen die Einheit – wir wollten sie mit guten Argumenten nicht. Jetzt müssen wir damit leben, basta!", erklärt Sprecher Udo Knapp. „Es ist hohe Zeit für die Bundesbürger und uns Grüne aufzuwachen." Die Einheit werde allen Bundesbürgern sehr viel abverlangen.

Die deutsche Vereinigung wird nach den Worten des Regierenden Bürgermeisters von West-Berlin, Walter Momper (SPD), keine Vereinigung gleichberechtigter Staaten sein, sondern ein „Anschluß aus Armut". Die Motive der Menschen in der DDR seien nicht national, sondern sozial und ökonomisch, sagt er auf der Sitzung der Sozialistischen Fraktion des Europäischen Parlaments im Berliner Reichstagsgebäude.

Bei der Volkskammerwahl würde zum jetzigen Zeitpunkt die SPD mit 54 Prozent der Stimmen einen großen Wahlerfolg erzielen. Dies ergab eine repräsentative Umfrage des Zentralinstituts für Jugendforschung Leipzig mit Unterstützung des Instituts für Marktforschung Hamburg unter tausend Bürgern. Bei einer 80prozentigen Wahlbeteiligung erhielte derzeit die PDS zwölf, die CDU elf, das Neue Forum vier und die LDPD drei Prozent der Stimmen. Alle anderen Parteien und Bewegungen lägen nach dieser Umfrage unter drei Prozent. Drei von vier der befragten Bürger (76 Prozent) befürworteten eine Vereinigung beider deutscher Staaten. Von den Befürwortern der Einheit seien jetzt 38 Prozent für eine sofortige Vereinigung, wohingegen 43 Prozent gegen ein schnelles Vorgehen votierten.

Das Nationale Olympische Komitee (NOK) der DDR geht zum jetzigen Zeitpunkt davon aus, bei den Olympischen Spielen 1992 in Albertville und Barcelona mit einer eigenständigen Mannschaft anzutreten. „Wir wollen eine ordentliche eigene Olympiamannschaft aufstellen. Es ist nicht angeraten, einer politischen Entwicklung vorzugreifen," erklärt der Pressesprecher des Gremiums. Er reagiert damit auf die Äußerungen des NOK-Präsidenten Willi Daume, der angesichts der rasanten politischen Entwicklung in der DDR eine gemeinsame deutsche Olympiamannschaft schon 1992 für technisch möglich gehalten hatte.

Die Wandlitzer Waldsiedlung im Norden von Berlin, bis zur Wende exklusiver Wohnort der früheren Staats- und Parteispitze, darf ab sofort nicht mehr besichtigt werden. Durch den Besucherandrang von mehr als 50 000 Personen entstanden seit dem 25. Januar erhebliche Schäden an Gebäuden und Außenanlagen. Wandlitz wird ab 20. Februar als Rehabilitationssanatorium Bernau-Waldfrieden erste Kurpatienten aufnehmen.

Während sich in der DDR die eigenen Genossen scharenweise von ihrem früheren Staats- und Parteichef abwenden, erinnert sich jetzt ein dänischer Kommunist an seinen alten Kampfgefährten. Ingmar Wagner, jahrzehntelang Führungsmitglied der Dänischen Kommunistischen Partei, jetzt im Ruhestand, will den krebskranken Honecker in seinem Haus in Praesto 100 Kilometer südlich von Kopenhagen aufnehmen und pflegen. Er begründet seine Einladung damit, daß Honecker in der Dachkammer eines Pastorenhauses leben müsse. „Vielleicht hat Honecker schwere Fehler begangen, aber das rechtfertigt nicht die demütigende Behandlung, die er jetzt in der DDR erhält."

Mittwoch, 7. Februar

Die Bundesregierung billigt den Plan einer baldigen Währungs- und Wirtschaftsunion und bildet dafür einen Kabinettsausschuß Deutsche Einheit. Das Gremium, dem unter Vorsitz von Bundeskanzler Helmut Kohl die meisten Bundesminister angehören, soll die notwendigen Schritte dafür vorbereiten. Bundesbankpräsident

Karl Otto Pöhl beugt sich dem politischen Druck und stellt seine bisherigen Bedenken wegen nicht kalkulierbarer wirtschaftlicher Folgen für die ostdeutsche Industrie und damit langfristig für die Stabilität der D-Mark zurück.

Auch die DDR-Sozialdemokraten sehen die Gestaltung einer deutsch-deutschen Währungsunion auf DM-Basis als eine der „dringlichsten Maßnahmen" der bevorstehenden Wirtschaftsreform an. Gleichzeitig sollte das Staatseigentum am Produktionsvermögen (brutto rund 1 300 Milliarden Mark) größtenteils in andere Eigentumsformen überführt werden, heißt es in einer Erklärung.

Der Vorsitzende der Deutschen Sozialen Union (DSU) der DDR, Hans-Wilhelm Ebeling, mahnt westliche Hilfe für seine Partei an. Der Tageszeitung „Die Welt" sagt Ebeling, der Vorsprung der SPD in der DDR wäre noch aufzuholen, „wenn man jetzt drüben aufwacht und uns handfeste Unterstützung gibt". Bislang habe vor allem die West-SPD „reingebuttert". Er hoffe, daß jetzt auch die Hilfe für die DSU, die von der CSU zugesagt worden sei, „endlich voll anläuft".

Nach Berichten des West-Berliner „Tagesspiegel" plant Bundeskanzler Kohl trotz der Ablehnung durch den Runden Tisch sechs Großveranstaltungen während des Wahlkampfes in der DDR. CDU-Generalsekretär Volker Rühe werde durch alle Bezirke reisen und die Aktivitäten der Allianz für Deutschland unterstützen.

Die Bürgerbewegungen Neues Forum, Demokratie Jetzt und Initiative Frieden und Menschenrechte kommen in Berlin überein, zu den Wahlen am 18. März ein gemeinsames Bündnis 90 zu bilden und auch gemeinsam den Wahlkampf zu gestalten.

Der Staatssicherheitsdienst hat die meisten Bonner Spitzenpolitiker – darunter Bundeskanzler Helmut Kohl (CDU), Außenminister Hans-Dietrich Genscher (FDP) und der SPD-Vorsitzende Hans-Jochen Vogel – abgehört. Entsprechende Informationen der „Bild"-Zeitung werden in Bonner Sicherheitskreisen bestätigt. Ost-Berlin habe sich in die Telefongespräche der Bonner Politiker im Richtfunkverkehr mit West-Berlin jeweils „eingeschaltet",

108

wurde erläutert. Ferner heißt es, daß es inzwischen „viele Stasi-Überläufer" gebe. Die früheren Mitarbeiter des inzwischen aufgelösten Ministeriums für Staatssicherheit seien von „unterschiedlicher Qualität". Besonderes Interesse bestehe an den entsprechenden Akten in der Berliner Normannenstraße.

Donnerstag, 8. Februar

Die Stasi hatte Daten von sechs Millionen DDR-Bürgern gespeichert. Darüber informiert die Arbeitsgruppe Sicherheit, die mit der Auflösung der Stasi und der Sicherung von Akten beauftragt ist. Von den rund 33 000 Mitarbeitern der Zentrale in der Ost-Berliner Normannenstraße sind nach dem Bericht bereits 17 451 entlassen. Die Auflösung des Komplexes, bei der derzeit täglich 600 bis 800 Mitarbeiter ihre Entlassungspapiere erhielten, werde von örtlichen Bürgerkomitees sowie von einer Arbeitsgruppe des Zentralen Runden Tisches streng kontrolliert.

Generalbundesanwalt Kurt Rebmann hält eine spätere Amnestie von DDR-Spionen für nicht ausgeschlossen. Im Falle einer deutschen Vereinigung hätten die Politiker über eine „Gesamtbereinigung" zu entscheiden. „Hier wird als Fernlösung vielleicht auch der Gedanke einer Amnestie eine Rolle spielen können."

US-Außenminister James Baker schlägt Michail Gorbatschow größere Truppenreduzierungen in Mitteleuropa vor, wenn sich die Sowjetunion im Gegenzug zur Anerkennung der deutschen Vereinigung bereitfinde, wobei die näheren Modalitäten von den vier Siegermächten des Zweiten Weltkrieges noch mit den beiden deutschen Staaten verhandelt werden könnten.

Die britische Premierministerin Margaret Thatcher anerkennt erstmals, daß die bevorstehenden Wahlen in der DDR „wahrscheinlich zur Wiedervereinigung Deutschlands" führen werden. Im Unterhaus in London spricht sie sich dafür aus, so bald wie möglich die notwendigen Auswirkungen auf die NATO zu erörtern.

Israels Vizeaußenminister Benjamin Netanjahu hält eine Wiedervereinigung der beiden deutschen Staaten für unvermeidlich.

In der Knesset, dem Parlament in Jerusalem, sagt er, die israelische Regierung hoffe, daß die Wiedervereinigung nicht erneut einen „mörderischen deutschen Nationalismus" mit sich bringen werde.

Dem Vorsitzenden der rechtsradikalen Republikaner, Franz Schönhuber, wird erneut die Einreise in die DDR verwehrt. Grenzsoldaten weisen ihn am Berliner Übergang Checkpoint Charlie zurück mit den Worten: „Sie sind eine in der DDR unerwünschte Person."

Eine Währungsunion von Bundesrepublik und DDR braucht nach Auffassung des Direktoriumsmitglieds der Bundesbank, Johann Wilhelm Gaddum, rechtliche Voraussetzungen. Andernfalls hätte sie schlimme Folgen für Betriebe, Preise und den Arbeitsmarkt in der DDR. Viele Betriebe seien wegen mangelnder Produktivität nicht mehr wettbewerbsfähig und vom Kollaps bedroht. Auch müsse mit „hohen Preisveränderungen" in der DDR gerechnet werden.

Bundesjustizminister Hans Engelhard (FDP) fordert die DDR auf, einen demokratischen Rechtsstaat mit einer starken und unabhängigen Justiz zu schaffen. In einer Regierungserklärung vor dem Bundestag, die unter dem Motto „Rechtspolitik im Jahr des deutsch-deutschen Aufbruchs" steht, wendet sich Engelhard „gegen alle Tendenzen, über das vergangene Unrecht in der DDR einen Mantel des Schweigens zu breiten". Er warnte aber auch vor Schauprozessen. „Dem alten Unrecht darf kein neues Unrecht folgen."

Mit einer Annäherung beider deutscher Staaten erhebt sich auch die Frage etwaiger Ansprüche auf ehemaliges Eigentum in der DDR, stellt das Bundesjustizministerium fest. Grundsätzlich haben Vertriebene und Flüchtlinge nach geltender Rechtsmeinung einen Anspruch auf Rückgabe. Dieses Problem, vor allem aber die Frage eines künftigen Ausgleichs, gehöre mit zu den Tagesordnungspunkten deutsch-deutscher rechtspolitischer Verhandlungen. Das Lastenausgleichsgesetz von 1952 stellt in seiner Präambel ausdrücklich fest, daß eine Entschädigung keinen Verzicht auf das Eigentum voraussetzt. In den Lastenausgleichsbescheiden wird zudem darauf hingewiesen, daß bei einer etwaigen Rückgabe des verlorenen Eigentums auch die Entschädigung zurückgezahlt werden muß.

Immer mehr ehemalige Besitzer von Grundstücken und Häusern in der DDR melden nach Presseberichten ihre Ansprüche an. So habe beispielsweise eine große Versicherung entdeckt, daß ihr angeblich das halbe Grundstück gehöre, auf dem der Ost-Berliner Fernsehturm stehe. Ein begüterter West-Berliner Rentner erhebe Ansprüche auf das Gelände des Luxushotels Metropol und des Internationalen Handelszentrums.

Die Regierung berät mit ihren neuen Kabinettsmitgliedern aus den oppositionellen Parteien und Gruppen über die Einführung eines Arbeitslosengeldes und einer Vorruhestandsregelung. Hintergrund sind steigende Arbeitslosenzahlen vor allem wegen der Umstrukturierungen und Entlassungen im Staatsapparat, aber auch in der Industrie.

Ministerpräsident Modrow teilt dem Kabinett mit, daß er über die jüngsten Beschlüsse in Bonn zur Währungsunion offiziell bisher nicht informiert worden sei. Er kenne auch nur die Berichte der Medien.

Die DDR will in den kommenden sechs Monaten 10 000 bis 15 000 enteignete Betriebe an ihre rechtmäßigen Besitzer in der DDR zurückgeben und erhofft sich davon eine Ankurbelung der Wirtschaft. Das kündigt der Präsident des Unternehmerverbandes der DDR, Rudolf Stadermann, an. Die überwiegend mittelständischen Unternehmen waren den Eigentümern 1972 gegen eine geringe, nur symbolische Entschädigung abgenommen worden.

Der Bezirksverband Dresden der Bürgerbewegung Neues Forum spricht sich mit großer Mehrheit gegen das zu den Volkskammerwahlen gebildete Bündnis 90 mit Demokratie Jetzt und der Initiative Frieden und Menschenrechte aus. Das Wahlbündnis sei von einer linken Minderheit betrieben worden, die immer noch am Erhalt der Eigenständigkeit der DDR hinge.

Der Rundfunksender „Stimme der DDR" wird in „Deutschlandsender" rückbenannt. Das beschließt der Redakteursrat mit großer Mehrheit. Der Sender mußte im Herbst 1971 auf Weisung der damaligen Staats- und Parteiführung seinen alten Namen ablegen.

Die Gründung eines Verbandes der politisch Verfolgten in der DDR wird beim Innenministerium angemeldet. Als wesentliche Aufgabe nennt der Vorsitzende des Gründungsausschusses, Volker Ring, in einem Schreiben, „allen Bürgern der DDR, die auf der Grundlage eines politisch motivierten Strafverfahrens unter Verletzung elementarer Menschenrechte verurteilt wurden, Gerechtigkeit und Wiedergutmachung zukommen zu lassen".

Freitag, 9. Februar

Eine Währungsunion zwischen der DDR und der Bundesrepublik sollte zwar nicht auf den St. Nimmerleinstag verschoben werden, aber sie persönlich zöge einen Stufenplan vor, sagt die stellvertretende Ministerpräsidentin, Christa Luft, auf dem ersten deutsch-deutschen Mittelstandstag in Berlin. Eine Währungsunion jetzt auf der Basis der D-Mark brächte vor allen Dingen das hohe Risiko mit sich, daß viele Betriebe schließen und hohe Arbeitslosigkeit herrschen würden.

Der DGB-Vorsitzende Ernst Breit appelliert an die Bürger der DDR, sich weiterhin vor Ort für Demokratie in diesem Teil Deutschlands einzusetzen. Aus- und Übersiedler seien in der Bundesrepublik unverändert willkommen, meinte Breit. Ihnen müsse aber auch klargemacht werden, daß die Integration von nunmehr rund 720 000 Menschen, die allein im letzten Jahr in die Bundesrepublik gekommen seien, angesichts der immer noch herrschenden Massenarbeitslosigkeit und Wohnungsnot keine leichte Aufgabe sei, die sich von selbst löse.

Weitere „massive Unterstützung" der bundesdeutschen CDU für den bürgerlichen Block in der DDR kündigt CDU-Generalsekretär Volker Rühe an. Auf der ersten Großkundgebung der Allianz für Deutschland aus CDU, DSU und DA sagt Rühe vor 2 000 Zuhörern in Schwerin, der Sozialismus sei gescheitert. Es dürfe keine weiteren Experimente mehr mit ihm geben, auch nicht in der Form des demokratischen Sozialismus. Rühe plädiert dafür,

Währungsunion und Wirtschaftsreform möglichst schnell durchzuführen.

Im „Wahlkampfzentrum Ost-Berlin" kündigt Rühe an, daß der ehemalige Regierungssprecher Friedhelm Ost die Allianz für Deutschland in Öffentlichkeitsarbeit und PR beraten werde. In allen 15 Bezirken entstünden „schlagkräftige" Zentralen, in denen hauptamtliche Mitarbeiter aus der Parteiorganisation der bundesdeutschen CDU als Berater zur Verfügung stünden. Die Parteizentrale in Bonn werde in den nächsten Wochen zum „Dienstleistungsbetrieb" für die Allianz umfunktioniert.

Im Telefon- und Postverkehr zwischen Bürgern und Firmen beider deutscher Staaten wird es noch in diesem Jahr spürbare Verbesserungen geben. Wie Bundespostminister Christian Schwarz-Schilling in Bonn mitteilt, wird bis Jahresende die Zahl der Telefonleitungen aus der DDR ins Bundesgebiet von 395 auf 892 und in umgekehrter Richtung von 690 auf 1 400 erhöht. Damit sind dann die Voraussetzungen geschaffen für eine Vervierfachung der monatlichen Zahl der Gespräche aus der DDR in die Bundesrepublik. Das Gesprächsaufkommen aus der BRD in die DDR dürfte sich damit auf monatlich drei bis vier Millionen Telefonate in etwa verdoppeln.

Fünf Wochen vor den ersten freien Wahlen hat sich erst die Hälfte der Bevölkerung (51 Prozent) für eine Partei entschieden. Dies geht aus einer Infas-Umfrage hervor. Bei denen, die sich bereits entschieden haben, liegt die SPD mit 38 Prozent klar vorn. Sieben Prozent wollen die frühere SED (jetzt: PDS), fünf Prozent die CDU und drei Prozent die Bauernpartei wählen. Das Neue Forum, der Demokratische Aufbruch sowie die LDPD und die NDPD kommen auf je ein Prozent. Die konservative Allianz für Deutschland bestand zum Zeitpunkt der Umfrage noch nicht. Klare Mehrheiten ermittelten die Demoskopen für eine Vereinigung beider Staaten: 44 Prozent der Befragten in der Bundesrepublik und 41 Prozent in der DDR befürworten einen schnellen Zusammenschluß. 37 Prozent der DDR-Bürger und 31 Prozent der Bundesbürger plädieren für ein Zusammenwachsen auf längere Sicht im Rahmen eines vereinigten Europa.

Nach der am 22. Januar als Verein gegründeten Deutschen Sex Union stellt nun auch die Deutsche Sex Liga (DSL) in Freiberg/Sachsen ihr Programm vor. Sie tritt dafür ein, daß „niveauvolle Erotik und kulturvoller Sex" nicht länger eingeschränkt und unterdrückt werden. Durch eine Überarbeitung des Begriffs „Pornographie" solle erreicht werden, daß nicht länger unkontrolliert pornographische Erzeugnisse aus dem Ausland „eingeführt" werden müssen. Eine Beteiligung an den bevorstehenden Wahlen wolle man nicht ausschließen.

Samstag, 10. Februar

Bei Verhandlungen von Bundeskanzler Kohl mit Michail Gorbatschow in Moskau bekundet die sowjetische Seite Sorge über den äußerst schnellen Vereinigungsprozeß beider deutscher Staaten, da eine Reihe außenpolitischer Probleme noch nicht gelöst sei, wie etwa die Einbindung in die Militärbündnisse. Kohl deutet an, daß auf eine Ausdehnung der NATO auf das Gebiet der DDR verzichtet werden könne. Zugleich bietet er der Sowjetunion umfangreiche Wirtschaftshilfe an.

Die PDS legt den Entwurf ihres Wahlprogramms vor. Danach versteht sie sich als „linke sozialistische Partei", die sich dafür einsetzt, daß beim „historischen Prozeß der deutschen Einigung" die gesellschaftlichen Werte und Leistungen der DDR nicht aufgegeben werden dürften und ein Wandel nicht nur in der DDR stattfinde.

Der Vorsitzende der DSU, Hans-Wilhelm Ebeling, fordert auf einem Parteitag in Ost-Berlin, die DSU als Schwester der bundesdeutschen Unionsparteien weiter bekannt zu machen und zu stärken. Es ginge um eine möglichst schnelle Vereinigung mit der Bundesrepublik. Der Kongreß im Zeiss-Planetarium im Bezirk Prenzlauer Berg konnte wegen einer Demonstration von Gegnern der deutschen Vereinigung erst verspätet anfangen. Ehrengäste mußten unter Polizeischutz zum Tagungsort gebracht werden.

Die rechtsradikalen Republikaner haben mit Mitgliedern aus der DDR einen neuen Landesverband Brandenburg gebildet. Das

114

Erotik- und Porno-Magazine halten Einzug im DDR-Zeitschriftenhandel

115

teilt der Parteivorsitzende Franz Schönhuber mit. Daran hätten rund 100 DDR-Bürger, zumeist Jugendliche, teilgenommen. Schönhuber kündigte an, daß seine Partei trotz des Verbotes durch die Volkskammer „flächendeckend in der ganzen DDR" tätig werden wolle. Die Gründung weiterer Verbände sei in Dresden und Görlitz vorgesehen.

Der für eine Woche vor der Volkskammerwahl anberaumte Programmparteitag der Ost-CDU wird auf unbestimmte Zeit verschoben. Der Parteivorstand erachte es nicht als sinnvoll, den Parteitag zu diesem Zeitpunkt abzuhalten und die eigene Geschichte aufzuarbeiten, heißt es zur Begründung. Statt dessen soll es eine große Wahlveranstaltung am 10. März mit ausländischen Gästen und prominenten Kandidaten geben.

Einen finanziellen „Lastenausgleich" für die DDR fordert der Schriftsteller Günter Grass bei einer Lesung in Ost-Berlin. Er plädiert für eine Konföderation beider deutscher Staaten. Die DDR habe die größeren Kriegslasten sowie eine Demontagewelle nach der anderen ertragen müssen und keine Marshallplan-Hilfe gehabt. Dies verpflichte die Bundesregierung, der DDR einen Lastenausgleich zu zahlen. Er halte eine Steuererhöhung um drei Prozent für rechtens, damit die DDR aus der „Bittstellerposition" herausgeführt werde.

Sonntag, 11. Februar

Bundesinnenminister Wolfgang Schäuble begründet die bisherige Zurückhaltung der Bundesregierung gegenüber dem DDR-Kabinett unter Hans Modrow. Bisher fehle es bei den Plänen der Ost-Berliner Regierung an „marktwirtschaftlicher Konsequenz". Mehr Klarheit und Entschlossenheit zur Reform werde gebraucht, sagt er in Wiesbaden. Der Sozialismus, der dem Kollektiv den Vorrang vor dem Individuum und seiner Freiheit einräume, habe „endgültig abgewirtschaftet". Neben den vollen Bürgerrechten und der Chancengleichheit müsse nun die soziale Marktwirtschaft eingeführt und die staatliche Einheit hergestellt werden.

Die Führungen der drei Parteien LDPD, FDP und Deutsche Fo-

116

rum-Partei einigen sich nach zähen Verhandlungen in Dresden auf ein liberales Wahlkampfbündnis für die Volkskammerwahl am 18. März unter dem Namen Bund Freier Demokraten.

Der Parteitag der National-Demokratischen Partei Deutschlands (NDPD) wählt den 41 Jahre alten Wolfgang Rauls aus Magdeburg zum neuen Vorsitzenden. Unter Hinweis auf das angestrebte Wahlbündnis mit den Liberalen bestreitet Rauls den seiner Partei gemachten Vorwurf, in der DDR am weitesten rechts zu stehen. Er lehnt in seiner Rede nach der Wahl jegliche Zusammenarbeit mit der NPD und den Republikanern ab.

Mit dem Prozeß der schrittweisen Vereinigung der deutschen Staaten sollte nach Ansicht von Ministerpräsident Modrow auch eine schrittweise Verringerung der NVA und der Bundeswehr einhergehen. Bis zur Bildung eines einheitlichen deutschen Staates sei die NVA aber notwendig, sagt er in einem Interview. Modrow bekräftigt seinen Standpunkt, daß das künftige Gesamtdeutschland militärisch neutral sein solle.

In Leipzig findet die Buchpremiere von Rolf Henrichs „Der vormundschaftliche Staat" statt. Die vor der Wende verbotene Arbeit war zunächst nur in der Bundesrepublik herausgekommen und wird jetzt im Gustav Kiepenheuer Verlag Leipzig und Weimar verlegt. Der Autor, der längere Zeit als Rechtsanwalt mit Berufsverbot belegt war, gehört inzwischen zu den Aktivisten des Neuen Forum.

Montag, 12. Februar

Der Runde Tisch erörtert während seiner zwölften Sitzung politische Empfehlungen für die bevorstehende Reise von Ministerpräsident Modrow nach Bonn. In einem Antrag wird grundsätzlich eine Währungsunion zwischen beiden deutschen Staaten befürwortet, jedoch Modrow nicht legitimiert, sie schon in Bonn zu vereinbaren, da eine „vorschnelle Preisgabe der Finanzhoheit der DDR" abgelehnt wird. Es käme darauf an, zugleich eine Sozialcharta festzuschreiben. Von der Bundesregierung wird statt dessen ein „Solidarbeitrag von zehn bis 15 Milliarden DM" unabhängig von allen weiteren Verhandlungen gefordert, da es im Interesse der Bundesrepublik liegen müsse, einer Destabilisierung der DDR entgegenzuwirken.

Nach Meinung des Vorsitzenden der Mittelstandsvereinigung der CDU/CSU, Elmar Pieroth, könnte die D-Mark bereits vor Ostern in der DDR eingeführt werden. Es wäre wirtschaftlich zwar besser, wenn es zunächst bei unterschiedlichen Währungen bliebe, die über den Wechselkurs ausgeglichen werden könnten, aber politisch sei die Entscheidung jetzt anders gefallen, und dem müsse Rechnung getragen werden, erklärt Pieroth in Berlin bei der Eröffnung des ersten Mittelstandsbüros für Selbständige in der DDR.

Der DDR-Regierung liegt nach Angaben ihres Sprechers Wolfgang Meyer zu den Überlegungen von Bundeskanzler Helmut Kohl über eine Währungsunion „bis zur Stunde" weder ein offizielles Papier noch eine persönliche Mitteilung des Kanzlers vor. Man komme nicht umhin, dieses „mit einem gewissen Befremden festzustellen", erklärt Meyer.

Der Regierende Bürgermeister von West-Berlin, Walter Momper, wirft der Bundesregierung vor, in den vergangenen Wochen zu wenig getan zu haben, um den Menschen in der DDR konkret zu helfen. Man habe in Bonn „ziemlich tatenlos zugesehen, wie die Karre in den Dreck gefahren ist", erklärt er bei einer Pressekonferenz im Rathaus Schöneberg. Von der Soforthilfe, die Kohl versprochen habe, hätten die DDR-Bürger nicht viel gesehen. Das ausgebliebene Engagement der Bundesregierung zur Bewältigung der gegenwärtigen Probleme habe dazu beigetragen, daß viele aus der DDR weggegangen seien. Als unverantwortlich bezeichnete Momper die aktuelle Hinhaltetaktik und die aus Kreisen der Bundesregierung bewußt lancierten Gerüchte über eine angeblich bevorstehende Zahlungsunfähigkeit der DDR und ihren baldigen Zusammenbruch, mit der das Land nur weiter destabilisiert werde.

Im Vorankündigungsdienst des DDR-Buchhandels NOVA vermeldet der Ost-Berliner Dietz-Verlag, daß der Titel „Die SED – eine Partei der Neuerer" kurzfristig aus dem Programm genommen worden sei.

Dienstag, 13. Februar

Beim offiziellen Besuch einer DDR-Regierungsdelegation unter Premier Hans Modrow in Bonn wird die Bildung einer gemeinsamen Expertenkommission zur Vorbereitung einer Währungsunion vereinbart. Der Wunsch der DDR-Seite nach einem bundesdeutschen Solidarbeitrag zur Ankurbelung der ostdeutschen Wirtschaft wird dagegen abgelehnt.

Modrow verweist darauf, daß die DDR nicht nur wichtige geistige und kulturelle, sondern auch handfeste materielle Werte in das vereinte Deutschland einbringe. Das Nationalvermögen der DDR betrage 1,4 Billionen Mark, darunter in Staatseigentum 980 Milliarden Mark und 6,2 Millionen Hektar unbelasteter landwirtschaftlicher Nutzfläche.

Die Außenminister der vier Siegermächte des Zweiten Weltkrieges beraten in Ottawa am Rande internationaler Abrüstungsverhandlungen über Möglichkeiten, mit den beiden deutschen Staaten die äußeren Modalitäten der deutschen Vereinigung zu klären. Dazu werden Zwei-plus-Vier-Verhandlungen ins Auge gefaßt.

Der Deutschlandexperte der KPdSU, Nikolai Portugalow, präzisiert die sowjetischen Vorstellungen über ein vereinigtes Deutschland und rückt dabei erstmals von früheren Neutralitätsforderungen ab. Im Verhältnis zu den Militärbündnissen NATO und Warschauer Pakt könnte Deutschland künftig einen „französischen Status" einnehmen. Die Franzosen gehören zwar der NATO an, sind aber militärisch nicht in sie eingebunden.

Der österreichische Bundeskanzler Franz Vranitzky hält Vorbehalte gegen eine Vereinigung der beiden deutschen Staaten für „nicht angebracht". Niemand habe das Recht, „die beiden deutschen Staaten zu behindern, wenn diese eine Vereinigung wollen". Für Österreichs Souveränität und politische Position habe eine deutsche Vereinigung keine Bedeutung. Österreich habe sich „längst klar entschlossen, einem solchen Staat nicht anzugehören", sagt Vranitzky.

Nach Auffassung des Deutschlandexperten der SPD, Egon Bahr, gibt es keinen Weg zur sofortigen Einheit. „Wenn ich einen

Weg wüßte, einen verantwortbaren Weg, der von heute auf morgen zur deutschen Einheit führt, dann würde ich ihn sagen und empfehlen zu gehen. Ich sehe ihn nicht, auch weil wir nicht allein in Europa leben", sagt Bahr in einem Interview mit der DDR-Zeitung „Junge Welt".

Der Bund Freier Demokraten lehnt die Aufnahme der NDPD in das liberale Wahlbündnis ab, da die wirtschaftspolitischen Auffassungen über das Zusammenwachsen beider deutscher Staaten zu weit auseinander liegen würden.

Ein Medienkontrollrat konstituiert sich in Ost-Berlin, der die Meinungs-, Informations- und Medienfreiheit gewährleisten soll. Die Einrichtung wurde auf Initiative des Runden Tisches von der Volkskammer Anfang Februar beschlossen. Ihm gehören je ein Vertreter der am Runden Tisch beteiligten Parteien und Vereinigungen sowie der Volkskammerfraktionen an.

Mittwoch, 14. Februar

Ministerpräsident Hans Modrow und seine Delegation reisen enttäuscht über die Ergebnisse des deutsch-deutschen Gipfels nach Ost-Berlin zurück. Auch beim Abschlußtreffen mit Finanzminister Theo Waigel (CSU) erhält Modrow keine Zusage für die vom Runden Tisch in Ost-Berlin erbetene Soforthilfe in Höhe von zehn bis 15 Milliarden Mark. „Es wäre mehr erreichbar gewesen", sagt Modrow zu seinen Gesprächen mit der Bundesregierung. Heftige Kritik an der Bundesregierung üben die meisten Minister vom Runden Tisch, die mit in Bonn waren. Matthias Platzek (DDR-Grüne) nannte das Bonner Verhalten „schulmeisterlich". Walter Romberg (DDR-SPD) sagt: „Es wäre schön gewesen, wenn wir mit konkreten Ergebnissen nach Hause gefahren wären." Von dem von Bundeskanzler Helmut Kohl beschworenen „Geist der nationalen Verantwortung" sei wenig zu spüren gewesen. „Wir hätten gern ein bißchen mehr mitgenommen", sagt Rainer Eppelmann, der für den Demokratischen Aufbruch im Kabinett von Ministerpräsident Hans Modrow sitzt. Die Resultate seien zu gering, um den Übersiedlerstrom zu stoppen. Andere Delegationsmitglieder sprechen von einer offenen Brüskierung. Der Bundesregierung gehe es offenbar darum, den Preis für die Vereinigung durch wirtschaftliche Zurückhaltung und eine übertrieben schlechte Darstellung der Lage in der DDR noch herunterzudrücken. Nach internen Angaben von Kanzlerberater Teltschik ist Kohl nicht daran interessiert, „mit einem hilflosen Modrow noch entscheidende Verabredungen zu treffen".

„Das Treffen zwischen Bundeskanzler Helmut Kohl und Ministerpräsident Modrow erschien vielen als unnötige und grundlose Erniedrigung, die das reiche Westdeutschland den armen Brüdern im Osten zugefügt hat", schreibt die römische Tageszeitung „La Repubblica". „Kohl will vor den Neuwahlen zum Bundestag im Dezember offensichtlich den Prozeß der ‚Annexion' der DDR in so fortgeschrittenem Stadium präsentieren, daß er zum dritten Mal an der Spitze des Landes bestätigt wird und sich der internationalen Gemeinschaft als Garant der friedlichen Absichten des neuen Deutschland zeigen kann."

Modrow kehrt nach Einschätzungen des FDP-Vorsitzenden Otto Graf Lambsdorff nicht mit völlig leeren Händen von seinen Bonner Gesprächen nach Ost-Berlin zurück, denn er nehme viel mehr mit als bares Geld, nämlich die Währungsunion. Wer über dieses Ergebnis der Verhandlungen enttäuscht sei, habe den Grad seiner Erwartungen zu hoch geschraubt.

Der Sachverständigenrat zur Bewertung der gesamtwirtschaftlichen Entwicklung der Bundesrepublik, die „Fünf Weisen", melden Vorbehalte gegen eine deutsch-deutsche Währungsunion an. In einem Brief an Bundeskanzler Helmut Kohl bezeichnen sie die rasche Einführung der D-Mark in der DDR als das „falsche Mittel, um dem Strom von Übersiedlern Einhalt zu gebieten".

Die vier Siegermächte des Zweiten Weltkrieges und die beiden deutschen Staaten erklären gemeinsam die Absicht zur „Herstellung der deutschen Einheit". Zum Abschluß der Außenministerkonferenz von NATO und Warschauer Pakt über einen „offenen Himmel" tauschen die sechs Staaten in Ottawa eine Vereinbarung aus, in der eine Außenministerkonferenz der Sechs über „die äußeren Aspekte" der Einheit verabredet wird. Dies schließt auch die „Frage der Sicherheit der Nachbarstaaten" ein.

Bundesbürger und West-Berliner können vorerst weiterhin nicht über ihre Grundstücke in der DDR verfügen, auch wenn sie dort im Grundbuch eingetragen sind. Für Grundstücke, die in den vergangenen Jahren zum Teil enteignet wurden oder unter staatlicher Verwaltung stehen, gelten bis zu Neuregelungen die bestehenden Gesetze der DDR. Darauf weist die Ost-Berliner Vizeoberbürgermeisterin Reinhild Zagrodnik nach einem Gespräch mit dem West-Berliner Finanzsenator Norbert Meisner (SPD) hin. Grundstückseigentümer aus dem Westen sollten jetzt „nicht auf eigene Faust" versuchen, ihre Rechte ohne Absprache mit den staatlichen Stellen durchzusetzen, empfiehlt Meisner.

Donnerstag, 15. Februar

Ein künftig geeintes Deutschland darf nach den Worten von Bundeskanzler Kohl nicht neutral oder demilitarisiert sein, sondern soll ins westliche Bündnis eingebunden bleiben. In seiner Regierungserklärung zur Deutschlandpolitik berichtet er vor dem Bundestag, daß er diese Position der Bundesregierung zur Frage der Bündnisse dem sowjetischen Staats- und Parteichef Michail Gorbatschow in Moskau dargelegt habe.

Die Ausgangslage der Bundesrepublik für die Vereinigung bezeichnet Kohl unter wirtschaftlichen Gesichtspunkten als „in vieler Hinsicht ungewöhnlich günstig". Dazu zählten die außenwirtschaftlichen Überschüsse und die Bereitschaft der Wirtschaft, sich in der DDR zu engagieren. Die anstehenden Probleme für einen wirtschaftlichen Neubeginn in der DDR seien „alles andere als einfach, aber für ein Land wie die Bundesrepublik letztlich doch lösbar und zu bewältigen".

Der Demokratische Aufbruch, Mitglied der Allianz für Deutschland, spricht sich für die sofortige Einführung der D-Mark in der DDR aus. „Wir verstehen dies als positives Signal, um wieder Vertrauen in die Zukunft zu schaffen", erklärt der wirtschaftspolitische Sprecher, Fred Ebeling. Eine Währungsunion müsse jedoch von wirtschaftlichen Reformen begleitet werden, so von einer Veränderung des Eigentums, des Bankwesens, des Steuer-, Preis- und Lohnsystems. Gesichert werden müsse die Gewerbe- und Vertragsfreiheit. Allerdings müsse der Bevölkerung, so Ebeling, auch gesagt werden, daß eine Währungsunion vorübergehend zu relativ hoher Arbeitslosigkeit führen werde.

In der DDR wird ein Arbeitslosenverband gegründet. Er wendet sich an alle Arbeitslosen und „durch die geplanten Wirtschafts- und Marktmechanismen potentiell Gefährdeten". Der Minister für Arbeit und Löhne stimmt der Gründung zu. In der DDR gibt es nach offiziellen Angaben über 50 000 Arbeitslose.

Die Angst der DDR-Bürger vor einer Abwertung ihrer Sparguthaben ist nach Darstellung von Regierungssprecher Wolfgang Meyer unbegründet. Er nennt die Bildung von Menschenschlangen vor den Sparkassen und Massenabbuchungen bedauerlich. Politiker in Bonn und anderswo sowie die Medien verbreiteten Gerüchte, die Ängste um die Guthaben schürten. Auf die Frage, was er mit seinem Geld mache, sagt Meyer: „Ich lasse mein Sparkonto, so wie es ist".

Erich Honecker meldet sich öffentlich zu Wort: In der von Rainer Eppelmann (DA) im DDR-Fernsehen verlesenen Erklärung heißt es: „Entsprechend meinen früheren Erklärungen gegenüber der damaligen SED bekenne ich mich zu der politischen Verantwortung für die Krise, in die der Staat und die Bevölkerung der DDR geraten ist. Das betrifft auch die Umstände, die letztlich zu der Fälschung der Wahlergebnisse vom 7. Mai 1989 führten. Gleichzeitig möchte ich betonen, daß ich nie in meinem Leben politische Entscheidungen aus egoistischen Motiven getroffen habe und daß ich mich frei von jeder Schuld im strafrechtlichen Sinne fühle."

Mitglieder einer „SS-Division Walter Krüger" werden von einem Gericht in der Stadt Wolgast (Bezirk Rostock) wegen des Zusammenschlusses zu einer Organisation mit staatsfeindlichen Zielen zu Freiheitsstrafen verurteilt. Sie waren wegen Verherrlichung von Faschismus, Revanchismus und Militarismus angeklagt. Vier männliche Angeklagte erhalten Freiheitsstrafen zwischen einem Jahr und zehn Monaten sowie zehn Monaten, zwei weitere ein Jahr mit Bewährung. Die einzige beteiligte Frau wird freigesprochen. Das Gericht bleibt in seinen Urteilen zum Teil weit unter dem vom Staatsanwalt beantragten Strafmaß. Alle Verteidiger hatten für den Freispruch ihrer Mandanten plädiert.

Die Öffnung der innerdeutschen Grenze und die politische Entwicklung seit Öffnung der Berliner Mauer bewirken einen kräftigen Preisschub für DDR-Briefmarken. Komplette DDR-Sammlungen sind auf der Frühjahrsversteigerung Anfang Februar fast restlos abgesetzt worden. Noch vier Wochen vor der Grenzöffnung im Oktober 1989 waren gleichartige Sammlungen von Marken der DDR „so gut wie unverkäuflich gewesen", heißt es in einer Mitteilung des Fachverbandes in Berlin.

Freitag, 16. Februar

Der aus der Not geborene Plan der Politiker, eine Wirtschafts- und Währungsunion schnell aufzubauen, ohne eine sorgfältige Kosten-Nutzen-Analyse erstellt zu haben, erscheint Bundesbankpräsident Karl Otto Pöhl weiterhin als sehr wagemutig. Die Bundesrepublik werde Milliardenbeträge zur Sanierung der DDR und für das Zusammenwachsen beider deutscher Staaten aufbringen müssen. Er hoffe sehr, daß das reiche Land Bundesrepublik dies am Ende auch verkraften könne.

Eine Ergänzungsabgabe und ein Notopfer in der Bundesrepublik sind nach Ansicht des Bundesfinanzministers und CSU-Vorsitzenden Theo Waigel „die falschen Rezepte" für den Wiederaufbau der DDR. Allerdings werde eine „vertretbare Erhöhung der Kreditaufnahme" nötig sein, unterstreicht er. Die gute Wirtschaftslage gebe der Bundesrepublik die nötigen Spielräume für die künftigen Aufgaben bis zur Wiedervereinigung.

Straftäter aus der Bundesrepublik und der DDR sollen künftig an das jeweils andere Land ausgeliefert werden können. Darauf verständigen sich Rechtsexperten beider Staaten. Beide Seiten sind danach auch grundsätzlich bereit, Strafverfahren an die andere Seite abzugeben. Kein Verbrecher solle sich mehr seiner Verantwortung entziehen können.

Der Runde Tisch in Ost-Berlin fordert die Berufung eines Ausländerbeauftragten, da die Ausländerfeindlichkeit besorgniserregend zunimmt. Die Rechte der Ausländer müßten dringend durch
einen Ausländerbeauftragten gestärkt werden, der Schutz- und
Beratungsfunktionen für alle in der DDR lebenden Ausländer
wahrnehmen soll, erklärt Anetta Kahane (Neues Forum).

Das zu den Wahlen gegründete Bündnis 90 aus Vertretern des
Neuen Forum, Demokratie Jetzt und der Initiative für Frieden und
Menschenrechte stellt auf einer ersten Pressekonferenz in Berlin
sein Wahlprogramm vor. Darin bekennt sich das Bündnis zu einer sozial und ökologisch verpflichteten Marktwirtschaft und
spricht sich für einen Anpassungsprozeß auf dem Weg zur deutschen Einheit aus. Eine schnelle Währungsunion wird abgelehnt,
da sie unkalkulierbare Risiken enthalte. Auf inhaltliche
Berührungspunkte mit der PDS angesprochen, wird für die Zeit
nach den Wahlen jedoch eine Koalition mit der PDS – als Haupt-
verantwortliche für die gegenwärtige Krise – kategorisch ausgeschlossen.

In der DDR gehen offenbar verstärkt Betriebe dazu über, Mitarbeiter ohne Begründung und fristlos zu entlassen, um ihre Gewinne zu vermehren, beklagt der bekannte Wirtschaftsexperte
Jürgen Kuczynski in der Jugendzeitung „Junge Welt". Durch das
Machtvakuum gebe es „unverschämte, ungesetzliche Entlassungen, wie sie selbst in den führenden kapitalistischen Ländern dank
dem Kampf der Gewerkschaften nicht mehr erlaubt sind". Als erstes seien oft die Gewerkschaftsbibliotheken betroffen. Dies sei
eine Art „Kulturbarbarei von Amateur-Kapitalisten".

Bis Ende Januar sind 15 000 Soldaten der ehemals 38 000 Mann
starken Grenztruppen der DDR entlassen worden. Das teilt deren
Chef, Generalmajor Dieter Teichmann, mit. Künftig sollen nur
noch 25 000 Mann an der Grenze Dienst tun.

Der Verkauf der Berliner Mauer läuft weltweit auf Hochtou-
ren. „Mehrere große japanische Firmen haben Offerten gemacht,
das Goethe-Institut München will vier Segmente kaufen, das
berühmte englische Auktionshaus Sotheby's zeigt gesteigertes Interesse, Graf Dönhoff will ein Mauerteil haben", berichtet der für

den Mauerverkauf zuständige Helge Möbius vom Außenhandels-unternehmen Limex. Das Material mit Erinnerungswert erziele derzeit pro Segment Spitzenpreise von 500 000 Mark.

Die Deutsche Post bietet sich den DDR-Bürgern als „Wanzen"-Jäger an. In einer Anzeige im „Neuen Deutschland" lockt sie die Leser unter der Überschrift „Nun weiß man es! – Manches Geheimnis war gar keins". Abhörgeplagte oder nur Mißtrauische werden aufgefordert: „Beauftragen Sie uns – wenn es ums Beseitigen von Mikrofunksendeanlagen geht! Suchen Sie nicht selbst – Wir sind die Profis von der Deutschen Post." Parteien und politische Vereinigungen sollten noch vor der Wahl aktiv werden, empfiehlt das Zentralamt für Funkkontroll- und Meßdienst.

Mit Einführung der Gewerbefreiheit sehen etliche Bürger die Möglichkeit zu einer selbständigen Existenz auch im Sex- und Pornogeschäft. Allein für die Ost-Berliner City liegen schon mehrere Dutzend Anträge vor. Ein Mitarbeiter des Stadtbezirksbürgermeisters sagt auf Anfrage: „Wir müßten nur ein Drittel dieser Anträge genehmigen, um damit einen europäischen Spitzenwert zu erreichen."

Samstag, 17. Februar

Der Strom der Übersiedler in die Bundesrepublik reißt nicht ab. Seit Jahresbeginn sind jetzt schon fast 89 000 DDR-Bürger in den Westen gegangen. Die meisten von ihnen geben an, keine Hoffnung zu haben, daß es in der DDR wirtschaftlich schnell wieder bergauf geht. Im gesamten vergangenen Jahr waren 343 854 Menschen aus der DDR in die Bundesrepublik übergesiedelt.

Ein Wirtschaftsaufschwung nach den Wahlen am 18. März müßte nach Vorstellungen des FDP-Vorsitzenden Otto Graf Lambsdorff von den Arbeitnehmern in der Bundesrepublik durch Verzicht auf einen Teil der Lohnerhöhungen in den nächsten Jahren mitfinanziert werden. Für einige Zeit dürften die Lohnerhöhungen nicht deutlich über die Preissteigerungsrate hinausgehen. Sonst sei ein Wirtschaftsaufschwung in der DDR schwer machbar.

126

Der Unabhängige Frauenverband beschließt auf seinem Kongreß in Berlin ein Wahlbündnis mit der Grünen Partei. Für den Fall einer baldigen deutschen Einheit wird die Erarbeitung einer Sozialcharta angemahnt, da Frauen vom wirtschaftlichen Umgestaltungsprozeß am ehesten betroffen seien.

Die Unabhängige Sozialdemokratische Partei Deutschlands (USPD) will in der DDR für einen demokratischen Sozialismus kämpfen. Sie fühle sich dem linken sozialdemokratischen Erbe eng verbunden, stellt die Gruppierung auf ihrem Gründungskongreß in Fürstenberg im Bezirk Potsdam fest. Die USPD grenze sich klar gegen linken und rechten Extremismus ab und suche „ein Verhältnis zu den Linksparteien und im besonderen zur SPD".

Sonntag, 18. Februar

Eine Arbeitsgruppe der Bundesregierung prüft derzeit die weitere Behandlung der unmittelbar nach dem Krieg enteigneten landwirtschaftlichen Betriebe in der DDR. Dies teilt der Parlamentarische Staatssekretär im Landwirtschaftsministerium, Wolfgang von Geldern (CDU), mit. Nach seiner Ansicht gehört nach wie vor ein Teil des Grund und Bodens den ursprünglichen Besitzern. Wegen des komplizierten rechtlichen Sachverhaltes und der nur schwer zu durchschauenden tatsächlichen Besitzverhältnisse sei eine vertiefte Prüfung notwendig.

Der Vorsitzende der Deutschen Sozialen Union (DSU), Hans-Wilhelm Ebeling, spricht sich für die Übernahme des Grundgesetzes nach den Volkskammerwahlen am 18. März aus. „Statt selbst eine neue Verfassung zu entwerfen, was gerade der Runde Tisch versucht, sollten wir das übernehmen, was sich seit 40 Jahren im anderen Teil unseres Vaterlandes bestens bewährt hat", sagt er auf dem ersten landesweiten Parteitag der DSU in Leipzig. Das Grundgesetz sei die freiheitlichste Verfassung, die es je auf deutschem Boden gegeben habe.

Der Runde Tisch in Ost-Berlin ist nach Ansicht des DA-Vorsitzenden Wolfgang Schnur „politisch gescheitert". Die Demokratiebewegung habe es nicht verstanden, „die wirklichen Schwerpunkte der Menschen im Land zu erkennen". Mögliche 15 Milliarden Mark Soforthilfe der Bundesrepublik seien verspielt worden, da es der Runde Tisch nicht vermocht habe, einen Ausgabenplan dafür vorzulegen.

Die Grünen verständigen sich nach längerem, innerparteilichem Streit um die Deutschlandpolitik auf eine Kompromißformel: Ihr Bundeshauptausschuß spricht sich für eine Gemeinsamkeit der beiden deutschen Staaten bei fortbestehender Eigenständigkeit und enger Zusammenarbeit aus. Eine solche Konföderation trage der gemeinsamen historischen und kulturellen Vergangenheit, aber auch der „in 45 Jahren gewachsenen Verschiedenheit" Rechnung, heißt es in der mit großer Mehrheit in Roisdorf bei Bonn verabschiedeten Erklärung.

Nach Jahrzehnten unterdrückter öffentlicher Auseinandersetzung gründet sich in Leipzig der Schwulenverband der DDR (SVD), um die Interessen gleichgeschlechtlich liebender Männer in der Gesellschaft besser vertreten zu können.

Montag, 19. Februar

Ministerpräsident Modrow zieht auf der 13. Sitzung des Runden Tisches eine insgesamt positive Bilanz des Besuches seiner Regierungsdelegation in der vergangenen Woche in Bonn. Es seien die „Weichen auf Vernunft" gestellt worden. Dem Bonner Wunsch nach einer raschen Währungsunion noch vor dem 18. März habe nicht entsprochen werden können. Seine Regierung sei verfassungsrechtlich nicht befugt, die Währungshoheit der DDR aufzugeben.

Der Runde Tisch wendet sich ausdrücklich gegen einen Anschluß der zu schaffenden Länder der DDR an die Bundesrepublik nach Artikel 23 des Grundgesetzes. Das Gremium stimmt mit großer Mehrheit einem entsprechenden Antrag der Initiative Frieden und Menschenrechte zu. (Nach Artikel 23 könnten z.B. Sachsen oder Thüringen jeweils einzeln einfach ihren Beitritt zum Geltungsbereich des Grundgesetzes erklären.) Grundsätzlich abgelehnt wird auch eine NATO-Mitgliedschaft des zukünftigen vereinten Deutschland.

Parteien und politische Organisationen verständigen sich am Runden Tisch auf einen fairen Wahlkampf. In einer Vereinbarung heißt es, man wolle sich auf die Darstellung der eigenen Programme, Ziele, Plattformen und Kandidaten sowie auf die sachliche Darlegung der Positionsunterschiede zu anderen Parteien, Organisationen, Initiativen, Bewegungen und Personen konzentrieren. Auszuschließen sei jede Form von Gewalt und Aggressivität. Gemeinsam wolle man gegen alle Formen der Diffamierung und Diskriminierung eintreten. Verboten sei die Beschädigung der Staatssymbole sowie der Werbeflächen anderer.

Der Zentralverband der Deutschen Haus-, Wohnungs- und Grundeigentümer fordert die Politiker in der DDR auf, schnellstmöglich die Eigentumsverhältnisse neu zu ordnen und das Privateigentum in der Verfassung zu garantieren. Nur dann könnten sich die Wohn- und Lebensverhältnisse nachhaltig verbessern.

Der wohnungspolitische Sprecher der CDU/CSU, Dietmar Kansy, mahnt „vorschnelle Bundesbürger, die Eigentumsansprüche in der DDR auf eigene Faust geltend machen wollen", zur Zurückhaltung. Sie verstärkten „Ängste vor dem Verlust der Wohnung und unbezahlbaren Mieten, kräftig geschürt von Gegnern der Einheit und der sozialen Marktwirtschaft". Damit spielten sie zur Zeit ungewollt der PDS „und anderen Teilen der deutschen Linken die Bälle zu".

Mieterbund-Präsident Gerhard Jahn setzt sich dafür ein, den Mietern die Angst vor der Zukunft zu nehmen. Es sei instinktlos, wenn jetzt westdeutsche Bürger mit der Ankündigung aufträten, sie wollten ihr ehemaliges Eigentum in der DDR in Besitz nehmen und die Mieten erhöhen. Die Neuordnung der Wohnungsversorgung und Eigentumsverhältnisse muß nach Auffassung des Deutschen Mieterbundes „alle sozial nachteiligen Folgen vermeiden". Sonst gebe es einen weiteren Grund für DDR-Bürger, ihre Heimat zu verlassen.

In Leipzig und anderen Städten wird an diesem Montag wieder lautstark die deutsche Einheit – „sofort" oder „so schnell wie möglich" – gefordert. Auf einem Transparent heißt es: „Tausche Luft und Runden Tisch gegen Waigel und DM".

In Halle, wo die voraussichtlich letzte Demonstration vor den Wahlen stattfindet, ist Niedersachsens Ministerpräsident Ernst Albrecht (CDU) zu Gast. Er begrüßt die geplante Währungsreform und spricht sich dafür aus, daß das Geld der Sparer nicht entwertet werde.

Die Forderung nach Einheit Deutschlands und nach Rückbenennung der Stadt in Chemnitz bestimmt die Kundgebung in Karl-Marx-Stadt. Etwa 80 000 Bürger rufen immer wieder „Deutschland, Deutschland" und „Rote raus, Rote raus". Viel Beifall erhält der Parlamentarische Staatssekretär im Bundesinnenministerium, Carl-Dieter Spranger (CSU), der sagt, daß die Wiedervereinigung bereits im Gange sei und am 18. März eine glückliche Zukunft für die Menschen in Sachsen beginne.

Dienstag, 20. Februar

Alle magnetischen Datenträger, die der ehemalige Staatssicherheitsdienst über Personen angelegt hatte, werden vernichtet. Das beschließt der Runde Tisch zum Ende einer zwölfstündigen Debatte. Damit sollen der Mißbrauch und vor allem der schnelle Zugriff auf derartige Daten ausgeschlossen sowie zur völligen Zerstörung der Strukturen der ehemaligen Staatssicherheit beigetragen werden. Gleichzeitig wird dem Vorschlag zugestimmt, daß sich die für Auslandsspionage zuständige Hauptverwaltung Aufklärung unkontrolliert bis zum 30. Juni selbst auflösen darf, um Personen im Ausland nicht zu gefährden.

Die Volkskammer verabschiedet das mit Spannung erwartete Wahlgesetz für die ersten freien und geheimen Wahlen am 18. März. In dem Gesetz ist festgelegt, daß das neue Parlament für die Dauer von vier Jahren gewählt wird. Vorgesehen sind 400 Abgeordnete (bisher 500). Direktmandate gibt es nicht. Jeder Wähler hat eine Stimme, die er der Liste einer Partei, aber auch einer politischen Vereinigung oder Listenverbindung geben kann. Die Listen werden in 15 Wahlkreisen aufgestellt. Die Sitze werden jedoch zentral nach dem System der Verhältniswahl für die gesamte Republik errechnet. Erst dann erfolgt die Verteilung der Mandate auf die Wahlkreise. Eine Sperrklausel (in der Bundesrepublik die Fünf-Prozent-Hürde) gibt es nicht.

In der DDR gründet sich ein Seniorenschutzbund Graue Panther, der zur Volkskammerwahl mit eigenen Kandidaten antreten will. Der Verband hat rund 1 400 Mitglieder und setzt sich für soziale Sicherheit im Alter ein. Die Grauen Panther, die sich bisher in Stralsund, Rostock, Leipzig, Dresden und Gera organisierten, fordern unter anderem höhere Mindestrenten, Ausgleichszahlungen für steigende Lebenshaltungskosten sowie die Unantastbarkeit der Wohnungen und Sparkonten von Rentnern.

Unternehmen in beiden deutschen Staaten können sich künftig ohne Genehmigung von bundesdeutscher Seite im jeweiligen Nachbarland niederlassen oder Firmen kaufen. Das gibt die Deutsche Bundesbank in Frankfurt/Main bekannt. Bisher mußten die Unternehmen in der Bundesrepublik eine Genehmigung bei den Landeszentralbanken einholen.

Im Aufschwung befinden sich die Drachenflieger der DDR. Sie waren in den vergangen Jahren immer wieder Repressalien ausgesetzt, da sie im Verdacht standen, auf diese Weise die Mauer überwinden zu wollen. Aufgrund des Flugverbots im eigenen Land mußten die Piloten ihr Hobby heimlich, vor allem in der CSSR, betreiben. Die Bildung von sechs Klubs allein im Bezirk Dresden wird auf einer Präsidiumsversammlung bekanntgegeben.

Mittwoch, 21. Februar

Die DDR-Parteien dürfen zumindest für den jetzigen Wahlkampf Hilfe aus der Bundesrepublik in Anspruch nehmen. Die Volkskammer beschließt – einen Tag nach der Verabschiedung eines Wahlgesetzes – ein Parteien- und Vereinigungsgesetz. Zwar heißt es darin, daß Parteien keine Schenkungen oder anderweitige wirtschaftliche Unterstützung von einem anderen Staat annehmen dürfen. Dieser Artikel tritt jedoch erst zum 1. Januar 1991 in Kraft. Die CDU hatte außerdem erklärt, die Bundesrepublik sei im Zuge der Bestrebungen zur deutschen Einheit in diesem Zusammenhang nicht mehr als Ausland zu betrachten.

Eine Vereinigung beider deutscher Staaten ist nach Ansicht des sowjetischen Staats- und Parteichefs Michail Gorbatschow nicht allein Sache der Deutschen. In einem Interview mit der Parteizeitung „Prawda" fordert er die baldige Aufnahme der Zwei-plus-Vier-Gespräche. „Bei allem Respekt vor ihrem nationalen Recht kann man sich angesichts der Lage wohl kaum vorstellen, daß die Deutschen sich zunächst untereinander einigen und dann die anderen bereits gebilligte Entscheidungen absegnen lassen."

Eine Ausweitung des gegenwärtigen Einflußbereiches der NATO bis an die Oder-Neiße-Linie ist nach Ansicht des Vizeverteidigungsministers der DDR und Chef des Hauptstabes, Generalleutnant Manfred Grätz, unvertretbar. In der Zeitung „Junge Welt" sagt der hohe Offizier, er könne sich auch nicht vorstellen, „daß ein vereintes Deutschland zwei Armeen auf seinem Territorium vereinen könnte bzw. daß Nationale Volksarmee und Bundeswehr miteinander verschmelzen".

Die DDR ist nach den Worten von Bundeswirtschaftsminister Helmut Haussmann (FDP) kein Konkursfall, aber stark sanierungsbedürftig. Bei einem Wahlkampfauftritt des Bundes Freier Demokraten sagt er, die Leistungen zur wirtschaftlichen Gesundung der DDR müßten gemeinsam von ihren Bürgern, von der Bundesrepublik und der Europäischen Gemeinschaft erbracht werden. Massenarbeitslosigkeit sei nicht zu befürchten.

Der wirtschaftspolitische Sprecher der SPD-Bundestagsfraktion, Wolfgang Roth, fordert die Bundesregierung auf, die Währungsunion mit der DDR nicht hinauszuzögern. Diese sollte am 1. Juli in Kraft treten, „damit die Verunsicherung der Menschen und Betriebe in der DDR endlich beendet wird". Die Umtauschfrage sei nicht so problematisch wie oft diskutiert: Guthaben in Ost-Mark sollten grundsätzlich im Verhältnis 1:1 getauscht werden.

Die Staatsanwaltschaft in Ost-Berlin erhebt erstmals Anklage gegen frühere Spitzenpolitiker. Es betrifft das frühere SED-Politbüromitglied Harry Tisch und den ehemaligen Vorsitzenden der DDR-CDU, Gerald Götting. Nach den Ermittlungen hat Tisch, langjähriger Chef des Gewerkschaftsbundes FDGB, Gewerkschaftsgelder mißbraucht und dem FDGB „schwere wirtschaftliche Schäden" zugefügt. Wie die Staatsanwaltschaft mitteilt, hat Tisch eigenmächtig und ohne Beschluß der zuständigen Gewerkschaftsgremien mehrere Millionen Mark Solidaritätsgelder für ein Jugendfestival der FDJ umgeleitet. Außerdem habe er aus der Gewerkschaftskasse ein großzügiges Jagdgebiet mit Haus und private Urlaube finanziert. Götting soll ebenfalls aus Geldern seiner Partei ein Privathaus finanziert haben.

Die Deutsche Post will noch in diesem Jahr über Satellit dem als „Tal der Ahnungslosen" verspotteten Gebiet um Dresden den Empfang des Westfernsehens ermöglichen. Der Bau von großen Gemeinschaftsantennen soll gefördert und die Verfügbarkeit von Satellitenempfangsanlagen gesichert werden. Import- und Zollbeschränkungen für die benötigte Technik wurden bereits aufgehoben.

Nach der Reparatur eines Kabelschadens geht der Block IV des umstrittenen Kernkraftwerks Lubmin bei Greifswald wieder ans Netz, nachdem der Reaktor bei einem Störfall am Vortag abgeschaltet worden war.

Donnerstag, 22. Februar

Mit dem Näherrücken der deutschen Einheit wird für Bonn die Frage nach Reparationszahlungen für deutsche Zerstörungen im Zweiten Weltkrieg akut. Die Bundesrepublik hat solche Ansprüche bisher unter Hinweis auf das „Londoner Schuldenabkommen" von 1953 abgewiesen. Darin hatte Bonn den drei Westmächten und 30 weiteren Staaten (ohne Ostblock) die Tilgung der deutschen Auslandsschulden aus der Vorkriegszeit und den Kriegsjahren zugesichert. Die Vertragspartner stellten dafür Reparationsforderungen bis zu einer Regelung nach einem Friedensvertrag zurück. Die Bundesrepublik Deutschland, die sich im Gegensatz zur DDR als Rechtsnachfolger des Hitler-Reiches verstand, hatte bis zum Londoner Abkommen 1953 etwa zwei Milliarden Mark an Reparationen geleistet. Die Schätzungen der Reparationsleistungen der DDR an die Sowjetunion liegen zwischen 65 und 100 Milliarden Mark. Der westdeutsche Historiker Arno

Peters hatte Schlagzeilen gemacht, als er der Bundesregierung vorrechnete, sie müsse der DDR einen „Reparationsausgleich" von 727,1 Milliarden Mark zahlen – 74,3 Milliarden Grundbetrag plus Zinsen seit 1953.

Zwei Drittel (67 Prozent) der Bundesbürger erkennen einen moralischen Anspruch der DDR auf wirtschaftliche Hilfe von der Bundesrepublik an. Bei einer Meinungsumfrage des Hamburger GEWIS-Instituts, die von der Illustrierten „Neue Revue" in Auftrag gegeben wurde, lehnten jedoch 58 Prozent der Befragten die Höhe des geforderten „Solidarbeitrages" von 15 Milliarden Mark ab. 38 Prozent sahen die Höhe als berechtigt an, und fünf Prozent meinten, die Forderung nach zehn bis 15 Milliarden Mark sei eher zu bescheiden. Ein Drittel der Befragten verneinte einen moralischen Anspruch der DDR auf Wirtschaftshilfe.

Bundeswirtschaftsminister Helmut Haussmann (FDP) fordert die DDR-Regierung auf, die in den Devisenfonds eingezahlten Ost-Mark-Beträge der DDR-Bürger umgehend zu investieren. Mit dem Einsatz dieser Mittel für Maßnahmen im Verkehrs- und Baubereich und zur Förderung privater gewerblicher Unternehmen in der DDR könnten dort sichtbare Zeichen für die Bevölkerung gesetzt werden.

Der Präsident des Unternehmerverbandes der DDR, Rudolf Stadermann, ruft die Unternehmen Westeuropas auf, mit Investitionen bereits vor den März-Wahlen „Zeichen der Hoffnung zu setzen". Nur so könnten die Auswanderung gestoppt und die Privatwirtschaft gestärkt werden. Auf einem deutsch-französischen Symposium zur Sozialpolitik sagt Stadermann, in der DDR entstehe eine breite mittelständische Wirtschaft. Bis zur Jahresmitte werde es 10 000 und bis Ende 1990 rund 15 000 mittelständische Unternehmen geben. Bei einer Auflösung der Kombinate ergebe sich ein Potential von 20 000 Unternehmen. Dazu kämen 120 000 bestehende Kleinbetriebe bis zehn Beschäftigte sowie erwartete 100 000 Existenzgründungen. Die Zahl der Arbeitsplätze in der Privatwirtschaft werde sich bis Ende 1990 auf drei Millionen versechsfachen. Als Problem bezeichnete Stadermann die Lethargie vieler Arbeitnehmer. Die Auslastung der Maschinen habe im

Schnitt bei 3,6 Stunden täglich gelegen, weil es an Material mangelte. Es dauere Monate, die Arbeitsmoral wieder aufzubauen.

Um die Abwanderung von Ärzten in die Bundesrepublik zu stoppen, zahlt die herzchirurgische Klinik in Leipzig ab sofort ihren Medizinern ein sogenanntes Bleibegeld in D-Mark. Ärzte und Schwestern haben darüber hinaus im Rahmen eines Kooperationsvertrages mit der Rhön-Kliniken AG die Möglichkeit, für drei Monate in der Bundesrepublik zu westlichen Gehältern zu arbeiten.

Bis Ende des Monats sollen sämtliche Bezirksdienststellen der ehemaligen Staatssicherheit aufgelöst sein. Dies kündigt der Leiter der zuständigen Regierungskommission, Günter Eichhorn, an. Die Auflösung der Dienststelle im Bezirk Schwerin sei bereits abgeschlossen. Etwa 68 Prozent der Mitarbeiter der ehemaligen Ost-Berliner Stasi-Zentrale seien bereits entlassen worden. Täglich würden weitere 600 bis 700 Mitarbeiter ihre Papiere erhalten.

Der erste landesweite Parteitag der DDR-SPD beginnt in Markkleeberg bei Leipzig. An der viertägigen Konferenz nehmen rund 500 Delegierte teil, die rund 100 000 Mitglieder vertreten. Neben dem Ehrenvorsitzenden Willy Brandt ist die gesamte Bonner SPD-Spitze vertreten. Geschäftsführer Ibrahim Böhme setzt sich in seiner Programmrede für eine soziale Abfederung bei der Einführung der Marktwirtschaft ein.

Tausende Menschen demonstrieren in Ost-Berlin für soziale Sicherheit und gegen eine „kapitalistische Wiedervereinigung". Sie folgen einem Aufruf des Neuen Forum, der Vereinigten Linken, des Unabhängigen Frauenverbandes, der Nelken und des FDGB. PDS-Vorsitzender Gregor Gysi sagt zu den Kundgebungsteilnehmern mit Blick auf den laufenden Wahlkampf: „Wie schon oft in der Geschichte haben sich die Rechten formiert, die Linken dagegen sehr zersplittert."

Freitag, 23. Februar

Die Umwandlung von volkseigenen Betrieben in private Unternehmen soll zunächst in zehn ausgewählten Betrieben erprobt werden, teilt das DDR-Wirtschaftsministerium mit. Demgegenüber liegen bereits rund 1 300 Anträge zur Rückgabe von 1972 in Volkseigentum zwangsüberführten privaten Betrieben vor.

Alte Feindbilder sollen abgebaut werden: Künftig wollen der Deutsche Bundeswehrverband und der Verband der Berufssoldaten der DDR zusammenarbeiten. Dazu treffen sich in Strausberg bei Berlin Verteidigungsminister Admiral Theodor Hoffmann, der Vorsitzende des Deutschen Bundeswehrverbandes, Oberst Rolf Wenzel, sowie der Vorsitzende des Verbandes der Berufssoldaten der DDR, Oberstleutnant Eckard Nickel.

Bundesarbeitsminister Norbert Blüm (CDU) ist besorgt über nach seiner Ansicht zunehmende Ängste in der bundesdeutschen Bevölkerung vor den Kosten der deutschen Einheit. Seit vier Wochen erhalte er „eine Welle" von ängstlichen Briefen, speziell von Rentnern. Der Arbeitsminister versichert, es werde wegen der Wiedervereinigung auf sozialem Gebiet keine Leistungskürzungen in der Bundesrepublik geben. Auch ein Abbau von Besitzstand werde nicht nötig sein. Lediglich der Zuwachs an Wohlstand könnte sich verlangsamen.

Eine Gastprofessur des CDU-Politikers Prof. Kurt Biedenkopf in Leipzig wird fest vereinbart. Der gelernte Jurist und Wirtschaftswissenschaftler soll von April an am interdisziplinären Zentrum für internationale Wirtschaftsbeziehungen „Georg Mayer" der Karl-Marx-Universität unterrichten. Biedenkopf hatte zugunsten der Gastprofessur auf eine Bundestagskandidatur für die CDU in Bonn verzichtet.

Der Ost-Berliner Oberbürgermeister Erhard Krack (PDS) tritt nach sechzehnjähriger Amtszeit zurück. Er zog damit die Konsequenz aus Vorwürfen im Zusammenhang mit den Fälschungen bei den Kommunalwahlen im vergangenen Jahr. In seinem Rücktrittsschreiben übernimmt er die politische Verantwortung für die Wahlfälschungen. Sie seien „höchst verwerflich" und „Auswüchse eines deformierten Systems".

Das aus Bürgerrechtsbewegungen zusammengesetzte Bündnis 90 will mit den Spitzenkandidaten Jens Reich (Neues Forum), Wolfgang Ullmann (vorgesehen für das Amt des Ministerpräsidenten) und Konrad Weiß (beide Demokratie Jetzt) sowie Marianne Birthler (Initiative Frieden und Menschenrechte) in den Wahlkampf ziehen, wird auf einer Pressekonferenz mitgeteilt.

Die Grüne Partei stellt ihrerseits Vera Wollenberger und Vollrad Kuhn auf, der mit ihr verbündete Unabhängige Frauenverband Ina Merkel und Walfriede Schmitt.

Das DDR-Fernsehen strahlt am Abend den ersten Werbespot einer Partei für die Volkskammerwahl am 18. März aus. Den Auftakt macht die Liberal-Demokratische Partei (LDPD) mit „Freiheit braucht Leistung". Mit Ausschnitten aus Reden der bundesdeutschen Politiker Otto Graf Lambsdorff und Hans-Dietrich Genscher, dem Plädoyer für eine freie soziale Marktwirtschaft und Appellen an die Leistungsbereitschaft der DDR-Bürger werben die Liberalen für den Bund Freier Demokraten.

Samstag, 24. Februar

Die Sozialdemokraten wählen ihren bisherigen Geschäftsführer Ibrahim Böhme zum Parteivorsitzenden. Er ist damit gleichzeitig Spitzenkandidat und Anwärter auf das Amt des Ministerpräsidenten bei der Volkskammerwahl am 18. März. Böhme bekennt sich ausdrücklich zu seiner Vergangenheit als SED-Mitglied. Er habe heute ein anderes Parteiverständnis, doch habe er in der SED „nicht nur Schufte und Karrieristen" kennengelernt. Sozialdemokraten müßten bereit sein zur persönlichen Versöhnung mit ehemaligen SED-Mitgliedern. Der Parteitag beschließt, künftig nur solche SED-Mitglieder aufzunehmen, die schon vor dem 7. Oktober 1989 ausgetreten sind. Erster stellvertretender Parteichef wird der Vorsitzende des Leipziger SPD-Bezirks, Karl-August Kamilli. Zu stellvertretenden Vorsitzenden wählt der Parteitag im dritten Wahlgang die Ost-Berliner Markus Meckel und Angelika Barbe. Geschäftsführer wird Stephan Hilsberg. Die Delegierten wählen Ex-Bundeskanzler Willy Brandt zum Ehrenvorsitzenden, ein Amt, das er auch in der bundesdeutschen SPD innehat. Brandt spricht anschließend auf einer Wahlkundgebung vor etwa 60 000 Leipzigern und setzt sich dafür ein, jetzt „vernünftig zusammenwachsen zu lassen, was zusammengehört". Dabei ginge es aber nicht um einen Anschluß, sondern um einen Zusammenschluß.

Das Konzept des demokratischen Sozialismus hat nach den Worten des PDS-Vorsitzenden Gregor Gysi keineswegs ausgedient. Sowohl der stalinistische Sozialismus als auch der Kapitalismus hätten sich als unfähig erwiesen, die Grundfragen der Menschheit zu lösen, erklärt Gysi zu Beginn des PDS-Parteitages in Berlin. Im Hinblick auf die bevorstehenden Wahlen trete seine Partei für die „Eigenstaatlichkeit der DDR im Vereinigungsprozeß" ein. Der Runde Tisch sollte auch nach den Wahlen am 18. März fortbestehen, da er sich bei der Problemlösung bewährt habe.

Sechs führende Oppositionspolitiker aus Dresden – darunter der Sprecher der Gruppe der 20, Herbert Wagner, und bisherige Mitglieder des Neuen Forum – treten der CDU bei. Wie die Tageszeitung „Die Union" berichtet, erklärten der Sprecher und der Geschäftsführer des Neuen Forum Dresden zuvor, sie könnten die Politik der linksorientierten Berliner Führungsgruppe um Bärbel Bohley und Reinhard Schult nicht länger mittragen.

Für eine möglichst schnelle deutsche Einheit spricht sich der Demokratische Aufbruch am Abend auf einer Wahlkampfveranstaltung im Ost-Berliner Lustgarten aus. Auf dem mäßig gefüllten Platz bringt Parteivorsitzender Wolfgang Schnur seine Hoffnung zum Ausdruck, „daß Berlin bald Hauptstadt für ein einiges Vaterland und für ganz Europa" werde.

Sonntag, 25. Februar

Zum Abschluß ihres Parteitages nimmt die SPD in Leipzig ein Grundsatzprogramm an, in dem sie sich für eine demokratische, soziale und ökologisch orientierte Marktwirtschaft einsetzt. In dem ebenfalls verabschiedeten Wahlprogramm legen die Sozialdemokraten einen Fahrplan zur Vereinigung der beiden deutschen Staaten vor. Bereits im Frühjahr solle ein „Rat zur deutschen Einheit" unter Leitung des SPD-Ehrenvorsitzenden Willy Brandt gebildet werden, der die Regierungen in Bonn und Ost-Berlin beraten und eine gesamtdeutsche Verfassung ausarbeiten soll.

Ministerpräsident Hans Modrow will die PDS als Spitzenkandidat in die Volkskammerwahl führen. Diese Entscheidung gibt er vor dem ersten Parteitag der PDS bekannt. Die rund 600 Delegierten spenden dem populären Ministerpräsidenten stürmischen Beifall und wählen ihn zum Ehrenvorsitzenden.

Der Vorsitzende der SPD, Ibrahim Böhme, zollt der Kandidatur Modrows als Spitzenkandidat der PDS Respekt. Modrow sei ein „guter Kandidat, aber leider in der falschen Partei". Für ihn sei es nicht denkbar, so Böhme, daß er Modrow in einem von der SPD geführten Kabinett nach der Wahl zur Volkskammer am 18. März einen Posten anbieten werde.

Die Vereinigte Linke (VL) und die marxistische Partei Die Nelken werden zur Volkskammerwahl am 18. März ein Aktionsbündnis Vereinigte Linke eingehen. Das beschließen die rund 200 Delegierten der VL auf einem Wahlkongreß in Ost-Berlin. Das Bündnis wolle vor allem jene Bürger ansprechen, die für eine souveräne DDR eintreten.

Der Vorsitzende der CDU, Lothar de Maizière, wird in Ost-Berlin zum Spitzenkandidaten der Partei für die Volkskammerwahlen am 18. März nominiert. Der Parteivorstand wählt ihn einstimmig.

Bundesfinanzminister Theo Waigel will sich trotz des Drängens der Allianz für Deutschland, vor den Wahlen klare Aussagen über den Umtauschkurs bei der Währungsunion zu treffen, nicht auf einen bestimmten Kurs festlegen lassen. Es sei „verantwortungslos und im hohen Grade schädlich", darüber zu spekulieren, bevor nicht alle Fakten und ökonomischen Zusammenhänge auf dem Tisch lägen. „So wichtige Währungsentscheidungen können nur in einem absolut vertraulichen Verfahren vorbereitet und gefunden werden. Ich verlange deshalb von allen Beteiligten Zurückhaltung und Verantwortungsbewußtsein."

Mehr als 50 000 Menschen demonstrieren am Abend im Ost-Berliner Lustgarten für eine souveräne DDR und gegen Sozialabbau. Die Teilnehmer tragen DDR-Fahnen und Spruchbänder mit Aufschriften wie „Laßt Euch nicht verKOHLen" und „Denkt an uns Kinder – Auch wir sind das Volk". Der PDS-Vorsitzende

Gregor Gysi wendet sich gegen eine „Annexion" der DDR, bei der die juristischen, politischen, ökonomischen und sozialen Rechte der Bürger untergehen würden. Beide deutsche Staaten müßten sich reformieren und wandeln. Unter Bezug auf die Wahlreden von Bundeskanzler Helmut Kohl in der DDR betont Gysi: „Wir sollten ihm sagen, daß wir nicht nach seinen Vorstellungen vereinigt werden wollen, weder in den Grenzen von 1937 noch zum Nulltarif."

Montag, 26. Februar

Innerhalb der DDR-Wirtschaft besteht kein Konsens über den günstigsten Zeitpunkt für die Einführung einer deutschen Währungs- und Wirtschaftsunion. Einige Wirtschaftsfachleute sprechen sich für ein Stufenprogramm aus, andere fordern eine rasche Einführung der D-Mark. Dies wird auf einem Symposium der Tageszeitung „Die Welt" mit Politikern und Experten aus beiden deutschen Staaten deutlich. Für einen Stufenplan plädiert der Generaldirektor des Kombinats Pkw aus Karl-Marx-Stadt, Dieter Voigt: „Wir sind doch mit unseren Trabis nicht wettbewerbsfähig. Wir brauchen unbedingt ein Stufenprogramm, sonst können wir hier morgen dichtmachen." Ähnlich ginge es den meisten Großbetrieben.

Nach Ansicht von Bundesaußenminister Hans-Dietrich Genscher ist die Aufnahme der heutigen DDR in die Europäische Gemeinschaft nach einer Vereinigung beider deutscher Staaten ohne Vertragsänderung möglich. Genscher stellt sich damit in Gegensatz zu Äußerungen der britischen Premierministerin Margaret Thatcher, die sich gegen eine automatische EG-Mitgliedschaft der DDR ausgesprochen hatte.

Die 14. Sitzung des Runden Tisches befaßt sich mit Problemen der Kultur und verlangt ein Kulturpflichtgesetz für die DDR. Die Teilnehmer verabschieden ein Positionspapier, in dem es heißt: „Wenn Theater und Puppenbühnen geschlossen und Orchester verkleinert werden, wenn Kulturhäuser und Betriebsbibliotheken verschwinden und Kinos weiter verfallen, fährt der Zug der Zeit in die falsche Richtung." Eine Ausrichtung der Kultur nach marktwirtschaftlichen Kriterien widerspreche den Rechten der Bürgerinnen und Bürger auf freien Zugang zur Kultur.

Beschlossen wird außerdem eine Militärreform der DDR. Bis zum Ende des Jahres sollen danach u.a. die Grenztruppen aus der Nationalen Volksarmee herausgelöst und künftig dem Innenministerium unterstellt werden, erklärt Verteidigungsminister Theodor Hoffmann. Soldaten der Volksarmee sollen sich künftig außerhalb ihres Dienstes auch politisch organisieren und betätigen dürfen.

Radikale Steuersenkungen sieht ein veröffentlichter Gesetzentwurf zur Reform des Steuerrechts vor. Die Körperschaftssteuer für Kapitalgesellschaften soll von bisher maximal 95 Prozent auf 50 Prozent begrenzt werden. Bei der Gewinnausschüttung sei eine Doppelabrechnung zu vermeiden. Für Aufsichtsratsvergütungen wird die Steuer von 65 auf 30 Prozent, die Vermögenssteuer von 2,5 auf ein Prozent gesenkt.

Die Regierung gibt die Einführung von Arbeitslosengeld bekannt. Es beträgt bis zu 70 Prozent des Gehaltes der vergangenen zwölf Monate. Die genaue Zahl der Arbeitslosen ist noch unbekannt, da die entsprechenden Ämter gerade erst eingerichtet werden.

Regierungschef Hans Modrow spricht sich dafür aus, daß unter anderem Polen ein Mitspracherecht bei der Frage der Bündniszugehörigkeit eines vereinten Deutschland haben müsse. Eine NATO-Mitgliedschaft, für die sich US-Präsident George Bush und Bundeskanzler Helmut Kohl ausgesprochen hätten, sei nicht allein von den USA und der Bundesrepublik zu entscheiden. Bei einer Vereinigung der beiden deutschen Staaten müsse zudem das rechtmäßig erworbene Eigentum in der DDR garantiert werden. Dazu gehörten auch die Sparguthaben der Bürger. Problemfälle müßten von beiden Staaten geklärt werden.

Etwa 15 000 bis 20 000 Menschen nehmen in Leipzig an der Montagsdemonstration teil. Von den Zuhörern werden vor allem die Redner des eher rechten Spektrums umjubelt, die sich für eine schnelle Vereinigung Deutschlands aussprechen. Die Grünen, die nur für eine schrittweise Annäherung plädieren, werden ausgepfiffen.

Dagegen wird CSU-Generalsekretär Erwin Huber auf einer Wahlkundgebung der DSU in Potsdam am Sprechen gehindert und von Demonstranten lautstark zum Verlassen der DDR aufgefordert. Sprechen können die SPD-Politiker Herbert Schnoor und Dietrich Stobbe. Der West-Berliner CDU-Oppositionsführer Eberhard Diepgen tritt in Brandenburg auf.

Dienstag, 27. Februar

Der Deutsche Städtetag rechnet für 1990 mit 1,5 bis zwei Millionen Aus- und Übersiedlern in die Bundesrepublik, 600 000 bis 700 000 davon aus der DDR. In einem Interview des Saarländischen Rundfunks erklärt der Vizepräsident des Städtetages, Herbert Schmalstieg, er befürchte dadurch gravierende Probleme auf dem Wohnungsmarkt zwischen Aus- und Übersiedlern einerseits und einheimischen Wohnungssuchenden andererseits: „Das ist Sprengstoff, der den sozialen Frieden stark gefährdet."

Mehr als zwei Drittel der Bundesbürger sind gegen eine weitere Aufnahme von Übersiedlern aus der DDR. 68 Prozent sprachen sich für einen Einreisestopp aus, nur 28 Prozent befürworteten eine freie Einreise. Das ist das Ergebnis einer im Auftrag des Hamburger Magazins „Stern" veranstalteten Umfrage des Dortmunder Forsa-Instituts. Die anfänglich positive Stimmung gegenüber den Übersiedlern aus der DDR ist der Umfrage zufolge deutlich umgeschlagen. Die Hälfte der Bundesbürger meint inzwischen, daß die ehemaligen DDR-Bürger in der Bundesrepublik ungerechtfertigte Vorteile genießen.

Der baden-württembergische Ministerpräsident Lothar Späth spricht sich in Anlehnung an frühere Bonner Rückkehrhilfen für Türken jetzt für private wie staatliche Rückkehrprämien für DDR-Übersiedler aus. „Wir müssen uns doch fragen, ob wir zur Behebung der Wohnungsnot nur pro Sozialwohnung 40 000 Mark einsetzen können oder etwas ausgeben, um die Leute dorthin zu bringen, wo jetzt die Wohnungen leer stehen". Der Stuttgarter Regierungschef fügt hinzu, mit einer Abwehrstrategie in der Bundesrepublik ohne konsequente Aufbaupolitik in der DDR lasse sich das Übersiedlerproblem aber nicht lösen. Wer heute noch in die Bundesrepublik komme, sollte eher Nachteile als Vorteile haben. Späth: „Es könnte damit beginnen, daß wir erklären, wer hier rüberkommt, kann drüben sein Sparguthaben nicht 1:1 umgewechselt kriegen". Den Kurs 1:1 sollte nur der bekommen, der in der DDR bei seinem Sparkapital bleibe.

Der Präsident des Deutschen Sparkassen- und Giroverbandes, Helmut Geiger, warnt die Bürger der Bundesrepublik und der DDR vor Spekulationen mit der Ost-Mark im Hinblick auf die Währungsunion. Bei der Umstellung auf die D-Mark im Gebiet der DDR werde es ausreichende Absicherungen geben, „so daß sich Spekulanten in den Finger schneiden werden." Der Umstellungskurs sollte „möglichst nahe bei 1:1" nur für die Spargelder auf solchen Konten in der DDR festgelegt werden, die vor einem zurückliegenden Stichtag angesammelt wurden. Dieser Stichtag sollte „nahe am 9. November 1989 liegen", sagt Geiger. Alle danach eingezahlten Beträge müßten anders behandelt werden.

Die EG wird nach Ansicht des deutschen Richters am Europäischen Rechnungshof, Bernhard Friedmann, „nicht umhinkommen, für die Wiedervereinigung Deutschlands zu bezahlen". Die EG soll der DDR nicht Hilfen versagen, die sie jetzt unterentwickelten Regionen in Europa wie Sizilien, Portugal oder Griechenland gewähre, sagt der frühere Haushaltsexperte der CDU/CSU-Bundestagsfraktion. Diese Neuordnung zugunsten der DDR sei vertretbar, da die Europäische Gemeinschaft, „die sich ja nicht nur als eine Wirtschafts-, sondern auch als eine politische Gemeinschaft versteht", gestärkt aus der Entwicklung in Mittel- und Osteuropa hervorgehe.

Israel will in nächster Zeit erstmals diplomatische Beziehungen auch zur DDR aufnehmen. Nachdem Außenminister Mosche Arens das Protokoll über die Wiederaufnahme der Beziehungen zu Polen unterzeichnet hat, teilt er vor Journalisten in Warschau mit, Ost-Berlin habe die entsprechende Bereitschaft signalisiert.

Die durch einen Volkskammerbeschluß verbotenen rechtsradikalen Republikaner haben in Karl-Marx-Stadt einen Kreisverband gegründet. Dies teilt in Bonn der Sprecher der Bundesge-

schäftsstelle der Republikaner, Ralph Lorenz, mit. „Als demokratische Partei lassen wir uns nirgendwo ausgrenzen", meint Lorenz. Das am 21. Februar verabschiedete Parteien- und Vereinigungsgesetz der DDR verbietet die Gründung von Organisationen, die faschistische, militaristische oder antihumanistische
Ziele verfolgen sowie Glaubens-, Rassen- und Völkerhaß bekun-
den.

Mittwoch, 28. Februar

Bundeskanzler Kohl ist nunmehr dafür, daß der Bundestag und eine freigewählte Volkskammer in gleichlautenden Erklärungen den
dauerhaften Bestand der polnischen Westgrenze bekräftigen. Un-
terdessen verstärken sich von deutscher und amerikanischer Seite
die Forderungen nach einer sofortigen Grenzgarantie für Polen.
Nach FDP-Chef Graf Lambsdorff vertritt auch Berlins Regierender
Bürgermeister Momper den Standpunkt, daß beide deutsche Regierungen alsbald eine klare Garantie für die polnische Westgrenze geben sollten. Führende US-Politiker hatten sich zuvor besorgt
über die bisherige Weigerung von Bundeskanzler Kohl geäußert,
eine klare Aussage zur polnischen Westgrenze zu treffen.
    Langgediente Angehörige der Nationalen Volksarmee haben
nach Ansicht von Bundesverteidigungsminister Gerhard Stoltenberg (CDU) keine Chance auf Übernahme in die Bundeswehr. Er
habe „schwerste Bedenken", frühere NVA-Soldaten aufzunehmen, die als Berufs- oder Zeitsoldaten der oberen und mittleren
Führungsebene Dienst getan haben, sagt Stoltenberg in einem Interview. Als Grund für die Ablehnung nannte er Sicherheitsbe-
denken wegen der kommunistischen Ausrichtung der Volksarmee
bis zum vorigen Herbst. Dagegen könne er sich vorstellen, junge
NVA-Angehörige mit lediglich kurzer Dienstzeit in die Bundeswehr zu übernehmen.
    Die DDR soll nach den Vorstellungen des Ministerrats eine
Zentralbank erhalten, die der Stabilität des Geldes und dem Schutz
der Währung verpflichtet ist. Dies erläutert Staatsbankpräsident
Horst Kaminsky dem Volkskammerausschuß Haushalt und Fi-

Schlußoffensive im Wahlkampf: PDS, SPD, Grüne und Bündnis 90 plakatieren vor der CDU-Zentrale in Ost-Berlin

145

nanzen in Ost-Berlin. Zur Sorge der DDR-Bürger um ihre Sparguthaben betont Kaminsky, die Staatsbank bestünde bei einer
Währungsunion auf einem Tauschverhältnis zwischen DDR-
Mark und D-Mark von 1:1 für die Sparkonten. In der Wirtschaft
müßten andere Lösungen gefunden werden.

Ein Förderverein will in der DDR einen unabhängigen Vertrieb
von Presseerzeugnissen aufbauen. Dem Verein gehören 50 bis 60
Mitglieder aus Ost und West an. Sie wollen verhindern, daß
Großverlage aus der Bundesrepublik den Pressevertrieb DDR-
weit unter Umgehung eines verlagsunabhängigen Großhandels
unter ihre Kontrolle bringen. Damit würde, so heißt es, die gerade gewonnene Pressefreiheit in der DDR bereits unter der „Markt-
macht eines neuen Monopols" ersticken.

Die DDR-SPD weist das Angebot der PDS zu einem partner-
schaftlichen Verhältnis zurück. „Wir verurteilen jeden Versuch
der PDS, ihren angeschlagenen Ruf durch ein ‚partnerschaftliches
Verhältnis zur SPD' aufzupolieren", erklärt SPD-Geschäftsführer
Stephan Hilsberg in Ost-Berlin.

Nach dem Parteiengesetz müssen sich alle Parteien und politische Vereinigungen beim Präsidenten der Volkskammer registrieren lassen, unabhängig davon, ob sie an den bevorstehenden
Wahlen teilnehmen oder nicht. Von 38 angemeldeten Parteien
und politischen Vereinigungen wurden 35 bisher in das Register
eingetragen. Es sind in der Reihenfolge ihrer Anmeldung:

1. Freie Demokratische Partei
2. Demokratische Bauernpartei Deutschlands
3. Vereinigung der Arbeitskreise für Arbeitnehmer und Demokratie
4. Deutsche Jugendpartei
5. National-Demokratische Partei Deutschlands
6. Die Nelken
7. Sozialistischer Studentenbund
8. Christlich-Demokratische Volkspartei
9. Grüne Partei
10. Unabhängiger Frauenverband
11. Bund Sozialistischer Arbeiter

146

12. Kommunistische Partei Deutschlands
13. Deutsche Forum-Partei
14. Partei des Demokratischen Sozialismus
15. Deutsche Biertrinker Union
16. Neues Forum
17. Demokratie Jetzt
18. Europäische Föderalistische Partei
19. Unabhängige Volkspartei
20. Deutsche Soziale Union
21. Demokratischer Aufbruch
22. Freie Deutsche Jugend
23. Marxistische Jugendvereinigung „junge linke"
24. Grüne Jugend
25. Vereinigte Linke
26. Sozialdemokratische Partei Deutschlands
27. Christliche Liga
28. Demokratischer Frauenbund Deutschlands
29. Einheit Jetzt
30. Europa-Union der DDR
31. Initiative Frieden und Menschenrechte
32. Ökologische Demokratische Partei
33. Christlich-Demokratische Union
34. Liberal-Demokratische Partei
35. Freier Deutscher Gewerkschaftsbund

März 1990

Donnerstag, 1. März

Um marktwirtschaftliche Arbeitsbedingungen zu schaffen, sollen volkseigene Betriebe, Einrichtungen und Kombinate in Kapitalgesellschaften umgewandelt werden. Dies sieht eine Verordnung vor, die vom Ministerrat beschlossen wird. Danach sind alle volkseigenen Betriebe verpflichtet, sich in Kapitalgesellschaften, Gesellschaften mit beschränkter Haftung (GmbH) oder Aktiengesellschaften (AG) umzuwandeln. Zu diesem Zwecke wird eine Treuhandgesellschaft gegründet, die dem Ministerrat untersteht.

Ferner beschließt die Regierung einen Gesetzentwurf zur Niederlassungsfreiheit. Demnach können ausländische Firmen, die bislang nur Repräsentanzen unterhalten durften, eigene Niederlassungen auf dem Territorium der DDR zum Zwecke wirtschaftlicher Tätigkeit errichten.

Der Ministerrat beruft eine Ausländerbeauftragte. Die Diplomtheologin und Pastorin Almuth Berger (Demokratie Jetzt) soll auf Vorschlag des Runden Tisches dieses Amt übernehmen. Ihre Aufgabe ist es unter anderem, an der Erarbeitung von Rechtsvorschriften mitzuwirken und sich an der Klärung von Fragen der Aus- und Einwandererpolitik zu beteiligen.

Der nordrhein-westfälische Sozialminister Hermann Heinemann (SPD) fordert schnelle Hilfen für die DDR. Ost-Berlin müsse seinen Bewohnern eine „Bleibeprämie" bieten können, wenn die Übersiedlerflut aus der DDR eingedämmt werden solle. Der Bund schaffe für die DDR-Bürger zu wenig Anreize, in ihrem Land zu bleiben. Die bloße Aussicht auf eine Währungsunion reiche nach Ansicht Heinemanns nicht aus. Entschieden wandte sich der SPD-Politiker gegen den Vorschlag des baden-württembergischen Ministerpräsidenten Lothar Späth (CDU), DDR-Übersiedlern Rückkehrprämien zu zahlen. „Wenn wir solche Prämien zahlen, kommen noch mehr Menschen, um sich das Geld abzuholen."

Eine Eisdiele in Zernsdorf bei Berlin erhält den ersten Kredit aus dem ERP-Programm, mit dem Bonn die private Wirtschaft in der DDR künftig fördern will. Dem Inhaber des „Eiscafés Harting" wird ein Darlehen in Höhe von 100 000 DM gewährt. Insgesamt will die Bundesrepublik sechs Milliarden DM als ERP-Kredite zur Verfügung stellen. Die Geldmittel gehen auf das Sondervermögen des Bundes aus der Marshallplanhilfe nach dem Zweiten Weltkrieg zurück.

Der Vorsitzende der SPD, Ibrahim Böhme, und Walter Romberg, der die Sozialdemokraten in der Regierung Modrow als Minister ohne Geschäftsbereich vertritt, führen in Moskau Gespräche mit sowjetischen Spitzenpolitikern über die Entwicklung in Deutschland. Romberg sagt anschließend, in Moskau mache man sich „Sorgen", daß „der Prozeß der Einigung außer Kontrolle geraten" könnte. Böhme erklärt, es sei deutlich geworden, daß eine Vereinigung bei gleichzeitiger NATO-Mitgliedschaft nicht möglich sei.

Das von der Bonner CDU unterstützte Parteienbündnis Allianz für Deutschland stellt in Bonn ein deutschlandpolitisches Sofortprogramm vor. Die wichtigsten Punkte sind:
- schnelle Einheit Deutschlands auf der Grundlage des Grundgesetzes,
- sofortige Einführung der D-Mark, Währungsunion mit der Bundesrepublik, Sicherung der Sparguthaben im Verhältnis 1:1,
- Förderung des Privateigentums für Selbständige und den Mittelstand, uneingeschränkte Gewerbefreiheit, Beteiligung der Arbeitnehmer an der Privatisierung des Volksvermögens, Investitionsfreiheit für Kapital aus dem Ausland,
- Mieter- und Kündigungsschutz,
- Aufbau einer Arbeitslosenversicherung, betriebliche Mitbestimmung, Tarifautonomie, freie Gewerkschaften,
- Vereinheitlichung des Rechts in beiden deutschen Staaten,
- Wiederherstellung der Länder, in deren Kompetenz Kultur-, Schul- und Bildungspolitik fallen, differenziertes Schulsystem einschließlich von Privatschulen.

Der Protest von Einwohnern der 22 000-Einwohner-Stadt Prenzlau im Bezirk Neubrandenburg hat Erfolg: Nach dem Abzug sowjetischer Panzer im vergangenen Jahr wird es die dort beabsichtigte Stationierung moderner Hubschrauber nicht geben. Der zunächst verfügte zeitweilige Baustopp für den Flugplatz in der Nähe der Kreisstadt ist damit endgültig.

Angehörige der NVA, die während ihres aktiven Dienstes zur Bundeswehr überlaufen, sind nach Meinung des Vorsitzenden des Berufsverbandes der Nationalen Volksarmee, Oberstleutnant Eckard Nickel, „Fahnenflüchtige, Verräter und Deserteure". Im Deutschlandfunk berichtet Nickel von einer ständig steigenden Motivationslosigkeit in der NVA. Der demokratische Reformprozeß, das Fehlen von Feindbildern und die offenen Fragen im Zusammenhang mit der Wiedervereinigung führten zu einer Identitätskrise, „die so noch nie vorhanden war".

Der Umgang offizieller Stellen und der ehemaligen SED mit ihrem gestürzten Staats- und Parteichef Erich Honecker zeigt nach Ansicht des SPD-Chefs Hans-Jochen Vogel einen „Rest von Stalinismus". Es sei ein schwerer Fehler, nun alle Verantwortung auf einen Menschen, oder auch fünf oder sechs, abzuladen und aus ihnen Unpersonen zu machen. „Hut ab vor der evangelischen Kirche", sagt Vogel und fragt zugleich, ob es in der ganzen PDS keinen gäbe, der Honecker so begegnen könne, wie die Kirche es tue.

In der DDR bricht das CD-Zeitalter an. Die ersten silbrigen Scheiben des Unternehmens Deutsche Schallplatten werden in rund 100 Geschäften angeboten. Zum Einheitspreis von 46,75 Mark kommen 100 000 Compact Discs mit 36 Titeln in den Handel. Zunächst gibt es ausschließlich Scheiben mit klassischer Musik. Künftig sollen die Händler den CD-Preis ausgehend von einem Richtpreis selbst kalkulieren können.

Die Satirezeitschrift „Eulenspiegel" erfreut sich besonderen Zuspruchs. Ihr neue Ausgabe titelt: „Es geht doch nicht, daß plötzlich nicht mehr gilt, was 40 Jahre falsch war" und meint: „Die Wahrheit ist eine Erfindung des Klassengegners."

Bundeskanzler Helmut Kohl (CDU) wird am Nachmittag von 200 000 Bürgern in Karl-Marx-Stadt begeistert empfangen. Der ihn begleitende Vorsitzende des Demokratischen Aufbruch, Wolfgang Schnur, meint, Kohl habe das großartige Versprechen abgegeben, so schnell wie möglich zu einer deutschen Wirtschafts- und Währungsunion zwischen beiden deutschen Staaten zu kommen. Kohl erklärt, er verstehe auch die Ängste vor einer Vereinigung der beiden deutschen Staaten. „Es wird kein Viertes Reich geben", sagt er. Die Forderung nach Soforthilfe in Milliardenhöhe weist der CDU-Vorsitzende abermals zurück. Es gehe nicht, Milliardenbeträge in ein bankrottes System zu stecken. Es gehe darum, die D-Mark einzuführen. Dazu seien aber wirtschaftliche Reformen unumgänglich.

Freitag, 2. März

Weder ein Termin für die Umstellung der Währung in der DDR, noch die Höhe des Umtauschsatzes sind bisher festgelegt worden. Dies erklärt Regierungssprecher Dieter Vogel in Bonn. Erst nach den Volkskammerwahlen könne über Termine entschieden werden. Die „Bild"-Zeitung hatte berichtet, daß die D-Mark mit großer Wahrscheinlichkeit zum 1. Juli eingeführt werde und Sparguthaben zum Kurs von 1:1 umgetauscht werden sollten.

Investitionen von rund 700 Milliarden Mark sind nach den Worten eines DDR-Experten erforderlich, um die Wirtschaft auf breiter Front „konkurrenzfähig und ökologisch verträglich" zu machen. Professor Siegfried Schiller, stellvertretender Institutsleiter des Forschungsinstituts Manfred von Ardenne in Dresden, erklärt in Stuttgart, viele Betriebe müßten wegen zu großer Umweltbelastung sofort geschlossen werden. Die nächsten drei Jahre würden in jedem Fall „sehr schlimm" werden.

Privates Kapital muß nach Ansicht von Bundeswirtschaftsminister Helmut Haussmann (FDP) den Löwenanteil bei der Modernisierung des veralteten DDR-Produktionsapparates leisten. „Der Schlüssel für den Aufschwung liegt nicht in Milliardenüberweisungen aus dem Bundeshaushalt, sondern in der schnellen und richtigen Weichenstellung für private Investoren", sagt er beim „Ostasiatischen Liebesmahl" des Ostasiatischen Vereins in Hamburg.

Der CSU-Vorsitzende Theo Waigel hält die Sorge an den Stammtischen über die wirtschaftlichen Auswirkungen der deutschen Vereinigung für unangebracht. Er sei „zutiefst überzeugt, wir können das schaffen". Es werde sogar weniger kosten „als manche Nachkriegsaufgabe". Jetzt müsse alles getan werden, damit die DDR-Bürger drüben bleiben, meint Waigel beim 25. Schwabinger Fischessen der CSU in München. Nur dann lohnten sich die Investitionen. Das Gerede von einer „nationalen Welle" in Deutschland halte er für übertrieben. Er wünsche sich im Gegenteil mehr Freude und Stolz über die jüngste Entwicklung.

Die zur ersten Ausländerbeauftragten der DDR ernannte Almuth Berger kritisiert, daß Betriebe verstärkt ausländische Beschäftigte entlassen. Viele Betriebe wollten ausländische Arbeiter loswerden, weil deren Arbeit „nicht effektiv genug erschien". Frau Berger gehört der Bürgerbewegung Demokratie Jetzt an. Sie plädiert für die Verankerung des Asylrechts in der neuen Verfassung.

In der DDR sind die Sekten „voll auf dem Vormarsch. Staat und Kirchen stehen hoffnungslos vor dieser aus dem Westen eingeschleusten Entwicklung und sehen keinerlei Handlungsmöglichkeiten." Dies berichtet der Sektenbeauftragte des Bistums Berlin, Dominikanerpater Klaus Funke, in Hildesheim. Die vorherrschende Orientierungslosigkeit sowie ein großes Vakuum im politischen, religiösen und gesellschaftlichen Leben seien für die Sekten „ein gefundenes Fressen".

West-Berliner und westdeutsche Notare dürfen ab sofort in die Grundbücher und Register der DDR Einsicht nehmen. Eine entsprechende Zusage erhält die Berliner Notarkammer vom Justizministerium. Wie ihr Präsident Ernst-Jürgen Wollmann erklärt, wird den Notaren auch gestattet, Verträge über Joint-ventures zu beurkunden.

Gegen die „Verewigung" von Repräsentanten des Sozialismus auf Straßenschildern in der DDR wendet sich der kulturpolitische Sprecher der West-Berliner CDU-Fraktion, Uwe Lehmann-Brauns. Er schlägt vor, die bis zur Nazizeit geltenden Straßennamen in Ost-Berlin komplett wieder einzusetzen.

Ein Berufsverband der Barkeeper der DDR wird in Ost-Berlin gegründet. Die Barkeeper Union DDR will fachbezogene Interessen fördern und die Ausbildung des Berufsnachwuchses sichern. Sie sei für alle gastronomischen Eigentumsformen offen, heißt es.

Samstag, 3. März

Die DDR muß jetzt „ganz schnell zu einer klaren Entscheidung" kommen, ob sie mit der Bundesrepublik eine Währungs- und Wirtschaftsunion eingeht und die bundesdeutschen Wirtschaftsspielregeln übernimmt oder einen eigenen Weg geht. Dies fordert Baden-Württembergs Ministerpräsident Lothar Späth in München beim Deutsch-Deutschen Mittelstandssymposium 1990. Seiner Auffassung nach sollte die DDR das angebotene Währungspaket sofort übernehmen. Das würde die Einführung der D-Mark in der DDR und die Währungshoheit der Bundesbank für beide Teile Deutschlands bedeuten. Den Sparern könnte dann ein Währungsumtausch von 1:1 gewährt werden.

Ein sofortiger Beitritt der DDR zur Bundesrepublik nach den Volkskammerwahlen am 18. März wäre nach Ansicht des Vorsitzenden der baden-württembergischen SPD-Landtagsfraktion und SPD-Bundesvorstandsmitglieds Dieter Spöri eine verhängnisvolle Fehlentscheidung. Der Versuch einer „Blitzeinigung" nach Artikel 23 des Grundgesetzes würde zu einer internationalen Abwehrfront in West und Ost führen, sagt Spöri.

Die Berliner Bischofskonferenz ruft alle Katholiken eindringlich auf, durch die Teilnahme an den Wahlen ihre politische Verantwortung wahrzunehmen. In einem gemeinsamen Wort der katholischen Bischöfe und Weihbischöfe zu den Wahlen am 18. März und 6. Mai wird geraten, die Stimme denen zu geben, „die Euch am ehesten einen echten Neuanfang garantieren! Unterstützt jene, die das in die Gesellschaft einbringen wollen, was uns als Christen wichtig ist! Helft denen, die nach Eurer Meinung die Kraft haben, ein freies, demokratisches, rechtsstaatliches Gemeinwesen aufzubauen! Sorgt dafür, daß wir keinesfalls wieder die alten Machtverhältnisse bekommen!"

Hessens Ministerpräsident Walter Wallmann appelliert an die Bundesbürger, auf „Hamsterkäufe" in der DDR zu verzichten. Es mache ihn traurig, daß sich offenbar immer mehr Bundesbürger in der DDR mit subventionierten Grundnahrungsmitteln eindecken, erklärt Wallmann in Wiesbaden. „Damit werden die ohnehin bestehenden Versorgungsengpässe im anderen Teil Deutschlands nur noch verstärkt."

Für die weitere Subventionierung von Hortbetreuung und Kindergärten demonstrieren in Ost-Berlin 3 000 Horterzieherinnen, Eltern und Kindergärtnerinnen. Die Horte müßten erhalten und verbessert werden. Der Hort solle in ein einheitliches Deutschland als soziale Errungenschaft eingebracht werden.

Zum neuen Vorsitzenden des reformierten Schriftstellerverbandes wird in Ost-Berlin Rainer Kirsch (55) gewählt, zu seinen Stellvertretern Joachim Walther und Bernd Jentzsch. Ehrenvorsitzender wird per Akklamation Stefan Heym. Die Teilnehmer des außerordentlichen Kongresses des Verbandes in Ost-Berlin setzen sich für eine stark reformierte DDR ein und beschließen ein neues Statut. Danach versteht sich der Verband künftig als „demokratische, eigenständige, überparteiliche, gemeinnützige Organisation der Schriftsteller", in der „alle deutsch- und sorbischsprachigen sowie alle im Organisationsgebiet des Verbandes lebenden fremdsprachigen Ausländer, unabhängig von ihrer Staatsbürgerschaft" Mitglied werden können.

Zwei DDR-Übersiedler prügeln einen 38jährigen Landsmann in einem Übersiedlerheim im unterfränkischen Bad Brückenau (Landkreis Bad Kissingen) buchstäblich zu Tode. Gegen den 22jährige Berufslosen und den 34 Jahre alten Transportarbeiter ergeht Haftbefehl. Der 22jährige war schon in der DDR vorbestraft und erst bei der Amnestie im vergangenen Dezember auf Bewährung aus der Haft entlassen worden.

Mit Uralt-Technik macht die bisher größte Bauerndemonstration im Bezirk Cottbus in Lübben auf die prekäre Ausrüstung der Landwirtschaftsbetriebe aufmerksam. Mit Losungen wie „Alle Leute wollen essen, drum soll man die Bauern nicht vergessen" wird eine bessere Agrarpolitik gefordert.

Auf dem Ost-Berliner Alexanderplatz demonstrieren mehrere hundert Menschen gegen Mietwucher, Wohnungs- und Grundstücksspekulation. Aufgerufen hatte die Initiative für einen Mieterschutzbund der DDR. In kürzester Zeit sollten Grundstücke und Mietwohnungen von Staats- in privates, kommunales oder genossenschaftliches Eigentum überführt werden. Ansonsten könne es geschehen, daß DDR-Bürger bald die „letzten Vertriebenen des Zweiten Weltkriegs" wären.

Sonntag, 4. März

Zwei Wochen vor den Wahlen suchen mehrere Parteien außerhalb der Allianz für Deutschland nach einem anderen Weg der Vereinigung als dem direkten Beitritt der DDR zur Bundesrepublik nach Artikel 23 des Grundgesetzes, um so ein verändertes neues Gesamtdeutschland zu gestalten. Diese Diskussion weist Hessens Ministerpräsident Walter Wallmann (CDU) als „überflüssig und äußerst schädlich" zurück. Ob die DDR dem Geltungsbereich des Grundgesetzes nach Artikel 23 beitrete oder ob eine gemeinsame neue Verfassung ausgearbeitet werde, hänge nicht zuletzt vom Willen der Bevölkerung in der DDR, aber auch von den Zwei-plus-Vier-Verhandlungsergebnissen mit den Siegermächten des Zweiten Weltkrieges ab.

Für eine befristete Große Koalition in der Bundesrepublik zur Bewältigung des deutschen Einigungsprozesses spricht sich Schleswig-Holsteins Ministerpräsident Björn Engholm (SPD) in einem Interview aus. Dies sei eine „historischen Stunde, wie sie nur einmal in einem Jahrtausend einem Volk widerfährt". Auf sie müßte angemessen reagiert werden.

Der Ost-Berliner Palast der Republik wird symbolisch von Künstlern besetzt. Zu der friedlichen Aktion hatten Ost-Berliner Theaterleute, die Initiativgruppe 4. November, aufgerufen, die ein Zentrum alternativer und experimenteller Kunst in dem repräsentativen Gebäude vis-à-vis dem Berliner Dom am Lustgarten fordern. Statt für staatliche Großveranstaltungen sollte das Haus für vielfältige Aktion von Künstlern aus allen Ländern genutzt werden.

In der DDR fehlen nach Angaben des Interhotel-Generaldirektors Helmut Fröhlich 85 000 Hotelbetten. Derzeit verfüge „Interhotel DDR" nur über eine Bettenkapazität von 16 500 in lediglich 13 Städten, sagt Fröhlich auf der Internationalen Tourismusbörse vor Journalisten. Dies werde weder internationalen Ansprüchen noch den besonderen Erfordernissen im begonnenen Einigungsprozeß gerecht.

Am Abend kommt es bei Wahlkampfveranstaltungen erneut zu Auftritten zahlreicher bundesdeutscher Gastredner. So sprechen u.a. Bundesaußenminister Genscher (FDP) und Bundesverteidigungsminister Stoltenberg (CDU) in Rostock sowie der SPD-Ehrenvorsitzende Brandt in Erfurt.

Montag, 5. März

Auf der 15. Sitzung des Runden Tisches wird eine Sozialcharta verabschiedet, und es stehen Fragen der Gleichstellung von Frau und Mann sowie von Bildung und Jugend auf dem Programm.

Bislang konnten erst 50 Prozent der notwendigen 22 000 Wahlvorstände zu den Volkskammerwahlen am 18. März besetzt werden. Dies teilt die Vorsitzende der Zentralen Wahlkommission, Petra Bläss, mit. In Plauen habe deshalb beispielsweise die Zahl der Stimmbezirke von 97 auf 58 reduziert werden müssen.

Die PDS und die Alternative Liste von West-Berlin wollen „offizielle Beziehungen" aufnehmen, bestätigt AL-Pressesprecher Stefan Noé. Ein Treffen von Vorstandsmitgliedern und Abgeordneten seiner Partei mit dem PDS-Vorsitzenden Gregor Gysi habe bereits stattgefunden. Die PDS werde von der AL als Gesprächspartner „im Spektrum der DDR-Parteien" nicht ausgeschlossen.

Die deutsch-deutsche Expertenkommission zur Vorbereitung einer Währungs- und Wirtschaftsunion trifft sich zum zweiten Mal in Bonn, um in vertraulicher Klausur weitere Modalitäten zu beraten.

Für 100 000 Übersiedler aus der DDR muß Bonn 1,8 Milliarden Mark jährlich an Eingliederungshilfen bereitstellen. Damit könnte man 200 000 Arbeitslose in der DDR bezahlen, sagt Bundesarbeitsminister Norbert Blüm und verlangt eine Änderung der bisherigen Regelungen.

Mehrere hundert Menschen demonstrieren für die Umwandlung des Leipziger Gästehauses der Regierung in ein Behindertenzentrum. Die Teilnehmer, zum Teil in Rollstühlen, ziehen durch die Innenstadt zum Rathaus und zeigen Transparente mit Aufschriften wie „Integration statt Isolation" und „Rechte statt Almosen".

Mit dem Versprechen einer vorgezogenen „Währungsreform" bei einem Umtauschkurs von etwa 2:1 hat ein 28 Jahre alter Mann aus Goslar versucht, DDR-Bürger zu betrügen. Für 1 000 Mark Ost bot er in einer Broschüre 500 D-Mark abzüglich 50 Mark Bearbeitungsgebühr. Die Adressen entnahm der Mann nach Angaben der Polizei Kontaktanzeigen von DDR-Bürgern in bundesdeutschen Zeitungen. Das Geld sollten Tauschwillige an eine sogenannte Postlageradresse beim Postamt Goslar senden. Nach den Anzeigen erster Geschädigter kann der Betrug aufgedeckt werden.

Die Skatfreunde aus der Bundesrepublik und der DDR wollen sich zusammenschließen. Das ist das Ergebnis eines deutsch-deutschen „Skatgipfels" in Altenburg, dem Sitz des DDR-Skatgerichts. Voraussetzung für den Zusammenschluß ist eine einheitliche Skatordnung, an der bereits gearbeitet wird.

Dienstag, 6. März

Eine DDR-Regierungsdelegation, zu der auch die Minister ohne Geschäftsbereich gehören, trifft in Moskau mit der sowjetischen Staatsführung zusammen, um sich über den weiteren deutschen Vereinigungsprozeß abzustimmen. Dabei sprechen sich beide Seiten für ein „verantwortungsbewußtes, etappenweises Zusammenwachsen" aus, bei dem zugleich die Westgrenze Polens völkerrechtlich anerkannt werden muß. Ein Anschluß nach Artikel 23 GG wird abgelehnt.

Bundeskanzler Helmut Kohl spricht sich auf einer Wahlkampfveranstaltung in Magdeburg für das Recht Polens auf sichere Grenzen aus. Ziel seiner Politik sei es, daß „die Polen in gesicherten Grenzen leben könnten". Gleichzeitig betont er vor etwa 25 000 Menschen, der Prozeß der deutschen Einheit werde nur unter dem „europäischen Dach" ablaufen. Die Reden werden von „Helmut, Helmut"-Rufen begleitet. Vereinzelt werden aber auch Eier in Richtung Rednertribüne geworfen.

Als einen „Diktatfrieden" bezeichnet der Bundesvorsitzende der Landsmannschaft Schlesien, Herbert Hupka, eine Vereinigung von Bundesrepublik und DDR bei gleichzeitiger Anerkennung der Oder-Neiße-Grenze als polnische Westgrenze. Vor Journalisten meint der ehemalige CDU-Bundestagsabgeordnete in Hannover, durch die Vertreibung der Deutschen aus Schlesien sei „aus Unrecht kein neues Recht entstanden". Polen habe sich nach dem ersten Weltkrieg „zu weit nach Osten und nach dem zweiten Weltkrieg zu weit nach Westen ausgedehnt".

SPD-Chef Ibrahim Böhme erklärt, seine Partei wolle nach den Volkskammerwahlen auch dann nicht allein regieren, wenn sie die absolute Mehrheit erringe. In einem Interview mit der Gewerkschaftszeitung „Tribüne" ist er jedoch nicht bereit, sich auf mögliche Koalitionspartner festzulegen. Er erwäge aber eine Zusammenarbeit mit „bestimmten Kräften" der konservativen Allianz für Deutschland.

Die vier Großverlage Springer, Gruner+Jahr, Burda und Bauer beginnen mit der Auslieferung westdeutscher Presseprodukte zu DDR-Preisen. Allein Gruner+Jahr habe im Berliner Raum und in Frankfurt/Oder rund 160 000 Exemplare von Zeitungen und Zeitschriften an HO-Läden und andere Verkaufsstellen geliefert, sagt ein Verlagssprecher in Hamburg. Ausgeliefert würden 73 Titel, die nicht nur aus den vier großen Verlagshäusern stammen, sondern zum Beispiel auch „Der Spiegel", „Die Zeit", „FAZ", „Frankfurter Rundschau", „Handelsblatt" und „Süddeutsche Zeitung".

Gegen diese „unkontrollierte Überschwemmung" mit Erzeugnissen von Großverlagen aus der Bundesrepublik wendet sich der geschäftsführende Hauptvorstand der IG Druck und Papier in der DDR. In einer Erklärung protestieren die Gewerkschafter gegen die Aufteilung des DDR-Gebietes unter die vier Verlage Springer, Gruner+Jahr, Burda und Bauer.

Die Führung des Jugendverbandes FDJ lehnt es ab, den aus Solidaritätsspenden stammenden Betrag von 100 Millionen Mark, den der FDGB vergangenes Jahr für das „FDJ-Festival" in Ost-Berlin bereitgestellt hatte, zurückzuzahlen. Wie die FDJ erklärt, sei die Veranstaltung abgerechnet worden und überschüssige Gelder an die Staatskasse gegangen. Eine Rückzahlung sei deshalb nicht möglich.

In der DDR bildet sich offenbar eine Drogenszene. Was bisher nur vom Hörensagen bekannt gewesen sei, komme jetzt „über uns", beklagte das Ost-Berliner Ärzteblatt „Humanitas". „Schnüffelkinder" gebe es bereits in Karl-Marx-Stadt, Leipzig, Halle und Buna. „Eine gewisse Szene" bestehe bereits im Ost-Berliner Bezirk Prenzlauer Berg.

Soziale Sicherheit und Mitspracherecht bei einer Bildungsreform fordern Hunderte Beschäftigte des Ost-Berliner Bildungswesens auf dem Berliner Alexanderplatz. Die Demonstranten folgen einem Aufruf der Gewerkschaft. Friedhelm Busse, Vorsitzender des DDR-Zentralvorstandes der Gewerkschaft Unterricht und Erziehung, bekräftigt auf der Veranstaltung die Forderung nach Kündigungsschutz für alle Pädagogen nach zehnjähriger Dienstzeit und Anerkennung aller beruflicher Abschlüsse der DDR in der Bundesrepublik.

Ost- und West-Berlin bilden jetzt die ersten gemeinsamen Vewaltungseinrichtungen. In der nächsten Woche sollen zwei sogenannte Leitstellen mit der Arbeit beginnen, die mit Beamten des West-Berliner Senats und mit Beschäftigten des Ost-Berliner Magistrats besetzt werden. Darauf verständigen sich der Regierende Bürgermeister Walter Momper (SPD) und der amtierende Ost-Berliner Oberbürgermeister Christian Hartenhauer (PDS) bei ihrem ersten Treffen in West-Berlin.

Mittwoch, 7. März

Auf der letzten Tagung der Volkskammer vor den Wahlen am 18. März werden zahlreiche Gesetze verabschiedet, darunter ein neues Versammlungsgesetz, ein Gesetz über den Verkauf volkseigener Gebäude und ein Gesetz über die Gründung privater Unternehmen.

Die angestrebte Vereinigung der evangelischen Kirchen der Bundesrepublik und der DDR braucht nach Ansicht des sächsischen Landesbischofs Johannes Hempel noch viel Zeit. Nach einem Treffen mit Vertretern der Partnerkirchen Sachsens, der Landeskirchen Hannovers und Braunschweigs, sagt Hempel in Loccum: „Die Vereinigung zu einer gemeinsamen Kirche braucht viel Zeit, da beide Seiten redlich sind."

Umweltschützer aus Ost und West treffen sich zum ersten Mal in großer Runde, um den deutsch-deutschen Grünen Tisch aus der Taufe zu heben. 22 Vertreter aus Naturschutzverbänden, Wissenschaft, Wirtschaft sowie Ministerien der DDR und der BRD sind vertreten. Matthias Platzek von der Grünen Partei der DDR informiert über erste gemeinsame Beschlüsse. Gefordert werden die Verankerung des Umweltschutzes in einer neuen deutschen Verfassung und Sofortmaßnahmen für ein Nationalpark-Programm. Der Atomenergie erteilt der Grüne Tisch eine klare Absage.

In West-Berlin sind im Januar und Februar nach Angaben des Bundes Deutscher Kriminalbeamter (BDK) 14 000 mutmaßliche Ladendiebe festgenommen worden. Damit habe die Zahl ertappter Ladendiebe in zwei Monaten bereits mehr als ein Drittel des Aufkommens des Jahres 1989 erreicht. Etwa 40 Prozent der Festgenommenen stammten aus der DDR und Ost-Berlin, weitere 30 Prozent überwiegend aus Polen.

In Polen wird ein steigendes Interesse an der DDR-Mark verzeichnet. Innerhalb von zwei Wochen habe sich die Ost-Mark im Verkauf von 800 auf rund 1 200 Zloty verteuert. In einigen Wechselstuben war die DDR-Mark nicht unter 1 300 Zloty zu haben, was mehr als das Doppelte des offiziellen Kurswertes ist. Die rasante Verteuerung der DDR-Mark wird mit der erwarteten Währungsunion erklärt.

Ein bereits angekündigtes Trabi-Rennen auf dem Nürburgring wird wieder abgesagt, da sich im Motorsport-Verband der DDR niemand gefunden habe, die (noch erforderlichen) Auslandsstartgenehmigungen zu erteilen. Auch seien die hohen Umweltauflagen für den Automobilsport in der Bundesrepublik von den Trabant-Fahrern nicht zu erfüllen gewesen.

Donnerstag, 8. März

Die Frauen in der DDR wollen in einem vereinten Deutschland am freien Schwangerschaftsabbruch während der ersten drei Monate festhalten. Für die Beibehaltung einer derartigen Fristenlösung hätten sich am Runden Tisch auch die Vertreter aller anderen DDR-Parteien ausgesprochen, sagt Uta Röth vom Unabhängigen Frauenverband in Düsseldorf. Röth verlangt anläßlich des Internationalen Frauentages, daß die Frauen in einem künftigen Deutschland nicht die Verliererinnen sein dürften. Sie müßten in die Offensive gehen. Der Staat müsse auch weiterhin Kindererziehung und -betreuung subventionieren.

Die Regierung entbindet alle Inoffiziellen Mitarbeiter des ehemaligen Ministeriums für Staatssicherheit (MfS) von ihrer Aufgabe und Schweigepflicht. Damit sei den rund 109 000 früher vom Geheimdienst Beschäftigten von sofort an jede „konspirative Tätigkeit" verboten. Mit der Aufhebung der Schweigepflicht seien die Betroffenen gegenüber der Staatsanwaltschaft und Kriminalpolizei zur uneingeschränkten Aussage verpflichtet. Bei allen Aussagen der einstigen MfS-Mitarbeiter seien jedoch Persönlichkeitsrechte Dritter zu wahren.

Die Arbeitsgruppe Sicherheit am Runden Tisch wirft verschiedenen Ministerien Manipulation und Bevorzugung von früheren Stasi-Mitarbeitern beim geplanten Verkauf von Häusern, Wohnungen und ganzen Siedlungskomplexen vor. Ferner kritisiert die Arbeitsgruppe Versuche, ohne Zustimmung von Belegschaften und ohne ersichtliche Notwendigkeiten frühere Stasi-Angehörige und Mitarbeiter von SED-Leitungen in einer Reihe von Betrieben und Einrichtungen einzustellen.

Von den 33 121 ehemaligen Beschäftigten der Stasi-Zentrale in Ost-Berlin sind 29 300 entlassen worden. Das sind 88 Prozent des Personalbestandes. Rund 2 300 Mitarbeiter wurden von den

Grenztruppen übernommen, wird am Ost-Berliner Runden Tisch mitgeteilt. In 17 von 39 Diensteinheiten des Komplexes Normannenstraße sei das Schriftgut geräumt, in weiteren 14 die Sichtung und Auslagerung im Gange. Jetzt sei mit der Löschung akustischer Datenträger begonnen worden.

Die DDR beginnt gemäß den jüngsten Abrüstungsvereinbarungen mit dem Abbau ihrer Mittelstreckenraketen vom Typ SS-23. Ein Sprecher des Verteidigungsministeriums bestätigt im „Neuen Deutschland", daß alle SS-23 der Nationalen Volksarmee bis November vernichtet würden. Die DDR besitzt nach Angaben des Verteidigungsministeriums 24 Raketen dieses Typs, dazu vier Startrampen, vier Transportladefahrzeuge und die nötigen Sicherungseinrichtungen. Die mit konventionellen Sprengsätzen bestückten Raketen sind in Demen bei Schwerin stationiert.

Der Ministerrat beschließt zum 1. April eine Bankenreform, wozu auch die Zulassung privater Geschäftsbanken gehört, und legt ein umfassendes Umweltschutzkonzept bis ins Jahr 2000 vor.

Die DDR wird das Regelwerk des Deutschen Instituts für Normung (DIN) weitgehend übernehmen. „Auf der Tagesordnung steht nicht die Zusammenarbeit, sondern der Ersatz der DDR-Normung durch DIN-Normen", sagt DIN-Direktor Helmut Reihlen in West-Berlin. Mit Experten des Amtes für Standardisierung, Meßwesen und Warenprüfung (ASMW) seien Maßnahmen zum Ersatz der Technischen Güte- und Lieferbestimmungen (TGL) der DDR ausgehandelt worden.

Henry Maske, in Seoul Olympiasieger im Mittel- und ein Jahr später Weltmeister im Halbschwergewicht, unterschreibt in Berlin einen Fünf-Jahres-Vertrag als Boxprofi. Der neue Dienstherr des ehemaligen Oberleutnants der Volksarmee ist der in Gstaad/Schweiz lebende Wuppertaler Industrielle Wilfried Sauerland, der auch den Berliner Ex-Weltmeister Graciano Rocchigiani managt. Sauerlands Zielsetzung: „In zwölf bis 18 Monaten könnte Maske Europameister sein, in zwei bis zweieinhalb Jahren Weltmeister".

162

Freitag, 9. März

Die Wahlkommission der DDR teilt zwei Wochen nach Ablauf der Anmeldefrist offiziell mit, daß sich an den ersten freien, allgemeinen, gleichen, direkten und geheimen Wahlen in der DDR am 18. März 24 Parteien, Vereinigungen und Listenverbindungen beteiligen können. Das Spektrum reicht von der Alternativen Jugendliste über die großen politischen Parteien bis zur Deutschen Biertrinker Union.

In Ost-Berlin beginnen deutsch-deutsche Gespräche zur Vorbereitung einer Konferenz mit den vier Siegermächten. Im Gästehaus des Außenministeriums treffen sich die beiden Delegationen. Den deutsch-deutschen Unterredungen soll bereits in der nächsten Woche die erste Runde der sogenannten Zwei-plus-Vier-Konferenz in Bonn folgen.

Die 630 000 Landwirte des Landes gründen den Bauernverband der DDR. Beim ersten Bauerntag seit 33 Jahren im thüringischen Suhl stimmen die knapp 900 Delegierten der Umbenennung der Vereinigung der gegenseitigen Bauernhilfe (VdgB) zu. Zum ersten Präsidenten des Bauernverbandes wird Karl Dämmrich aus Breitenfeld in Sachsen gewählt.

Die stark beschädigte Quadriga auf dem Brandenburger Tor wird im West-Berliner Museum für Verkehr und Technik vor den Augen der Besucher restauriert. In der Silvesternacht hatten vor allem die Stützgerüste und die Kupferaußenhaut Schaden genommen. Der Lorbeerkranz der Friedensgöttin war gestohlen worden. Gelitten haben außerdem die Statuen von Mars und Minerva am Tor.

Vor rund 300 Bürgern stellt der FDP-Bundesvorsitzende Otto Graf Lambsdorff in Wernigerode die gesamtdeutschen Ziele seiner Partei vor. „Die Welt erlebt den endgültigen Untergang des Sozialismus", sagt er unter Beifall der Zuhörer. Nach der Wahl am 18. März werde die gesamtdeutsche Freie Demokratische Partei gegründet, kündigt er an.

Bundeskanzler Kohl ruft bei seinem Wahlkampfauftritt in Rostock die Bürger dazu auf, am 18. März „alle kommunistischen

Bonzen" abzuwählen. Neben einem Meer von schwarz-rot-goldenen Fahnen, jubelnden Menschen mit „Deutschland"- und „Helmut"-Rufen kommt es auch zu massiven Protesten von Vereinigungsgegnern. Es fliegen Eier und Knallkörper. Als vor der Tribüne ein „Kanonenschlag" explodiert, ruft Kohl der Menge zu: „Lassen Sie sich nicht von dem Pöbel beeindrucken!"

Das Vorstandsmitglied des Demokratischen Aufbruch (DA), Rainer Eppelmann, überbringt auf der Kundgebung Grüße von seinem „kranken Freund Wolfgang Schnur". Eppelmann verteidigt Schnur mit den Worten, dieser habe seit Jahren als Rechtsanwalt versucht, Menschen zu helfen, die Opfer des Stasi geworden seien. Jetzt solle er selbst eines werden. Damit bezieht sich Eppelmann auf Veröffentlichungen der Presse, wonach Schnur als Inoffizieller Mitarbeiter für die Staatssicherheit tätig gewesen sein soll.

Samstag, 10. März

Der Vorsitzende des Demokratischen Aufbruch (DA) Wolfgang Schnur weist alle Vorwürfe über eine angebliche Tätigkeit für den Staatssicherheitsdienst zurück. Dies sei „der Gipfel einer Kampagne, die gegen mich schon seit längerer Zeit gestartet wurde", sagt er der „Berliner Morgenpost". Schnur, der mit Kreislaufproblemen in einem Ost-Berliner Krankenhaus liegt, meint weiter: „Ich habe Angst, körperlich diesen Anspannungen nicht gewachsen zu sein." Im Zusammenhang mit den gegen ihn erhobenen Vorwürfen sehe er keinen Grund zur Angst. Der Wahlparteitag des DA in Dresden spricht ihm daraufhin in Abwesenheit das Vertrauen aus.

Die Diskussion über den verfassungsrechtlichen Weg zur Einheit muß nach Ansicht von Bundesverteidigungsminister Gerhard Stoltenberg (CDU) „ein zentrales Thema der innenpolitischen Auseinandersetzung dieses Jahres" werden, falls die SPD nicht bald Klarheit über ihre Vorstellungen in dieser Frage schaffe. Der CDU werde diese Auseinandersetzung um „einiges leichter" fallen, nachdem sie die FDP zu der Feststellung gebracht habe, daß Artikel 23 des Grundgesetzes der richtige Weg zur Einheit sei, sagt Stoltenberg. Die von einigen Sozialdemokraten bevorzugte Lösung über Artikel 146 mit der Schaffung einer neuen Verfassung sei nicht annehmbar. „Wir können nicht einen Weg wählen, in dem das Grundgesetz praktisch abgeschafft wird." Dieser Weg würde „ein unendliches Maß an Unsicherheit schaffen".

Zu der Großevangelisation des amerikanischen Baptistenpredigers Billy Graham kommen bei Kälte und Nieselregen nur etwa 10 000 Bürger zum Berliner Reichstagsgebäude. Der reisende Erweckungsprediger äußert dabei die Hoffnung, daß von Deutschland eine geistliche Erneuerung ausgehen könne. Ziel der Kundgebung war, daß nach dem Fall der innerdeutschen Mauer auch die Mauer zwischen Gott und den Menschen falle.

Sonntag, 11. März

Der designierte SPD-Kanzlerkandidat Oskar Lafontaine spricht sich bei einer Wahlkundgebung in Magdeburg dafür aus, in der DDR vordringlich die sozialen Probleme zu lösen, statt sich um Verfassungsartikel zu streiten. Vor 10 000 bis 15 000 Zuhörern fordert er den baldigen Aufbau eines neuen Sozialversicherungs- und Rentensystems. Unter dem Beifall der Kundgebungsteilnehmer bekräftigt Lafontaine seine Position, die Bundesregierung solle Geld in der DDR investieren und es nicht für Übersiedler in der Bundesrepublik ausgeben.

Rund zweitausend Menschen demonstrieren auf dem Berliner Alexanderplatz für den Aufbau einer neuen demokratischen Gesellschaft und gegen ein „Alles-über-Bord-Werfen" während einer schnellen Vereinigung. Als Veranstalter zeichnen mehrere linke Parteien und Gruppierungen verantwortlich, darunter die Vereinigte Linke, Die Nelken, die KPD und die PDS.

Die Siemens AG, Berlin/München, und die im Kombinat Nachrichtenelektronik zusammengefaßten knapp 20 DDR-Betriebe planen eine Zusammenarbeit. Nach Angaben eines Sprechers des größten bundesdeutschen Elektrokonzerns wurde eine Absichtserklärung auf dem Gebiet private Kommunikationstechnik unterzeichnet. Gegenstand der Vereinbarung seien Entwicklung, Fertigung, Vertrieb und Service. Beide Seiten seien übereingekommen, daß es sich um eine zunächst bis 30. September 1990 befristete Exklusivzusammenarbeit auf diesem Gebiet handelt. Einzelheiten sollen in den nächsten Wochen festgelegt werden, sagt der Sprecher.

Die Grüne Partei bepflanzt in Berlin den ehemaligen „Todesstreifen" zwischen Brandenburger Tor und Potsdamer Platz mit Koniferen und Sträuchern. Mit dieser Aktion wolle seine Partei darauf hinweisen, daß bei einer Bebauung dieses Gebietes das Stadtgrün nicht vergessen werden dürfe, meint der Volkskammerkandidat der DDR-Grünen, Vollrad Kuhn.

6 000 Atomkraftgegner aus beiden deutschen Staaten demonstrieren an der Baustelle für ein Kernkraftwerk in Stendal (Bezirk Magdeburg) friedlich gegen die Kernenergie. Auf Spruchbändern fordern sie: „Keine Atomanlagen in nirgendwo" und „Alle AKWs auf der Erde abschalten". „Gorleben, Stendal – Radioaktivität kennt keine Grenzen" heißt es auf einem anderen Plakat.

Montag, 12. März

Der Runde Tisch tritt in Berlin zu seiner 16. und letzten Sitzung zusammen. Seine 17 Arbeitsgruppen ziehen Bilanz und konstatieren, daß die selbstgestellten Aufgaben im wesentlichen erfüllt worden seien. Es hätte eine wirksame öffentliche Kontrolle der Regierung in den letzten Monaten gegeben, und zugleich seien zahlreiche Gesetzesentwürfe eingebracht worden. Zum Abschluß werden sechs politische Empfehlungen an die neue Volkskammer und die künftige Regierung verabschiedet. Danach sollte auf einem vertraglich geregelten Weg in eine gleichberechtigte deutsche Einheit die soziale Stabilität Vorrang haben und Wirtschaftsreformen auf eine sozial und ökologisch verpflichtete Marktwirtschaft orientiert sein. Die Erfahrungen des Runden Tisches zur direkten Demokratie mit einer konstruktiven Zusammenarbeit von Parteien, Bürgerinitiativen und Einzelpersönlichkeiten aus unterschiedlichen politischen Lagern sowie einer hohen Streitkultur und großen Bürgernähe sollten ihren Niederschlag in der weiteren politischen Arbeit finden.

Für den 17. Juni wird ein Volksentscheid über eine neue Verfassung der DDR vorgeschlagen, wozu im April der von der Arbeitsgruppe des Runden Tisches erarbeitete Entwurf der Öffentlichkeit zur Diskussion vorgestellt werden soll. Der neuen Volkskammer wird eine Überprüfung ihrer Abgeordneten auf frühere Stasi-Mitarbeit empfohlen.

Auch nach einer ersten Einsicht in die Akten der Staatssicherheit sind die Vorwürfe gegen den Vorsitzenden des Demokratischen Aufbruch, Wolfgang Schnur, er sei bezahlter Informant der Stasi gewesen, nicht ausgeräumt. Drei Stunden lang hatten Minister Rainer Eppelmann und der Anwalt Schnurs mit einer Sondergenehmigung der Generalstaatsanwaltschaft die geheimen Unterlagen über den DA-Vorsitzenden durchgestöbert. Welcher Art diese Akten waren, darüber hüllt sich Eppelmann auch auf Nachfragen von Journalisten in Schweigen. Eppelmann wörtlich: „Über den Inhalt der Akten darf ich keine Auskunft geben. Das kann nur Rechtsanwalt Schnur." Der jedoch spricht vom Krankenbett aus nur einen Satz: „Ich habe zu keiner Zeit für das Ministerium für Staatssicherheit gearbeitet."

Die vier Spitzenverbände der bundesdeutschen Wirtschaft wollen bei einer Wiedervereinigung mit der DDR am „bewährten Grundgesetz" festhalten und sprechen sich daher für einen Beitritt der DDR nach Artikel 23 aus. Eine Einigung nach Artikel 146 mit einer neuen Verfassung würde zu einer „langen Hängepartie" und zu einem weiteren Ausbluten der DDR durch den Übersiedlerstrom führen, sagte der Präsident des Bundesverbandes der Deutschen Industrie, Tyll Necker. Der DDR-Beitritt sei nur im Rahmen der Westintegration denkbar und sinnvoll.

Die Wirtschaft in der DDR bricht nach Ansicht des Europaabgeordneten der SPD Klaus Wettig innerhalb eines Jahres zusammen, wenn es keinen Stufenplan für das Zusammenwachsen beider deutscher Staaten gibt. „Am Beispiel der DDR-Landwirtschaft läßt sich zeigen, welche katastrophalen Auswirkungen ein Anschluß ohne Stufenplan hätte." Bei einem viermal so hohen Erzeugerpreis für Schweinefleisch sei absehbar, daß die DDR-Produktion von westdeutschen, niederländischen und dänischen Schweinemästern verdrängt würde, betont Wettig. Deshalb seien „lange Übergangsfristen" erforderlich, damit die DDR-Wirtschaft Zeit für die Anpassung an EG-Verhältnisse gewinne.

Die Bildung eines Amtes für Abrüstung und Konversion noch in dieser Woche kündigt der DDR-Minister ohne Geschäftsbereich Walter Romberg (SPD) an. Die Nationale Volksarmee (NVA) befinde sich in einem „Prozeß ständiger Reduzierung", sagt er vor Journalisten in Bonn. Eine der Hauptaufgaben in den nächsten Monaten werde der „Übergang zu einer Form von Konversion im industriellen und sozialen Bereich" sein. Viele Offiziere müßten neue Berufe finden.

Bei Dienststellen der Bundeswehr sind seit Öffnung der Mauer mehr als 10 000 Anfragen von Soldaten der Nationalen Volksarmee (NVA) zur Übernahme in die Streitkräfte eingegangen. Darüber informiert der verteidigungspolitische Sprecher der CDU/CSU-Bundestagsfraktion, Bernd Wilz. Durch die Übersiedler in die BRD habe die NVA etwa zwei Divisionen an Reservisten verloren.

Bauarbeiter in Frankfurt/Oder treten in einen Warnstreik. Sie fordern die Auflösung des volkseigenen Verkehrs- und Tiefbaukombinats der Stadt, die Absetzung des Direktors und die Selbständigkeit der verschiedenen Betriebe. Rund 400 Streikende aus allen Betriebsteilen ziehen mit etwa 100 Baufahrzeugen zum Gebäude des Rates des Bezirks und vereinbaren nach einem ersten ergebnislosen Gespräch mit Behördenvertretern einen Termin zur Fortsetzung der Verhandlungen.

Abschied von der Montagsdemonstrationen in Leipzig: Nochmals kommen Tausende, um sich von jenem Ereignis zu verabschieden, das ihre Stadt über die Grenzen des Landes hinaus bekannt gemacht hat. Während sich vorn, auf dem Balkon des Opernhauses, Initiatoren der Herbstereignisse mühen, an die demokratischen und humanistischen Wurzeln der Kundgebungen zu erinnern, gibt sich das Demo-Volk längst seinen Vergnügungen hin und veranstaltet ein großes Spektakel, das im gemeinsamen Singen des Liedes „We shall overcome" endet.

168

Dienstag, 13. März

Vier junge Ost-Berliner verprügeln in der Nacht einen DDR-Grenzer, weil der sie auf dem Weg nach West-Berlin kontrollieren wollte. Als der Soldat die Ausweise verlangt, sprühen sie ihm Farbe ins Gesicht und schlagen mit einer Eisenkette auf ihn ein. Das Verteidigungsministerium weist am Morgen darauf hin, daß das Überschreiten der Grenzen nach wie vor nur an den vorgesehenen Übergangsstellen erlaubt sei.

Mittwoch, 14. März

Die vier Siegermächte des Zweiten Weltkrieges und die beiden deutschen Staaten beginnen in Bonn ihre gemeinsamen Beratungen über den Weg zu einem vereinigten Deutschland.

Die Allianz AG, München, vereinbart mit dem DDR-Monopolversicherungsunternehmen, der Staatlichen Versicherung, in Berlin die Gründung eines Gemeinschaftsunternehmens mit dem Namen „Deutsche Versicherungs AG".

In der Sendung „Prisma" des DDR-Fernsehens gibt am Abend ein ehemaliger Stasi-Offizier, unter dessen Führung Wolfgang Schnur jahrelang gearbeitet hat, Auskunft darüber, was der zurückgetretene DA-Vorsitzende dem Geheimdienst gegen Bezahlung geliefert hat. Seit 1964, als er als 18jähriger eine Verpflichtungserklärung zur Mitarbeit unterschrieb, sei Schnur für die Stasi tätig gewesen. Er habe vor allem Informationen aus kirchlichen Basisgruppen, Friedenskreisen, Umwelt- und Menschenrechtsinitiativen geliefert. Er stieg, so der Ex-Stasi-Offizier in der „Prisma"-Sendung, zum „Spitzeninformanten" namens Dr. Schirmer auf.

Nach Informationen des Unabhängigen Untersuchungsausschusses in Rostock lagern in der dortigen ehemaligen Stasi-Zentrale 33 Aktenordner über Schnur. Davon sind allein elf mit Angaben zu seiner Person gefüllt. Alle anderen Unterlagen enthalten „Treffberichte" und Berichte von Schnur selbst. Außerdem existiere ein Ordner, in dem Schnur Geldzuweisungen der Stasi quittiert hat. Generalstaatsanwalt Dr. Hans-Jürgen Joseph bestätigt die Echtheit der Akten.

Schnur weigert sich, seinen Parteifreund Rainer Eppelmann im Krankenhaus zu empfangen. Statt dessen ruft er überraschend Ministerpräsident Modrow ans Krankenbett. Bei dem Besuch bittet er Modrow nicht nur um Schutz für seine in Rostock und Berlin lebende Familie, sondern entschuldigt sich offenbar auch für die Angriffe, die von seiten seiner Partei in den letzten Tagen gegen Modrow als „Urheber der Schmutzkampagne" gestartet worden waren.

Donnerstag, 15. März

Der Berliner Pfarrer Rainer Eppelmann wird zum neuen Vorsitzenden der Partei Demokratischer Aufbruch (DA) gewählt. Der Hauptausschuß der Partei bestimmt ihn mit „übergroßer Mehrheit" zum Nachfolger von Wolfgang Schnur. Gleichzeitig schließen die Delegierten Schnur wegen seines Verhaltens aus der Partei aus. Der Generalsekretär der CDU in Bonn, Volker Rühe, verteidigt das Vorgehen seiner Partei zur Absetzung Schnurs noch vor den Wahlen: „Schneller und sauberer hätte man gerade im Interesse der Bürger in der DDR das Problem nicht lösen können."

Als wichtigsten Erfolg der Regierung Modrow wertet Regierungssprecher Wolfgang Meyer, daß es gelungen sei, „das Land auf den Weg aus der Krise zu bringen". Vier Monate nach dem Amtsantritt von Hans Modrow (PDS) zieht Meyer in seiner letzten Pressekonferenz eine positive Bilanz. Konstruktive Schritte seien eingeleitet worden, beispielsweise die Verabschiedung des Parteien- und Wahlgesetzes, mit dem die „Regierung der nationalen Verantwortung" den Demokratisierungsprozeß vertieft hätte. Angesichts des kurzen Zeitraums könnte jede Regierung auf solche Erfolge stolz sein. Unter Berücksichtigung des Drucks und der ständigen Einmischungen von außen müsse man sogar von einer „zweifellos beachtenswerten Regierungsleistung" sprechen. Darüber hinaus hätte die Regierung von Ministerpräsident Modrow „wohlüberlegte und solide Schritte zu einem einigen deutschen Vaterland" vorbereitet.

Vier Tage vor der ersten freien Volkskammerwahl schaltet sich Bundeskanzler Kohl nochmals persönlich in den Wahlkampf ein und spricht in Leipzig

Gegendemonstranten mit Sprüchen wie „Birne go home!" werden auf die gegenüberliegende Seite des Leipziger Opernplatzes abgedrängt

Der Runde Tisch des Kreises Heiligenstadt im Eichsfeld stoppt die Verhandlungen der lokalen Verwaltung, „einen separaten Beitritt des Kreises zum Geltungsbereich des Grundgesetzes" vorzunehmen. Der Rat des Kreises, die von ehemaligen Blockparteien und Ex-SEDlern besetzte Verwaltungsspitze, hatte zuvor eine „Volksabstimmung der Einwohner" des Kreises über einen schnellen Beitritt zur Bundesrepublik befürwortet.

Freitag, 16. März

Eine neue gesamtdeutsche Verfassung, über die in einer Volksabstimmung entschieden werden müsse, ist nach Ansicht von SPD-Präsidiumsmitglied Gerhard Schröder eine notwendige Voraussetzung für die deutsche Einheit. Der Weg eines bloßen Beitritts der DDR nach Artikel 23 des Grundgesetzes sei politisch vor allem deshalb wenig glücklich, weil damit den Bundesbürgern die Möglichkeit genommen werde, sich zu dieser bedeutsamen Frage zu äußern.

Das hessische Landesamt für Verfassungsschutz gibt bekannt, daß es bereits vor über einem Monat umfangreiche Informationen über eine Verbindung des zurückgetretenen Vorsitzenden des Demokratischen Aufbruch (DA), Wolfgang Schnur, und des DDR-CDU-Generalsekretärs Martin Kirchner zum Staatssicherheitsdienst der DDR erhalten und weitergeleitet habe.

Samstag, 17. März

Bundesarbeitsminister Norbert Blüm kritisiert die deutschlandpolitische Zurückhaltung von Oskar Lafontaine und Johannes Rau. „Der Solidaritätsverrat der Sozialdemokraten auf dieser Ebene" ekle ihn an. „Wenn die Saarländer 1957 so behandelt worden wären, wie Lafontaine jetzt die DDR-Bürger behandelt, wäre das Saarland heute noch nicht Mitglied der Bundesrepublik."

„Die Selbständigkeit der DDR ist hier verludert und vertan worden – und nicht durch die Schuld Westdeutschlands. Dieses marode System hier hat keine Chance, aufrecht und mit Würde eine

Das katholisch dominierte Eichsfeld drängt auf einen schnellen Anschluß

Vereinigung herbeizuführen", sagt der Schriftsteller Christoph Hein in einem Interview. „In der DDR ist von Selbstbehauptung gar nicht die Rede. Da geht es um die Übergabe an die BRD – auf den Knien und mit der weißen Flagge."

Sonntag, 18. März

Die CDU ist bei den ersten demokratischen Wahlen in der DDR seit 40 Jahren mit 40,6 Prozent der Stimmen der eindeutige Sieger. In zwölf von 15 Bezirken landet die Union auf dem ersten Platz. Die SPD gelangt mit 21,8 Prozent abgeschlagen auf Platz zwei. Die PDS erzielt 16,3 Prozent. In Ost-Berlin erreicht sie ihr bestes Ergebnis mit fast 30 Prozent. Die Bürgerrechtsgruppierungen, deren Vertreter die populären Sprecher der Volksbewegung in den Wochen der Wende waren, landen weit abgeschlagen: Bündnis 90 erreicht 2,9 Prozent der Stimmen, die Grünen und der Unabhängige Frauenverband zusammen 1,9 Prozent.

Willy Brandt meint zum Wahlausgang, da sei die deutsche Einheit „rasch und ohne Wenn und Aber" gewählt worden. „Ich hoffe, daß wir schon im Sommer mit richtigem Geld reisen können", erklärt der CDU-Spitzenkandidat Lothar de Maizière in der Wahlnacht. Wolfgang Ullmann von Demokratie Jetzt ist bitter enttäuscht. Der Schriftsteller Stefan Heym kommentiert das Wahlergebnis im DDR-Fernsehen mit den Worten: „Es wird keine DDR mehr geben. Sie wird nichts sein als eine Fußnote in der Weltgeschichte." Otto Schily (SPD, ehemals Grüner) hält eine exotische Frucht vor die Fernsehkamera: Die Leute in der DDR hätten „Banane" gewählt. Oskar Lafontaine (SPD) macht für die Wahlniederlage seiner Partei die Lust der Dresdener und Leipziger auf „Kohl und Kohle" verantwortlich.

Freude über den überraschend hohen Wahlsieg bei der CDU: Spitzenkandidat Lothar de Maizière und Generalsekretär Martin Kirchner

Verbitterung über die herbe Niederlage bei der SPD: Parteivorsitzender Ibrahim Böhme

175

Stationen der Einheit –
Die letzten Monate der DDR

März 1990

Montag, 19. März

Das Ergebnis der Volkskammerwahl bezeichnet der Präsident des Bundesverbandes der Deutschen Industrie (BDI), Tyll Necker, als einen Vertrauensbeweis in die Wirtschaftspolitik der Bundesrepublik. Er fordert die künftige DDR-Regierung auf, unzureichende Regelungen wie das Joint-venture-Gesetz zu korrigieren und Gesetze wie das Gewerkschaftsgesetz abzuschaffen.

Angesichts des zunehmenden Tempos des Zusammenwachsens der beiden deutschen Staaten spricht sich der geschäftsführende Vorstand der Gewerkschaft Öffentliche Dienste dafür aus, den Prozeß der direkten Vereinigung mit den jeweiligen Partnergewerkschaften im DGB zu beschleunigen, um den Aktionen der Unternehmer nicht hilflos gegenüberzustehen.

Dienstag, 20. März

Das Präsidium der CDU der DDR lädt die Sozialdemokraten zu Gesprächen über eine Große Koalition ein, ungeachtet dessen, daß die SPD sich bis dato weigert, mit der CDU zu kooperieren.

Die SPD-Fraktion wählt auf ihrer konstituierenden Sitzung Ibrahim Böhme bei nur einer Gegenstimme sowie fünf Enthaltungen zu ihrem Vorsitzenden. Die Entscheidung über Ja oder Nein zu einer Beteiligung an der Allianz-Regierung muß jedoch vertagt werden. SPD-Vorstand und Parteirat empfehlen der Fraktion, konstruktiv in der Opposition zu arbeiten. Nur so könnten die sozialen Belange der DDR-Bürger vertreten und der Vereinigungsprozeß verantwortlich gefördert werden.

Die Vorsitzenden der im Bund Freier Demokraten zusammengeschlossenen Parteien – LDPD, FDP und DFP – verständigen sich auf ihre Vereinigung. Als neuer gemeinsamer Name ist vorgesehen Freie Demokratische Partei – Die Liberalen. Unter dieser Bezeichnung wollen sie bereits an den Koalitionsverhandlungen teilnehmen.

Der Konsistorialpräsident der evangelischen Kirche Berlin-Brandenburg, Manfred Stolpe, der von einigen Medien als neuer DDR-Ministerpräsident gehandelt wird, weist dies zurück. Er wäre nur in einer „Notsituation" bereit, in ein Kabinett einzutreten, sagt Stolpe in einem Interview mit der „Bild"-Zeitung. Diese Situation sei aber nur dann gegeben, wenn sich sonst kein Kandidat finden würde, was er aber nicht sehe.

Die deutsche Währungsunion mit Wirtschafts- und Sozialgemeinschaft soll nach Bonner Vorstellungen bis zur parlamentarischen Sommerpause unter Dach und Fach sein. Das Bundeskabinett hat sich auf die Einführung der D-Mark in der DDR bis zu diesem Zeitpunkt eingerichtet, erklärt Bundesfinanzminister Waigel vor der Presse. Zurückhaltender äußert sich dagegen Bundesbankpräsident Karl Otto Pöhl, für den noch viele „praktische Fragen zu klären" sind.

Für einen zügigen Abschluß der Wirtschafts- und Währungsunion „möglichst zum Sommer" spricht sich auch der Präsident des bundesdeutschen Sparkassen- und Giroverbandes, Helmut Geiger, aus. Die DDR-Wirtschaft halte den jetzigen Schwebezustand nicht mehr lange aus. Nachdrücklich befürwortet er eine Umwandlung der Sparguthaben in der DDR im Verhältnis 1:1 mit einer stufenweisen Freigabe.

Die Bundesregierung beschließt die Abschaffung des Notaufnahmeverfahrens für Übersiedler aus der DDR zum 1. Juli. Damit soll die Massenabwanderung gestoppt werden. Die ersatzlose Aufhebung des Aufnahmeverfahrens bedeutet für die Übersiedler aus der DDR, daß keine 200 D-Mark Überbrückungsgeld mehr gezahlt und kein zinsloses Einrichtungsdarlehen gewährt werden, daß die zentrale Registrierung und die Verteilung auf die Bundesländer entfallen. Damit sind Übersiedler solchen Bundesbürgern gleichgestellt, für die als Obdachlose die Kommunen zuständig sind.

Mittwoch, 21. März

Die Vorsitzenden der in der Allianz für Deutschland vertretenen Parteien CDU, DSU und DA, de Maizière, Ebeling und Eppelmann, treffen sich in Bonn mit Kanzler Kohl und Bundesfinanzminister Waigel, um Grundsatzfragen der künftigen DDR-Regierungspolitik und der geplanten Währungsunion abzustimmen.

Bündnis 90, Grüne Partei und Unabhängiger Frauenverband kommen überein, in der Volkskammer eine gemeinsame Fraktion zu bilden.

Donnerstag, 22. März

Die neu gewählte DDR-Volkskammer soll nach dem Willen der SPD in ihrer ersten Sitzung eine Garantieerklärung zum Bestand der polnischen Westgrenze abgeben. Einen entsprechenden Beschluß faßt die SPD-Fraktion.

Die Volkskammerfraktion Bündnis 90/Grüne fordert die Sicherheitsüberprüfung aller 400 Abgeordneten. Konrad Weiß, Vertreter der neugebildeten Fraktion von Bündnis 90, Grüner Partei und Frauenverband, erklärt: „Wenn sich beispielsweise jetzt bei der Überprüfung herausstellen sollte, daß eine hohe Prozentzahl der gewählten Abgeordneten stasibelastet ist, würde ich dafür plädieren, daß es zu Neuwahlen kommt. Ganz persönlich meine ich, wenn das zehn Prozent der Abgeordneten sein sollten, halte ich das Parlament nicht für legitimiert. Dann müßte man Neuwahlen ausschreiben und bis dahin den Runden Tisch wieder arbeiten lassen."

Freitag, 23. März

Der Vorsitzende der CDU, Lothar de Maizière, erklärt öffentlich, daß er Ministerpräsident werden will. Gegenüber der SPD erneuert er das Angebot zu einer gemeinsamen Regierungskoalition unter seiner Führung.

Bürger der DDR dürfen nach einer Verfügung der Bundesbank in Frankfurt / Main ab sofort frei verfügbare Geschäftskonten bei Banken in der Bundesrepublik eröffnen. Über diese Konten können insbesondere die Zahlungen in freier Währung im Zusammenhang mit Waren- und Dienstleistungs- sowie sonstigen genehmigten Transaktionen, zum Beispiel Transithandelsgeschäften, abgewickelt werden.

Samstag / Sonntag, 24. / 25. März

SPD-Kanzlerkandidat Oskar Lafontaine erklärt in Bonn, er wolle einer Regierungsbeteiligung der DDR-SPD nicht im Wege stehen. Eine künftige Regierung der DDR werde auch mit Beteiligung der SPD die Versprechen einklagen, die Bundeskanzler Kohl im Wahlkampf abgegeben habe.

Die Vorbereitungen für die Währungs-, Wirtschafts- und Sozialunion von BRD und DDR seien so weit gediehen, daß mit einem Stichtag für das Inkrafttreten um den 1. Juli zu rechnen sei. Das berichtet die „Welt am Sonntag" unter Berufung auf interne Beratungen von Bundeskanzler Helmut Kohl und Finanzminister Theo Waigel mit den Vorsitzenden der DDR-Parteien CDU, DSU und DA unmittelbar nach der Volkskammerwahl in Bonn. Danach seien mit Industrie und Handel der BRD stillschweigend Vorsorgemaßnahmen getroffen worden, damit ab 1. Juli in der DDR für D-Mark alles gekauft werden könne, was auch in der Bundesrepublik erhältlich sei. Bei den Beratungen im Kanzleramt ist der Zeitung zufolge eine Art Fahrplan für den schnellsten Weg zu einer Währungs-, Wirtschafts- und Sozialunion verabredet worden.

Montag, 26. März

Der Partei- und Fraktionsvorsitzende der DDR-SPD, Ibrahim Böhme, wird seine Parteiämter und sein Volkskammermandat ruhen lassen, bis die gegen ihn vom „Spiegel" erhobenen Vorwürfe einer Informantentätigkeit für den ehemaligen Staatssicherheitsdienst geklärt sind. Böhme, dem inzwischen von der Partei nachdrücklich das Vertrauen ausgesprochen wurde, erklärt vor Journalisten in Berlin, er habe bereits mit Ministerpräsident Modrow (PDS) gesprochen und dort nachgesucht, seine Akten vor einem unabhängigen Gremium offenlegen zu lassen. Amtierender Parteivorsitzender soll nach Böhmes Wunsch Markus Meckel, amtierender Fraktionschef Richard Schröder werden. Böhme weist alle Anschuldigungen einer Stasi-Tätigkeit zurück.

Der amtierende Vorsitzende des DDR-Staatsrats, Prof. Dr. Manfred Gerlach, spricht sich für eine Überprüfung aller Volkskammerabgeordneten und Nachfolgekandidaten sowie der Regierungsmitglieder durch Stasi-Akteneinsicht aus – möglichst noch vor dem Zusammentritt der Volkskammer.

Dienstag, 27. März

Auf eine Schonfrist im bevorstehenden direkten Wettbewerb mit westdeutschen Unternehmen hoffen die Unternehmer in der DDR. Darauf verweist Rudolf Stadermann, Präsident des DDR-Unternehmerverbandes, in einem Interview mit dem BRD-Magazin „impulse". Viele DDR-Unternehmen hätten angesichts der schnellen Währungsunion ohne einen notwendigen Anpassungsprozeß zu Recht Angst um ihre Existenz und würden unter wesentlich schlechteren Startbedingungen antreten als ihre westdeutschen Konkurrenten. „Deshalb hoffen wir auf eine gewisse Schonfrist, bis unsere Unternehmer ihren Finanzbedarf gedeckt haben", betont der DDR-Unternehmerpräsident.

Mittwoch, 28. März

Der französische Staatschef François Mitterand und die britische Premierministerin Margaret Thatcher sprechen sich in Fernseherklärungen für die deutsche Einheit aus.

Bundeskanzler Kohl informiert, daß es nach der Garantieerklärung für die Oder-Neiße-Grenze nun auch von polnischer und tschechischer Seite keine Widerstände mehr gegen die Vereinigung gebe.

Die National-Demokratische Partei Deutschlands (NDPD) existiert nicht mehr als eigenständige Partei. Auf einmütigen Beschluß des NDPD-Parteivorstandes schließt sich die rund 80 000 Mitglieder zählende Partei durch korporativen Beitritt dem Bund Freier Demokraten – Die Liberalen an.

Vertreter des Bürgerkomitees Erfurt berichten, daß sie Unterlagen der Stasi gefunden hätten, aus denen die geplante Einrichtung von mindestens 24 Internierungslagern für „Staatsfeinde und Andersdenkende" hervorgehe.

Donnerstag, 29. März

Einige zehntausend Menschen kommen zu Demonstrationen in mehreren Städten der DDR zusammen, um eine sofortige Überprüfung der Volkskammerabgeordneten auf ihre eventuelle Stasi-Vergangenheit zu fordern. Es sei verhängnisvoll, so Werner Schulz vom Neuen Forum, wenn die Staatsanwaltschaft eine Überprüfung aller Volksvertreter als verfassungswidrig zurückweise. In Berlin verliest er einen „Offenen Brief der Volkskammerfraktion Bündnis 90/Grüne" an alle im Parlament vertretenen Parteien, sich der Überprüfung ihrer Abgeordneten zu stellen.

Freitag, 30. März

Der Zentralbankrat der deutschen Bundesbank plant bei Einführung der D-Mark in der DDR ein Umtauschverhältnis von 2:1. Lediglich Sparguthaben bis zu 2 000 Mark sollen 1:1 umgetauscht werden. Diese Ankündigung löst bei vielen DDR-Bürgern große Unruhe aus. Pressekommentare verweisen auf frühere Versprechungen von Bonner Politikern über einen generellen Umtauschkurs von 1:1.

Die DDR und die Türkei schließen ein Abkommen über die Aufhebung der Visapflicht ab. Die Bundesregierung protestiert wegen des nunmehr möglichen ungehinderten Zustroms türkischer Einreisender in die Bundesrepublik über die DDR gegen das Abkommen.

Samstag, 31. März

In Berlin findet die erste Landesdelegiertenkonferenz des Arbeitslosenverbandes der DDR statt. Nach dort bekanntgegebenen Schätzungen sind derzeit 60 000 bis 70 000 Menschen in der DDR arbeitslos. Hinzu käme eine wesentlich größere Zahl von Kurzarbeitern.

April 1990

Sonntag, 1. April

Die DDR-SPD muß nach Ansicht des Vorsitzenden des Demokratischen Aufbruch, Rainer Eppelmann, „um der nationalen Verantwortung willen" die erste demokratisch gewählte DDR-Regierung mittragen. Die SPD solle „die Kröte DSU schlucken", sagt er dem Nachrichtenmagazin „Der Spiegel". Zugleich spricht sich Eppelmann für eine Überprüfung der DDR-Parlamentarier auf eine etwaige Stasi-Mitarbeit aus, doch danach sei ein „Generalpardon" angebracht, denn es war nach seiner Vermutung rund ein Drittel der DDR-Bevölkerung, „das mehr oder weniger intensiv mit der Stasi zusammengearbeitet hat". Die Akten des Ministeriums sollten jedoch nicht vernichtet werden, um jedem Opfer zu ermöglichen, individuell zu seinem Recht zu kommen.

Frankreichs Ex-Präsident Valéry Giscard d'Estaing weist auf mögliche Probleme bei der deutschen Vereinigung hin. Die DDR sei „von 45 Jahren Kommunismus tiefgreifend gezeichnet". Die deutsche Einheit sei daher „weniger einfach zu verwirklichen, als man denkt", sagt Giscard im französischen Fernsehen. Er fordert Bonn auf, einer europäischen Währungsunion und einer gemeinsamen Notenbank auf der Grundlage des ECU zuzustimmen.

Nach Mitteilung des DDR-Verkehrsministeriums tritt an diesem Tag der Verkehrsvertrag mit der Bundesrepublik in Kraft, der den grenzüberschreitenden Verkehr komplikationsloser regelt und erstmals auch wieder freie Fahrt für Sportboote eröffnet.

Montag, 2. April

Dorothee Wilms, Bundesministerin für innerdeutsche Beziehungen, weist in der heftiger werdenden Diskussion zum Umtausch der DDR-Mark in DM die „immer häufiger verbreitete Behauptung, der Bundeskanzler habe hinsichtlich des künftigen Umtausches von Mark der DDR in DM Versprechungen oder Zusagen gemacht", mit aller Entschiedenheit „als völlig aus der Luft gegriffen" zurück.

Als „vollends untauglich" bezeichnet der amtierende Ministerpräsident der DDR, Hans Modrow, eine Vereinigung der beiden
deutschen Staaten nach Artikel 23 des Bonner Grundgesetzes. Die
Vereinigung sei ein Prozeß von internationalem Rang. Er warnt
davor, daß sich der Prozeß der Vereinigung der beiden deutschen
Staaten verselbständigt und von seinem internationalen Umfeld
abkoppelt. Modrow bekräftigt seine Meinung, Polen in die Verhandlungen einzubeziehen. Die deutsche Einheit müßte durch Zusammenschluß und nicht durch Anschluß hergestellt werden.
Modrow: „Dazu ist ein völkerrechtlich gültiger Vertrag erforderlich, den die zwei Regierungen vereinbaren. Dieser Vertrag muß
von den Parlamenten beider Staaten ratifiziert werden. Es wäre
gut, ihn davor zur Volksabstimmung zu stellen."

SPD-Partei- und Fraktionschef Ibrahim Böhme legt wegen Sta-
si-Verdachts alle Ämter nieder. In Dresden demonstrieren mehrere Tausend Personen für eine sofortige Überprüfung aller
Volkskammerabgeordneten auf Stasi-Mitarbeit.

Dienstag, 3. April

Die Einführung der D-Mark in der DDR beschäftigt nun auch die
internationale Presse. So schreibt die in Amsterdam erscheinende liberale „De Volkskrant": „Die westdeutsche Regierung, die
noch einen Beschluß über den genauen Umtauschsatz vornehmen
muß, steht vor einem lästigen Dilemma. Der Vorschlag von Bundesbankpräsident Karl Otto Pöhl (Umtauschsatz 1:2) ist eine bit-
tere Pille für die Ostdeutschen, die nichts lieber wollen als den
Wohlstand der Bundesrepublik. Politisch würde es wohl sehr
schwierig werden, Pöhls Vorschlag zu verwirklichen, zumal alle
Parteien in der DDR an ihm harte Kritik übten. Doch wäre es unvernünftig, Pöhls Vorschlag ohne weiteres zu verwerfen, denn er
hat in finanziell-ökonomischer Hinsicht seine Vorteile. Die
Schulden des Staates und der ostdeutschen Betriebe würden hal-
biert, die Kosten der Einheit für die westdeutsche Staatskasse geringer. Das vermindert die Gefahr einer wachsenden Geldent-

SPD-Parteivorsitzender Ibrahim Böhme tritt wegen des Verdachtes der geheimen Tätigkeit für die Staatssicherheit von allen seinen Funktionen zurück

185

wertung in der Bundesrepublik, was auch für Europa wichtig ist. Es ist nun an den Ostdeutschen, ihre Startposition zu bestimmen. Sie haben die Wahl zwischen mehr D-Mark bei einem langen, mühsamen wirtschaftlichen Anpassungsprozeß mit großer Arbeitslosigkeit oder weniger D-Mark bei einem schnelleren Anpassungsprozeß mit weniger Arbeitslosigkeit. Es ist die Wahl zwischen D-Mark empfangen oder sie selbst verdienen. Auch die Ostdeutschen stehen vor einem Dilemma."

Die SPD verzichtet auf ihre Forderung, die DSU bei einer Regierungskoalition auszuschließen und macht damit den Weg für eine Große Koalition frei. In der ersten Runde der Verhandlungen zwischen der SPD und den Parteien der Allianz sowie den Liberalen wird Einigkeit darüber erzielt, daß die neue Regierung bis Ostern gebildet werden soll. Ferner wird die Schaffung von fünf Arbeitsgruppen vereinbart, in denen unter Hinzuziehung von Experten weitere Sachfragen geklärt werden sollen. Außerdem entscheiden die Parteien, auf der nächsten Volkskammertagung keinen Staatsrat mehr zu wählen. Statt dessen will man ein Präsidentenamt einführen.

Bundespräsident Richard von Weizsäcker ist Zeitungsberichten zufolge in West-Berlin mit dem noch amtierenden DDR-Ministerpräsidenten Hans Modrow zusammengetroffen, um staatsrechtliche Probleme der Vereinigung zu erörtern. Das Kanzleramt in Bonn war von dem „Geheimtreffen", zu dem die beiden Politiker im Berliner Amtssitz des Bundespräsidenten zusammenkamen, nicht informiert. Der deutschlandpolitische Sprecher der Unionsfraktion des Bundestages, Eduard Lintner, kritisiert die Begegnung scharf. Der Bundespräsident sollte sich seiner Meinung nach nicht dazu hergeben, „Modrow eine weiße Weste zu verschaffen".

Mittwoch, 4. April

Für die Bewältigung der „Stasi-Vergangenheit", bei der auch ein Verzeihen möglich sein sollte, spricht sich Dresdens Oberbürgermeister Wolfgang Berghofer aus. Dieses Thema droht die neue

Demokratie zu lähmen und zu verhindern, erklärt er. In einem Lande, in dem 40 Jahre ein zentralistisches Regime mit Hilfe eines Geheimdienstes seine Macht behauptet hat, in dem alle als potentielle Sicherheitsrisiken galten, könne man bei niemandem mit Sicherheit sagen, was in seiner Akte steht. „Ich glaube, diesen Ballast können wir nicht über Jahre mit uns herumschleppen", sagt Berghofer. Die Volkskammer müsse Klarheit schaffen. Darüber hinaus sei es notwendig, daß die tragenden Kräfte aus politischer und moralisch-ethischer Sicht einen Konsens finden, der Verzeihen möglich macht. Das heißt, daß allen, die nicht an direkten Menschenrechtsverletzungen beteiligt waren, verziehen werde.

Beauftragte der in der Volkskammer vertretenen Parteien und Organisationen haben in den vergangenen drei Tagen in die Zentrale Personenkartei der ehemaligen DDR-Staatssicherheit (MfS/AfNS) Einsicht genommen. Wie das Komitee zur Auflösung des Amtes für Nationale Sicherheit mitteilt, lagen dazu persönliche schriftliche Einwilligungen eines jeden Abgeordneten vor. Anträge zur Überprüfung ihrer am 18. März gewählten Abgeordneten hinsichtlich einer Zusammenarbeit mit dem ehemaligen MfS/AfNS hätten von den Vorständen von PDS, DBD, DFD, NDPD, Grüne und Bündnis 90, SPD, BFD, DA und DSU vorgelegen. Die Überprüfung betraf auch zwei Abgeordnete der CDU.

Durch die deutsch-deutsche Währungsunion werde kein Rentner und kein Arbeitnehmer in der DDR schlechter gestellt. Dies versichert Bundeswirtschaftsminister Helmut Haussmann in einem Interview mit den „Stuttgarter Nachrichten". „Es bleibt bei unseren Wahlversprechen", erklärt der FDP-Politiker. Ein „bedeutender Betrag" der Spareinlagen – mehr als 2 000 Mark pro Kopf – werde im Verhältnis 1:1 getauscht werden, sagt Haussmann. Ohnehin sei die Diskussion um das richtige Umtauschverhältnis zwischen DDR-Mark und D-Mark von „verwirrenden Umrechnungsbeispielen" gekennzeichnet. Entscheidend für die DDR-Bürger sei jetzt vielmehr, daß sich ihre reale Kaufkraft nach einer Währungsumstellung nicht verschlechtern dürfe. Die Kosten der Einheit werden laut Haussmann nicht über höhere Steuern finanziert, auch nicht nach der Bundestagswahl im Dezember:

„Es wird 1991 keine Erhöhung der Mehrwertsteuer geben", versichert der Wirtschaftsminister.

Donnerstag, 5. April

In Berlin tritt die erste frei gewählte Volkskammer der DDR zu ihrer konstituierenden Sitzung zusammen. Mit Sabine Bergmann-Pohl (CDU) wird zum ersten Mal eine Frau Präsidentin des Parlaments. Sie setzt sich im zweiten Wahlgang mit deutlichem Vorsprung gegen Reinhard Höppner (SPD) durch, nachdem Günther Maleuda (DBD), Hans Modrow (PDS) und Wolfgang Ullmann (Bündnis 90/Grüne) bereits nach der ersten Abstimmung ausschieden. Auf ihrer ersten Tagung beschließen die Volkskammerabgeordneten die Abschaffung des Staatsrats, der perspektivisch durch einen Präsidenten abgelöst werden soll. Bis dahin nimmt die Volkskammerpräsidentin zugleich die Geschäfte des Staatsoberhauptes wahr.

Die Arbeitsgruppe „Neue Verfassung der DDR" des Runden Tisches stellt der Öffentlichkeit ihren Verfassungsentwurf vor. Ziel ist laut Präambel, „ein demokratisches und solidarisches Gemeinwesen" zu entwickeln, das „Würde und Freiheit des einzelnen sichert, gleiches Recht für alle gewährleistet, die Gleichstellung der Geschlechter verbürgt und unsere natürliche Umwelt schützt". Die DDR wird als ein „rechtsstaatlich verfaßter demokratischer und sozialer Bundesstaat" definiert. Als Staatswappen wird die Darstellung „Schwerter zu Pflugscharen" vorgeschlagen. In einem Brief bittet die Arbeitsgruppe die Parlamentarier, sich dafür einzusetzen, daß die Volkskammer der Inkraftsetzung dieses Entwurfs gegenüber verfassungsändernden Einzelgesetzen den Vorzug gibt.

Der Entwurf der neuen DDR-Verfassung beruhe zu 90 Prozent auf dem bundesdeutschen Grundgesetz, sei in seiner Gesamtheit aber fast noch besser, meint der SPD-Politiker Erich Fischer bei der offiziellen Vorstellung des Entwurfs. Im Unterschied zum Grundgesetz komme in der künftigen Verfassung der DDR dem Volksentscheid und anderen Formen der direkten Demokratie eine größere Bedeutung zu.

Der Artikel 134, der das Thema Einigung regelt, ist nach Ansicht seiner Schöpfer kein starres Korsett und läßt für den Vollzug der Einheit einen gewissen Spielraum. Darin heißt es: „Wird die Einheit durch einen Beitritt zur Bundesrepublik Deutschland verwirklicht", so seien die Bedingungen, unter denen das Grundgesetz für das gegenwärtige DDR-Hoheitsgebiet gelte, „durch Vereinbarungen zu regeln". Eine solche Vereinbarung bedarf, um wirksam zu werden, der Zustimmung von zwei Dritteln der Mitglieder der Volkskammer und der Bestätigung in einem Volksentscheid.

Gerd Poppe von der Initiative Frieden und Menschenrechte erklärt, dieser Verfassungsentwurf sei praktisch „das Vermächtnis des Runden Tisches" und gleichzeitig seine letzte Aufgabe. Die Verfassung sollte nach der Verabschiedung in der Volkskammer, in der voraussichtlich einige Änderungen diskutiert und vereinbart würden, am 17. Juni dem Volk zur Entscheidung gestellt werden.

Die EG-Kommission dringt darauf, daß die Interessen der Gemeinschaft bereits im Vertrag über die deutsch-deutsche Währungsunion eindeutig berücksichtigt werden. Der für Wettbewerb zuständige EG-Kommissar Leon Brittan sagt vor Journalisten in Bonn, dabei gehe es auch um den Bonner Finanzbeitrag für die EG, wenn vor der deutschen Einheit praktisch ein einheitlicher deutscher Wirtschaftsraum entstehe. Mit der Einheit sei das heutige Gebiet der DDR ohne Vertragsänderungen Teil der EG, sagt Brittan. Absolut klar sei auch, daß der Prozeß der deutschen Einheit den EG-Binnenmarkt Anfang 1993 nicht aufhalten werde. Brittan warnt zugleich vor neuen Monopolen in der DDR. „Wir verfolgen die Entwicklung mit Sorge", sagt Brittan unter Hinweis auf die Pläne der Lufthansa, der Deutschen Bank, der Allianz und anderer großer bundesdeutscher Unternehmen, entsprechende DDR-Firmen zu übernehmen. Die EG-Kommission müsse schon vor der Vereinigung Deutschlands auf die Einhaltung der EG-Wettbewerbsregeln achten.

Im Berliner Lustgarten, in Leipzig und in anderen Städten demonstrieren über 100 000 Menschen gegen die Bonner 2:1-Umtauschpläne. Dem Aufruf des FDGB zu dieser Kundgebung folgen über 20 Parteien und Organisationen. Zeitgleich finden in allen Bezirksstädten ähnliche Kundgebungen statt.

Freitag, 6. April

Der sowjetische Außenminister Eduard Schewardnadse erklärt, daß die Sowjetunion bei einer Vereinigung beider deutscher Staaten nicht mehr zwingend auf einer Neutralität des neuen Gesamtdeutschland bestehe und unter bestimmten Umständen auch eine NATO-Mitgliedschaft akzeptieren könne.

Die neue Präsidentin der Volkskammer, Sabine Bergmann-Pohl (CDU), spricht sich für eine Vereinigung der beiden deutschen Staaten nach Artikel 146 des Grundgesetzes aus, also auf dem Wege der Bildung eines neuen Staates mit einer neuen Verfassung. Sie werde sich aber in jedem Fall der Mehrheit des Parlaments beugen, wenn diese den Weg nach Artikel 23 bevorzugen sollte.

Samstag/Sonntag, 7./8. April

Bundeskanzler Helmut Kohl (CDU) bekräftigt in einem Interview mit der Illustrierten „Bunte", daß er an seinem Ziel festhalte, die Währungsunion bis zum Sommer zu verwirklichen. Zugleich versichert er, er werde sich für „die normalen Sparer um einen Umtauschkurs bemühen, der 1:1 beträgt". Bundeswirtschaftsminister Helmut Haussmann (FDP) schränkt dagegen die Versicherungen des Kanzlers mit der Bemerkung ein, „ein wichtiger" Teil der Guthaben werde 1:1 getauscht. Der FDP-Vorsitzende Graf Lambsdorff bezeichnet die Diskussion über den Umtauschkurs als „unvernünftig und sinnlos". Er bekräftigt die Position, DDR-Sparguthaben sollten 1:1 getauscht werden. Alles andere wäre „Wortbruch".

Eine schnelle Vereinigung der evangelischen Kirchen in beiden deutschen Staaten wird von „niemandem befürwortet", heißt es zum Abschluß einer Tagung der Konferenz der evangelischen Kirchenleitungen in der DDR.

190

Montag, 9. April

Nach intensiven Beratungen am Wochenende gehen die Koalitionsverhandlungen zwischen der Allianz für Deutschland, der SPD und den Liberalen in ihre letzte Runde. Neben der Frage, auf welchem Weg die Einheit erzielt werden soll, geht es vor allem um die Verteilung der Ministerposten. Einigkeit wird zunächst darüber erzielt, daß Volkskammerpräsidentin Sabine Bergmann-Pohl vorerst auch als Staatsoberhaupt amtiert. Sie übernimmt im Staatsrat die Amtsgeschäfte von Manfred Gerlach.

Der frühere SPD-Vorsitzende Ibrahim Böhme will nach Ostern sein Abgeordnetenmandat trotz der Vorwürfe früherer Stasi-Tätigkeit wieder aufnehmen, teilt er der Volkskammerpräsidentin Sabine Bergmann-Pohl (CDU) schriftlich mit.

Der ehemalige DDR-Bauminister Wolfgang Junker (SED/PDS) begeht Selbstmord. Gegen ihn war zuvor ein Ermittlungsverfahren wegen „verbrecherischer Untreue" eingeleitet worden.

Dienstag, 10. April

Der scheidende DDR-Ministerpräsident Hans Modrow zieht in der Hamburger Wochenzeitung „Die Zeit" Bilanz der von ihm geführten Regierung. Danach habe die Koalition aus alten und neuen Parteien „wesentlich dazu beigetragen, daß die DDR die schwierige Phase bis zur ersten freien Wahl eines Parlaments besser bewältigt hat als jedes andere RGW-Land in dem vergleichbaren Zeitabschnitt". Das sei ohne einen Pfennig von der Regierung in Bonn geschehen. Den Runden Tisch würdigt Modrow als „Schule der Demokratie". Die neuen Gruppen und Parteien hätten dort politisches Profil gewonnen, die schon etablierten in den Prozeß ihrer Wandlung eintreten können. Seiner eigenen Partei, der früheren SED, hält er zugute, daß sie „eine Erneuerung zur Partei des demokratischen Sozialismus vollzogen" habe.

Der von der Bundesbank vorgeschlagene Umtauschkurs von 2:1 müßte nach Ansicht des Wirtschaftsexperten Otto Wolff von Amerongen auch im Interesse der DDR-Bevölkerung liegen, denn akzeptiere man den Umtauschkurs, der auf der Straße gefordert wird, gingen die Betriebe in der DDR pleite. Erst in fünf bis zehn Jahren werde sich das Leistungs- und Einkommensniveau zwischen der DDR und der Bundesrepublik angeglichen haben.

Die Bauminister der DDR und der BRD verständigen sich über eine Prioritätenliste von 373 Städten und 231 Dörfern der DDR, die aus dem gemeinsamen Projektfonds zur Finanzierung von Reisezahlungsmitteln Gelder für die Stadtsanierung erhalten sollen.

Mittwoch, 11. April

Die Koalitionsverhandlungen zur Bildung einer neuen Regierung werden erfolgreich abgeschlossen. Zuvor hatte die SPD-Fraktion als letzte der beteiligten Parteien dazu „grünes Licht" gegeben. Die formelle Unterzeichnung findet am Folgetag kurz vor der Volkskammertagung statt.

Danach soll die Einheit Deutschlands auf der Grundlage des Artikels 23 des Grundgesetzes „zügig und verantwortungsvoll" herbeigeführt werden.

Die Präambel der Koalitionsvereinbarung zwischen den Fraktionen der CDU, der DSU, dem DA, den Liberalen (DFP, BFD, FDP) und der SPD hat folgenden Wortlaut:

„Die besondere Lage in der DDR seit dem 9. November 1989 macht es zur Lösung der anstehenden Zukunftsaufgaben im Prozeß der Vereinigung beider Teile Deutschlands erforderlich, parteitaktische Interessen zurückzustellen und eine Große Koalition für die Zeit des Zusammenwachsens beider deutscher Staaten zu bilden. Ziel der Koalition ist:

- Wohlstand und soziale Gerechtigkeit für alle Bürger der DDR zu sichern,
- Freiheit und Rechtsstaatlichkeit durchzusetzen,
- die Einheit Deutschlands nach Verhandlungen mit der BRD auf der Grundlage des Art. 23 GG zügig und verantwortungsvoll für die gesamte DDR gleichzeitig zu verwirklichen und damit einen Beitrag zur europäischen Friedensordnung zu leisten.

Nach kontroversen Verhandlungen der Fraktionsführer Lothar de Maizière (CDU) und Markus Meckel (SPD) kommt es zur Bildung einer Regierung der Großen Koalition; in ihr stellt die CDU elf 23 Minister, die SPD sieben, die Liberalen drei, die DSU zwei und der Demokratische Aufbruch einen Minister

Bei der Ausarbeitung einer neuen Verfassung der DDR oder, falls es nicht dazu kommt, bei der Veränderung des Grundgesetzes ist es das Verhandlungsziel der Regierung, die sozialen Sicherungsrechte als nicht einklagbare Individualrechte einzubringen. Das gilt vornehmlich für das Recht auf Arbeit, Wohnung und Bildung. Diese Rechte werden in der Form von Staatszielbestimmungen gewährleistet.

Die Koalitionsfraktionen sind sich darin einig, daß der Inhalt der zwischen der DDR und der Bundesrepublik Deutschland zu vereinbarenden Regelungen, insbesondere des zu erwartenden Staatsvertrages über die Schaffung einer Währungs-, Wirtschafts- und Sozialunion den heutigen Vereinbarungen zwischen den Koalitionsfraktionen in ihren Grundzügen entsprechen müssen.

Übereinstimmung besteht darin, daß der Prozeß der deutschen Einigung mit parlamentarischer Beteiligung gestaltet wird. Volkskammer und Bundestag sollen je einen parlamentarischen Ausschuß zur deutschen Einigung bilden, dem jeweils die Parlamentspräsidentin angehören sollte. Diese Ausschüsse sollten regelmäßig gemeinsam tagen und den gemeinsamen Ausschuß zur Deutschen Einheit darstellen. Jeder Teilausschuß erstattet seinem Parlament regelmäßig Bericht. Er sollte berechtigt sein, Arbeitsaufträge an andere Ausschüsse seines Parlaments zu erteilen.

Voraussetzung für die Einheit ist die Schaffung kompatibler Länderstrukturen zur BRD, die Länderparlamente, Länderverfassung und vorbereitende Maßnahmen für eine Länderkammer erforderlich machen. Bestimmte Aufgaben und Finanzierungsfragen sind nach der Länderbildung neu zu regeln."

Konkrete Vereinbarungen für eine künftige Regierungspolitik sind in Form mehrerer Anlagen fixiert.

Zur Außen- und Sicherheitspolitik wird vermerkt, daß die Vereinigung Deutschlands nicht die Stabilität in Europa beeinträchtigen und die Schaffung der gesamteuropäischen Ordnung des Friedens, der Demokratie und der Zusammenarbeit fördern solle. Unverzichtbar sei die „völkerrechtlich verbindliche Anerkennung der polnischen Westgrenze". Das künftige Deutschland soll fest in der EG integriert sein und sich in ein künftiges „gesamteu-

ropäisches Sicherheitssystem" einfügen. Bis zur Schaffung eines
solchen Systems sei davon auszugehen, daß das vereinigte
Deutschland Mitglied der sich in ihren militärischen Funktionen
verändernden NATO sein wird.

Die Bundesregierung gibt in Bonn bekannt, daß sie so schnell
wie möglich mit der neuen DDR-Regierung in Verhandlungen
über den Staatsvertrag zur Währungs-, Wirtschafts- und Sozialunion eintreten will. Das bekräftigt Regierungssprecher Dieter
Vogel. Bundeskanzler Helmut Kohl verfolge das Ziel, den dafür
notwendigen Staatsvertrag bis Ende April, Anfang Mai unter
Dach und Fach zu bringen.

Donnerstag, 12. April

Mit 265 von 385 möglichen Stimmen spricht eine deutliche Mehrheit der Abgeordneten der Volkskammer der Regierung der
Großen Koalition unter Lothar de Maizière (CDU) ihr Vertrauen
aus. Damit hat die DDR wieder eine uneingeschränkt funktions-
fähige Regierung. Sie besteht aus 23 Ministern und dem Premier,
die allesamt der DDR entstammen (Durchschnittsalter 47,9 Jahre). Zuvor hoch gehandelte Westpolitiker sollen nur als Berater
eingebunden werden.

Ministerpräsident *Lothar de Maizière* (CDU) wurde am 10. November 1989 Vorsitzender seiner Partei. Er machte sich um die
Neuprofilierung der DDR-CDU verdient, die sich seit der Wende
für die Einheit Deutschlands und die Einführung der Marktwirtschaft einsetzt. De Maizière wurde am 2. März 1940 in Nordhau-
sen geboren. Mit 35 Jahren mußte der Musiker auf eine Anwalts-
tätigkeit umsatteln, als ihm eine Nervenerkrankung im Arm das
Musizieren auf der Viola unmöglich machte. Seit 1982 ist er Vorstandsmitglied im Berliner Kollegium der Rechtsanwälte und seit
1986 Vizepräses der Synode des Bundes der evangelischen Kirchen in der DDR. Im Kabinett Modrow war er als Vizepremier
für Kirchenfragen zuständig. De Maizière ist verheiratet und Vater von drei Töchtern.

Peter-Michael Diestel (DSU) übernimmt das Innenministerium, das die SPD zunächst nicht der DSU überlassen wollte. Diestel, am 14. Februar 1952 in Prora auf Rügen geboren, ist promovierter Jurist und gelernter Rinderzüchter. Er betreute von 1978 an als Leiter einer Rechtsabteilung landwirtschaftliche Betriebe. Diestel ist verheiratet und hat drei Kinder.

Hans-Wilhelm Ebeling (DSU), Pfarrer in Leipzig, wird das Ministerium für wirtschaftliche Zusammenarbeit leiten. Er wurde am 15. Januar 1934 in Parchim in Mecklenburg geboren. Nach einer Schlosserlehre holte Ebeling das Abitur nach und studierte zunächst fünf Semester Maschinenbau in Leipzig. Erst dann entschloß er sich für die Theologie. 1976 wurde Ebeling Pfarrer an der Leipziger Thomaskirche. Im Januar wurde er an die Spitze der neugegründeten, rechtskonservativen Deutschen Sozialen Union (DSU) gewählt. Ebeling ist in zweiter Ehe verheiratet und hat vier Söhne.

Neuer Verteidigungs- und Abrüstungsminister wird der Ost-Berliner Pfarrer *Rainer Eppelmann* (DA), der auch Vorsitzender des vom ihm mitbegründeten Demokratischen Aufbruch ist. Der am 12. Februar 1943 in Berlin geborene Eppelmann zählt zu den Oppositionellen der ersten Stunde und öffnete schon vor vielen Jahren für Regimekritiker die Räume der Samariterkirche, der er seit 1974 vorsteht. Weil Eppelmann den Wehrdienst und das Gelöbnis verweigerte, erhielt er als Bausoldat acht Monate Haft. Eppelmann gehörte dem Kabinett Modrow als Minister ohne Geschäftsbereich an. Der gelernte Maurer ist verheiratet und hat vier Kinder.

Horst Gibtner (CDU), Verkehrsminister, wurde am 23. August 1940 in Hirschberg am See (heute Doksy) im ehemaligen Sudentenland geboren. Der praktizierende Katholik schloß 1964 sein Studium als Diplomingenieur für Eisenbahnsicherungs- und Fernmeldetechnik ab. Gibtner, der seit 1971 Mitglied der CDU ist, war zwischen 1969 und 1979 sowie ab 1981 Mitarbeiter im Ministerium für Verkehrswesen. Er ist verheiratet und hat zwei Kinder.

Regine Hildebrandt (SPD) ist zukünftig für Arbeit und Soziales zuständig. Die am 26. April 1941 in Berlin geborene Diplombiologin war zunächst in der Bürgerbewegung Demokratie Jetzt engagiert, bevor sie der damals neugegründeten SDP – später SPD

– beitrat. Sie arbeitet an der Zentralstelle für Diabetes und Stoff-wechselkrankheiten, ist verheiratet und hat zwei Kinder.

Der neue Minister für Gesundheitswesen, *Jürgen Kleditzsch* (CDU), ist von Beruf Facharzt für Physiotherapie und Orthopä-die. Er wurde am 26. Januar 1944 in Bad Schandau geboren. Nach seiner Berufung zum außerordentlichen Dozenten an der Medizi-nischen Akademie Dresden 1985 wurde er zwei Jahre später zum außerordentlichen Professor ernannt. Seit 1989 ist er Bezirksarzt von Dresden. Kleditzsch ist verheiratet und hat drei Kinder.

Markus Meckel (SPD), Außenminister, ist seit dem Rücktritt Ibrahim Böhmes amtierender SPD-Vorsitzender. Der am 18. Au-gust 1952 in Müncheberg (Bezirk Frankfurt/Oder) geborene Pfar-rerssohn studierte von 1971 bis 1978 Theologie, nachdem er zu-vor die Hochschulreife aus politischen Gründen an einem kirchlichen Oberseminar erworben hatte. Bis 1988 arbeitete er als Pfarrer in der Ortschaft Vipperow in Mecklenburg. Meckel gehört zu den Mitbegründern der SDP. Er ist zum zweiten Mal verhei-ratet und Vater von zwei Kindern.

Hans-Joachim Meyer (parteilos) übernimmt das Ressort für Bildung und Wissenschaft. Am 13. Oktober 1936 in Rostock ge-boren, studierte er von 1959 bis 1964 Anglistik und Geschichte. Der Promotion 1970 folgte 15 Jahre später die Berufung zum außerordentlichen Professor an der Ost-Berliner Humboldt-Uni-versität, wo er seit 1978 den Bereich Sprachintensivausbildung leitet. Meyer ist verheiratet und hat drei Kinder.

Minister für Medien wird der Pfarrer *Gottfried Müller* (CDU), geboren am 16. August 1934 in Schweina. Nach Abschluß seines Theologiestudiums 1960 wurde er Pfarrer in verschiedenen Ge-meinden Thüringens. Von 1972 bis 1981 leitete er die Bibelan-stalt Altenburg. Seit Dezember 1989 ist der verheiratete Vater von drei Kindern stellvertretender CDU-Vorsitzender.

Gerhard Pohl (CDU), Wirtschaftsminister, wurde am 16. Au-gust 1937 als Sohn eines Webmeisters in Guben geboren. Der ge-lernte Tuchmacher studierte bis 1958 an einer Ingenieurschule für Textiltechnik und absolvierte zwischen 1963 und 1969 ein Fern-studium an der TU Dresden, wo er mit einer Arbeit über bundesdeutsche Unternehmensführung promovierte. Als Mitglied der alten Volkskammerfraktion der CDU gehörte er dem Ausschuß für Industrie, Verkehr und Bauwesen an. Pohl, der seit 1959 CDU-Mitglied ist, wurde 1977 Forschungsdirektor im VEB Forster Tuchfabriken, der ihn im März entließ. Er ist geschieden und Vater zweier Kinder.

Der neue Ernährungsminister *Peter Pollack* (parteilos) zieht für die SPD ins Kabinett ein. In Dresden geboren, arbeitete der Diplomlandwirt zuletzt als Direktor in einem Landwirtschaftszentrum in Magdeburg. Pollack ist verheiratet und hat zwei Kinder.

Manfred Preiß (BFD), der das neugeschaffene Amt des Ministers für regionale und kommunale Angelegenheiten übernimmt, wird für die Wiedereinführung der Länder in der DDR verantwortlich sein. Am 22. Oktober 1939 in Wernigerode geboren, lernte Preiß von 1954 bis 1957 Lokomotivschlosser und studierte später Maschinenbau und Elektrotechnik. Ein Fernstudium zwischen 1978 und 1984 schloß Preiß als Diplomjurist ab. Seit Februar ist Preiß Staatssekretär. Er ist verheiratet und hat zwei Kinder.

Klaus Reichenbach (CDU) wird das Amt des Ministerpräsidenten leiten. Der Diplomjurist und Staatswissenschaftler, Ingenieurökonom und Maschinenbauer wurde am 22. September 1945 in Altenburg geboren. Von 1969 bis 1987 war er Betriebsdirektor des VEB Goldfasan Burgstädt. Seit 1987 hat er den Landesvorsitz der CDU in Sachsen inne. Reichenbach ist verheiratet und hat zwei Kinder.

Sybille Reider (SPD) wird Ministerin für Handel und Tourismus. Die Diplomjuristin und Krankenschwester ist am 8. Oktober 1949 in Wengelsdorf geboren. Seit 1980 lehrt sie Recht an der Fachschule für Gaststätten- und Hotelwesen Leipzig. Sie kann Spezialkenntnisse auf dem Gebiet des Wirtschaftsrechts vorweisen. Frau Reider ist verheiratet und hat einen Sohn.

Walter Romberg (SPD), der während der vergangenen Wochen als Chef der DDR-Delegation mit der Bonner Bundesregierung die Währungsunion vorbereitet hat, erhält das Finanzressort. Der am 27. Dezember 1928 geborene Diplommathematiker an der Ost-Berliner Akademie der Wissenschaften gilt gleichzeitig als

Abrüstungsexperte. Romberg wurde im Februar SPD-Minister ohne Geschäftsbereich im Kabinett Modrow. Er ist verheiratet und Vater von drei Söhnen.

Neuer Kulturminister wird der gelernte Diplomjournalist, Buchhändler und Maschinist *Herbert Schirmer* (CDU). Er wurde am 8. Juli 1945 in Stadtlengsfeld geboren. Einer Tätigkeit als Buchhändler und Chefredakteur eines Kulturblattes in Dresden folgte 1989 die eines wissenschaftlichen Mitarbeiters der Staatlichen Kunstsammlungen Cottbus. Der verheiratete Vater eines Kindes ist seit März Landesvorsitzender der CDU Brandenburg.

Dem Ministerium für Frauen und Familie wird *Christa Schmidt* (CDU) vorstehen. Die promovierte Studienrätin wurde am 3. April 1941 in Leipzig geboren. Sie ist seit 1964 Lehrerin an einer Leipziger Sonderschule, verheiratet und hat zwei Kinder.

Das Postministerium übernimmt *Emil Schnell* (SPD), von Beruf Diplomphysiker an der Potsdamer Forschungsstelle für Hochdruckforschung. Er wurde am 10. November 1953 in Packenburg geboren und studierte von 1975 bis 1980 Physik an der TU Magdeburg. Er arbeitete zuletzt an der Akademie für Wissenschaften.

Cordula Schuberth (CDU), Ministerin für Jugend und Sport, wurde am 21. Mai 1959 in Karl-Marx-Stadt geboren. Die ledige Diplom-Medizinpädagogin und Krankenschwester ist seit 1987 als Fachschullehrerin an der Medizinischen Fachschule für Anatomie und Physiologie tätig.

Karl-Hermann Steinberg (CDU) wird Minister für Umwelt, Naturschutz, Energie und Reaktorsicherheit. Der am 22. Juni 1941 in Heiligenstadt geborene Diplomchemiker arbeitete von 1974 bis 1977 in der Forschung der Leuna-Werke. Nach seiner Berufung zum ordentlichen Professor für Technische Chemie an der Universität Leipzig 1982 wurde er im vergangenen Jahr stellvertretender Minister für Schwerindustrie. Der verheiratete Vater zweier Kinder ist seit Dezember 1989 stellvertretender Vorsitzender der CDU.

Frank Terpe (SPD), Minister für Forschung und Technologie, ist am 10. Oktober 1929 in Nünchritz geboren. Nach einem Mathematik- und Physikstudium an der Universität Greifswald arbeitete er als wissenschaftlicher Assistent am Mathematischen Institut der Stadt. 1969 wurde er dort ordentlicher Professor für Analysis. Terpe, der verheiratet ist und drei Kinder hat, ist stellvertretender Fraktionsvorsitzender der SPD.

Der Minister für Bauwesen, Städtebau und Wohnungswirtschaft, *Axel Viehweger* (BFD), wurde am 17. November 1952 in Waldenburg geboren. Von 1973 bis 1978 studierte er Kernphysik an der TU Dresden. Als Diplomphysiker wurde er zwischen 1984 und 1985 Mitarbeiter am Dresdener Institut für Energetik. Seit 1985 ist Viehweger Stadtrat für Energie beim Rat der Stadt Dresden. Viehweger ist verheiratet und hat zwei Kinder.

Kurt Wünsche (BFD) bleibt als Justizminister auch nach Ablösung der Übergangsregierung Modrow im Amt. Er wurde am 14. Dezember 1929 im schlesischen Obernigk geboren. 1946 trat er der Liberal-Demokratischen Partei (LDPD) bei. Wünsche war bereits von 1967 bis 1972 Justizminister, war aber dann bei der SED in Ungnade gefallen. 1972 wurde ihm der Lehrstuhl für Gerichtsverfassungsrecht an der Ost-Berliner Humboldt-Universität übertragen. Wünsche ist verheiratet und hat zwei Kinder.

Bei nur drei Stimmenthaltungen beschließt die Volkskammer, daß ein Untersuchungsausschuß die Unterlagen derjenigen Abgeordneten prüft, bei denen aufgrund einer ersten Überprüfung ein Verdacht besteht, für die Stasi tätig gewesen zu sein. Bei Bestätigung des Verdachts soll der Rücktritt empfohlen werden. „Die Bürger unseres Landes müssen wissen, daß ihre Abgeordneten nicht durch die Schatten der Vergangenheit gelähmt oder durch immer wieder aufkommende Anschuldigungen erpreßt werden können."

Freitag–Montag, 13.–16. April (Ostern)

Nach Angaben des Bundesinnenministeriums verringert sich die Zahl der Übersiedler aus der DDR in jüngster Zeit. In der letzten Woche seien nur noch 3 328 DDR-Bürger gekommen, während es in der Vorwoche noch 4 343 waren.

Der zurückgetretene Vorsitzende der DDR-SPD, Ibrahim Böhme, kritisiert die Beteiligung seiner Partei an der neuen DDR-Regierung. Er begründet seine Haltung gegenüber „Bild am Sonntag" mit der Beteiligung der DSU. Das sei jenseits seiner Schmerzgrenze. Was seine angebliche Stasi-Mitarbeit angehe, müsse er sich lediglich „eine zu große Offenheit bei Gesprächen" vorwerfen, durch die er „vielleicht Freunde unwissentlich gefährdet" habe. Es gäbe keine Verpflichtungserklärung, und er habe auch niemals Geld oder geldwerte Vorteile empfangen. Seine Parteiämter wolle er ruhen lassen, „weil durch ständige Angriffe gegen mich die SPD belastet worden wäre". Mitte nächster Woche wolle er wieder nach Berlin zurückkehren und sein Volkskammermandat antreten, strebe dort allerdings keine Ämter an.

Dienstag, 17. April

Die Wahlkommission der DDR bestätigt die Nichtzulassung der Republikaner zu den Kommunalwahlen, die gegen eine entsprechende Entscheidung der Berliner Wahlkommission Beschwerde geführt hatten. Es gebe laut Beschluß der verfassung- und gesetzgebenden Volkskammer vom 5. Februar ein Verbot der Tätigkeit der Republikaner in der DDR, das bisher nicht aufgehoben worden sei. Da die für Einzelkandidaturen erforderlichen Unterschriften nicht vorgelegen hätten, entfielen auch die Einzelkandidaturen in Berlin, heißt es.

Mittwoch, 18. April

Der DDR-Ministerrat tritt zu seiner ersten Sitzung zusammen. Ministerpräsident Lothar de Maizière gibt anschließend vor der Volkskammer seine Regierungserklärung ab, die entgegen anderen Spekulationen sehr moderat ausfällt. Rückblickend erklärt er:
„Die Erneuerung unserer Gesellschaft stand unter dem Ruf ‚Wir sind das Volk!'. Das Volk ist sich seiner selbst bewußt geworden. Zum erstenmal seit vielen Jahrzehnten haben sich die Menschen in der DDR als Volk konstituiert. Die Wahlen, aus denen dieses

Parlament hervorgegangen ist, waren Wahlen des Volkes. Zum erstenmal trägt die Volkskammer ihren Namen zu Recht. Und aus dem Ruf ‚Wir sind das Volk!‘ erwuchs der Ruf ‚Wir sind ein Volk!‘ (...)

Der Neuanfang unserer Gesellschaft soll auch ein ehrlicher Neuanfang sein: In dem großen historischen Prozeß unserer Befreiung haben wir einem Politiker die wirksame Bündelung vieler positiver Impulse besonders zu danken: Michail Gorbatschow. Wir ahnen die schwere Last, die er in der Sowjetunion zu tragen hat. Wir bitten die Bürger der Sowjetunion, die Politik der DDR und ihr Streben nach der Einheit Deutschlands nicht als bedrohlich anzusehen. (...)

Eine entscheidende Kraft des Umgestaltungsprozesses waren die neuen demokratischen Gruppen, in denen sich Menschen zusammenfanden, die die Fesseln der Vergangenheit sprengten. Die Träger der friedlichen Revolution im Herbst 1989 verdienen einen herausragenden Platz in der deutschen Geschichte. Das sollte in diesem Hause stets gegenwärtig und lebendig bleiben.

Ich möchte im Namen der Regierung der DDR den Bürgern der Bundesrepublik Deutschland danken. Sie haben zu uns gehalten, sie haben uns Mut gemacht und geholfen, wo immer dies möglich war. (...)

An dieser Stelle möchte ich noch einmal Hans Modrow für sein Engagement danken. Durch seine behutsame Politik ist uns sicher vieles erspart geblieben. In den schwierigen Zeiten des letzten halben Jahres blieb er als Demokrat überparteilich und stabilisierte in Zusammenarbeit mit dem Runden Tisch dieses Land.

Verehrte Abgeordnete, ein Dank darf heute nicht fehlen. Das ist der Dank an die Kirchen. Ihr Verdienst ist es, Schutzraum für Andersdenkende und Anwalt für Rechtlose gewesen zu sein. Ihre Besonnenheit und ihr Festhalten an der Gewaltlosigkeit haben unserer Revolution die Friedfertigkeit bewahrt. Es hätte ja alles auch ganz anders kommen können. Wir haben Grund zu tiefer Dankbarkeit, daß uns die Erfahrung erspart geblieben ist, wie sie etwa das rumänische Volk machen mußte. (...)

Es ist nicht die PDS allein, die unsere Vergangenheit zu verantworten hat. Auch meine Partei muß sie verantworten. Wir alle müssen sie verantworten. Es waren immer nur ganz wenige, die etwa bei Wahlen wagten, Gegenstimmen abzugeben oder der Wahl fernzubleiben. Jeder frage sich selbst, ob er immer alles richtig gemacht und welche Lehren er zu ziehen hat. Es sind nicht immer die Mutigen von einst, die heute am lautesten die Bestrafung anderer fordern."

Auf die bevorstehende deutsche Einheit eingehend, erklärt er: „Der Wählerauftrag, dem die Regierung verpflichtet ist, fordert die Herstellung der Einheit Deutschlands in einem ungeteilten, friedlichen Europa. Diese Einheit muß so schnell wie möglich kommen, aber ihre Rahmenbedingungen müssen so gut, so vernünftig und so zukunftsfähig sein wie nötig. (...) Beide Anliegen, Tempo und Qualität, lassen sich am besten gewährleisten, wenn wir die Einheit über einen vertraglich zu vereinbarenden Weg gemäß Artikel 23 des Grundgesetzes verwirklichen."

In Bonn trifft Bundesinnenminister Wolfgang Schäuble seinen Amtskollegen Peter-Michael Diestel (DSU). Ferner treffen sich die Ressortchefs für Soziales und Verteidigung. Künftig soll auf der Ebene der Fachressorts eng kooperiert werden.

Die Kommission der Europäischen Gemeinschaft ist zu dem Schluß gekommen, daß die deutsche Einigung sich ohne eine Änderung der EG-Verträge vollziehen kann. Die Integration der DDR in die Gemeinschaft werde teilweise im Vorfeld der formalen Vereinigung der beiden deutschen Staaten erfolgen. Das geht aus einem internen Strategiepapier der Kommission über die Auswirkungen der deutschen Vereinigung auf die EG hervor. Brüssel geht jedoch davon aus, daß schon der Weg zu einem geeinten Deutschland mit dem Gemeinschaftsrecht vereinbar sein muß, so daß die neuen Rechtsvorschriften im DDR-Gebiet zum Zeitpunkt der endgültigen Vereinigung mit den Römischen Verträgen in Einklang sind. In dem Dokument, das als Grundlage der Sondersitzung der Außenminister der EG am Wochenende in Dublin und des Sondergipfels zur deutschen Einheit Ende April dient, begrüßt Brüssel die bevorstehende Vereinigung als „eines der bedeutendsten historischen Ereignisse der europäischen Nachkriegszeit".

Donnerstag, 19. April

Im Vorfeld der Währungsunion müssen nach Ansicht beider deutscher Wirtschaftsminister eine Reihe von Regelungen geschaffen werden, die die Wirtschaft der DDR so gut wie möglich auf die dann veränderte Situation vorbereiten. Pohl und Haussmann sprechen sich dafür aus, vertragliche Verpflichtungen gegenüber der UdSSR und den anderen RGW-Ländern einzuhalten. Auch aus beschäftigungspolitischen Gründen sei dies wichtig.

Die vertraglichen Verpflichtungen gegenüber den Verbündeten im Warschauer Vertrag sollen ebenfalls eingehalten und nicht einseitig aufgekündigt werden, bekräftigt der Minister für Abrüstung und Verteidigung, Rainer Eppelmann, bei einem Treffen mit dem Oberkommandierenden der Vereinten Streitkräfte der Teilnehmerstaaten des Warschauer Vertrages, Armeegeneral Luschew. Eine Reduzierung der derzeit 135 000 Mann starken NVA „bis hin zu 50 000" hält Minister Eppelmann für denkbar.

Im Fall einer deutsch-deutschen Währungsunion sind nach Ansicht von DDR-Finanzminister Romberg 70 Prozent der Unternehmen und Betriebe der DDR nicht überlebensfähig oder brauchen massive Unterstützung. Etwa 20 Prozent von ihnen ließe sich nur unter sehr hohem Kapitalaufwand sanieren. 50 Prozent der Betriebe benötigten eine Menge an Investitionen. Nur 30 Prozent seien auch unter neuen Bedingungen sofort konkurrenzfähig.

Die Republikaner wollen sich trotz des Verbots ihrer Partei bis Mitte Mai in allen künftigen DDR-Ländern organisatorisch etablieren, kündigt Franz Schönhuber in Bonn an. Die inzwischen rund 4 000 eingeschriebenen Anhänger in der DDR ruft er zum Boykott der Kommunalwahlen auf.

Freitag, 20. April

Der bisher als vertraulich und streng unter Verschluß gehaltene Entwurf zum Ersten Staatsvertrag zwischen der Bundesrepublik und der DDR wird in Auszügen bekannt. Die SPD-Zeitung „Berliner Stimme" veröffentlicht den bisher erarbeiteten Text für den

„Vertrag über die Schaffung einer Währungsunion, Wirtschafts- und Sozialgemeinschaft" zwischen den beiden deutschen Staaten.

In allen wesentlichen Punkten schreibt der Text vor, daß die DDR die bundesdeutschen Verordnungen und Gesetze übernehmen soll. Dies gilt von der Regelung über den Schwangerschaftsabbruch über die Anwendung von Arbeitskampfmitteln bis hin zu Steuergesetzen. Ausdrücklich wird in einem Artikel des Vertragsentwurfs festgehalten, daß der Vertrag dem DDR-Recht einschließlich Verfassungsrecht übergeordnet ist. Dazu heißt es wörtlich: „Dieser Vertrag einschließlich der in Ausführung dieses Vertrages geltenden oder in Kraft zu setzenden Rechtsvorschriften gehen entgegenstehendem Recht einschließlich Verfassungsrecht der Deutschen Demokratischen Republik vor." Mit der Unterzeichnung des vorliegen Vertragswerks würde die DDR somit den ersten Schritt zur Aufgabe ihrer staatlichen Souveränität gehen.

Ausführlich befaßt sich das Vertragswerk mit den Ausführungsbestimmungen für die Währungs- und Wirtschaftsunion. Bei der Einführung der D-Mark wird die DDR alle ihre währungspolitischen Befugnisse aufgeben müssen und die Bundesbank ihren Einflußbereich auf das Gebiet der DDR ausweiten. Die genauen Termine für die Währungsumstellung sind im Text ausgespart. Für eine gewisse Zeit sollen dabei die DDR-Münzen im Umlauf bleiben, allerdings zu einem noch zu bestimmenden Bruchteil ihres jetzigen Wertes. Die Umtauschstellen sollen die Geldinstitute in der DDR sein.

Die Bestimmungen der Sozialunion, die nach Angaben der „Berliner Stimme" erneut zwischen den Verhandlungspartnern abgestimmt werden sollen, berühren auch das zwischen den Volksammerfraktionen stark umstrittene Recht auf Schwangerschaftsabbruch. Wörtlich heißt es: „Dem Schutz des ungeborenen Lebens ist besonders Rechnung zu tragen." Dies könnte bedeuten, daß die DDR die in der Bundesrepublik bestehenden Strafvorschriften zum Schwangerschaftsabbruch übernehmen müßte.

Das Vertragswerk läßt eine Dreiteilung beim Umtausch von Guthaben erkennen: Guthaben von Kleinsparern werden bis zu einer bestimmten Grenze im Verhältnis 1:1 umgetauscht. Guthaben über diese Grenze hinaus sowie Guthaben juristischer Personen oder staatlicher Institutionen sollen zu einem ungünstigeren Wechselkurs eingetauscht werden. Um Spekulationsgewinne bei DDR-Mark-Guthaben von Nicht-DDR-Bürgern zu verhindern, sollen diese ebenfalls zu einem abweichenden Kurs eingetauscht werden.

Darüber hinaus wird ausgeführt, daß mehrheitlich alle wirtschafts- und steuerrechtlichen Gesetze der Bundesrepublik übernommen werden sollen. Die DDR würde sich bei Unterzeichnung dieses Entwurfs verpflichten, alle ihre wirtschafts- und finanzpolitischen Schritte mit der sozialen Marktwirtschaft in Einklang zu bringen. Ebenso müßte sie alle ihre Vorhaben in diesem Bereich mit der Bundesregierung abstimmen.

Samstag/Sonntag, 21./22. April

Ministerpräsident de Maizière erklärt überraschend in einem Interview, daß er für die DDR keine absolute Rechtseinheit mit der Bundesrepublik anstrebe. Dies betreffe z.B. den § 218 zum Schwangerschaftsabbruch. Hier müsse es andere Regelungen geben.

Die EG-Außenminister stimmen auf ihrem Treffen in Dublin einem Drei-Stufen-Plan zur Eingliederung der DDR in die Gemeinschaft zu. Am Rande des Treffens wird bekannt, daß die DDR nach Ungarn die zweithöchste Pro-Kopf-Verschuldung in Osteuropa aufweist.

Der bisher nur amtierende Vorsitzende des Demokratischen Aufbruch (DA), Rainer Eppelmann, wird auf einem Sonderparteitag in Schwerin offiziell als Nachfolger von Wolfgang Schnur zum neuen Vorsitzenden gewählt. Die Delegierten sprechen sich für eine „unverzügliche" deutsche Einheit aus und fordern die sofortige Ausgabe gesamtdeutscher Pässe.

Montag, 23. April

Nach langen internen Beratungen von Spitzenpolitikern der Bonner Koalitionsparteien CDU/CSU und FDP einigt sich die Bundesregierung auf einen Kompromiß in der umstrittenen Frage des Währungsumtausches in der DDR. Als Eckpunkte des Ersten Staatsvertrages mit der DDR über eine Wirtschafts- und Währungsunion werden verabschiedet:

- Umstellung 1:1 für Löhne und Gehälter, allerdings ohne Ausgleich für Subventionsabbau und Preisreform, 2:1 für Betriebsschulden sowie Spar- und Bargeld, davon sind 4 000 Mark pro Person ausgenommen, die 1:1 getauscht werden,
- Anpassung des Rentensystems an das der BRD, d.h. 70 Prozent des durchschnittlichen Nettoverdienstes aus 45 Versicherungsjahren,
- 3:1 wird für Konten von Ausländern.

Diese Offerte, die im Durchschnitt einen Umstellungssatz von 1,5:1 bedeutet, stößt bei einer Reihe von Politikern beiderseits der Grenzen auf Zustimmung. Die DDR-Regierung sieht darin ein „interessantes Diskussionsangebot", das sich an früheren Vorstellungen orientiert. Wirtschaftsminister Pohl meint jedoch, daß für Sparguthaben ein größerer Betrag 1:1 umgestellt werden sollte. Auch die Umwertung der Kredite müsse noch in den Verhandlungen geprüft werden. Laut Finanzminister Romberg sollte der Vorschlag weiter abgeklopft werden. So sei noch nicht klar, ob die bisher für Subventionen verwandten Mittel auf die Löhne geschlagen werden könnten. Er sei über die Rentenregelung erfreut, weniger über die für Sparguthaben, doch darüber könne man noch verhandeln.

Kaum ein Streitpunkt ist dagegen das 2:1-Verhältnis für Betriebsschulden. FDGB-Chefin Mausch findet dies eine „verständliche Reaktion". Die EG-Finanzminister begrüßen die Regelung ebenso wie viele BRD-Politiker, die von einem erleichterten Einstieg in eine wettbewerbsfähige Wirtschaft sprechen.

Die DDR-Regierung verpflichtet sich im Gegenzug, so die Ankündigung von Wirtschaftsminister Pohl, das von Bonn kritisierte Gewerkschaftsgesetz, das den Arbeitern ein zu großes Mitspracherecht einräume, zurückzuziehen und ein Betriebsverfassungsgesetz nach bundesdeutschem Vorbild einzuführen.

Innenminister Peter-Michael Diestel gibt auf einer Pressekonferenz bekannt, daß die Stasi sechs Millionen DDR-Bürger und zwei Millionen Bundesbürger registriert hat. Eine Vernichtung der Stasi-Akten sei vorerst nicht geplant, da sie für weitere Untersuchungen und für Rehabilitierungen erforderlich seien.

Dienstag, 24. April

Bei einem ersten Gipfeltreffen nach den Volkskammerwahlen geben Bundeskanzler Helmut Kohl und DDR-Ministerpräsident Lothar de Maizière bekannt, daß sie sich auf die Einführung der D-Mark in der DDR zum 1. Juli geeinigt haben.

Mit einem Ansturm auf Sparkassen und Banken reagieren die DDR-Bürger auf die Ankündigungen zur Währungsunion. Beträge über 4 000 Mark werden auf Konten von Kindern und Großeltern verteilt, so daß der Umtauschsatz 1:1 voll ausgeschöpft werden kann. In vielen Instituten kommt es zu tumultartigen Szenen, weil die Sparkassen von der Ankündigung unvorbereitet überrascht wurden.

Wirtschaftsminister Gerhard Pohl (CDU) kündigt an, auch das zweite von Bonn immer wieder kritisierte Gesetz über Gemeinschaftsunternehmen, das von der Regierung Modrow verabschiedet worden war, „sehr schnell" zurückzuziehen. Damit solle der Weg für Bundesbürger freigemacht werden, sich zu 100 Prozent in DDR-Unternehmen einzukaufen.

Auf ihrer ersten Arbeitssitzung beschließen die beiden deutschen Außenminister, Hans-Dietrich Genscher und Markus Meckel, einen gemeinsamen Politikausschuß zu bilden und künftig internationale Aktivitäten abzustimmen.

Mittwoch, 25. April

Ein erstes Expertentreffen zur Währungs-, Wirtschafts- und Sozialunion findet in Berlin statt. Dabei wird über mögliche Modifizierungen bei der geplanten Währungsunion im Bereich Miet- und Energiepreisbindung und Betriebsschulden verhandelt.

Nach Auskunft von DDR-Regierungssprecher Matthias Gehler hätten alle Kabinettsmitglieder ein Arbeitspapier zum Staatsver-

trag erhalten, wonach in allen Fachbereichen jetzt konkrete Maßnahmen festgelegt werden sollen. Da es jedoch ständigen Korrekturen unterworfen sei, könne es leider nicht veröffentlicht werden. Die DDR-Regierung sei mit dem von Bonn vorgeschlagenen
Höchstbetrag von 4 000 Mark für einen 1:1-Umtausch von Bargeld und Spargeld bei der Einführung der Währungsunion noch
nicht ganz zufrieden. Sie sei bestrebt, diese Summe „etwas anzu-
heben", sagt Gehler nach der Kabinettssitzung.

Die neu gewählte Volkskammer lehnt auf ihrer fünften Tagung
den Antrag der Fraktion Bündnis 90/Grüne mit 179 zu 167 Stimmen ab, den Entwurf des Runden Tisches für eine neue DDR-Verfassung zu erörtern. Dies sei gegenwärtig keine vordringliche
Aufgabe, heißt es.

Die Bonner Entscheidung, im Zuge der Währungsunion mit der
DDR Löhne und Renten 1:1 umzustellen, führt in Frankreich zu
heftigen politischen Kontroversen. Die Neogaullisten verlangen
von Staatspräsident Mitterrand, beim Treffen mit Bundeskanzler
Kohl gegen das Tauschverhältnis zu protestieren. 1:1 sei „künstlich und politisch" und habe „zur Folge, daß die Wiedervereinigung Deutschlands von den europäischen Partnern und insbesondere von Frankreich bezahlt" werde, sagt der Abgeordnete der
oppositionellen Konservativen, Jacques Toubon.

Mitterrand hingegen sichert Kohl am gleichen Tag in Paris
„ausdrücklich" die Unterstützung Frankreichs für die deutsche
Vereinigung zu.

Donnerstag, 26. April

Bei Unterredungen von Kanzleramtsminister Rudolf Seiters
(CDU) mit DDR-Ministerpräsident Lothar de Maizière und anderen Regierungsmitgliedern räumt Seiters ein, daß womöglich
am Ende der Verhandlungen ein Staatsvertrag stehen werde, „der
nicht völlig identisch ist mit dem Angebot".

Der polnische Außenminister Krzysztof Skubiszewski ruft zur
Versöhnung zwischen Polen und Deutschen im Zuge der deutschen Einheit auf. In seiner außenpolitischen Rede vor dem Par-

lament äußert er zugleich Verständnis für die Leiden der deutschen Vertriebenen. Doch jetzt brauche man Ruhe in den Herzen. Die Einheit Deutschlands ist nach den Worten Skubiszewskis als „Rückkehr zur Normalität" Angelegenheit des deutschen Volkes. Einige Konsequenzen berührten jedoch auch die europäische Friedensordnung, deren Bestandteil die polnische Westgrenze ist.

Freitag, 27. April

In Ost-Berlin beginnen die offiziellen Verhandlungen zum Abschluß des Staatsvertrages über die Wirtschafts-, Währungs- und Sozialunion unter Leitung des Staatssekretärs im Bundesfinanzministerium Hans Tietmeyer und dem Parlamentarischen Staatssekretär beim DDR-Ministerpräsidenten Günther Krause. Nach den fünf Stunden dauernden Gesprächen äußern sich beide Delegationsleiter grundsätzlich zufrieden. Offene Fragen werden von Expertenrunden weiterverfolgt.

DDR-Familienministerin Christa Schmidt (CDU) spricht sich gegen eine Übernahme des bundesdeutschen Abtreibungsparagraphen 218 für die DDR aus. Das Bonner Gesetz sei gegenüber der freizügigen Regelung bei der Sozialindikation in der DDR zu streng.

DDR-Verteidigungsminister Eppelmann spricht sich bei einem Treffen mit seinem bundesdeutschen Amtskollegen Stoltenberg für eine Mitgliedschaft des vereinten Deutschland in der NATO aus, NATO-Strukturen sollten aber nicht auf DDR-Gebiet übertragen werden.

Samstag, 28. April

Die EG-Staats- und Regierungschefs begrüßen zum Abschluß ihres Treffens in Dublin die Vereinigung Deutschlands als „positiven Faktor" für den europäischen Einigungsprozeß. Sie wollen eine „reibungslose und harmonische" Integration eines vereinten Deutschland in die Gemeinschaft sicherstellen. Bundeskanzler Kohl wertet dies als ein „Superergebnis". Die Bundesrepublik empfinde eine große Dankbarkeit gegenüber den EG-Partnern.

„Das war heute für uns als Deutsche in der Tat eine historische Stunde", sagt der Bundeskanzler. Er fordert die EG-Partner auf, in der DDR zu investieren, die in drei bis vier Jahren ein blühendes Land sein werde.

Einer symbolischen Sonderhilfe für Ost-Berlin, wie sie EG-Kommissar Delors vorgeschlagen hatte, stimmt der Gipfel jedoch nicht zu. Die DDR soll allerdings laut Kommuniqué noch vor der Vereinigung an den Hilfen der 24 westlichen Industriestaaten für Mittel- und Osteuropa beteiligt werden. Ferner soll sie Zugang zu den Krediten der Europäischen Investitionsbank, der Montanunion und der Europäischen Atomgemeinschaft bekommen. Kohl sagt, es sei nicht Ziel der Bundesregierung, an möglichst viele Gelder der EG für die DDR-Integration heranzukommen. Die strukturschwachen EG-Länder sollten dadurch nicht benachteiligt werden. Kohl lehnt es ab, die EG-Kommission direkt an den Verhandlungen über die deutsche Einheit zu beteiligen, verspricht aber, sie regelmäßig zu informieren.

Sonntag, 29. April

DDR-Regierungschef Lothar de Maizière besucht die Sowjetunion. In Moskau sind der Hauptgegenstand seiner Gespräche mit UdSSR-Präsident Michail Gorbatschow der bündnispolitische Status eines vereinten Deutschland und die Zukunft der wirtschaftlichen Zusammenarbeit. In der Kernfrage – der späteren Bündniszugehörigkeit eines geeinten Deutschland bis zur Überwindung der beiden Militärblöcke – wird erwartungsgemäß kein Konsens erzielt. Die UdSSR-Führung unterstreicht noch einmal, daß sie eine NATO-Mitgliedschaft des künftigen Deutschland nicht begrüßen könne und daß möglichst andere Lösungen gefunden werden sollten. Es wird gefordert, daß die Vier-Mächte-Vereinbarungen der Nachkriegszeit unangetastet bleiben und die Entscheidungen bis 1949 über Besitz- und Bodenfragen respektiert werden.

Der Vorsitzende der Anstalt zur treuhänderischen Verwaltung des Volkseigentums, Peter Moreth, äußert gegenüber der Bonner

Tageszeitung „Die Welt" die Ansicht, daß auch nach der Wirt-
schafts- und Währungsunion eine unbegrenzte Beteiligung bundesdeutscher und ausländischer Firmen an den Kombinaten und
volkseigenen Betrieben nicht zugelassen werden, sondern statt
dessen das Volkseigentum aufgeteilt werden sollte. An die DDR-
Bürger ginge sicher die Hälfte, nur der Rest stünde zum Verkauf.
Man plane die Ausgabe von Anteilscheinen, die jeder DDR-Bürger kaufen könne, sowie die Herausgabe von Betriebsbeleg-
schaftsaktien.

In mehreren Orten demonstrieren Bauern mit ihren Traktoren
und Erntemaschinen gegen die zu erwartenden Verschlechterun-
gen ihrer Situation durch die schnelle Währungsunion und die damit verbundene Öffnung zum EG-Markt. In fünf Bezirken werden für mehrere Stunden die Fernverkehrsstraßen blockiert.

Montag, 30. April

Der Ausreisestrom in die Bundesrepublik hält trotz der angekündigten Währungsunion an, nimmt sogar wieder leicht zu. In der vergangenen Woche haben sich 4 282 Übersiedler von westdeutschen
Behörden registrieren lassen. Die Gesamtzahl der ausgereisten
DDR-Bürger seit Jahresbeginn hat sich somit auf 174 865 erhöht.

Die Präsidien des Deutschen Bundestages und der DDR-Volkskammer treffen in Berlin zu einer ersten offiziellen Begegnung
und Beratung zusammen, zunächst in der Volkskammer und danach im Reichstagsgebäude. Sie verabschieden eine gemeinsame
Erklärung, in der es heißt:

„Von deutschem Boden darf nie wieder Krieg ausgehen. Alle
Nachbarn sollen sich ihrer Grenzen sicher sein. In diesem Sinne vertreten die Präsidien die Auffassung, daß eine textgleiche
Garantie der polnischen Westgrenze auf der Grundlage der Entschließung des Deutschen Bundestages vom 8. Mai 1990 und der
Erklärung der Volkskammer der DDR vom 12. April 1990 unverzüglich vorzubereiten ist. (...)

Die Mitglieder beider Präsidien stimmen darin überein, daß der
Deutsche Bundestag und die Volkskammer der DDR den Weg zur

deutschen Einheit mitzugestalten haben. Die Parlamente, als die gewählten Vertretungen des souveränen Volkes, tragen eine besondere Verantwortung im deutschen Einigungsprozeß. Die Parlamente sind der Ort der Willensbildung und Entscheidungsfindung. Die nun zu treffenden weitreichenden und grundlegenden Beschlüsse für die Zukunft unseres Volkes bedürfen der gründlichen parlamentarischen Beratung. Dies ist die Stunde der Parlamente."

Mai 1990

Dienstag, 1. Mai

Kurz vor einer endgültigen Entscheidung über die Modalitäten der Währungsunion meldet sich der Parlamentarische Staatssekretär im innerdeutschen Ministerium Ottfried Hennig (CDU) mit dem Vorschlag zu Wort, die Sparguthaben „gestaffelt" umzustellen. Er hoffe, daß die Bundesregierung einen Vorschlag der DDR-Regierung übernimmt, wonach ältere Bürger mehr als 4 000 Mark und Kinder bis zu 14 Jahren einen geringeren Betrag in D-Mark wechseln dürfen, meint Hennig gegenüber der Tageszeitung „Die Welt".

Spekulationen gibt es auch über vorgezogene gesamtdeutsche Wahlen. Das Bundespresseamt in Bonn dementiert einen Bericht des „Stern", wonach Bundeskanzler Kohl dies favorisiere, weil dann noch nicht sichtbar sei, „was die Währungsunion hüben und drüben dem Volk wirklich an Opfern abverlangt".

Mittwoch, 2. Mai

Der Beschluß zur Währungsunion zwischen der DDR und der Bundesrepublik zum 1. Juli 1990 wird in Bonn veröffentlicht, womit die vielfältigen Spekulationen ein Ende finden. Über die wesentlichen Punkte der Währungsumstellung haben beide Seiten damit Einigkeit erzielt. Wörtlich heißt es:

„1. Es ist vorgesehen, die Währungsumstellung nach Inkrafttreten des Staatsvertrages zum 1. Juli 1990 vorzunehmen.

2. Löhne, Gehälter, Stipendien, Mieten, Pachten und Renten sowie andere wiederkehrende Versorgungszahlungen (z.B. Unterhaltszahlungen) werden im Verhältnis 1:1 umgestellt. Bei Löhnen und Gehältern werden die Bruttobeträge vom 1. Mai 1990 zugrunde gelegt.

3. Das Rentensystem in der DDR wird dem Rentensystem in der Bundesrepublik Deutschland angepaßt. Das bedeutet, daß die

meisten Renten in D-Mark höher liegen werden als heute in Mark der DDR. Sofern sich in Einzelfällen ein niedrigerer Betrag gegenüber der bisherigen Rente in Mark der DDR ergibt, wird sichergestellt, daß der bisherige Rentenbetrag in D-Mark gezahlt wird.

4. Durch in der Deutschen Demokratischen Republik zu schaffende rechtliche Regelungen werden insbesondere sich für Bezieher niedriger Renten und für Studenten ergebende soziale Härten ausgeglichen. Die DDR wird dies im Rahmen ihrer finanziellen Eigenverantwortung und unter Beachtung ihrer gesamten Finanzlage regeln.

5. Sonstige Forderungen und Verbindlichkeiten werden grundsätzlich im Verhältnis 2:1 umgestellt.

6. Personen mit ständigem Wohnsitz in der Deutschen Demokratischen Republik können im Verhältnis 1:1 folgende Beträge pro Kopf (Bargeld und Bankguthaben) tauschen:

- Kinder bis zum vollendeten 14. Lebensjahr 2 000 Mark,
- Personen im Alter vom 15. bis zum vollendeten 59. Lebensjahr 4 000 Mark,
- Personen ab dem 60. Lebensjahr 6 000 Mark.

Darüber hinausgehende Beträge werden 2:1 umgestellt, vorbehaltlich Ziff. 9.

Nach einer Bestandsaufnahme des volkseigenen Vermögens und seiner Ertragsfähigkeit sowie nach seiner vorrangigen Nutzung für die Strukturanpassung der volkseigenen Unternehmen und für die Sanierung des Staatshaushalts wird die Deutsche Demokratische Republik nach Möglichkeit vorsehen, daß den Sparern zu einem späteren Zeitpunkt für den bei der Umstellung 2:1 reduzierten Betrag ein verbrieftes Anteilsrecht am volkseigenen Vermögen eingeräumt werden kann.

7. Guthaben von natürlichen oder juristischen Personen oder Stellen, deren ständiger Wohnsitz oder Sitz sich außerhalb der Deutschen Demokratischen Republik befinden, werden 3:1 umgestellt, soweit die Guthaben nach dem 31. Dezember 1989 entstanden sind.

8. Der Umtausch ist nur möglich über Konten bei Geldinstitu-

ten in der Deutschen Demokratischen Republik, auf die auch die umzustellenden Bargeldbeträge einzuzahlen sind.

9. Es werden geeignete Vorkehrungen getroffen, um Umgehungen und Mißbräuche zu unterbinden, z.b. durch die Festlegung von Stichtagen.

10. Der seit dem 01. Januar 1990 geltende Umtauschkurs von D-Mark in Mark der DDR von 1:3 beträgt ab sofort 1:2.

11. Die Bedingungen der Währungsumstellung sind vereinbart. In den folgenden Gesprächen werden weitere Einzelheiten des beabsichtigten Staatsvertrages geklärt.

12. Verpflichtungen der DDR gegenüber anderen Staaten genießen Vertrauensschutz."

Donnerstag, 3. Mai

In Anbetracht des zu erwartenden Anstiegs der Arbeitslosigkeit nach der Währungsunion sagt die Nürnberger Bundesanstalt für Arbeit der DDR Unterstützung beim Aufbau von 38 Arbeitsämtern mit 161 Nebenstellen zu. Das teilt die Ministerin für Arbeit und Soziales der DDR, Regine Hildebrandt, mit.

Die Proteste der Bauern und der Bevölkerung angesichts der bevorstehenden Agrarimportflut aus der BRD haben gewirkt. Der Ministerrat der DDR beschließt wichtige Maßnahmen zur sofortigen Lösung von Vermarktungs- und Absatzproblemen und zum Abbau von Überschüssen in der Land- und Nahrungsgüterwirtschaft sowie zum Schutz des Nahrungsmittelinlandmarktes der DDR.

Freitag, 4. Mai

Die sowjetische Führung lehnt die NATO-Mitgliedschaft eines vereinigten Deutschland weiterhin ab und befürwortet eine bündnisfreie Lösung, will sich aber einem Kompromiß nicht verschließen. Dies erklärt Außenminister Eduard Schewardnadse nach seiner Ankunft zu der in Bonn stattfindenden Ministerkonferenz über die Zukunft Deutschlands.

Die SPD-Minister im DDR-Kabinett legen einen Alternativentwurf für den Staatsvertrag zur Währungs-, Wirtschafts- und Sozialunion vor. Er unterscheidet sich von dem bisher bekannten Bonner Entwurf in wesentlichen Passagen und auch von den schon beschlossenen Eckpunkten zur Währungsumstellung. Dies betrifft vor allem die soziale Absicherung der DDR-Bürger. SPD-Fraktionschef Schröder sieht zwar noch keinen Anlaß, die Koalition zu verlassen, kündigt aber für den Fall eines Verhandlungsergebnisses, das die SPD politisch nicht verantworten könne, „Krach" an.

Auf die erheblichen sozialen Auswirkungen der vorgesehenen Halbierung der Sparguthaben aus Lebensversicherungen weist die Staatliche Versicherung der DDR hin. Da die durchschnittliche Versicherungssumme 3 600 Mark beträgt, würden vor allem die elf Millionen kleinen Sparer zur Kasse gebeten. Der für eine Umstellung zum Kurs 1:1 nötige finanzielle Aufwand beliefe sich auf jährlich rund zwei Milliarden D-Mark, was die Stabilität der D-Mark keineswegs gefährden würde.

Gegen den am 1. Mai verhängten Lohnstopp protestieren die im Dachverband FDGB organisierten Gewerkschaften. Sie fordern statt dessen eine Anhebung der durchschnittlichen Nettolöhne um 50 Prozent mit Einführung der Währungsunion. Damit würden die Löhne und Gehälter schrittweise an das BRD-Lohnniveau angeglichen, was dem Prinzip der Sozialunion entspräche.

Samstag, 5. Mai

Bundesaußenminister Genscher eröffnet in Bonn die erste Ministerrunde der Zwei-plus-Vier-Konferenzen. Teilnehmer sind die Außenminister der beiden deutschen Staaten, der USA, der Sowjetunion, Frankreichs und Großbritanniens. Zentrales Thema dieser ersten Runde ist die Frage der Bündniszugehörigkeit eines vereinten Deutschland. Genscher macht deutlich, daß sich die Deutschen weiterhin den Zielen der NATO verpflichtet fühlen.

Neben Genscher sitzt bei den eintägigen Beratungen DDR-

Außenminister Markus Meckel am Tisch. Die vier Mächte werden vertreten durch James Baker (USA), Roland Dumas (Frankreich), Douglas Hurd (Großbritannien) und Eduard Schewardnadse (UdSSR).

Seit dem Zweiten Weltkrieg haben die vier Siegermächte in einer ganzen Reihe von Konferenzen erfolglos versucht, die deutsche Frage – etwa mit einer friedensvertraglichen Regelung – auf Dauer zu lösen. Nur ein einziges Mal war dabei den Deutschen aus Ost und West die Teilnahme gestattet: 1959 saßen der damalige Bundesaußenminister Heinrich von Brentano und sein DDR-Kollege Lothar Bolz in Genf am „Katzentisch".

Im Sommer 1945 war während der Potsdamer Konferenz vom britischen Premierminister Churchill, dem amerikanischen Präsident Truman und dem sowjetischen Parteichef Stalin beschlossen worden, daß die endgültige Festlegung der Grenzen Deutschlands in einem gesonderten Friedensvertrag erfolgen solle. Da sich jedoch bald unterschiedliche Interessen herausbildeten, scheiterte die Außenministerkonferenz der Siegermächte 1946 in London. Auch die folgende Außenministerkonferenz in Moskau im Frühjahr 1947 blieb ohne Ergebnis in Hinblick auf einen deutschen Friedensvertrag. Im März 1948 stellte der Alliierte Kontrollrat seine Arbeit ein. Aufgrund der fehlenden Einigung gaben die Westalliierten sowie die Sowjetunion Schritt für Schritt den gesamtdeutschen Ansatz auf. Schließlich wurden 1949 die Bundesrepublik und die DDR gegründet. Beide Staaten verstanden sich als Staatskern für Gesamtdeutschland. Die vier Großmächte behielten die oberste Gewalt in dem weiterhin der Militärregierung direkt unterstellten Berlin (Vier-Mächte-Status) und in Deutschland als Ganzem. Mit ihren Vorbehaltsrechten – etwa zur Truppenstationierung – wollten die Alliierten vor allem gewährleisten, daß Deutschland nie wieder zu einer Gefahr für den Weltfrieden werden kann. In den folgenden Jahrzehnten kam es zu weiteren erfolglosen Treffen der Außenminister oder Regierungschefs der vier Siegermächte zur deutschen Frage. So endete eine Konferenz 1954 ohne Ergebnis, ebenso die Genfer Gipfelkonferenz 1955, die allerdings ausdrücklich am Ziel der Wiedervereinigung festhielt. 1959 trafen

Kleinstadt-Wahlkampf im Vorfeld der Kommunalwahlen am 6. Mai

die Außenminister der Vier Mächte unter Teilnahme der Delegationen beider deutscher Staaten in Genf zusammen – und gingen ohne Einigung wieder auseinander. Die UdSSR hatte in Genf Neutralitätsforderungen vorgetragen. 1960 wurde eine Gipfelkonferenz in Paris abgesagt, nachdem ein amerikanisches Aufklärungsflugzeug über der Sowjetunion abgeschossen worden war. Die Verhandlungen der Siegermächte über Berlin hatten dagegen Erfolg: 1971 unterzeichneten die Westmächte und die UdSSR das Vier-Mächte-Abkommen über Berlin, in dem der freie Personen- und Güterverkehr sowie die Bindungen zwischen der Bundesrepublik und West-Berlin garantiert wurde. Anschließend trafen die Vier Mächte über einen Zeitraum von 18 Jahren nicht mehr zusammen. Erst die von den Westmächten gestartete Berlin-Initiative führte im Dezember 1989 zu einer Zusammenkunft der Botschafter der vier Siegermächte im Gebäude des ehemaligen Alliierten Kontrollrats in Berlin.

Auf Einladung von DDR-Innenminister Diestel kommen die Innenminister und -senatoren der Bundesländer erstmals zu einer gemeinsamen Konferenz in Ost-Berlin zusammen. Gesprächsthemen sind die enge Zusammenarbeit zwischen den Bundesländern und den künftigen Ländern der DDR sowie Hilfe beim Ausbau der Kommunikationswege und Ausstattung der Polizei und Zusammenarbeit bei der Terrorismusbekämpfung.

Sonntag, 6. Mai

Bei der ersten freien Kommunalwahl in der DDR wird die CDU erneut stärkste Partei. Gegenüber der Volkskammerwahl vom 18. März 1990 erleidet sie jedoch spürbare Verluste. Zweitstärkste Kraft bleibt die SPD vor der PDS. Bei einer Wahlbeteiligung von 75 Prozent gibt es folgendes Ergebnis: CDU 34,4 %, SPD 21,3%, PDS 14,6 %, BFD 6,7%, DBD 3,7 %, DSU 3,4 %, Neues Forum 2,4 %, Bauernverband 2,0 %, Demokratischer Frauenbund 1,2 %, übrige 10,4 %.

Die Außenminister der vier Siegermächte und ihre beiden Amtskollegen aus der Bundesrepublik und der DDR verständigen sich auf ihrem ersten Treffen im Rahmen der Zwei-plus-Vier-Gespräche in Bonn auf einen Kompromiß über die künftige Bündniszugehörigkeit Gesamtdeutschlands. Das entscheidende Signal kommt von sowjetischer Seite. Schewardnadse schlägt eine zeitliche Entkopplung beim inneren und äußeren Vollzug der deutschen Einheit vor. Von westlicher Seite, die bisher auf parallele Vereinbarungen bei der inneren und äußeren Einheit gedrängt hatte, wird dieser überraschende Vorstoß begrüßt.

Der sowjetische Außenminister erklärt auf der Abschlußpressekonferenz: „Der Kalte Krieg ist vorbei. Die Welt und Europa treten in eine neue Phase des Friedens ein." Bundesaußenminister Hans-Dietrich Genscher spricht von einem „für uns Deutsche bewegenden Tag". Für seinen Ost-Berliner Amtskollegen Markus Meckel ist der 5. Mai 1990 ein „großer Tag für Deutschland und Europa". „Ein vereintes Europa kann nicht leben ohne die Gesundheit und Stärke Deutschlands", sagt der britische Außenminister Douglas Hurd zum Abschluß der Pressekonferenz. Es ist ein historisches Zitat, so alt wie die beiden deutschen Staaten: es stammt von Englands Kriegspremier Winston Churchill.

Montag, 7. Mai

Der Entwurf zum Staatsvertrag zwischen der DDR und der BRD löst in der SPD-Basis Unmut aus, die immer stärker ein Verlassen der Großen Koalition fordert. Der Parteivorstand entschließt sich daher nach sechsstündigen Beratungen, die sofortige Einberufung des Koalitionsausschusses der DDR-Regierungsparteien zu verlangen, um über Nachbesserungen zu verhandeln.

Lange Warteschlangen bilden sich vor den Versicherungsbüros in fast allen Städten der DDR. Wie die Pressestelle der Staatlichen Versicherung mitteilt, versuchten Tausende Bürger Sparguthaben aus Lebensversicherungen vorzeitig zurückzukaufen. Grund dafür sei die Ankündigung, diese Guthaben bei der Währungsunion nur im Verhältnis 2:1 umzustellen. Die Staatliche Versicherung habe sich bereits an die Volkskammer und deren Fraktionen gewandt, um möglichst eine Veränderung zu erreichen.

Dienstag, 8. Mai

Die DDR und die EG unterzeichnen in Brüssel ein Handels- und Kooperationsabkommen. Die EG-Außenminister erklären ihre Absicht, die Visumpflicht für DDR-Bürger bei Reisen in EG-Staaten zum 1. Juli aufzuheben, da am gleichen Tag auch die innerdeutschen Grenzkontrollen entfallen sollen.

Mittwoch, 9. Mai

Der Vorstand der Einheitsgewerkschaft FDGB gibt dem immer größer werdenden Druck nach und beschließt angesichts einer bevorstehenden Spaltung die Auflösung. Die gewerkschaftliche Interessenvertretung gegenüber der Regierung soll übergangsweise von einem dreiköpfigen Sprecherrat wahrgenommen werden. Künftig sollen sich die einzelnen Industriegewerkschaften im DGB organisieren.

Die Situation in den Versicherungsinstituten verschärft sich. Wie der amtierende Generaldirektor der Staatlichen Versicherung, Dr. Günter Ullrich, berichtet, sei in jüngster Zeit eine Kündigungswelle losgebrochen, da insgesamt elf Millionen Lebensversicherungen mit einem Sparguthaben von fast 18,0 Milliarden Mark von der geplanten 2:1-Umbewertung betroffen seien.

Donnerstag, 10. Mai

Eine Welle von Warnstreiks und Demonstrationen gegen mögliche negative Auswirkungen des Staatsvertrages beginnt. Zehntausende Bauern und Textilarbeiter legen kurzfristig die Arbeit nieder. Gefordert werden ein Schutz des Binnenmarktes und Tarifverhandlungen über höhere Einkommen, da sich zum 1. Juli Preise und Gebühren erhöhen werden.

Der Parlamentarische Staatssekretär Dr. Günther Krause (CDU) zeichnet in einer Aktuellen Stunde der Volkskammer in Berlin ein äußerst düsteres Bild der DDR-Wirtschaft. Danach arbeiten mehr als die Hälfte der einheimischen Betriebe mit Verlu-

Schlagabtausch von Koalitionskollegen in der Volkskammer: Finanzminister Romberg (SPD) kritisiert Staatssekretär Krause (CDU) für die Verhandlungsergebnisse zum Staatsvertrag mit der Bundesrepublik

Bürgerrechtler Wolfgang Templin (Initiative Frieden und Menschenrechte), Mitarbeiter der Volkskammerfraktion von Bündnis 90/Grüne, tritt für eine neue Verfassung ein

sten, 14 Prozent seien konkursgefährdet. Bis Ende nächsten Jahres werde die Verschuldung des Landes auf 120 Milliarden Mark anwachsen. Verwundert nimmt Finanzminister Romberg (SPD) diese Zahlen zur Kenntnis und fragt nach deren Ursprung, da sie ihm nicht bekannt seien. Daraufhin kommt es zu tumultartigen Szenen im Parlament. Romberg kritisiert den von Krause ausgehandelten Staatsvertrag in seiner bisherigen Form, da er nach seiner Schätzung etwa 1,5 Millionen Arbeitslose zur Folge haben werde.

Die DDR wird noch vor der Sommerpause das Baurecht der Bundesrepublik weitgehend übernehmen. Darauf einigen sich DDR-Bauminister Axel Viehweger und seine Amtskollegin Gerda Hasselfeldt (CSU) bei ihrem dritten Treffen in Bonn.

Freitag, 11. Mai

In Bonn konstituiert sich der Bundestagsausschuß Deutsche Einheit und nimmt seine Arbeit auf. Der Ausschuß soll den deutsch-deutschen Einigungsprozeß parlamentarisch begleiten.

Samstag / Sonntag, 12. / 13. Mai

Die deutsch-deutsche Expertenkommission einigt sich in Bonn nach rund 30stündigen Verhandlungen auf einen Entwurf für den Staatsvertrag über die Wirtschafts-, Währungs- und Sozialunion. Über den genauen Inhalt und den Grad der Überarbeitung werden keine Angaben gemacht. Strittige Punkte wie der Erwerb von Grund und Boden durch Bundesbürger in der DDR und Agrarfragen sind ausgeklammert worden. Ein von der DDR vorgeschlagener separater Vertrag über Eigentumsfragen wird von Bonner Seite abgelehnt.

Die beiden Programme des Deutschen Fernsehfunks sollen künftig nicht mehr selbständig bestehen, sondern in ARD und ZDF aufgehen, heißt es in einem internen Bonner Papier zur Neustrukturierung von Rundfunk und Fernsehen in einem vereinigten Deutschland. Danach sollen sich wie in der Bundesrepublik auch

224

auf dem Gebiet der ehemaligen DDR öffentlich-rechtliche und private Rundfunk- und TV-Veranstalter um die Gunst des Publikums bemühen, wozu in den Ländern eigenständige öffentlich-rechtliche Anstalten entstehen sollen.

Montag, 14. Mai

DDR-Ministerpräsident Lothar de Maizière und Bundeskanzler Helmut Kohl treffen in West-Berlin im Gästehaus der Bundesregierung zusammen, um über Konsequenzen aus dem am Wochenende in der deutsch-deutschen Expertenkommission fertiggestellten Entwurf eines Staatsvertrages zu beraten. Dabei wird der 1. Juli als Termin für die Wirtschafts-, Währungs- und Sozialunion noch einmal bekräftigt.

Gleichzeitig wird bekannt, daß die Finanzierung des Staatsvertrages zwischen der DDR und der BRD noch immer nicht vollständig geklärt ist. Bundesfinanzminister Theo Waigel (CSU) und sein DDR-Amtskollege Walter Romberg (SPD) verhandeln in Berlin weiterhin über die noch offenen Fragen.

Die Initiative Mieterbund der DDR fordert eine Festschreibung der Eigentumsrechte von DDR-Bürgern an Grund und Boden im deutsch-deutschen Staatsvertrag. Ein Sprecher der Initiative meint, wenn mit der Eigentumsfrage ein wesentlicher Punkt im Vertrag ausgeklammert werde, dann sei der ganze Vertrag nichts wert. Der Mieterschutzbund fordert, daß ehemalige Eigentümer von Grundstücken in der DDR vom Staat entschädigt, die bisherigen Nutzer aber nicht vertrieben werden sollen. Nach Angaben des Verbandes sind rund eine Million Bundesbürger frühere Eigentümer von DDR-Grundstücken, wovon rund drei bis vier Millionen DDR-Bürger im Falle einer Rückübertragung betroffen wären.

Der designierte niedersächsische Ministerpräsident Gerhard Schröder (SPD) plädiert für einen Volksentscheid über die Verfassung eines gesamtdeutschen Staates. In der ZDF-Sendung „Was nun?" meint er, es solle jene Generation mitentscheiden, „die mit der neuen Verfassung leben muß und soll".

Dienstag, 15. Mai

Nach einer abschließenden Beratung der Bonner Regierungskoalition über den Staatsvertrag zur Wirtschafts-, Währungs- und Sozialunion mit der DDR erklärt Kanzler Kohl, daß noch in diesem Jahr gesamtdeutsche Wahlen stattfinden sollen, um der wirtschaftlichen auch die politische Vereinigung folgen zu lassen. Zugleich übt Kohl ungewöhnlich scharfe Kritik an DDR-Finanzminister Romberg, weil dieser die Finanzlage der DDR bisher nicht hinreichend offengelegt habe.

In der DDR-Regierung wächst derweil Widerstand gegen einen frühen Termin für gesamtdeutsche Wahlen. Innenminister Peter-Michael Diestel (DSU), Außenminister Markus Meckel (SPD) und Premier de Maizière sprechen sich dafür aus, zunächst die Landtagswahlen zu bewältigen, die am 2. Dezember, dem Tag der BRD-Bundestagswahlen, stattfinden sollen. Erst danach könne man an gemeinsame Bundestagswahlen denken.

Geplant ist, daß es ab 1. Januar 1991 wieder fünf Länder geben soll, erklärt der Minister für Regionale und Kommunale Angelegenheiten, Manfred Preiß (BFD). In dem Gesetzentwurf spricht sich die Regierung für die Bildung der fünf Länder Mecklenburg-Vorpommern, Brandenburg, Sachsen-Anhalt, Sachsen und Thüringen aus, die mit geringen Abweichungen der Ländergliederung vor 1952 entsprechen. Über die künftige Stellung des Landes Berlin als eigenes Bundesland oder als Bestandteil eines Landes Berlin-Brandenburg soll erst im Zuge des Vereinigungsprozesses endgültig entschieden werden. Über die künftigen Landeshauptstädte und die Regierungsbezirke entscheiden die Länder selbst.

Nach Auffassung des PDS-Vorsitzenden Gregor Gysi verläuft der deutsch-deutsche Einigungsprozeß zu schnell. Er werde aus parteipolitischen Interessen künstlich forciert. Der jüngste Entwurf des Staatsvertrages lasse zwar bestimmte Nachbesserungen erkennen, das Prinzip der Unterordnung der DDR unter die gesamte Wirtschafts-, Sozial- und Währungshoheit einschließlich der Rechtsordnung der BRD sei aber beibehalten worden. Die Eigentums- und Nutzungsrechte ungeregelt zu lassen, sei unverantwortlich.

Mittwoch, 16. Mai

Bund und Länder einigen sich endgültig auf ein gemeinsames Finanzierungsmodell für den Vereinigungsprozeß und beschließen die Gründung eines Fonds Deutsche Einheit, der 115 Milliarden Mark umfaßt. Davon erhält die DDR in der zweiten Hälfte des Jahres 22 Milliarden und im nächsten Jahr 35 Milliarden; für die Folgejahre sind 28 Milliarden, 20 Milliarden und 10 Milliarden Mark vorgesehen. Durch die Bildung dieses Sondervermögens werden die Haushalte von Bund und Ländern nur in Höhe des Schuldendienstes belastet. Aus dem Fonds sollen die Defizite des DDR-Haushaltes mitfinanziert werden. Dabei ist vorgesehen, daß die DDR selbst jährlich ein Drittel durch Kreditaufnahme aufbringt.

Insgesamt 20 Milliarden Mark will der Bund an Einsparungen bei den Kosten der deutschen Teilung bis einschließlich 1994 aufbringen, die verbleibenden 95 Milliarden sollen als Kredite am Kapitalmarkt aufgenommen werden. Davon müssen Bund und Länder (einschließlich Gemeinden) jeweils die Hälfte der Zins- und Tilgungslasten tragen. Bei zehnprozentigem Rückzahlungslauf erwarten Bund und Länder je nach Zinsentwicklung eine Laufzeit für Tilgung und Zinsen zwischen 20 und 30 Jahren. In Frankfurter Bankerkreisen werden die genannten Summen gelassen aufgenommen.

Der DDR-Ministerrat ermächtigt Finanzminister Walter Romberg (SPD) und den Präsidenten der Staatsbank, zur Sicherung des Haushalts bis zum 30. Juni einen Kassenkredit in Höhe von 15 Milliarden Mark aufzunehmen.

Bei 495 DM wird nach dem 1. Juli die unterste Einkommensgrenze für Rentner und Sozialhilfeempfänger liegen. Staatssekretär Günther Krause bezeichnet diesen Beitrag als „über den Nachbesserungswünschen verschiedener Parteien" liegend. Insgesamt zeigt sich Krause zufrieden mit den Ergebnissen der Staaatsvertragsverhandlungen. Er rechne fest damit, daß der Vertrag die notwendige Zweidrittelmehrheit in der Volkskammer finden werde.

227

Der Wirtschaftsberater der DDR-Regierung, Elmar Pieroth, verweist darauf, daß es zahlreicher Einzelregelungen bedürfe, um die Existenz kleiner selbständiger DDR-Einzelhändler nach dem 1. Juli vor dem Zugriff aus dem Westen zu schützen. Die Gründung neuer Einzelhandelsunternehmen müsse abgesichert werden, erklärt der Bundesvorsitzende der CDU/CSU-Mittelstandsvereinigung. Aus diesem Grunde habe er der DDR-Regierung vorgeschlagen, die Beteiligung von westdeutschen Großkonzernen an Einzelhandelsunternehmen in der DDR vorläufig auf fünf Prozent zu beschränken.

Immer mehr Bundesbürger erheben Forderungen nach Rückgabe ihrer Häuser in der DDR und wenden sich an den Petitionsausschuß des Bundestages und das Bundesjustizministerium, um ihre Ansprüche bei dem noch auszuhandelnden Vertrag über Eigentums- und Rechtsprobleme berücksichtigen zu lassen. Dies betrifft auch Häuser und Grundstücke, die ehemalige DDR-Bürger nach legaler oder illegaler Ausreise zurückgelassen haben.

Bei der Vorstellung eines Gesetzes zur weiteren Auflösung des MfS/AfNS spricht sich Innenminister Peter-Michael Diestel gegen eine Öffnung der Stasi-Akten aus. Er verstehe zwar, daß die Betroffenen Einsicht verlangten, doch könne man dies nicht zulassen. Es gebe Fälle, da enthielten die Akten über 50 000 Detailinformationen, die teilweise nur von vertrauten Personen stammen könnten. Eine Einsichtnahme würde nur weiteren Haß in der Bevölkerung schüren.

Ferner teilt Diestel mit, daß er den früheren Spionagechef der Stasi, Markus Wolf, gebeten habe, „mit seinen Fähigkeiten und Kenntnissen" der Regierung zur Verfügung zu stehen. Wolf weist das Angebot, das große Empörung in der Öffentlichkeit auslöst, jedoch zurück.

Donnerstag, 17. Mai

Bundesfinanzminister Waigel und sein DDR-Kollege Romberg beraten in Bonn das strittige Zahlenwerk über die Defizite im DDR-Staatshaushalt und über Wege zu deren Deckung. In einem zweistündigen Gespräch beseitigen die Minister die letzte Hürde für die Unterzeichnung des Staatsvertrages. Danach hat der DDR-Haushalt in der zweiten Hälfte dieses Jahres einen ungedeckten Finanzbedarf von 33 Milliarden und im gesamten Jahr 1991 von 53 Milliarden Mark. Einigkeit wird auch darüber erzielt, daß die Ost-Berliner Treuhandgesellschaft für das DDR-Vermögen umorganisiert werde. Erlöse aus dem Verkauf von Staatseigentum sollen künftig zur Finanzierung des Haushalts verwendet werden. Im Vorgriff auf diese Erlöse könne Ost-Berlin in diesem Jahr sieben und im nächsten Jahr zehn Milliarden Mark Kredite aufnehmen. Dieses Geld solle zur Sanierung von DDR-Unternehmen verwendet werden.

Auf der 7. Tagung der Volkskammer werden zahlreiche Verfassungsänderungen diskutiert, die im Zusammenhang mit dem Staatsvertrag notwendig werden. Danach bekennt sich die DDR zur „freiheitlichen, demokratischen, föderativen, rechtsstaatlichen und sozialen Grundordnung". Das bedeutet, daß alle Regelungen, die zur Einhaltung der sozialistischen Gesetzlichkeit verpflichten, nicht mehr angewandt werden. Die jetzt beabsichtigten Änderungen brechen mehrere Grundpfeiler aus dem bisherigen Verfassungsgebilde der Jahre 1968 und 1974 heraus. Wolfgang Ullmann vom Bündnis 90 spricht in diesem Zusammenhang vom „Nebel unverbindlicher Deklarationen, denen die Unehrlichkeit ins Gesicht geschrieben" stehe. Er schlägt statt dessen vor, den Verfassungsentwurf des Runden Tisches zu behandeln. Dies fordern auch Mitglieder der ehemaligen Arbeitsgruppe „Neue Verfassung der DDR". Da die Mehrheit der Volkskammer den Verfassungsentwurf des Zentralen Runden Tisches einfach zur Seite schieben wolle, schlagen sie eine nationale Unterschriftenkampagne vor, um die Behandlung doch noch zu erzwingen.

Freitag, 18. Mai

Mit der feierlichen Unterzeichnung des Staatsvertrags zur Wirtschafts-, Währungs- und Sozialunion in Bonn durch die Finanzminister Waigel und Romberg wird der erste entscheidende

Schritt zur staatlichen Einheit vollzogen. Bundeskanzler Kohl bezeichnet diesen Schritt als „Geburtsstunde eines freien und einigen Deutschland". Nach dem Vertrag gibt die DDR die Hoheit über die Finanz- und Geldpolitik ab. Die Bundesrepublik gewährt dafür Zuschüsse zum Staatshaushalt der DDR und subventioniert den Aufbau der Renten-, Kranken- und Arbeitslosenversicherung. Die DDR übernimmt zahlreiche bundesdeutsche Bestimmungen, Gesetze und Verordnungen, darunter die Normen zur Vertragsfreiheit, Tarifautonomie, Koalitionsfreiheit, Betriebsverfassung, Kündigungsschutz, Gewerbeniederlassungs- und Berufsfreiheit.

Die bundesdeutsche SPD kritisiert die soziale Unverträglichkeit des Vertrages und macht entsprechend einem Beschluß des Parteivorstands vom 21. Mai 1990 ihre Zustimmung im Bundestag von wesentlichen Änderungen und Nachbesserungen abhängig.

Die DDR-Regierung hebt die Visumpflicht für Besucher aus den Benelux-Staaten und Frankreich auf und erläßt zugleich sofortige Einreisebeschränkungen für Besucher aus Rumänien und anderen osteuropäischen Staaten, nachdem es in den Wochen zuvor zu einem verstärken Zustrom von Sinti und Roma gekommen war.

Im Ost-Berliner „Hotel Berlin" wird das erste Spielkasino in der DDR als deutsch-deutsches Gemeinschaftunternehmen eröffnet.

Samstag/Sonntag, 19./20. Mai

Der am Vortag unterzeichnete Staatsvertrag wird in Polen positiv aufgenommen. Die Regierungszeitung „Rzeczpospolita" schreibt hierzu: „Das unterzeichnete Dokument ist nicht nur symbolisch, sondern sehr konkret. Politisch bedeutet es, daß es von der Einheit Deutschlands kein Zurück mehr gibt. Wirtschaftlich bedeutet der Staatsvertrag, daß die DDR einen so günstigen Startpunkt für gründliche Reformen erhält wie kein anderes Land Osteuropas." In der Tageszeitung der Nachfolgeorganisation der Kommunisten, „Trybuna", heißt es zum selben Thema: „Nach 45 Jahren ist es den Deutschen aus eigener Kraft gelungen, eines der wichtigsten Ergebnisse der Niederlage des Dritten Reiches von 1945 rückgängig zu machen. Sie führen jetzt die nationale und staatliche Einheit wieder herbei."

Der Minister für Abrüstung und Verteidigung, Rainer Eppelmann (DA), wendet sich gegen eine zu rasche Vereinigung der beiden deutschen Staaten. „Der Prozeß der deutschen Vereinigung soll ein Prozeß sein, der die europäische Vereinigung befruchtet, nicht aber behindert und erschwert. Darum könnte ich mir als Etappenende etwa 1992 vorstellen", sagt Eppelmann in einem Gespräch für die „Neue Westfälische Zeitung". Viele bundesdeutsche Politiker überzögen jedoch das Tempo, weil sie offensichtlich befürchteten, daß sich die Zeit des sowjetischen Staatspräsidenten Gorbatschow dem Ende zuneige und sich damit die günstige außenpolitische Konstellation verschlechtern könne.

Montag, 21. Mai

Der SPD-Bundesvorstand beschließt in Bonn, dem Staatsvertrag in der vorliegenden Fassung nicht zuzustimmen, da die abrupte Einführung der D-Mark ohne eine notwendige Anpassung für die DDR-Betriebe erfolge. Außerdem solle das Vermögen der SED und der Blockparteien für die Allgemeinheit nutzbar gemacht und eine „Umweltunion" geschaffen werden. Damit begibt sich die Bundes-SPD in offenen Gegensatz zur DDR-SPD, die den Vertrag mitträgt.

Die Volkskammer berät in Berlin den Staatsvertrag zur Schaffung einer Wirtschafts-, Währungs- und Sozialunion zwischen der DDR und der BRD. Sämtliche in der Großen Koalition vertretenen Parteien geben dem Vertrag, dem Gemeinsamen Protokoll sowie den Anlagen ihre Zustimmung.

Die Mehrheit der Bürger in der DDR und der Bundesrepublik befürchtet nach einer Umfrage des ZDF von der Vereinigung zunächst mehr Nachteile als Vorteile. 56 Prozent der befragten Bundesbürger und 41 Prozent der DDR-Bürger äußerten die Erwartung, daß die Lasten überwiegen werden. Nur 12 Prozent in West und 17

Prozent in Ost versprachen sich kurzfristig mehr Vorteile von ihr.

Im neuen Sachsenring-Werk des IFA-Kombinats in Mosel bei Zwickau läuft der erste in der DDR montierte VW-Polo vom Band. Am selben Tag wird der dreimillionste Trabant gefertigt.

Dienstag, 22. Mai

Die Fraktion der DSU entzieht ihrem Minister Peter-Michael Diestel das Vertrauen und fordert ihn auf, sein Amt niederzulegen. Zuvor war bekannt geworden, daß innerhalb seines Ministeriums weiterhin 2 350 ehemalige Angehörige des aufgelösten Staatssicherheitsdienstes beschäftigt sind. Ministerpräsident de Maizière spricht Diestel aber das Vertrauen aus.

Mittwoch, 23. Mai

Mit der gemeinsamen Tagung der Ausschüsse Deutsche Einheit des Bundestages und der Volkskammer in Bonn beraten erstmals seit dem Ende der Weimarer Republik frei gewählte Parlamentarier aus ganz Deutschland zusammen eine Gesetzesvorlage. Von der Abgrenzung der beiden Staaten in Deutschland nach dem Zweiten Weltkrieg waren auch die beiden Parlamente in Ost und West betroffen. Der Bundestag lehnte es seit den 50er Jahren ab, direkte Kontakte aufzunehmen. Er verwies darauf, daß es sich bei der Volkskammer nur um ein Scheinparlament handele. Zahlreiche von der DDR im Zuge ihrer Anerkennungspolitik unterbreitete Gesprächsangebote stießen in der Bundeshauptstadt auf taube Ohren. Als 1952 eine Volkskammerdelegation in Bonn anreiste, um über die Wiedervereinigung zu sprechen, entzogen sich mehrere Mitglieder des Bundestagpräsidiums einer Unterredung. Der damalige Parlamentspräsident Hermann Ehlers (CDU) empfing die Abgesandten aus Ost-Berlin nur kurz am Rhein. Die damals nötige Aufenthaltsgenehmigung wurde der Delegation nicht verlängert. Von den im Bundestag vertretenen Parteien unterhielten vor allem die Freien Demokraten über die schwierigen Zeiten der Spaltung hinweg Kontakte zu den Liberaldemokraten

in der DDR. 1966 kam es im Zuge eines von Ost-Berlin vorgeschlagenen, später aber wieder abgesagten Redneraustausches zur
ersten öffentlichen innerdeutschen Diskussion in Bad Homburg
zwischen Vertretern beider Parlamente. Die Politik der kleinen
Schritte im Verlauf der Ostpolitik Willy Brandts führte auch zu
Kontakten zwischen SPD und SED. Gleichwohl hielt der Bundestag weiter Distanz zur Volkskammer. Auch als in den letzten
Jahren SPD, FDP und Grüne die Aufnahme offizieller Kontakte
zwischen den Parlamenten befürworteten, weigerten sich die von
der CDU/CSU-Mehrheit gestellten Präsidenten, darauf einzugehen. Philipp Jenninger lehnte es noch 1986 ab, Volkskammerpräsident Horst Sindermann in seinem Bundeshausbüro zu empfangen und verlegte ein Gespräch in seine Amtsvilla. Immerhin war
dies das erste Treffen zwischen den Präsidenten beider Parlamente. Die stürmische Entwicklung in Deutschland seit November 1989 spülte viele bis dahin geltende Vorbehalte und Status-
fragen hinweg. Bundestagspräsidentin Rita Süssmuth und
DDR-Volkskammerpräsidentin Sabine Bergmann-Pohl trafen
sich im April erstmals in Ost- und in West-Berlin.

Donnerstag, 24. Mai

Die DDR-Regierung beschließt Maßnahmen zum Schutz des Binnenmarktes sowie zur Absatzförderung für einheimische Produ-
zenten. Ab 1. Juli sollen Preisabgaben für importierte Erzeugnisse gezahlt werden, womit der starke Rückgang des Absatzes von
in der DDR produzierten Lebensmitteln abgefangen werden soll.
Zugleich erhofft sich die Regierung davon eine Sicherung von Ar-
beitsplätzen in der verarbeitenden Wirtschaft.

Freitag, 25. Mai

In Bonn wird bekannt, daß am 1. Juli mit dem Staatsvertrag nun
doch auch ein zusätzliches Umweltrahmengesetz in der DDR in
Kraft treten soll, das den Forderungen der SPD nach einer „Umweltunion" nahekomme. Danach müssen Neuanlagen in der DDR

nach dem strengen bundesdeutschen Umweltrecht gebaut und ältere Anlagen schrittweise umgerüstet werden.

Die Treuhandanstalt für das staatliche Eigentum in der DDR informiert darüber, daß sie innerhalb der nächsten zwei Jahre Anleihen bis zu 50 Milliarden D-Mark aufnehmen müsse, um Liquiditätsschwierigkeiten bei der Modernisierung der DDR-Industrie überbrücken zu können. Diese Mittel sollen vor allem mit Hilfe von Investoren aufgebracht werden.

Samstag / Sonntag, 26. / 27. Mai

Bundespräsident Richard von Weizsäcker spricht auf der Hauptkundgebung des 90. Deutschen Katholikentages in Berlin und erklärt: „Wir müssen aufpassen, daß sich mit der Freiheit nicht alte nationale und ethnische Gegensätze neu beleben. Es wäre ein schrecklicher Rückschritt, wenn Europäer wieder in den unseligen Nationalismus früherer Zeiten verfallen würden, der die anderen Völker verteufelt und Minderheiten unterdrückt hat. (...) Wir werden die Mauern, die in Berlin gefallen sind, nirgendwo wieder neu errichten, weder an der Elbe, noch an Oder und Neiße, noch an der Westgrenze der Sowjetunion. Es ist unser eigenes Interesse, ein europäisches Haus nicht ohne die Sowjetunion zu errichten. Für uns Deutsche geht es dabei nicht um nationale Neutralität, das wäre der falsche Denkansatz. Wir wollen uns weder ausklammern noch heraushalten, sondern unsere werdende Einheit als heilsamen Zwang zur blockübergreifenden aktiven Sicherheitskooperation verstehen. Alle sollen die Sicherheit finden, die sie brauchen, auch wir, auch die Sowjetunion, und zwar Schritt für Schritt in Strukturen gemeinsamer Sicherheit. (...)

Auch im vereinten Deutschland gilt es, regionale Rückstände zu überwinden. Denn es dürfen keine neuen Trennungen durch eine dauerhafte Kluft im Lebenszuschnitt entstehen. Jeder muß bei dieser Aufgabe mitwirken, ganz gewiß auch wir im Westen. Wäre denn unsere Zeit für uns wirklich eine große menschliche und historische Erfahrung, wenn sie uns so wenig bedeutete, daß sie uns nichts kosten dürfte?"

Montag, 28. Mai

Beide deutsche Regierungen sind sich offensichtlich einig, keine Veränderungen oder Nachbesserungen am Staatsvertrag mehr vorzunehmen. Nach einem Treffen von Ministerpräsident de Maizière und Bundeskanzler Kohl sagt DDR-Regierungssprecher Gehler vor Journalisten im West-Berliner Reichstagsgebäude, der Staatsvertrag sei eine gute Grundlage, von der aus die Regierungen einzelne zusätzliche Regelungen treffen könnten.

Der Vorsitzende der SPD-Volkskammerfraktion, Richard Schröder, übt deutliche Kritik am SPD-Kanzlerkandidaten Oskar Lafontaine, der seiner Partei empfohlen hat, im Bundestag gegen den deutsch-deutschen Staatsvertrag zu stimmen. Ein Hinausschieben des Staatsvertrages werde die Lage nur noch schwieriger machen, meint Schröder.

Zwischen der Nationalen Volksarmee und der Bundeswehr wird es ab 1. Juni offizielle Beziehungen geben. Das vereinbaren der Minister für Abrüstung und Verteidigung der DDR, Rainer Eppelmann, und der Bundesminister der Verteidigung der BRD, Gerhard Stoltenberg, während ihres zweiten offiziellen Treffens im DDR-Ministerium in Strausberg bei Berlin.

Der DDR-Ministerrat legt den Entwurf zu einem Ländereinführungsgesetz vor, wonach es ab Januar 1991 auf dem Gebiet der DDR wieder fünf Länder geben soll, um die staatliche Macht zu dezentralisieren. Die Zusammenlegung der gegenwärtig ohne Ost-Berlin 14 Bezirke wird jedoch in einigen Fällen von der Ländergliederung, wie sie bis 1952 bestand, abweichen. Dafür sprechen die seitdem entstandenen Siedlungsstrukturen sowie bewährte soziale und organisatorische Beziehungen. Die künftigen Länder werden danach Bundesstaaten einer Föderation sein und über eigene Parlamente und Regierungen mit entsprechenden Zuständigkeiten verfügen. Da sie im Vergleich zu den BRD-Ländern eher zu den strukturschwachen gehören werden, solle im Zuge der deutschen Einheit eine Neuordnung ins Auge gefaßt werden.

Dienstag, 29. Mai

Bei einem Treffen von Bundesinnenminister Wolfgang Schäuble (CDU) mit Staatssekretär Günther Krause übergibt Schäuble das Dokument mit den „Grundstrukturen eines Staatsvertrages zur Herstellung der deutschen Einheit".

Während der ersten gemeinsamen Sitzung der Unionsfraktionen des Bundestages mit den Volkskammerfraktionen der Allianz für Deutschland im West-Berliner Reichstagsgebäude spricht sich DDR-Premier de Maizière gegen ein „Aufschnüren" des Staatsvertrages und Neuverhandlungen aus. Mögliche Nachbesserungen sollten in zusätzlichen Erklärungen festgehalten werden.

Mittwoch, 30. Mai

Das DDR-Kabinett beschließt zum 1. Juli die freie Preisbildung. Subventionen, auch für Grundnahrungsmittel, fallen dann weg. Festgehalten werde vorerst jedoch, so Regierungssprecher Gehler, an staatlichen Stützungen für Mieten, Pachten, Verkehrs- und Energietarife.

Bundesbankpräsident Karl Otto Pöhl äußert sich skeptisch zum Fonds Deutsche Einheit. Wenn Länder und Gemeinden meinten, damit sei die Aufgabe der Finanzierung der DDR erledigt, dann sei dies eine Illusion. Er warnt gleichzeitig vor steigenden Zinsen. „Die Kosten der Vereinigung für die Bundesrepublik werden erheblich sein." Die vollständige Finanzierung über die Kapitalmärkte bezeichnete er als „unrealistisch und unakzeptabel". Dies hätte erhebliche Konsequenzen für das Zinsniveau.

Donnerstag, 31. Mai

Auf der Tagung der Volkskammer in Berlin setzen die Fraktionen der Regierungsmehrheit eine Erweiterung der Tagesordnung durch und bringen einen Vorschlag ein, wonach unverzüglich eine Regierungskommission gebildet werden soll, die binnen 30 Tagen die Vermögenswerte der Altparteien und Massenorganisationen feststellen und treuhänderisch verwalten soll. Es wird beschlossen, daß diese Unterkommission des Innenausschusses im Weigerungsfall das Eigentum auch zugunsten gemeinnütziger Zwecke einziehen kann.

Eine kontroverse Debatte gibt es auch zum Antrag der DSU, das Staatswappen der DDR sofort von öffentlichen Gebäuden zu entfernen. Gegen die Stimmen von PDS und Bündnis 90/Grüne, die als Alternativvorschlag zum bisherigen Staatswappen das Symbol „Schwerter zu Pflugscharen" einbringen, wird der Antrag angenommen.

Entgegen den Plänen in Bonn sprechen sich 88,1 Prozent der DDR-Bürger für den Fortbestand des Deutschen Fernsehfunks als dritte große Fernsehanstalt in einem vereinigten Deutschland aus. Das ergibt eine repräsentative Umfrage unter Zuschauern der DDR.

Bei einer Befragung durch den EG-Dienst „Europabarometer" äußert sich eine knappe Mehrheit der DDR-Bürger (52 Prozent) als „ziemlich zufrieden" mit der demokratischen Entwicklung in der DDR. Vier Prozent sind sogar „sehr zufrieden", jeder Dritte jedoch „ziemlich unzufrieden".

Juni 1990

Freitag, 1. Juni

Bundesbankpräsident Karl Otto Pöhl stellt sich offen gegen die Pläne von Bund und Ländern zur Finanzierung der deutschen Einheit. Wenn es nicht zu massiven Einsparungen komme, seien Zinserhöhungen die „unausweichliche Konsequenz". Zur Frage eines voraussichtlichen zusätzlichen Kapitalbedarfs von 65 Milliarden Mark noch in diesem Jahr sagt Pöhl, er habe bereits bei der Verabschiedung des Staatsvertrages im Bundeskabinett gesagt, es sei nicht akzeptabel, den Finanzbedarf für die DDR über den Deutschlandfonds „ausschließlich oder überwiegend nur auf dem Kreditwege" zu finanzieren. Jetzt gebe es das höchste Realzinsniveau nach dem Kriege. „Wenn der Eindruck besteht, daß die öffentlichen Hände nicht in der Lage sind, über Einsparungen und Umschichtungen einen wesentlichen Teil dieser zusätzlichen Lasten zu finanzieren, dann wird in der Tat die unausweichliche Konsequenz sein, daß am Kapitalmarkt die Zinsen steigen."

Die West-CDU und die Allianz-Parteien der DDR verständigen sich auf eine Neuordnung der ostdeutschen Medienlandschaft. Die bisherigen Strukturen seien im Zuge der deutschen Vereinigung nicht mehr tragbar, heißt es in einem Positionspapier aus Bonn. Strikt abgelehnt wird die Weiterführung des DDR-Fernsehens als drittes nationales Programm.

Samstag, 2. Juni

Soziale Unruhen im Gefolge der Wirtschafts- und Währungsunion befürchtet DDR-Wirtschaftsminister Gerhard Pohl. „Ich rechne mit einem heißen Herbst in der DDR", sagt er der „Berliner Morgenpost". Zugleich kündigt er an, daß die zwei Millionen Staatsbediensteten der DDR keine Beamten werden. Das habe der Ministerrat beschlossen.

Eine Verschärfung des innenpolitischen Klimas in der DDR mit der Gefahr der Einschränkung demokratischer Rechte beklagt der Bündnis-90-Politiker und Vizepräsident der Volkskammer, Wolfgang Ullmann. Gerade die jüngsten Diskussionen und Beschlüsse in der Volkskammer seien in einem Klima erfolgt, das „der Demokratie und Würde des öffentlichen politischen Diskurses nicht angemessen" gewesen sei. Für den Beschluß, das Parteivermögen der PDS und der früheren Blockparteien nicht durch einen unabhängigen Untersuchungsausschuß, sondern durch ein Untergremium des Innenausschusses untersuchen zu lassen, könne er sich nur schämen, sagt Ullmann.

Sonntag / Montag, 3. / 4. Juni (Pfingsten)

Der sowjetische Präsident Michail Gorbatschow spricht sich nach seinem Gipfeltreffen mit US-Präsident George Bush in Washington für eine möglichst gleichzeitige Lösung der inneren und äußeren Aspekte der deutschen Vereinigung aus. „Ich denke, wir müssen jetzt sehr aktiv sein, um eine Art Synchronisation der inneren Prozesse, die zur Vereinigung führen, und der Lösung der äußeren Aspekte sicherzustellen, so daß sie kombiniert werden können." Der US-Präsident macht nach dem Gespräch klar, daß Gorbatschow weiter der vom Westen geforderten NATO-Mitgliedschaft Deutschlands ablehnend gegenübersteht.

US-Außenminister James Baker teilt mit, daß die USA den Sowjets mit Blick auf die umstrittene NATO-Zugehörigkeit Deutschlands einen Neun-Punkte-Katalog präsentiert haben, um der UdSSR eine Zustimmung zu erleichtern. Dieser Katalog umfasse folgende Punkte:

1. Die Bereitschaft, die Verringerung deutscher und anderer europäischer Streitkräfte als Teil einer zweiten Verhandlungsrunde über konventionelle Truppen (Wien II) zu erwägen,
2. Verhandlungen über den Abbau landgestützter nuklearer Kurzstreckenwaffen nach Abschluß von Wien I,

3. Übergangsregelungen für die Anwesenheit sowjetischer Truppen auf dem Gebiet der heutigen DDR,
4. die Zusicherung, daß ein geeintes Deutschland keine nuklearen, chemischen und biologischen Waffen entwickeln und besitzen wird,
5. keine Stationierung von NATO-Truppen auf dem Gebiet der heutigen DDR,
6. Garantien der Unverletzlichkeit der Grenzen nach der Vereinigung,
7. Aufwertung der Konferenz über Sicherheit und Zusammenarbeit in Europa (KSZE) mit einem ständigen Sekretariat und zusätzlichen Aufgaben,
8. Überprüfung der NATO-Strategie (auf dem geplanten Gipfel am 5. und 6. Juli in Brüssel),
9. wirtschaftliche Abmachungen mit Bonn, das die Kosten der sowjetischen Truppenstationierung in der Übergangszeit trägt und den Wohnungsbau für heimkehrende Einheiten in der UdSSR fördert.

Eine „wahre Invasion" von Westunternehmern in die DDR in der zweiten Jahreshälfte 1990 sieht der Präsident des Deutschen Industrie- und Handelstages in Bonn, Hans-Peter Stihl, voraus. Die deutsche Wirtschaft begrüße die Vereinigung „ohne jeglichen Vorbehalt". Jeder Unternehmer „ist schlecht beraten, wenn er nicht in die DDR geht", erklärt Stihl. Die DDR werde mit ihrer Arbeitszeit von derzeit 43 Wochenstunden und mit günstigen Löhnen auf absehbare Zeit ein „Produktions- und Investitionsstandort mit erheblichen Vorteilen" bleiben. Die Kosten für die deutsche Einheit seien vertretbar und verkraftbar.

Die DDR-Bürger tragen auf dem Weg zur deutschen Einheit in den nächsten Monaten die „größten Lasten und tiefsten Verunsicherungen", weil sich ihre Tätigkeitsfelder, Lebenskonzepte und persönliche Verhältnisse wandelten. Darauf weist der Vorsitzende des Rates der Evangelischen Kirche in Deutschland (EKD), Bischof Martin Kruse (Berlin), am Pfingstsonntag hin.

Dienstag, 5. Juni

Bundesaußenminister Hans-Dietrich Genscher und sein sowjetischer Amtskollege Eduard Schewardnadse äußern sich
bei einem Treffen in Kopenhagen übereinstimmend positiv
über den Stand der Bemühungen um eine Einigung bei den
Außenaspekten der Deutschlandfrage. Nach dem Washingto-
ner Gipfeltreffen der letzten Woche könne es nur noch voran
gehen.

Bei einer gesonderten Sitzung fassen die Außenminister den
formellen Beschluß zur Abhaltung eines KSZE-Sondergipfels im
Dezember in Paris, in dessen Mittelpunkt neue sicherheitspoliti-
sche Strukturen in Europa mit der Vereinigung der beiden deutschen Staaten stehen werden.

In der DDR wird ein neuer Arbeitslosenrekord von über
100 000 Erwerbslosen erreicht. Nach Ansicht von Bundesbank-
Direktoriumsmitglied Hans Tietmeyer wird sich diese Zahl nach
der Währungsunion noch erhöhen. Ein Großteil der DDR-Firmen
sei international nicht konkurrenzfähig. „Hier wird es unaus-
weichlich zu Teilstillegungen, Umstrukturierungen und Entlassungen kommen", sagt er im Interview mit der „Frankfurter Allgemeinen".

Gesundheitsminister Jürgen Kleditzsch (CDU) stellt in Ost-
Berlin den Entwurf eines neuen Sozialversicherungsgesetzes
vor. Danach soll vom 1. Juli an die bestehende Sozialversicherung beim FDGB und die Sozialversicherung bei der Staatlichen
Versicherung zur „Sozialversicherung der DDR als Körperschaft
des öffentlichen Rechts" zusammengeschlossen werden. Diese
Gesellschaft soll die Zahlung von bisher gewährten sozialen Leistungen für die DDR-Bürger übernehmen.

Eine Kommission des Justizministeriums legt den Entwurf für
eine neue DDR-Übergangsverfassung vor. Er basiert auf der
DDR-Verfassung von 1949 und einigen Überlegungen des Runden Tisches. Darin verpflichtet sich die DDR, „die staatliche Einheit Deutschlands herbeizuführen". Mit Artikel fünf wird eine
ständige DDR-Staatsbürgerschaft beendet. Es heißt: „Bürger der

Deutschen Demokratischen Republik besitzen die deutsche Staatsangehörigkeit." Nicht eindeutig ist die Formulierung zum Schwangerschaftsabbruch.

Am Palast der Republik in Berlin, wo auch die Volkskammer tagt, wird das 3,5 Meter hohe DDR-Emblem demontiert.

Mittwoch, 6. Juni

Aus schwerwiegenden verfassungsrechtlichen, politischen und wirtschaftlichen Bedenken lehnen die Volkskammerfraktion von Bündnis 90/Grüne und die Bundestagsfraktion der Grünen den Staatsvertrag ab, wie sie in einer gemeinsamen Erklärung deutlich machen.

Der Ministerrat berät über ein neues Treuhandgesetz, das die Umwandlung von Kombinaten und volkseigenen Betrieben in Kapitalgesellschaften bis zum 1. Juli regelt. Die Treuhandanstalt hat danach nicht mehr die Aufgabe, das Volkseigentum zu verwalten und seine Entwicklung zu fördern, sondern es möglichst gewinnträchtig zu veräußern.

Die gemeinsame Umweltkommission beider deutscher Staaten verabschiedet das Umweltrahmengesetz für die DDR, das am 1. Juli 1990 in Kraft treten soll.

Die Umwandlung der Nationalen Volksarmee von einer gefechtsbereite in eine Ausbildungs- und Basisarmee mit geringer Gefechtsbereitschaft beschließt das Ministerium für Abrüstung und Verteidigung unter Minister Eppelmann (DA).

Der Deutsche Fernsehfunk (DFF) der DDR sieht keine Chance mehr, als dritte öffentlich-rechtliche Anstalt in einem vereinten Deutschland zu existieren. Das ist das Ergebnis einer Krisensitzung von Leitung und Personalrat. Entsprechend einem neuen Modell ist höchstens eine „Mehrländeranstalt" auf dem jetzigen Gebiet der DDR denkbar.

Die RAF-Terroristin Susanne Albrecht wird in ihrer Neubauwohnung in Berlin-Marzahn verhaftet. Sie lebte seit 1980 unter falschem Namen in der DDR, ist hier verheiratet und hat ein Kind.

242

Donnerstag, 7. Juni

Alle wesentlichen Beschränkungen, denen die DDR bisher bei der Einfuhr von westlichen Hochtechnologien unterlag, fallen ab sofort weg. Das beschließen die westlichen Industrieländer in Paris auf der Sitzung des COCOM-Koordinierungsausschusses für Technologieexporte in den Osten.

Die DDR will auch mit ihren Partnern im früheren Ostblock den bisher auf Verrechnungseinheiten basierenden Außenhandel auf frei konvertierbare Währung umstellen. Wie das DDR-Wirtschaftsministerium mitteilt, wird es den an bilaterale Rechnungen gebundenen Warenaustausch in der jetzigen Form von 1991 an nicht mehr geben. Die Regierung gehe davon aus, daß sie mit dem Eintritt in eine Wirtschafts- und Währungsunion mit der Bundesrepublik in ihren Außenwirtschaftsbeziehungen marktwirtschaftliche Prinzipien anwenden müsse.

In der DDR soll eine neue Monopolbildung möglichst unterbunden und der freie Wettbewerb gesichert werden. Dazu ist ein Amt für Wettbewerbsschutz mit rund 50 Mitarbeitern eingerichtet worden, berichten die CDU-Minister Müller (Medien) und Pohl (Wirtschaft). Es gelte darüber zu wachen, daß bei der beabsichtigten Fusion bundesdeutscher Unternehmen mit DDR-Firmen nicht neue Monopole entstünden.

Entgegen der zunächst bekanntgewordenen Absicht der Bundesregierung, bei enteigneten Grundstücken in der DDR aus der Zeit der sowjetischen Besatzung von 1945 bis 1949 auf die Forderung Moskaus einzugehen und auf Rückgabe und Entschädigung zu verzichten, wird jetzt nach Andeutungen von Kanzleramtschef Seiters doch noch über dieses Thema verhandelt. Zu den generellen Prinzipien der Bundesregierung bei diesem Thema erklärt Seiters: „Wir treten dafür ein, daß enteignetes Vermögen im Grundsatz zurückzugeben ist." Entschädigungen sollen dort vorgenommen werden, wo Rückgaben wegen inzwischen erfolgter Bebauungen nicht mehr möglich sind. Dieser Grundsatz „Rückgabe vor Entschädigung" sollte auch noch vor dem 1. Juli festgeschrieben werden.

Freitag, 8. Juni

Die in zivilen Berufen verdeckt operierenden „Offiziere im besonderen Einsatz" (OibE) der Stasi sollen enttarnt und arbeitsrechtlich belangt werden, verfügt eine Regierungskommission unter Leitung von Innenminister Diestel.

DDR-Außenminister Markus Meckel (SPD) warnt in Stockholm vor einem zu hohen Tempo bei der Vereinigung beider deutscher Staaten. Auf einer Tagung des Instituts für Ost-West-Sicherheitsstudien verweist er darauf, daß sowohl innen- als auch außenpolitisch mehr Zeit notwendig sei. Nur so könne verhindert werden, daß der Osten als schwacher Teil in das künftige Deutschland eingehen und die DDR ihre internationalen Verpflichtungen nicht erfüllen könne. Meckel plädiert auch dafür, gesamtdeutsche Wahlen nicht vor Mitte oder Ende 1991 abzuhalten.

Samstag / Sonntag, 9. / 10. Juni

Auf einem SPD-Sonderparteitag in Halle wird der 46jährige Berliner Literaturhistoriker Wolfgang Thierse mit 69 Prozent der Delegiertenstimmen zum neuen Parteivorsitzenden gewählt, nachdem Ibrahim Böhme im März wegen seiner Stasi-Kontakte zurückgetreten war. Fraktionschef Richard Schröder antwortet auf die kritische Frage der Parteibasis, warum die Partei sich nicht um das wichtige Amt des Innenministers bemüht habe, man hätte Parallelen zum Reichsinnenminister Noske vermeiden wollen. Schließlich wolle man nicht für das Oberkommando der Polizei zuständig sein, wenn es im Lande wegen der zu erwartenden sozialen Konflikte zu Unruhen kommt.

Hohe Beamte der Außenministerien der DDR, der Bundesrepublik, der Sowjetunion, Frankreichs, Großbritanniens und der USA treffen zu weiteren Zwei-plus-Vier-Gesprächen in Berlin zusammen. Auf der Tagesordnung stehen Grenzfragen, Sicherheitsstrukturen in Europa, Probleme um Berlin sowie eine völkerrechtliche Regelung und die Ablösung der Vier-Mächte-Regelung.

Verteidigungsminister Eppelmann sagt in einem Zeitungsinterview, obwohl offiziell darüber mit Moskau nicht gesprochen worden sei, könne davon ausgegangen werden, daß mit dem Tag der deutschen Einheit die Mitgliedschaft der DDR im Warschauer Pakt stillschweigend gekündigt werde.

Montag, 11. Juni

Die konservative Mailänder Tageszeitung „Il Giornale" kommentiert die Moskauer Haltung zur deutschen Vereinigung: „Aus deutschen Quellen verlautet, Moskau könnte die Bedingungen, unter denen Deutschland seine Vereinigung und seine Bündniszugehörigkeit frei entscheiden kann, noch ‚quantifizieren'. Von 20 Milliarden Dollar wird gesprochen, ein tiefes Loch für die deutschen Finanzen, ein Tropfen auf den heißen Stein der Schulden von 70 Jahren Leninismus. Vielleicht kann man über die Zahlen verhandeln, wie über alles in den Monaten der Auflösung des Imperiums. (...) Die offenbare Leichtigkeit, mit der die östlichen Gebiete Deutschlands in die Demokratie entlassen wurden, hat den Glauben entstehen lassen, Gorbatschow sei auch bereit, die letzte Fessel zu lösen: Die DDR wird Mitglied der Bundesrepublik und damit der NATO und der Europäischen Gemeinschaft."

In Potsdam fordert der SPD-Ehrenvorsitzende Willy Brandt eine gemeinsame Verfassung für die bevorstehende politische Vereinigung. Diese sollte in beiden Teilen Deutschlands dem Wähler zur Entscheidung vorgelegt werden.

Dienstag, 12. Juni

Die SPD in der DDR lehnt den vorgelegten Entwurf für das Treuhandgesetz ab. Der Wirtschaftsexperte der Fraktion, Frank Bogisch, bemängelt, daß dort nicht mehr – wie noch im Koalitionspapier – vorgesehen ist, daß DDR-Bürger bevorzugt Anteilscheine an bisher volkseigenen Betrieben erwerben können. Das Volk solle offensichtlich leer ausgehen.

245

Bonn schraubt nach Meinung von DDR-Finanzminister Romberg (SPD) die Forderungen in der Frage der Behandlung von Grund und Boden ständig höher: Bei Westeigentümern von Grundstücken werde sich „wohl eher das Rückgabeprinzip durchsetzen". Ursprünglich war vorrangig eine Entschädigung vorgesehen. Nur in Ausnahmefällen sollte eine Rückgabe vorgenommen werden.

Noch vor Abschluß der Untersuchungen des Volkskammerausschusses teilt Bundesinnenminister Wolfgang Schäuble mit, daß alle Vermögenswerte der ehemaligen DDR-Regierungsparteien künftig unter Treuhandverwaltung gestellt würden. Darüber informiert er den SPD-Vorsitzenden Hans-Jochen Vogel während eines Spitzengesprächs zwischen Bundesregierung und SPD in Bonn.

Mittwoch, 13. Juni

Der Ministerrat verabschiedet auf seiner Sitzung ein weiteres Paket von Gesetzesvorlagen und Verordnungen, die im Zusammenhang mit dem Staatsvertrag notwendig sind. Dazu gehören u.a. ein Gesetz, das die Niederlassungsfreiheit für ausländische Unternehmen verankert, ein Verfassungsgesetz zur Bildung von Ländern sowie ein Gesetz zur Außenwirtschaft, das nunmehr auch de jure das staatliche Außenhandelsmonopol aufhebt. Ferner beschließt das Kabinett, daß die Staatsbank der DDR am 1. Juli „den Charakter einer Art Landesbank" erhält. Sie soll den Ausgleichsfonds der deutschen Einheit verwalten sowie die Finanzierung öffentlicher Förderungsprogramme und Körperschaften des öffentlichen Rechts sichern.

Auf der abschließenden Sitzung des Ausschusses Deutsche Einheit der Volkskammer zum Staatsvertrag bringen die Vertreter von Bündnis 90/Grüne ein Minderheitsvotum ein. Darin bedauern Dr. Wolfgang Ullmann und Konrad Weiß das undemokratische Verfahren, mit dem der Staatsvertrag von den Koalitionsparteien durchgepeitscht wurde. Entgegen früheren Zusicherungen seien Änderungen und Ergänzungen zum Vertragstext und seinen Anlagen von der Regierung nicht akzeptiert wor-

246

den. Die Abgeordneten von Bündnis 90/Grüne fordern deshalb nachträgliche Änderungen, so zu den Eigentumsfragen, zur sozialen Sicherung der DDR-Bürger und zur Gleichstellung der Frauen.

Auf einer Versammlung des Deutschen Städtetages in West-Berlin bezeichnet der neue Leipziger Oberbürgermeister Dr. Hinrich Lehmann-Grube die Finanzlage der DDR-Kommunen als „dramatisch". Wenn die DDR-Regierung ihrer Verpflichtung zur Zahlung der Haushaltszuschüsse nicht mehr nachkommen könne, müsse Bonn einspringen. West-Berlins Regierender Bürgermeister Walter Momper nennt es einen „Skandal, die Kommunen in der DDR aushungern zu lassen". Unverantwortlich sei es, daß zwei Wochen vor Inkrafttreten des Staatsvertrages noch nicht einmal feststehe, wie die DDR-Städte die auf sie zukommenden Sozialhilfelasten bezahlen sollen.

Die RAF-Terroristin Inge Viett wird in Magdeburg verhaftet.

Donnerstag, 14. Juni

Auf einer Tagung der Volkskammer versichert Ministerpräsident Lothar de Maizière angesichts der zunehmenden Kritik an der geplanten Regelung der Eigentumsfragen, daß DDR-Bürger noch bis zum Jahresende Grund und Boden zu den Bedingungen erwerben können, wie sie bis zum 30. Juni bestehen.

Es wird ferner mitgeteilt, daß die innerdeutschen Grenzkontrollen am 1. Juli endgültig fallen werden. Zusammen mit der Wirtschafts-, Währungs- und Sozialunion soll auch die Polizeizusammenarbeit zwischen Ost und West verstärkt werden. Die vom Bundesinnenministerium angestrebte Fahndungsunion soll sich jedoch auf Fälle von Schwerstkriminalität wie Mord, Totschlag oder Rauschgifthandel beschränken.

Die EG-Kommission schlägt eine Zollunion zwischen der Europäischen Gemeinschaft und der DDR für die Zeit vor der Verwirklichung der deutschen Einheit vor. Damit sich alle EG-Staaten am Aufbau der DDR beteiligen könnten, müßten sämtliche Waren aus der EG zu gleichen Bedingungen geliefert werden können, teilt die Kommission mit. Der EG-Ministerrat könne den Vorschlag schnell verabschieden, erklärt ein Sprecher, denn die DDR habe sich auf dem Gebiet der Landwirtschaft mit einer solchen Regelung bereits einverstanden erklärt. Der Vorschlag sieht vor, daß die DDR im Handel mit den EG-Ländern keine Zollgebühren erhebt und keine Mengenbeschränkungen vorschreibt. Dasselbe soll für Exporte aus der DDR in die Gemeinschaft gelten. Darüber hinaus müßte die DDR im Handel mit Drittländern den Außenzoll der EG erheben. Im Bereich der Landwirtschaft soll die DDR die Mechanismen der EG-Politik so weit wie möglich übernehmen. Allerdings habe die Kommission Verständnis dafür, daß die DDR ihre Landwirtschaft in einer Übergangsphase weiterhin über Importbeschränkungen schützen wolle.

Für eine mögliche Stasi-Mitarbeit des früheren DDR-SPD-Vorsitzenden Ibrahim Böhme gibt es angeblich keine klaren Beweise. Böhme teilt in einer Erklärung an seine Partei mit, seine Anwälte hätten die noch ausstehenden Unterlagen in Gegenwart von Zeugen eingesehen und ihm dann berichtet, er tauche in diesen Dokumenten lediglich als Objekt der Observierung auf.

Freitag, 15. Juni

„Enteignetes Grundvermögen wird grundsätzlich ... den ehemaligen Eigentümern oder ihren Erben zurückgegeben". Dies ist der zentrale Satz einer gemeinsamen Erklärung der beiden deutschen Regierungen zur Regelung offener Vermögensfragen auf dem Gebiet der DDR. Die in Bonn und Ost-Berlin veröffentlichte Erklärung hat folgenden Wortlaut:

„Die Teilung Deutschlands, die damit verbundene Bevölkerungswanderung von Ost nach West und die unterschiedlichen Rechtsordnungen in beiden deutschen Staaten haben zu zahlreichen vermögensrechtlichen Problemen geführt, die viele Bürger in der Deutschen Demokratischen Republik und in der Bundesrepublik Deutschland betreffen.

Bei der Lösung der anstehenden Vermögensfragen gehen beide Regierungen davon aus, daß ein sozial verträglicher Ausgleich unterschiedlicher Interessen zu schaffen ist. Rechtssicherheit und Rechtseindeutigkeit sowie das Recht auf Eigentum sind Grundsätze, von denen sich die Regierungen der Deutschen Demokratischen Republik und der Bundesrepublik Deutschland bei der Lösung der anstehenden Vermögensfragen leiten lassen. Nur so kann der Rechtsfriede in einem künftigen Deutschland dauerhaft gesichert werden.

Die beiden deutschen Regierungen sind sich über folgende Eckwerte einig:

1. Die Enteignungen auf besatzungsrechtlicher bzw. besatzungshoheitlicher Grundlage (1945 bis 1949) sind nicht mehr rückgängig zu machen. Die Regierungen der Sowjetunion und der Deutschen Demokratischen Republik sehen keine Möglichkeit, die damals getroffenen Maßnahmen zu revidieren. Die Regierung der Bundesrepublik Deutschland nimmt dies im Hinblick auf die historische Entwicklung zur Kenntnis. Sie ist der Auffassung, daß einem künftigen gesamtdeutschen Parlament eine abschließende Entscheidung über etwaige staatliche Ausgleichsleistungen vorbehalten bleiben muß.

2. Treuhandverwaltungen und ähnliche Maßnahmen mit Verfügungsbeschränkungen über Grundeigentum, Gewerbebetriebe und sonstiges Vermögen sind aufzuheben. Damit wird denjenigen Bürgern, deren Vermögen wegen Flucht aus der DDR oder aus sonstigen Gründen in eine staatliche Verwaltung genommen worden ist, die Verfügungsbefugnis über ihr Eigentum zurückgegeben.

3. Enteignetes Grundvermögen wird grundsätzlich unter Berücksichtigung der unter a) und b) genannten Fallgruppen den ehemaligen Eigentümern oder ihren Erben zurückgegeben. a) Die Rückübertragung von Eigentumsrechten an Grundstücken und Gebäuden, deren Nutzungsart bzw. Zweckbestimmung insbesondere dadurch verändert wurden, daß sie dem Gemeingebrauch gewidmet, im komplexen Wohnungs- und Siedlungsbau verwendet, der gewerblichen Nutzung zugeführt oder in eine neue Unternehmenseinheit einbezogen wurden, ist von der Natur der Sache her nicht möglich. In diesen Fällen wird eine Entschädigung geleistet,

soweit nicht bereits nach den für Bürger der Deutschen Demokratischen Republik geltenden Vorschriften entschädigt worden ist. b) Sofern Bürger der Deutschen Demokratischen Republik zurückzuübereignende Immobilien, anderes Eigentum oder dingliches Nutzungsrecht in redlicher Weise erworben haben, ist ein sozial verträglicher Ausgleich an die ehemaligen Eigentümer durch Austausch von Grundstücken mit vergleichbarem Wert oder durch Entschädigung herzustellen. Entsprechendes gilt für Grundvermögen, das durch den staatlichen Treuhänder an Dritte veräußert wurde. Die Einzelheiten bedürfen noch der Klärung. c) Soweit den ehemaligen Eigentümern oder ihren Erben ein Anspruch auf Rückübertragung zusteht, kann statt dessen Entschädigung gewählt werden. Die Frage des Ausgleichs von Wertveränderungen wird gesondert geregelt.

4. Die Regelungen unter Ziffer 3 gelten entsprechend für ehemals von Berechtigten selbst oder in ihrem Auftrag verwaltete Hausgrundstücke, die aufgrund ökonomischen Zwangs in Volkseigentum übernommen wurden.

5. Mieterschutz und bestehende Nutzungsrechte von Bürgern der Deutschen Demokratischen Republik an durch diese Erklärung betroffenen Grundstücken und Gebäuden werden wie bisher gewahrt und regeln sich nach dem jeweils geltenden Recht der Deutschen Demokratischen Republik.

6. Bei verwalteten Betrieben werden die bestehenden Verfügungsbeschränkungen aufgehoben; der Eigentümer übernimmt sein Betriebsvermögen.

Für Betriebe und Beteiligungen, die 1972 in Volkseigentum überführt wurden, gilt das Gesetz vom 7. März 1990 über die Gründung und Tätigkeit privater Unternehmen und über Unternehmensbeteiligungen. Hierbei wird Paragraph 19 Absatz 2 Satz 4 des Gesetzes so ausgelegt, daß den privaten Gesellschaften der staatliche Anteil auf Antrag zu verkaufen ist; die Entscheidung über den Verkauf steht somit nicht im Ermessen der zuständigen Stelle.

7. Bei Unternehmen und Beteiligungen, die zwischen 1949 und 1972 durch Beschlagnahme in Volkseigentum überführt worden

sind, werden dem früheren Eigentümer unter Berücksichtigung der Wertentwicklung des Betriebes das Unternehmen als Ganzes oder Gesellschaftsanteile beziehungsweise Aktien des Unternehmens übertragen, soweit er keine Entschädigung in Anspruch nehmen will. Einzelheiten bedürfen noch der näheren Regelung.

8. Sind Vermögenswerte – einschließlich Nutzungsrechte – aufgrund unlauterer Machenschaften (z.B. durch Machtmißbrauch, Korruption, Nötigung oder Täuschung von seiten des Erwerbers) erlangt worden, so ist der Rechtserwerb nicht schutzwürdig und rückgängig zu machen. In Fällen des redlichen Erwerbs findet Ziffer 3. b) Anwendung.

9. Soweit es zu Vermögenseinziehungen im Zusammenhang mit rechtsstaatswidrigen Strafverfahren gekommen ist, wird die Deutsche Demokratische Republik die gesetzlichen Voraussetzungen für ihre Korrektur in einem justizförmigen Verfahren schaffen.

10. Anteilsrechte an der Altguthaben-Ablösungsanleihe von Bürgern der Bundesrepublik Deutschland werden einschließlich der Zinsen in der 2. Jahreshälfte 1990 – also nach der Währungsumstellung – bedient.

11. Soweit noch Devisenbeschränkungen im Zahlungsverkehr bestehen, entfallen diese mit dem Inkrafttreten der Währungs-, Wirtschafts- und Sozialunion.

12. Das durch staatliche Stellen der Bundesrepublik Deutschland auf der Grundlage des Rechtsträger-Abwicklungsgesetzes treuhänderisch verwaltete Vermögen von juristischen Personen des öffentlichen Rechts, die auf dem Gebiet der DDR existieren oder existiert haben, wird an die Berechtigten beziehungsweise deren Rechtsnachfolger übergeben.

13. Zur Abwicklung: a) Die Deutsche Demokratische Republik wird die erforderlichen Rechtsvorschriften und Verfahrensregelungen umgehend schaffen. b) Sie wird bekanntmachen, wo und innerhalb welcher Frist die betroffenen Bürger ihre Ansprüche anmelden können. Die Antragsfrist wird sechs Monate nicht überschreiten. c) Zur Befriedigung der Ansprüche auf Entschädigung wird in der Deutschen Demokratischen Republik ein

rechtlich selbständiger Entschädigungsfonds getrennt vom Staatshaushalt gebildet. d) Die Deutsche Demokratische Republik wird dafür Sorge tragen, daß bis zum Ablauf der Frist gemäß Ziffer 13. b) keine Verkäufe von Grundstücken und Gebäuden vorgenommen werden, an denen frühere Eigentumsrechte ungeklärt sind, es sei denn, zwischen den Beteiligten besteht Einvernehmen, daß eine Rückübertragung nicht in Betracht kommt oder nicht geltend gemacht wird. Veräußerungen von Grundstücken und Gebäuden, an denen frühere Eigentumsrechte ungeklärt sind und die dennoch nach dem 18. Oktober 1989 erfolgt sind, werden überprüft.

14. Beide Regierungen beauftragen ihre Experten, weitere Einzelheiten abzuklären."

Samstag/Sonntag 16./17. Juni

In Ost-Berlin gedenken erstmals die Parlamente beider deutscher Staaten des Volksaufstandes vom 17. Juni 1953. In der Ansprache von DDR-Konsistorialpräsident Manfred Stolpe heißt es:

„Der Juni 53 hatte eine sozialpsychologische Langzeitwirkung. Die Staatsführung wehrte sich gegen Reformen, selbst gegen den Gebrauch des Wortes, weil sie in ihnen den Anfang vom Ende fürchtete. Die älteren Oppositionellen scheuten Zuspitzungen, weil die Rückschlagerfahrung sie geprägt hatte. Es brauchte die Unbefangenheit der Nachgeborenen, der Demonstranten des Herbstes 1989, um entschlossen noch einmal die gleichen Ziele anzugehen: Gerechtigkeit und Freiheit. (...)
Der innerdeutsche Umgang will gelernt sein. Nach vier Jahrzehnten der Trennung muß für das künftige gemeinsame Deutschland ein breiter gesellschaftlicher Konsens gefunden werden. Von einem Grundkonsens auf der Basis des Grundgesetzes kann weithin ausgegangen werden. Doch die gemeinsame Verfassung darf keine abstrakte und vielen unbekannte Größe bleiben. Deshalb sollte die Bereitschaft erklärt werden, nach der Wahl eines gesamtdeutschen Parlaments über Änderungen des Grundgesetzes nachzudenken und das Ergebnis dem Staatsvolk nahezubringen.

Die dafür nötige Diskussion wird nicht ohne heftigen Meinungsstreit möglich sein. (...)

Die DDR war lange Jahre der Musterschüler des östlichen Bündnisses und ist nun der Lieblingskandidat für Westeuropa. Wir bringen in das gemeinsame Deutschland die moralische Verpflichtung mit ein, den Staaten Osteuropas und auch der Sowjetunion auf dem Wege zu besseren Lebensverhältnissen einschließlich humaner Umweltbedingungen zur Seite zu stehen. Die Unterstützung Osteuropas wird dort Reserven wecken können, die für noch ungelöste Menschheitsprobleme benötigt werden. Wir Deutschen müssen aus unserer Geschichte und unserer Geographie zu besonderer Sensibilität gegenüber den Lasten anderer bereit sein."

Auf einer Sondertagung der Volkskammer bringt die DSU überraschend den Antrag auf den sofortigen Beitritt zur Bundesrepublik ein, der mit einer Zweidrittelmehrheit auch auf die Tagesordnung gesetzt wird. In der Abstimmung unterliegt die DSU jedoch mit ihrem Vorstoß. Richard Schröder, SPD-Fraktionschef, sagt in der Debatte: „Gesetzt den Fall, daß wir heute den Beitritt nach Artikel 23 Grundgesetz anwenden würden, dann würde heute abend die Sowjetunion erfahren, daß sie 400 000 Soldaten auf dem Gebiet des Grundgesetzes hat. So kann man mit der Sowjetunion nicht umgehen."

Der Finanzausschuß des Bundestages weist der Bundesregierung Versäumnisse bei den Kreditbewertungsregelungen im Staatsvertrag nach. Der Obmann der SPD-Bundestagsfraktion im Finanzausschuß, Joachim Poß, kritisiert, daß das für den Start in die Marktwirtschaft erforderliche D-Mark-Eröffnungsbilanzgesetz, das die Anfangsbewertung der betrieblichen Kreditfähigkeit regeln soll, erst Ende September 1990 erlassen werden soll. Dies bedeute, daß ein Großteil der Betriebe in der DDR nach dem 1. Juli nicht in der Lage sein werde, Betriebsmittel und Löhne aus eigenem Aufkommen in D-Mark zu zahlen oder von den Banken nach normalen Kriterien Kredite zu erhalten. Vielen an sich durchaus wettbewerbsfähigen Unternehmen drohe damit die Zahlungsunfähigkeit und der Zusammenbruch.

Die Interessengemeinschaft der DDR-Enteigneten kündigt an, daß sie in Karlsruhe Verfassungsbeschwerde gegen die am 15. Mai von den Regierungen der Bundesrepublik und der DDR gefaßte Erklärung zur Regelung der ungeklärten Vermögensfragen einreichen werde. Gefordert wird, daß ausnahmslos alle Enteignungen auf dem Gebiet der DDR seit 1945 rückgängig gemacht werden.

Montag, 18. Juni

Der Generalsuperintendent der evangelischen Kirche von Berlin-Brandenburg, Günter Krusche, spricht sich für die deutsche Einheit noch in diesem Jahr aus. „So wie sich die Dinge destabilisiert haben, in der Wirtschaft und auch in der Legislative, die völlig überfordert ist, glaube ich, daß es gut ist, wenn dieses Vakuum bald beendet ist."

Dienstag, 19. Juni

Nachdem bereits die Sozialdemokraten und die Liberalen eine Vereinigung mit ihren bundesdeutschen Parteien angekündigt haben, sprechen sich auch die Grünen für eine schrittweise Annäherung aus. Ein Anschluß der Ost-Grünen an die Schwesterpartei im Westen, wie er auf staatlicher Ebene im Sinne des Artikels 23 Grundgesetzes vorgesehen ist, soll aber auf jeden Fall vermieden werden.

Mittwoch, 20. Juni

Die Ausschüsse Deutsche Einheit von Volkskammer und Bundestag einigen sich auf eine Erklärung zur Anerkennung der polnischen Westgrenze. Volkskammerabgeordnete bemängeln am Rande, daß sie den Text nicht mitausarbeiten konnten, da er erst im letzten Moment aus Bonn übermittelt worden sei.

Das Kabinett in Ost-Berlin kann sich nicht auf einen Termin für gesamtdeutsche Wahlen einigen, da es unterschiedliche Auffassungen über das Tempo der politischen Vereinigung gibt.

Donnerstag, 21. Juni

Die beiden Parlamente stimmen mit Zweidrittelmehrheit dem Staatsvertrag zu. In der DDR müssen bis zum 1. Juli noch über 100 Gesetze zur Rechtsangleichung beschlossen, geändert oder aufgehoben werden. Beide Parlamente verabschieden eine Erklärung zur endgültigen Anerkennung der Oder-Neiße-Grenze als polnischer Westgrenze, die auch den Verzicht auf Gebietsansprüche beinhaltet.

Bundeskanzler Helmut Kohl will nach der deutschen Vereinigung nicht nur die Beziehungen Deutschlands zu Polen, sondern auch zur Sowjetunion auf eine neue vertragliche Grundlage stellen. Dies kündigt Kohl in seiner Regierungserklärung an, die anläßlich der Verabschiedung des Staatsvertrags mit der DDR den äußeren Aspekten der deutschen Einigung gewidmet ist. Zur Frage der Oder-Neiße-Grenze meint Kohl: „Wir stehen heute vor einer ganz klaren Wahl: Entweder wir bestätigen die bestehende Grenze, oder wir verspielen unsere Chance zur Einheit."

Den Menschen in der DDR, die sich nun auf neue und ungewohnte Lebensbedingungen einstellen müßten, sichert Kohl zu, daß keinem „unbillige Härten" zugemutet würden: „Es wird niemandem schlechter gehen als zuvor – dafür vielen besser." Den Deutschen in der Bundesrepublik sagt der Kanzler: „Keiner wird wegen der Vereinigung Deutschlands auf etwas verzichten müssen. Es geht allenfalls darum, einen Teil dessen, was wir in den kommenden Jahren zusätzlich erwirtschaften, unseren Landsleuten in der DDR zur Verfügung zu stellen – als Hilfe zur Selbsthilfe."

Freitag, 22. Juni

Bei den Zwei-plus-Vier-Gesprächen wird bekannt, daß ein Grundkonzept für das Ende der Oberhoheit der Alliierten über Deutschland schon beim nächsten Treffen am 17. Juli vorgelegt werden soll. Anfang September könnte es in Moskau verabschiedet werden. Die sowjetische Delegation präsentiert dagegen den Entwurf eines Dokuments mit dem Titel „Grundlegende Prinzipien für eine endgültige völkerrechtliche Regelung für Deutschland". Dazu erklärt Außenminister Schewardnadse: „Ein wichtiges Moment, das den militärpolitischen und anderen Status Deutschlands bestimmen würde, wäre die Bekräftigung der Gültigkeit aller bis dahin von der DDR und der BRD abgeschlossenen internationalen Verträge und Abkommen durch Deutschland für einen Übergangszeitraum von fünf Jahren. Das würde bedeuten, daß die bis zum Zeitpunkt der Vereinigung de facto bestehende Situation, die mit der Verantwortung der DDR gegenüber dem Warschauer Vertrag beziehungsweise der BRD gegenüber der NATO zusammenhängt, aufrechterhalten wird und daß die Kompetenzen und Handlungsbereiche des Warschauer Vertrages und der NATO sich nach wie vor nicht auf Territorien ausweiten werden, die nicht in ihren Wirkungsbereich fallen.

Wir schlagen vor, im Verlaufe eines vereinbarten Zeitraums, beginnend mit der Bildung einer einheitlichen deutschen Regierung und eines einheitlichen deutschen Parlaments, zwischen Deutschland und den Partnern früher abgeschlossener Verträge Verhandlungen über Präzisierung, Änderung oder Aufhebung geltender und Festlegung neuer Verpflichtungen auf der Grundlage gegenseitigen Einverständnisses der Seiten zu führen. Das betrifft sowohl die materiell-finanziellen als auch die übrigen Bedingungen des Aufenthaltes der Truppen der Vier Mächte in Deutschland."

Die übrigen Teilnehmer lehnen diese Vorschläge ab. Am Ende der Verhandlungen müsse die volle Souveränität Deutschlands stehen. Eine Übergangszeit von fünf Jahren sei entschieden zu lang.

Im Beisein der Außenminister der vier Siegermächte und beider deutscher Staaten wird ein weiteres Symbol der deutschen Teilung und des Kalten Krieges im Herzen Berlins beseitigt. Ein riesiger Baukran räumt nach kurzen Ansprachen der Gäste den weltberühmten alliierten Kontrollpunkt Checkpoint Charlie an der Friedrichstraße beiseite. Das Wachhäuschen – nach dem Mau-

Die Regierungschefs und Finanzminister der beiden deutschen Staaten stoßen auf die Unterzeichnung des Ersten Staatsvertrages an (v.l.n.r.: Lothar de Mai-zière, Helmut Kohl, Walter Romberg, Theo Waigel)

Demontage des alliierten Kontrollpunktes Checkpoint Charlie in Berlin-Mitte

257

erbau im August 1961 Schauplatz sowjetisch-amerikanischer Konfrontationen – kommt ins Museum.

Der Bundesrat stimmt dem Staatsvertrag zu. Damit kann die Wirtschafts-, Währungs- und Sozialunion zum 1. Juli in Kraft treten.

Die Fraktion Bündnis 90/Grüne fordert einen Volksentscheid zum Verfassungsentwurf des Runden Tisches und übergibt dazu eine Liste mit 203 000 Unterschriften an das Präsidium der Volkskammer.

Die Volkskammer schafft den 7. Oktober als Nationalfeiertag ab.

Samstag / Sonntag, 23. / 24. Juni

Der jüngste Vorschlag des sowjetischen Außenministers Eduard Schewardnadse, nach der Schaffung eines einheitlichen deutschen Parlaments die Truppen der vier Siegermächte des zweiten Weltkrieges aus Berlin abzuziehen, führt zu kontroversen Auseinandersetzungen zwischen Politikern in beiden deutschen Staaten. Bundesaußenminister Genscher (FDP) meint, bei den Zwei-plus-Vier-Gesprächen zeichneten sich schon deutlich Umrisse einer europäischen Struktur ab, in der die äußeren Aspekte der deutschen Vereinigung im Einvernehmen mit der Sowjetunion geregelt werden könnten.

Die Spitzen von CDU und SPD in der DDR setzen sich ebenso wie ihre West-Berliner Kollegen dafür ein, in einem vereinten Deutschland Berlin als Hauptstadt und Regierungssitz zu wählen. Das sollte in einem zweiten Staatsvertrag festgeschrieben werden. DDR-Ministerpräsident Lothar de Maizière (CDU) begründet diese Forderung mit der Bedeutung Berlins sowohl für die Integration der künftigen fünf DDR-Länder als auch für die Einbindung des Ostens in die europäische Einigung.

Montag, 25. Juni

Die letzte Woche vor der Währungsunion ist gekennzeichnet durch hektische Aktivitäten in den ostdeutschen Geldinstituten und Versicherungsbüros. Die Sparkassen der DDR haben bis Wochenbeginn rund elf Millionen Anträge auf Kontenumstellung entgegengenommen. Das sind erst 70 Prozent der erwarteten Formulare.

DDR-Verteidigungsminister Rainer Eppelmann relativiert seinen bislang geäußerten Standpunkt, wonach es in einem vereinten Deutschland zwei Armeen geben müsse. Auch er sei letztlich für nur eine deutsche Armee und pflichte dem Grundsatz von Bundesverteidigungsminister Stoltenberg – ein Volk, eine Regierung und eine Armee – nunmehr bei.

Der Parteivorstand der Demokratischen Bauernpartei Deutschlands (DBD) spricht sich in geheimer Abstimmung mehrheitlich dafür aus, den Mitgliedern den Zusammenschluß mit der CDU vorzuschlagen. Der Parteivorstand der DBD entspricht der Bitte von Günther Maleuda, ihn von der Funktion als Vorsitzender und als Mitglied des Parteivorstandes zu entbinden.

DDR-Innenminister Diestel denkt über seinen Austritt aus der DSU nach. „Ich habe die DSU als christlich-konservative Partei gegründet. Wenn sie rechtsradikal wird, dann ohne mich", sagt er in einem Interview für die „Bild"-Zeitung.

Rund 60 Prozent der DDR-Bevölkerung blicken nach einer Meinungsumfrage des Forschungsinstituts Infratest (München) zuversichtlich in die Zukunft. Wie das Bundesministerium für innerdeutsche Beziehungen – Auftraggeber der Umfrage – in Bonn mitteilt, waren dagegen 22 Prozent pessimistisch. 30 Prozent der 1 500 Befragten aus allen Teilen der DDR waren davon überzeugt, daß sich der Lebensstandard der DDR innerhalb von ein bis zwei Jahren dem in der Bundesrepublik angleichen werde.

Dienstag, 26. Juni

DDR-Ministerpräsident Lothar de Maizière lehnt die Vorschläge des sowjetischen Außenministers Schewardnadse ab, da sie die deutsche Einheit durch eine fünfjährige Übergangszeit bei der Bündniszugehörigkeit verzögern würde.

Mittwoch, 27. Juni

Der Einigungsprozeß beider deutschen Staaten muß sich für DDR-Ministerpräsident Lothar de Maizière „in einer gewissen Würde" vollziehen. Dafür gebe es eine Reihe von Bedingungen. Dazu gehören ein zweiter großer Staatsvertrag, die Länderbildung in der DDR mit entsprechenden Landtagswahlen und die Klärung der außenpolitischen Fragen.

Überraschend sprechen sich jetzt auch die Sozialdemokraten in West und Ost für einen Beitritt der DDR nach Artikel 23 des Grundgesetzes aus, und zwar noch vor gesamtdeutschen Wahlen. Als Schwerpunkte für eine Beitrittsvereinbarung mit der DDR, die von beiden Parteien getragen werden könne, nennen der Vorsitzende der DDR-SPD, Wolfgang Thierse, und die stellvertretende Vorsitzende der bundesdeutschen Schwesterpartei, Herta Däubler-Gmelin, Änderungen im Grundgesetz mit einer Festschreibung sozialer Grundrechte als Staatszielbestimmungen, eine Volksabstimmung über die künftige gesamtdeutsche Verfassung sowie die Sicherung kultureller und sozialer Institutionen der DDR.

Die bundesdeutsche Allianz AG und die Staatliche Versicherung der DDR gründen eine gemeinsame Deutsche Versicherungs-AG (DVAG). Wie Vertreter beider Seiten in Berlin erklären, beteiligt sich die Allianz mit 51 Prozent an der neuen AG und bringt 270,7 Millionen DM als Bareinlage ein.

Das neue Westgeld liegt in Dresden bereits auf der Straße: Ein Sack mit frisch geprägten D-Mark-Münzen war während der Fahrt aus einem Geldtransport gefallen, nachdem er – vermutlich durch sein Eigengewicht – die Türverriegelung gesprengt hatte. Begleitschutz, Volkspolizei und Bankangestellte stoppen den Konvoi umgehend. Drei Polizisten verstauen den schweren Sack anschließend wieder im Panzerwagen.

Donnerstag, 28. Juni

Bundeskanzler Kohl und Ministerpräsident de Maizière werben in einem Spitzengespräch mit Vertretern der westdeutschen

Wirtschaft für baldige Investitionen in der DDR. Ostdeutschland solle nicht nur als Absatzmarkt betrachtet werden.

Die DDR gewährt ab 1. Juli Waren aus der Europäischen Gemeinschaft (EG) freien Zugang zu ihrem Wirtschaftsgebiet. Zugleich werden von diesem Tage an im Handel mit Drittländern der Gemeinsame Zolltarif, das Gemeinschaftszollrecht und alle anderen Maßnahmen der Gemeinsamen Handelspolitik der EG angewendet. Das teilt das Wirtschaftsministerium mit. Der Handel mit den RGW-Ländern werde unter Berücksichtigung der bestehenden Vereinbarungen und Verträge bis Ende 1990 zollfrei und ohne andere Eingangsabgaben abgewickelt.

Der „kluge Ludwig" soll den DDR-Bürgern die Grundregeln der Marktwirtschaft erläutern. Als kleine, rundliche Comic-Figur mit der Wohlstandszigarre im Mund wird Ludwig Erhard nach den Sommerferien jeden zweiten Abend im DDR-Fernsehen den Zuschauern für jeweils drei Minuten die Vorzüge der sozialen Marktwirtschaft schildern. Die Zeichentrickfilmserie mit dem Vater des Wirtschaftswunders als Hauptdarsteller ist zentraler Bestandteil einer Werbekampagne, für die nach Angaben des Bundespresseamtes aus dem Bundeshaushalt 25 Millionen Mark zur Verfügung stehen.

Freitag, 29. Juni

De Maizière kündigt die Kandidatur des Vorstandsvorsitzenden der Hoesch AG, Detlef Carsten Rohwedder, für den Vorsitz des Verwaltungsrats der Treuhandanstalt an.

Die DDR-Regierung macht die geplante Einführung einer elfprozentigen Importsteuer für westliche Konsumgüter rückgängig. Wie das Wirtschaftsministerium mitteilt, folge sie damit einem Volkskammerbeschluß vom Vortag.

Bundespräsident Richard von Weizsäcker plädiert für Berlin als Hauptstadt und Regierungssitz eines vereinigten Deutschland und mahnt eine schnelle Entscheidung in dieser Frage an. „Hier ist der Platz für die politisch verantwortliche Führung Deutschlands", sagt er in der Ost-Berliner Nikolaikirche, wo er zum ersten Gesamtberliner Ehrenbürger seit 44 Jahren ernannt wird. „Nur in Berlin kommen wir wirklich aus beiden Teilen und sind doch eins. Das ist die große Chance für ein gesundes, allmähliches Zusammenwachsen." Weizsäcker weist in seiner Rede darauf hin, daß der Beschluß des Bundestages vom November 1949 nie widerrufen worden sei, daß die leitenden Bundesorgane ihren Sitz in die Hauptstadt Deutschlands Berlin verlegen, sobald allgemeine, freie, gleiche, geheime und direkte Wahlen überall durchgeführt sind.

Samstag, 30. Juni

Zum Inkrafttreten der Wirtschafts-, Währungs- und Sozialunion am 1. Juli 1990 hält Ministerpräsident Lothar de Maizière im Deutschen Fernsehfunk eine Ansprache: „Manchem geht das alles zu schnell. Ich kann dieses Gefühl gut verstehen. Denn noch vor einigen Monaten waren die Vorzeichen in unserem Land ganz anderer Art. Der Westen war weit und für die meisten gar nicht erreichbar. Heute sind wir zusammengerückt. Wir sind ein Volk. (...) Was wir jetzt besonders brauchen, sind Selbstvertrauen und Zuversicht. Gründergeist habe ich es kürzlich einmal genannt, was heißen soll: Laßt uns mutig anfangen. Wir sollten nicht in erster Linie und vor allem Probleme sehen, sondern die Chance. Wir dürfen jetzt nicht die Hände in den Schoß legen und warten, was da kommt. Es kommt wenig in Bewegung, wenn wir nicht selbst zupacken. Es geht aber auch nicht, daß Einzelinteressen mit Streiks durchgesetzt werden. Wir müssen das Ganze im Auge behalten."

Juli 1990

Sonntag, 1. Juli

Die zwischen Bonn und Ost-Berlin vereinbarte Wirtschafts-, Währungs- und Sozialunion tritt in Kraft. Damit wird die D-Mark in der DDR als Zahlungsmittel eingeführt.

Bereits in der Nacht warten rund 10 000 Menschen auf dem Alexanderplatz in Ost-Berlin auf die Öffnung der ersten Bankfiliale. Die Bevölkerung feiert die D-Mark mit Sekt und Feuerwerk. Insgesamt verläuft der Umtausch in 15 000 Geldinstituten relativ ruhig und ohne Zwischenfälle.

Außer der D-Mark werden von der DDR auch die wichtigsten Wirtschafts- und Sozialgesetze der Bundesrepublik übernommen. Die Grenzkontrollen zwischen beiden deutschen Staaten sind abgeschafft. Die unter anderem mit einem Anspruch auf Überbrückungsgeld verbundene Notaufnahme für Übersiedler gibt es nicht mehr. Bundespräsident von Weizsäcker, Bundeskanzler Kohl und DDR-Ministerpräsident de Maizière würdigen den 1. Juli als „Brücke für die Vereinigung".

Helmut Kohl erklärt in einer Fernsehansprache zum Inkrafttreten des Staatsvertrages: „Dies ist der entscheidende Schritt zur Einheit unseres Vaterlandes, ein großer Tag in der Geschichte der deutschen Nation." Die Deutschen seien „jetzt wieder unauflöslich miteinander verbunden", zunächst durch eine gemeinsame Währung und die gemeinsame Ordnung der sozialen Marktwirtschaft. „Sie werden es bald auch wieder in einem freien vereinten Staat sein."

Die gegen D-Mark eingetauschten 16 Milliarden DDR-Mark sollen in einem 13 Kilometer langen Stollensystem bei Halberstadt im Harz ihre „letzte Ruhestätte" finden, wie die Pressestelle des Finanzministeriums mitteilt. Dort soll das in 100 000 Leinensäcke verpackte Papiergeld vom lila Fünfer bis zum blauen Hunderter mit dem Bildnis von Karl Marx verrotten. Eine Verbrennung der Noten wäre ökologisch bedenklich, der Reißwolf sei zu teuer gewesen, heißt es. Das wertlose Geld, das hinter einer Betonbarriere lagert, werde mit einer Kunstharzflüssigkeit unbrauchbar gemacht. Das Stollensystem war zwischen 1944 und 1945 von KZ-Häftlingen in das Felsmassiv getrieben worden und sollte der Fertigung von Hitlers „Wunderwaffe" V2 Platz schaffen. Zu DDR-Zeiten baute die Volksmarine die Gänge aus und lagerte dort ihre Waffen. Bei den Münzen will es sich die Staatsbank einfacher machen. Die 4 500 Tonnen Kleingeld werden eingeschmolzen und sollen als Türgriffe für Edelkarossen ein zweites Leben bekommen.

In Sachsen, Thüringen und Mecklenburg-Vorpommern nehmen drei neue Landesrundfunkanstalten den Sendebetrieb auf.

Montag, 2. Juli

Weitere prominente Mitglieder verlassen die DSU. Dem bereits am 30. Juni aus Protest gegen rechtsradikale Tendenzen ausgetretenen Innenminister Diestel folgen unter anderem die früheren Vorsitzenden Nowack und Ebeling, nachdem am Wochenende Hansjoachim Walter neuer DSU-Parteichef geworden ist. Mit dem Austritt von Diestel und Entwicklungsminister Ebeling, die als Parteilose in der Regierung bleiben, hat die DSU keinen Minister mehr im Koalitionskabinett. CSU-Chef Waigel erklärt am 4. Juli, daß seine Partei an einer Zusammenarbeit mit der DSU festhalten werde. Ministerpräsident de Maizière verkündet, er wolle das Kabinett nicht umbilden.

Die Beratungen über den Zweiten Staatsvertrag (Einigungsvertrag), der Einzelheiten über den Beitritt der DDR regeln soll, beginnen in Ost-Berlin. Dabei ist umstritten, ob der Beitritt vor oder nach gesamtdeutschen Wahlen vollzogen werden soll.

Dienstag, 3. Juli

Der auch in seiner Partei umstrittene DDR-Justizminister Wünsche tritt aus Protest gegen ein als diktatorisch empfundenes Verhalten der Bundes-FDP aus dem Bund Freier Demokraten (BFD) aus. Er bleibt als Parteiloser im Kabinett de Maizière.

Währungsunion: Begrüßung der ersten D-Mark-Scheine in der Nacht zum 1. Juli auf dem Berliner Alexanderplatz

Lange Schlangen in den ersten Julitagen vor Sparkassen und Banken zur Umstellung der Konten

Mittwoch, 4. Juli

Die Bonner Koalition von CDU/CSU und FDP einigt sich auf den Termin 2. Dezember für die Wahlen zum gesamtdeutschen Parlament.

Ministerpräsident de Maizière (CDU) spricht sich für einen Beitritt nach dieser Wahl und für Berlin als Hauptstadt aus.

Im Zuge der bevorstehenden Vereinigung müsse die historisch einmalige Chance genutzt werden, neue Wege auf sozialem, ökologischem, demokratischem und außenpolitischem Gebiet zu gehen, was in einer neuen Verfassung festgeschrieben werden solle. Das erklären Vertreter der Volkskammerfraktion Bündnis 90/Grüne Partei vor der Presse in Berlin. Der in Kraft getretene Erste Staatsvertrag lasse auf zahlreichen Gebieten viele Fragen offen.

Der neue Vorsitzende des Verwaltungsrats der Treuhandanstalt, Detlef Carsten Rohwedder (ehemals Hoesch-AG) spricht sich dafür aus, die DDR-Kombinate binnen zwei Jahren zu privatisieren, gegebenenfalls zu sanieren und wenn nötig zu liquidieren.

Arbeiter und Angestellte der Nordbezirke der DDR treten in einen Warnstreik und fordern neue Tarifverträge sowie einen zweijährigen Kündigungsschutz während der wirtschaftlichen Übergangszeit.

Donnerstag, 5. Juli

Alle Schulabgänger des Jahres 1990 werden nach Angaben von Wirtschaftsminister Gerhard Pohl einen Ausbildungsplatz erhalten. Dieses Versprechen gibt er auf einer Pressekonferenz zur Mittelstandsförderung in Berlin ab, an der auch sein bundesdeutscher Amtskollege Helmut Haussmann teilnimmt. Er informiert dabei über einen Regierungsbeschluß, daß betriebliche Bildungsstätten im Notfall von den Kommunen übernommen und finanziert werden sollen.

Die Kosten der deutschen Vereinigung sind nach Ansicht der Organisation für wirtschaftliche Zusammenarbeit und Entwicklung (OECD) für die deutsche Wirtschaft und den Staat verkraftbar. In ihrem vorgelegten Deutschland-Bericht erteilt die Spitzenorganisation der 24 westlichen Industrieländer der Währungsunion ein uneingeschränktes Lob. Inflationsgefahr sieht die OECD durch die deutsche Vereinigung nicht. Die Zinsen würden allerdings hoch bleiben, heißt es in dem Bericht. Der hohe Finanzbedarf könne aber zu einer Aufwertung der D-Mark führen, da die Kapitalanlage in Deutschland auch wegen der hohen Zinsen attraktiver sei als anderswo. Die Märkte erwarteten hohe Renditen von in der DDR investiertem Kapital. Ein höherer Wechselkurs könnte auch den Ressourcentransfer zwischen den beiden deutschen Staaten erleichtern, da die Importausgaben der DDR weitgehend von der Bundesrepublik finanziert würden. Wenn die Produktivität in der DDR ähnlich wie die in der Bundesrepublik nach der Währungsreform 1949 um jährlich 8,5 Prozent steige, brauche die DDR-Wirtschaft nach Berechnung der OECD 15 Jahre, um bundesdeutsches Niveau zu erreichen. Dabei ist unterstellt, daß die Produktivität in der Bundesrepublik in dieser Zeit um jährlich zwei Prozent zunimmt.

Die im Juni mit sieben anderen mutmaßlichen RAF-Terroristen in der DDR festgenommene Susanne Albrecht stellt sich den Behörden der Bundesrepublik. Bis zum 24. Juli werden auch Inge Viett (gegen ihren Willen), Werner Lotze, Sigrid Sternebeck und Henning Beer an die westdeutsche Justiz überstellt.

Etwa 21 000 Unterschriften gegen Schwangerschaftsabbruch werden in Berlin an die Ministerin für Familie und Frauen, Dr. Christa Schmidt (CDU), übergeben. Sie waren von einer katholischen und einer überkonfessionellen Initiativgruppe im Bezirk Dresden gesammelt worden und fordern „einen Rechtsschutz für jedes ungeborene Kind".

Freitag, 6. Juli

Die DDR-SPD, die beim Vereinigungstempo bisher eher zurückhaltend war, fordert am Rande der offiziellen Verhandlungen über den Einigungsvertrag – im Gegensatz zu Ministerpräsident de Maizière – den Beitritt der DDR noch vor den gesamtdeutschen Wahlen.

Auf einer Pressekonferenz weist Staatssekretär Günther Krause Vorwürfe zurück, nach denen Bonn bereits einen fertigen Vertragsentwurf vorgelegt habe. Die DDR sei auch aufgefordert worden, Vorstellungen zum Einigungsvertrag einzubringen.

Die Einzahlung von DDR-Mark auf ostdeutsche Konten wird beendet. Wie der DDR-Sparkassenvorstand informiert, wickeln die Geldinstitute den Zahlungsverkehr nunmehr nur noch auf DM-Basis ab. Ab sofort können wieder Kontenbewegungen vorgenommen, Schecks eingelöst und Überweisungen vorgenommen werden.

Nach der Währungsumstellung und den gleichzeitig in Kraft getretenen neuen Importregelungen kommt es im Handel bei verschiedenen Nahrungsgütern zu Engpässen. Das Landwirtschaftsministerium leitet daraufhin Maßnahmen ein, um schnell Abhilfe zu schaffen. So werden in Abstimmung mit dem Bundesernährungsministerium die ausgeschriebenen Kontingente für den Import von Lebensmitteln wie Käse und Frischkäse, Backwaren, Schokolade, Öl und Margarine für das dritte Quartal erhöht. Zur kurzfristigen Verbesserung des Angebots erhält die ALDI-Handelskette die Genehmigung für zusätzliche ambulante Verkaufseinrichtungen.

Als große Überraschung wird die Übernahme der West-Berliner Bolle-Gruppe durch die Ost-Berliner Konsumgenossenschaft aufgenommen, was von einer „deutschen Großbank" finanziert wird. Dies bestätigt der Präsident des Verbandes der Konsumgenossenschaften der DDR (VdK), Heinz Fahrenkrog, in Berlin. Auskünfte zum Kaufpreis für die 122 Läden, zwei Lager, einen Fleischzerlegungsbetrieb und den Fuhrpark lehnt er ab. „Wir sind kein armer Mann", ist seine einzige Bemerkung. Veräußerer der Bolle-Lebensmittelgeschäfte ist die in der Sanierung befindliche co op AG (Frankfurt). Bolle setzt in West-Berlin mit über 2 000 Mitarbeitern in 122 Läden knapp 700 Millionen DM um. Es werden schwarze Zahlen geschrieben. Im 1. Halbjahr 1990 war der Umsatzzuwachs zweistellig. Die Mitarbeiter werden alle übernommen.

Samstag/Sonntag, 7./8. Juli

Mit einem Massenansturm auf westdeutsche Kaufhäuser und Geschäfte reagieren DDR-Kunden am ersten verkaufsoffenen Sonnabend seit der Währungsumstellung auf vielfach überhöhte Preise und Angebotslücken in der DDR.

Auf den vielfach geäußerten Vorwurf, die DDR werde von den westdeutschen Unternehmen nur als Absatzgebiet, nicht aber ernsthaft als Produktionsstandort in Betracht gezogen, äußert Bundeswirtschaftsminister Helmut Haussmann, die DDR solle durchaus ein industrieller Standort bleiben. Im klassischen Industriesektor seien die Probleme allerdings viel größer als im Bereich des neuen Mittelstandes. Eine Nachbesserung in Form von Subventionszahlungen käme jedoch nicht in Frage. Vielmehr sollte Vertrauen geschaffen werden, um industrielle Investoren aus dem Ausland zu gewinnen.

Die Zeitplanung der DDR-Regierung für den Weg zur deutschen Einheit und zur Neugliederung der Länder stößt beim Minister für Regionale und Kommunale Angelegenheiten Manfred Preiß vom Bund Freier Demokraten auf harte Kritik. Die Landtagswahlen am 14. Oktober und gesamtdeutsche Wahlen am 2. Dezember, wie sie der DDR-Unterhändler für den Zweiten Staatsvertrag, Staatssekretär Günther Krause (CDU), vorsehe, lägen zeitlich viel zu nah beieinander, um aus der zentral organisierten DDR einen föderalen Staat zu machen, sagt Preiß in einem Zeitungsinterview. Bliebe es bei Krauses Fahrplan, gehe die DDR mit „nicht funktionierenden" Ländern in die Einheit. In Sachsen-Anhalt und Mecklenburg-Vorpommern gebe es noch nicht einmal Klarheit über die zukünftigen Hauptstädte.

Montag, 9. Juli

Als Antwort auf die Versorgungsengpässe der letzten Tage kündigt das Handelsministerium an, daß bis zum 30. September das Einzelhandelsmonopol des Konsum und der HO zerschlagen werden soll. Die von ihnen gemieteten Verkaufsflächen – das betrifft

269

z.B. 70 Prozent der Konsumverkaufsstellen – würden bis dahin neu ausgeschrieben.

Die Ost-CDU spricht sich dafür aus, daß es für die erste gesamtdeutsche Wahl zwei Wahlgebiete mit unterschiedlichen Wahlmodi geben soll, damit auch kleinere Parteien eine Chance haben. Dies macht ihr geschäftsführender Vorsitzender Horst Korbella nach Gesprächen mit dem Generalsekretär der bundesdeutschen CDU, Volker Rühe, vor der Presse in Bonn deutlich.

Dienstag, 10. Juli

Innerhalb der Regierungskoalition kommt es zum offenen Streit über den geeigneten Modus bei den gesamtdeutschen Wahlen.Sabine Bergmann-Pohl spricht sich als amtierendes Staatsoberhaupt am Rande der CDU/DA-Fraktionssitzung in Ost-Berlin gegen eine Fünf-Prozent-Hürde und für eine reelle Chance der DDR-Opposition bei bevorstehenden Wahlen aus.

Das Netz ehemaliger DDR-Agenten in der Bundesrepublik ist nach Einschätzung von DDR-Innenminister Peter-Michael Diestel nach dem Sturz des SED-Regimes nicht an den sowjetischen Geheimdienst KGB übergeben worden. Diestel beruft sich dabei in einer Gesprächsrunde mit Journalisten in Ost-Berlin auf den früheren DDR-Spionagechef Markus Wolf, der ihm dies glaubwürdig versichert habe. Nach den Worten Diestels wird derzeit mit dem Bundesinnenministerium an einer „Neutralisierung der gegenseitigen Kundschaftertätigkeit" gearbeitet. DDR-Spione seien in der Bundesrepublik nicht mehr tätig. Es bestehe eine gute Chance, diesen Problembereich bis zum Tag der deutschen Einheit zu lösen.

Mittwoch, 11. Juli

In der DDR werden die ersten Konten von Privatpersonen und Firmen gesperrt. Grundlage ist ein kurz vor der Währungsumstellung von der Volkskammer verabschiedetes Gesetz, mit dem verhindert werden soll, daß unrechtmäßig erworbenes Geld umgetauscht werden kann.

Die Ost-Berliner Stadtverordnetenversammlung verabschiedet mit nur wenigen Gegenstimmen und Enthaltungen eine bis zur Vereinigung geltende neue Verfassung, die am 24. Juli in Kraft tritt. Dem Entwurf einer neuen Verfassung für Gesamt-Berlin stimmen am 13. Juli die West-Berliner Parlamentsparteien weitgehend zu, womit auf regionaler Ebene juristisch bereits eine De-facto-Vereinigung stattgefunden hat.

Donnerstag, 12. Juli

DDR-Ministerpräsident de Maizière (CDU), Bundesfinanzminister Waigel (CSU) und dessen Ost-Berliner Amtskollege Romberg (SPD) nehmen an einer Sitzung des erstmals in der DDR tagenden Zentralbankrats der Bundesbank teil, auf der eine erste Bestandsaufnahme der Währungsunion gemacht wird. Dabei beziffert Romberg das DDR-Haushaltsdefizit auf 334 Milliarden DM.

Das Europaparlament fordert engere Konsultationen über den Prozeß der Einbeziehung der DDR in die Europäische Gemeinschaft. Christdemokraten und Sozialisten sprechen sich in Straßburg für eine Vereinbarung zwischen dem Ministerrat und der EG-Kommission aus, um gemeinsam Übergangsmaßnahmen bis zur Eingliederung der DDR zu beraten. Am 12. September soll die EG-Kommission ein Maßnahmenpaket mit Ausnahmeregelungen und Anpassungen europäischer Rechtsvorschriften vorlegen.

Für die Beibehaltung der Fristenlösung beim Schwangerschaftsabbruch sprechen sich 77 Prozent der DDR-Bürger ab 14 Jahre, unabhängig von ihrer politischen oder religiösen Richtung, aus. Das geht aus einer repräsentativen Umfrage des Zentralinstituts für Jugendforschung Leipzig hervor.

Freitag, 13. Juli

Nach Protestaktionen in mehreren Industriebetrieben kommt es zum ersten Abschluß eines Tarifvertrages für die Chemieindustrie. Die Grundlöhne werden um 35 Prozent erhöht. Auch in der Metallindustrie kommt es zu Verhandlungen.

Besonderen Unmut unter den Arbeitern löste aus, daß viele DDR-Arbeitnehmer seit dem 2. Juli mehr Lohnsteuern als Bundesbürger mit vergleichbaren Einkommen zahlen müssen, wie die Gewerkschaftszeitung „Metall" berichtet:

Benachteiligt würden insbesondere Verheiratete mit einem Arbeitseinkommen und Alleinstehende mit Kind. Eine Familie mit zwei Kindern und einem steuerpflichtigen Einkommen von 1 600 D-Mark, so die Zeitung, müsse in der DDR z.B. 79,- DM Lohnsteuer bezahlen, in der BRD dagegen nichts. Dies sei ein Fehler des Staatsvertrages, der diese Benachteiligung festgeschrieben habe. Die DDR besteuere jetzt alle Lohneinkünfte gemäß der bundesdeutschen Steuerklasse I. Dies gelte in der Bundesrepublik jedoch nur für Alleinerziehende ohne Kinder, und jene zahlten bekanntlich mehr Steuern als etwa Verheiratete mit nur einem Einkommen. Offiziell würden die unterschiedlichen Steuersätze damit begründet, daß wegen der Eile des Staatsvertrages und der Umstellung der DDR-Finanzämter ein möglichst einfaches Verfahren gefunden werden sollte. Dies sei aber für die Arbeitnehmer von erheblichem Nachteil und daher nicht einzusehen.

In den ersten zwei Wochen nach der Währungsunion ist die Arbeitslosigkeit sprunghaft angestiegen. Sie erhöhte sich von 142 000 (Ende Juni) auf über 220 000, was einer Quote von 2,5 Prozent entspricht. Die Zahl der Kurzarbeiter liegt nach Schätzungen bei einer viertel Million.

Das DDR-Kulturministerium will die bislang zentral geleiteten Kultureinrichtungen in die Kulturhoheit der Länder übergeben. Während Kulturhäuser und andere kleine Kulturstätten sofort in die Verantwortung der Kommunen übergehen, ist für größere Objekte wie Staatstheater und Schlösser im Interesse ihres Erhalts eine längere Übergangsfrist vorgesehen. Wie Kulturminister Herbert Schirmer auf einer Pressekonferenz erläutert, soll sein Ministerium dafür auch nach der Vereinigung Deutschlands noch für etwa drei Jahre als eine Art Treuhandgesellschaft wirken.

Samstag / Sonntag, 14. / 15. Juli

Lothar de Maizière kritisiert die Haltung des Bundeskanzlers, die
Hauptstadtfrage offen zu halten, solange noch sowjetische Truppen in und um Berlin stationiert sind.

Nach Auskunft von Abrüstungsminister Eppelmann ist es in
jüngster Zeit verstärkt zu Ausschreitungen der DDR-Bevölkerung
gegenüber sowjetischen Soldaten gekommen. „Dieses Problem
wird immer akuter und droht eine politische Tragweite gesamteuropäischen Ausmaßes anzunehmen." Als Beispiel nennt er eine Demonstration von 1 500 DDR-Bürgern vor einem Flugplatz
der sowjetischen Streitkräfte, wobei Flaschen und Steine auf die
Soldaten geworfen worden seien.

Bundeskanzler Kohl beginnt in Moskau zweitägige Gespräche mit der sowjetischen Führung, wobei es vor allem um
die offene Bündnisfrage eines vereinten Deutschland geht. Gorbatschow lädt Kohl in seine südrussische Heimat nach Stawro-
pol ein. In einer abgeschiedenen Berghütte bei Archys im Kaukasus suchen sie in vertraulichen Gesprächen nach einer
Lösung.

Montag, 16. Juli

Kohl und Gorbatschow erreichen einen Durchbruch bei den Verhandlungen und räumen das letzte außenpolitische Hindernis auf
dem Weg zur deutschen Einheit beiseite. Sie verständigen sich
darauf, daß das geeinte Deutschland „selbst und frei" darüber entscheiden kann, welchem Bündnis es angehören möchte. Beide Politiker stellen auf einer gemeinsamen Pressekonferenz im kauka-
sischen Shelesnowodsk den ausgehandelten Acht-Punkte-Plan
vor, der auf deutscher Seite umfangreiche Abrüstungsverpflich-
tungen enthält. Kohl referiert:

„1. Die Einigung Deutschlands umfaßt die Bundesrepublik, die
DDR, und Berlin.

2. Wenn die Einigung vollzogen wird, werden die Vier-Mäch-
te-Rechte und die Verantwortlichkeiten vollständig abgelöst.

Damit erhält das geeinte Deutschland zum Zeitpunkt seiner Vereinigung seine volle und uneingeschränkte Souveränität.

3. Das vereinte Deutschland kann in Ausübung seiner uneingeschränkten Souveränität frei und selbst entscheiden, ob und welchem Bündnis es angehören will. Das entspricht der KSZE-Schlußakte. Ich habe als es die Auffassung der Regierung der Bundesrepublik Deutschland erklärt, daß das geeinte Deutschland Mitglied des Atlantischen Bündnisses sein möchte.

Und ich bin sicher, dies entspricht auch der Ansicht der Regierung der DDR.

4. Das geeinte Deutschland schließt mit der Sowjetunion einen zweiseitigen Vertrag zur Abwicklung des Truppenabzuges aus der DDR, der innerhalb von drei bis vier Jahren beendet sein soll. Gleichzeitig soll mit der Sowjetunion ein Überleitungsvertrag über die Auswirkungen der Einführung der D-Mark in der DDR für diesen Zeitraum von drei bis vier Jahren abgeschlossen werden.

5. Solange sowjetische Truppen noch auf dem ehemaligen DDR-Territorium stationiert bleiben, werden die NATO-Strukturen nicht auf diesen Teil Deutschlands ausgedehnt. Die sofortige Anwendung von Artikel 5 und 6 des NATO-Vertrages bleibt davon von Anfang an unberührt. Nichtintegrierte Verbände der Bundeswehr, das heißt Verbände der territorialen Verteidigung, können ab sofort nach der Einigung Deutschlands auf dem Gebiet der heutigen DDR und in Berlin stationiert werden.

6. Für die Dauer der Präsenz sowjetischer Truppen auf dem ehemaligen DDR-Territorium sollen nach der Vereinigung nach unseren Vorstellungen die Truppen der drei Westmächte in Berlin verbleiben. Die Bundesregierung wird die drei Westmächte darum ersuchen und die Stationierungen mit den jeweiligen Regierungen vertraulich regeln.

7. Die Bundesregierung erklärt sich bereit, noch in den laufenden Wiener Verhandlungen eine Verpflichtungserklärung abzugeben, die Streitkräfte eines geeinten Deutschland innerhalb von drei bis vier Jahren auf eine Personalstärke von 370 000 Mann zu reduzieren. Die Reduzierung soll mit dem Inkrafttreten des ersten Wiener Abkommens begonnen werden.

Verhandlungsdurchbruch im Kaukasus: Kohl (r.) und Gorbatschow (M.) einigen sich darauf, daß das vereinigte Deutschland seine Bündniszugehörigkeit frei wählen kann

Zwei-plus-Vier-Verhandlungen der Außenminister zur Sicherung der Nachkriegsgrenzen; v.l.n.r.: Dumas (Frankreich), Genscher (BRD), Baker (USA), Meckel (DDR), Schewardnadse (UdSSR), Hurd (Großbritannien)

275

8. Ein geeintes Deutschland wird auf Herstellung, Besitz und Verfügung der ABC-Waffen verzichten und Mitglied des Nichtweiterverbreitungsvertrages bleiben."

Die DDR-Regierung erörtert auf einer Kabinettsitzung in Ost-Berlin ihre Positionen für die Verhandlungen zum Zweiten Staatsvertrag. Die unterschiedlichen Ansichten in der Koalition über den Beitrittstermin und den Wahlmodus verhärten sich dabei weiter. Die SPD will von ihrer Position des Beitritts vor der Wahl und der einheitlichen Fünf-Prozent-Klausel nicht abrücken. Die CDU hatte sich bereits auf einen Beitrittstermin nach der Wahl und getrennte Wahlgebiete festgelegt.

Thema ist auch die schwierige Wirtschaftslage. Die Produktion der DDR-Industrie ist im ersten Halbjahr gegenüber dem Vorjahreszeitraum um 7,3 Prozent gesunken. Auch die Arbeitsproduktivität habe sich verringert, berichtet der Wirtschaftsminister.

Wie der Sprecher des DDR-Bauernverbandes, Werner Wühst, mitteilt, mehren sich vor allem in der Region Brandenburg die Fälle zahlungsunfähiger LPG. Allein im Kreis Königs Wusterhausen seien zehn von 17 LPG pleite. Im Bezirk Dresden werde massenhaft Milch mit Jauchewagen auf die Felder verkippt, da die neuen Handelsketten Produkte aus dem Westen bevorzugen.

Dienstag, 17. Juli

Die in Amsterdam erscheinende unabhängige Zeitung „De Volkskrant" schreibt zu den Moskauer Vereinbarungen: „Die Frage, warum Gorbatschow nachgegeben hat, ist nicht leicht zu beantworten. (...) In seinem Bestreben, die todkranke Wirtschaft seines Landes zu reformieren und zu sanieren und der Sowjetunion Zugang zu Europa und zum Weltmarkt zu verschaffen, hat Gorbatschow offensichtlich beschlossen, die deutsche Karte zu spielen. Daß Gorbatschow für seine Konzessionen einen Preis verlangt, steht fest. Der weitere Zerfall des Warschauer Paktes, der nun auch noch die DDR verliert, muß indessen auch dem Westen etwas wert sein."

SPD-Kanzlerkandidat Oskar Lafontaine gratuliert Kohl nach dessen Rückkehr zu seinem Erfolg beim Treffen mit dem sowjetischen Staatspräsidenten Michail Gorbatschow. Die Ergebnisse seien uneingeschränkt anzuerkennen und zu begrüßen. Die Deutschen kämen damit der staatlichen Einheit immer näher.

Die Außenminister der vier Siegermächte und ihre beiden deutschen Amtskollegen treffen sich in Paris zur dritten Zwei-plus-Vier-Runde. Unter Beteiligung des polnischen Außenministers Skubiszewski vereinbaren sie, daß Deutschland und Polen innerhalb kürzester Zeit einen Grenzvertrag unterzeichnen, der die Oder-Neiße-Linie als Westgrenze garantiert. Frankreichs Außenminister Roland Dumas sagt zum Abschluß vor der Presse: „Es steht nichts mehr der Tatsache entgegen, daß Deutschland vor dem Jahresende seine volle Souveränität erreichen wird." Dies sei „eine wichtige Etappe beim Bau eines freien und solidarischen Europa".

Mittwoch, 18. Juli

Ein Regierungsabkommen über die Wirtschaftsbeziehungen zwischen der DDR und der UdSSR, mit dem die Rechtsgrundlagen des Handels zwischen beiden Ländern den Erfordernissen des Staatsvertrages angepaßt werden, wird in Ost-Berlin unterzeichnet.

Das DDR-Kabinett beschließt zusätzliche Kredite in Höhe von 1,65 Milliarden DM für die unter dem Druck von Westimporten an den Rand der Existenz gedrängte Landwirtschaft. Der Markt für inländische Agrarprodukte ist weitgehend zusammengebrochen.

Der Streit in der DDR-Regierung darüber, ob die Volkskammer sofort den Beitritt zur Bundesrepublik mit Wirkung zum 1. Dezember erklären soll, geht weiter. Die Liberalen drängen wie die Sozialdemokraten auf eine vorzeitige Beitrittserklärung und bringen in der Volkskammer einen entsprechenden Antrag ein. Sie begründen ihren Vorstoß unter anderem damit, daß alle im Zusammenhang mit der Strukturanpassung der DDR-Wirtschaft an die Marktwirtschaft entstehenden Fragen nur unter dem Dach eines einheitlichen Verfassungs- und Rechtsrahmens lösbar seien.

Auf den Straßen der DDR sind im ersten Halbjahr bereits über 1 000 Menschen und damit 400 mehr als im Vergleichszeitraum

1989 bei Verkehrsunfällen ums Leben gekommen. Die aus der Bundesrepublik eingeführten leistungsstarken Autos verführen die daran nicht gewöhnten Fahrer zum Rasen, wird vermutet.

Donnerstag, 19. Juli

Der Streit innerhalb der DDR-Regierungskoalition um den Termin der deutschen Vereinigung verschärft sich. Nunmehr schalten sich auch bundesdeutsche Politiker massiv ein. FDP-Chef Otto Graf Lambsdorff warnt Ministerpräsident de Maizière davor, auf Zeit zu spielen. Dabei werde sich der DDR-Regierungschef an den Liberalen „die Zähne ausbeißen", sagt er im Norddeutschen Rundfunk. Der stellvertretende Vorsitzende der SPD-Bundestagsfraktion, Horst Ehmke, empfiehlt de Maizière dringend, bei seiner Forderung nach getrennten Wahlen für ein gesamtdeutsches Parlament einzulenken. Derzeit scheine der DDR-Ministerpräsident dabei zu sein, sich zu überheben.

Bundesinnenminister Schäuble legt den Verfassungsschutzbericht 1989 vor. Für ehemalige Stasi-Mitarbeiter deutet Schäuble nach der Vereinigung die Möglichkeit einer Amnestie an.

Der Deutsche Fußballbund der Bundesrepublik und der Deutsche Fußballverband der DDR beschließen in Frankfurt/Main ihre Vereinigung. Danach soll die 1. Bundesliga bereits mit Beginn der neuen Saison um zwei Vereine aus der DDR erweitert werden.

Freitag, 20. Juli

Über 50 000 Soldaten der Nationalen Volksarmee legen in der DDR erstmals einen Fahneneid ab, der sie nicht mehr zur Verteidigung des Sozialismus verpflichtet.

Samstag/Sonntag, 21./22. Juli

Unter dem Druck der Ereignisse tagt die Volkskammer am gesamten Wochenende. Die Fraktionen der SPD und der Liberalen reichen einen Antrag zu einem Beitritt der DDR zur Bundesrepublik ein. Darin heißt es: „Die Volkskammer der DDR wird den Beitritt der DDR gemäß Artikel 23 Grundgesetz so rechtzeitig beschließen, daß er spätestens am Tage vor der Wahl zum gesamtdeutschen Parlament wirksam wird. Die mit dem Beitritt zusammenhängenden Fragen sind bis dahin in einem Einigungsvertrag zwischen der DDR und der BRD einvernehmlich zu regeln." PDS, CDU, DSU und Bündnis 90 stimmen gegen diesen Antrag, so daß er keine Mehrheit findet. Nach mehrmaligen Krisensitzungen am Rande der Parlamentsdebatte können sich die Spitzen der Koalitionsfraktionen schließlich auf einen Kompromiß einigen. Danach sollen noch im Juli die Präsidien des Bundestages und der Volkskammer in einer gemeinsamen Sitzung über die gesamtdeutschen Wahlen beraten.

Beschlossen wird ein Ländereinführungsgesetz, das Landtagswahlen für den 14. Oktober vorsieht.

Endlich verabschiedet wird auch der Haushaltsplan für das zweite Halbjahr 1990. Bei einem Defizit von 3,4 Milliarden D-Mark können insgesamt 64,1 Milliarden D-Mark verteilt werden. Entgegen dem ersten Entwurf werden für den Umweltschutz etwa 270 Millionen D-Mark mehr bereitgestellt. Streichungen gibt es dafür in fast allen Einzelhaushalten, darunter besonders kräftig im Verteidigungshaushalt, bei der Parteienfinanzierung und bei den Mitteln für den Staatsapparat.

Der Konsistorialpräsident der evangelischen Kirche Berlin-Brandenburg, Manfred Stolpe, wird vom Landesvorstand, dem Landesparteirat und den märkischen Kreisvorsitzenden der SPD einstimmig als Spitzenkandidat für das Amt des Ministerpräsidenten im Land Brandenburg bei den Landtagswahlen im Oktober nominiert.

An der geschichtsträchtigen Nahtstelle zwischen Ost- und West-Berlin geht am Samstagabend auf dem Potsdamer Platz mit der Rockoper „The Wall" eines der größten Spektakel in der Geschichte der Rockmusik über die Bühne. 320 000 Besucher und ein Milliardenpublikum in aller Welt am Fernseher verfolgen das Schauspiel der britischen Gruppe „Pink Floyd" auf dem ehemaligen Todesstreifen.

Montag, 23. Juli

Die Große Koalition in Ost-Berlin steht wegen des umstrittenen Beitrittstermins kurz vor dem Auseinanderbrechen. Die Fraktionsvorstände von Liberalen und SPD machen in Briefen an Ministerpräsident Lothar de Maizière den Fortbestand des Bündnisses vom Entgegenkommen der CDU abhängig.

De Maizière dagegen fordert die Koalitionspartner auf, im Interesse der Menschen zur Sacharbeit zurückzukehren. Im DDR-Fernsehen sagt er, er könne den Vorschlägen und Forderungen der Sozialdemokraten und der Liberalen, den Beitritt sofort zu erklären, nicht folgen, „weil ich als Ministerpräsident dafür die Verantwortung trage, daß die Bürger der DDR gesichert und mit fairen Chancen und Bedingungen in die Einheit gehen". Die Themen Wahlmodus und Wahlgebiet könnten nach Abschluß des Einigungsvertrages in Ruhe geregelt werden.

Im Streit um die künftige Handhabung des § 218 meldet sich Bundestagspräsidentin Rita Süssmuth zu Wort. Sie schlägt vor, daß im vereinten Deutschland die Schwangerschaftsunterbrechungen in den ersten drei Monaten straffrei bleiben sollen, wenn sich die Frauen zuvor beraten lassen.

Dienstag, 24. Juli

Die DDR-Regierungskoalition bricht auseinander. Die Liberalen verlassen aus Protest gegen das Verhalten von Ministerpräsident de Maizière im Streit um den Wahlmodus am 2. Dezember das Kabinett. In der Erklärung der Liberalen zum Austritt heißt es: „Gesamtdeutsche Wahlen können nach unserem Verständnis nur Wahlen sein, die in allen Teilen Deutschlands auf der Grundlage gleichen Wahlrechts stattfinden. Das ist für uns unverzichtbar. Ein weiteres Hinausschieben der Absichtserklärung zum Beitritt zum Geltungsbereich des Grundgesetzes der Bundesrepublik spätestens am Tag vor der Wahl führt zu enormen wirtschaftlichen Schäden für die DDR, da westliche Investoren endlich Klarheit für ihre Investitionsentscheidungen brauchen. Die von Herrn Mi-

Demonstration in Ost-Berlin gegen die geplante Einführung des bundesdeutschen § 218 auf dem Gebiet der DDR

nisterpräsident de Maizière behaupteten Vorteile eines Zögerns fallen demgegenüber nicht ins Gewicht. Im Unterschied zum Ministerpräsidenten gehen wir davon aus, daß die Bundesrepublik Deutschland beim Einigungsvertrag nicht gegen Grundinteressen der DDR-Bürger handelt. (...) Die Haltung des Ministerpräsidenten bewirkte ein Abstimmungsbündnis mit der PDS, wodurch die Grundlagen der Koalition, die für uns sehr viel mit Treu und Glauben zu tun haben, zerstört wurden."

Drei von neun Abgeordneten der Demokratischen Bauernpartei (DBD) kündigen ihren Übertritt zur SPD an und wenden sich damit gegen die Absicht ihrer Parteiführung, sich mit der CDU zu vereinigen.

Mittwoch, 25. Juli

Das DDR-Kabinett beschließt, daß die Liquidierung von DDR-Betrieben angesichts der steigenden Arbeitslosenzahlen und der zunehmenden sozialen Proteste für drei Monate ausgesetzt wird.

Der Pressesprecher des Finanzministeriums gibt bekannt, daß im Haushalt für das 2. Halbjahr finanzielle Mittel für 440 000 Arbeitslose und Kurzarbeiter eingeplant wurden. Das Ministerium schätze aber anhand jetziger Erhebungen, daß sich diese Zahl noch verdoppeln werde.

Für die Investitionspläne bundesdeutscher Unternehmen spielt der DDR-Markt bisher keine große Rolle. Das ergibt eine Expertenumfrage in 13 BRD-Industriezweigen, über deren Ergebnis die „Frankfurter Allgemeine Zeitung" informiert. Danach hält sich bei den meisten Branchen die Bereitschaft zu Investitionen in der DDR in engen Grenzen.

Donnerstag, 26. Juli

Die gemeinsam tagenden Parlamentsausschüsse Deutsche Einheit von Bundestag und Volkskammer verständigen sich in Bonn darauf, daß die gesamtdeutsche Wahl am 2. Dezember in einem Wahlgebiet und nach einem Wahlrecht stattfinden sollen. Umstritten bleibt weiterhin die Ausgestaltung der Sperrklausel.

Der Chef der Liberalen der DDR, Rainer Ortleb, signalisiert die Bereitschaft der liberalen Minister zur weiteren Mitarbeit im Kabinett de Maizière, wenn der Ministerpräsident Wert darauf lege. Es gebe jetzt Wichtigeres als den Koalitionsstreit, nämlich die deutsche Einheit noch in diesem Jahr. Auch die Sozialdemokraten lenken ein, da mit der Sitzung der Ausschüsse Deutsche Einheit ihre Hauptforderungen nach Parlamentswahlen in einem einheitlichen Wahlgebiet mit einheitlichem Wahlrecht erfüllt sei.

Freitag, 27. Juli

Ministerpräsident de Maizière geht auf die Koalitionspartner zu und schlägt vor, daß die Volkskammer noch vor den Wahlen am 2. Dezember den Beitritt zur Bundesrepublik beschließt. Die Regierung scheint damit gerettet. Die aus CDU/DA und SPD bestehende Koalition verfügt weiter über eine Zweidrittelmehrheit im Parlament.

Das DDR-Bauministerium fordert alle Mieter auf, Mieterhöhungsbegehren von privaten oder kommunalen Hauseigentümern „beruhigt in den Papierkorb zu werfen". Dafür gebe es bisher keine rechtliche Grundlage. Noch seien die Wohnungsmieten unverändert fest.

Samstag/Sonntag, 28./29. Juli

Die in beiden deutschen Staaten unterschiedlichen Abtreibungsgesetze sollten nach Ansicht von Ministerpräsident Lothar de Maizière im künftigen Gesamtdeutschland noch eine Weile in ihrer jetziger Form fortbestehen, da keiner Seite eine Übernahme der anderen Praxis zuzumuten sei und ein vernünftiger Kompromiß noch nicht gefunden wurde.

Abrüstungs- und Verteidigungsminister Rainer Eppelmann setzt sich inzwischen vorbehaltlos für eine gesamtdeutsche Armee unter einem politisch verantwortlichen Oberbefehl ein, teilt sein Berater, der SPD-Sicherheitsexperte Egon Bahr, im Süddeutschen Rundfunk mit.

In Rheinland-Pfalz beginnt der Abzug von US-Chemiewaffen, so wie ihn Gorbatschow mit Bush im Juni vereinbart hatte. 15 von insgesamt 400 Tonnen Nervengas werden im Rahmen der Aktion „Lindwurm" aus Clausen abtransportiert.

Sozialministerin Regine Hildebrandt informiert darüber, daß in den ersten zwei Wochen nach der Währungsunion bereits 500 000 Anträge auf Kurzarbeit gestellt worden seien.

Montag, 30. Juli

Die Regierungen beider deutscher Staaten einigen sich auf ein Rahmenkonzept zum Wahlvertrag, wonach eine einheitliche Fünf-Prozent-Klausel angestrebt wird, die auf die jeweiligen Bundesländer bezogen werden soll.

Die Bildung der Wirtschafts- und Währungsunion mit der DDR am 1. Juli dieses Jahres hat nach dem neuen Konjunkturbericht des Deutschen Sparkassen- und Giroverbandes unterschiedliche Folgen für die beiden deutschen Staaten. Während in der Bundesrepublik weiter ein unverändert günstiges Geschäftsklima herrsche, verzeichneten in der DDR fast alle Industriebranchen deutliche Rückgänge der Produktion.

Dienstag, 31. Juli

Bei den Beratungen von Spitzenpolitikern der Bonner Koalitionsparteien über den Wahlvertrag mit der DDR zu den ersten gesamtdeutschen Wahlen im Dezember zeichnet sich ein Kompromiß ab, der neben einer Fünf-Prozent-Sperrklausel auch eine Ausnahmeregelung für Listenverbindungen zwischen unterschiedlichen Parteien vorsieht. In Ost-Berlin hat der Koalitionsausschuß dagegen noch keine Einigung über den Wahlmodus erzielt.

August 1990

Mittwoch, 1. August

Der Einigungsvertrag nimmt Konturen an. Staatssekretär Krause nennt drei wichtige Schwerpunkte dieses Zweiten Staatsvertrages: Erstens muß gewährleistet werden, daß nach der Einigung fortgeltendes DDR-Recht nicht anfechtbar wird. Zweitens seien Fragen der Finanzierung der Länder zu erörtern. Drittens gehe es um eine sozial verträgliche Umstellung des zentralistischen Staates in ein föderalistisch geführtes Staatswesen. Von DDR-Seite wird außerdem angestrebt, daß Berlin Hauptstadt und Regierungssitz des gesamtdeutschen Staates werden soll. Die Modalitäten dazu sollte das gesamtdeutsche Parlament im nächsten Jahr erörtern.

Die Präambel des Grundgesetzes, das nach dem Beitritt auch für die bisherige DDR gelten soll, müßte nach dem Willen der DDR neugefaßt und Artikel 23 aufgehoben werden. Übergangsregelungen sind für Wehrverfassung und Wehrrecht notwendig. Bis zu einer einheitlichen Entscheidung durch das gesamtdeutsche Parlament soll die DDR-Regelung zur Anerkennung des Zivildienstes auch ohne Gewissensprüfung auf dem bisherigen Gebiet weiter gelten.

Der DDR-Rohentwurf für den Einigungsvertrag sieht im Artikel 13 ein Aufbauministerium für die fünf neu gebildeten Länder und Ost-Berlin vor. Dies soll das Ziel haben, „die rasche Angleichung an das Niveau der bestehenden Bundesländer auf wirtschaftlichem, finanziellem, sozialem und kulturellem Gebiet zu sichern".

Im außenpolitischen Teil heißt es: Das vereinte Deutschland wird Mitglied der NATO sein. Die Mitgliedschaft der DDR im Warschauer Pakt soll mit der Vereinigung der beiden Staaten erlöschen. Auf dem Gebiet der bisherigen DDR sollen nach dem Abzug der sowjetischen Streitkräfte keine fremden Streitkräfte stationiert sein. „Stationierung und Transport von Kernwaffen sind nicht zugelassen." Über den Abzug der sowjetischen Truppen soll innerhalb von drei bis vier Jahren ein Vertrag zwischen dem vereinten Deutschland und der UdSSR abgeschlossen werden.

Für die Dauer der Anwesenheit der sowjetischen Streitkräfte auf dem bisherigen DDR-Gebiet sollen nicht in die NATO integrierte deutsche Territorialstreitkräfte und eine Wehrverwaltung unterhalten und keine NATO-Strukturen übernommen werden. Die bisherigen DDR-Streitkräfte sollen bis zur vollen Eingliederung in die Bundeswehr reformiert werden. Das vereinte Deutschland soll sich verpflichten, die von ihnen übernommenen Abrüstungs- und Rüstungskontrollverpflichtungen strikt zu erfüllen.

Die Auslandsvertretungen der DDR werden nach dem Beitritt ihre Tätigkeit einstellen, sieht der Vertragsentwurf vor. Auslandsvertretungen an Orten, an denen die Bundesrepublik bisher keine hatte, „werden – vorbehaltlich der Überleitung diplomatischer Beziehungen – mit dem Beitritt Auslandsvertretungen des vereinten Deutschland".

Wie das DDR-Positionspapier weiter vorsieht, wird sich das vereinte Deutschland entsprechend dem geltenden Völkerrecht „von dem Grundsatz der Vertragskontinuität hinsichtlich der mit den Mitgliedsländern des RGW bestehenden multilateralen und bilateralen völkerrechtlichen Verträge" leiten lassen. Näheres sollen Anlagen zum Vertrag regeln. Auch die Verpflichtungen der DDR, die sie gegenüber den Entwicklungsländern eingegangen ist, sollen Vertrauensschutz genießen.

Der Artikel 107 des Grundgesetzes, der den Länderfinanzausgleich regelt, soll nach Vorstellung der DDR unmittelbar angewendet werden. Dabei sollen die Zahlungen der Bundesländer bis 1994 an den Fonds Deutsche Einheit berücksichtigt werden. Nach Bonner Vorstellungen sollen die fünf DDR-Länder dagegen erst ab 1995 an den Ausgleichszahlungen beteiligt werden.

Das Vermögen der Treuhandanstalt soll dem noch zu schaffenden Aufbauministerium unterstellt werden. Die Erlöse der Anstalt sind für die Strukturanpassung der Wirtschaft und die Sanierung der neuen Länderhaushalte vorgesehen. Die Kompetenzen des derzeitigen DDR-Finanzministeriums sollen auf das Bundesfinanzministerium übergehen. Mit der Herstellung der Einheit soll die Gesamtverschuldung der DDR von „einem nicht-rechtsfähigen Sondervermögen des Bundes übernommen" werden.

Die vorgelegte „Rohskizze" läßt den Termin des Inkrafttretens des Einigungsvertrages offen. In Artikel 38 heißt es lediglich: „Dieser Vertrag einschließlich der Anlagen 1 tritt an dem Tage in Kraft, an dem die Regierungen der Deutschen Demokratischen Republik und der Bundesrepublik Deutschland einander mitgeteilt haben, daß die erforderlichen innerstaatlichen Voraussetzungen für das Inkrafttreten erfüllt sind." Für sein Inkrafttreten bedürfe der Vertrag der Mitzeichnung der bevollmächtigten DDR-Ländervertreter. Der Vertrag soll nach Herstellung der Einheit geltendes Recht für das vereinte Deutschland bleiben und nur durch eine Zweidrittelmehrheit geändert werden können.

Bundesbildungsminister Jürgen Möllemann (FDP) kritisiert die DDR-Regierung heftig und wirft ihr vor, den Einigungsvertrag durch immer neue Forderungen zu gefährden. Bei verschiedenen Mitgliedern des Ost-Berliner Kabinetts verstärke sich von Tag zu Tag die Neigung, immer weitere DDR-"Errungenschaften" in den Vertrag aufzunehmen, die dann von der Bundesrepublik finanziert werden müßten, erklärt das FDP-Präsidiumsmitglied. Dabei nehme er Ministerpräsident Lothar de Maizière (CDU) nicht aus. Er könne deshalb jetzt keine Prognose abgeben, ob der Einigungsvertrag überhaupt zustande komme. Er könne nur warnen, jetzt weiter „herumzukaspern", immer mehr „draufzuladen" und die Bundesrepublik unablässig in Anspruch zu nehmen. Der Beitritt der DDR zur Bundesrepublik könne auch ohne Vertrag erfolgen. Nach Ansicht der Bundesregierung sollte der Einigungsvertrag lediglich knapp festlegen, daß der Beitritt der DDR zur Bundesrepublik auf der Grundlage bundesdeutschen Rechts erfolge, wobei nur notwendige rechtliche Ausnahmen aufgelistet werden sollten.

Die CSU beharrt darauf, den in der Bundesrepublik geltenden Abtreibungsparagraphen 218 auch auf dem Gebiet der DDR geltendes Recht werden zu lassen. Im CSU-Organ „Bayernkurier" betont Bayerns Innenminister Edmund Stoiber (CSU), beim Schutz des Lebens könne es für die CSU genauso wenig eine

Kompromißformel geben wie zwischen den Grundsätzen der sozialen Marktwirtschaft und der sozialistischen Planwirtschaft. Bisher gilt in der DDR die Fristenregelung, nach der eine Abtreibung bis zur zwölften Woche straffrei möglich ist.

Donnerstag, 2. August

Der Wahlvertrag für die erste gesamtdeutsche Wahl nach Kriegsende wird paraphiert und am Folgetag unterzeichnet. Er beinhaltet die von Bundesinnenminister Schäuble aus Bonn mitgebrachte Kompromißformel der Listenverbindungen nicht miteinander konkurrierender Parteien, die vor allem der DSU zugute kommt. Für den 2. Dezember gilt das in wenigen Details modifizierte Bundeswahlrecht auch für Mecklenburg-Vorpommern, Brandenburg, Sachsen-Anhalt, Sachsen und Thüringen sowie für Berlin, das bei den nächsten Bundestagswahlen den Rang eines Landes erhält. Die in einheitlichem Wahlgebiet nach einheitlichem Recht – also auch mit der Fünf-Prozent-Klausel – erfolgende Wahl soll spätestens 47 Tage vor der Stimmabgabe ausgeschrieben sein.

Freitag, 3. August

DDR-Ministerpräsident Lothar de Maizière schlägt nach Rücksprache mit Bundeskanzler Kohl überraschend statt des 2. Dezember den 14. Oktober als Termin für gesamtdeutsche Wahlen vor, was allerdings juristische und verfahrenstechnische Probleme mit sich brächte.

Bundeskanzler Kohl befürwortet Gespräche unter den Fraktionen und Parteien der Bundesrepublik, um den Wunsch der DDR nach einer gesamtdeutschen Wahl schon am 14. Oktober „in die Praxis umzusetzen". Im übrigen sei es auch für die Bundesbürger schon unter finanziellen Gesichtspunkten wichtig, daß eine schnelle Einigung zustande käme. SPD-Kanzlerkandidat Oskar Lafontaine meint dagegen, den Wahltermin jetzt in den Vordergrund zu schieben, sei eine „plumpe Manipulation". In Wirklichkeit wolle die Regierung Kohl nicht zugeben, daß sie sich hinsichtlich der wirtschaftlichen Entwicklung in der DDR total verschätzt habe. Jetzt habe man auch in der DDR-Regierung erkannt, daß die Prognosen alle falsch waren, und daß man „schleunigst unter das Dach der Bundesrepublik fliehen möchte". Seine Partei werde einer Vorverlegung der Wahl nicht zustimmen.

DDR-Innenminister Peter-Michael Diestel, der am 30. Juni aus der DSU ausgetreten war, wird Mitglied der CDU.

Die ehemalige Zentrale des Staatssicherheitsdienstes der DDR in der Ost-Berliner Normannenstraße soll eine Gedenk- und Begegnungsstätte der Aufarbeitung des Stalinismus werden, fordert eine „Stiftung Antistalinistische Aktion Berlin-Normannenstraße", die aus dem Ost-Berliner Bürgerkomitee zur Auflösung der Stasi hervorgegangen ist.

Samstag / Sonntag, 4. / 5. August

Die Tatsache, daß der Einigungsvertrag auch die Festlegung enthält, daß DDR-Sparer für ihren 2:1 getauschten Betrag zu einem späteren Zeitpunkt ein verbrieftes Anteilsrecht am volkseigenen Vermögen erhalten, wertet Chefunterhändler Krause als eingelöstes Wahlversprechen der Ost-CDU, deren Fraktionsvorsitzender er ist. Krause verweist darauf, daß es in den Verhandlungen gelungen sei, die Ergebnisse der Bodenreform unumkehrbar festzuschreiben. Als weitere wesentliche Verhandlungsergebnisse nennt er das Fortbestehen einer ganzen Reihe von DDR-Gesetzen, zu denen auch die Fristenregelung für einen Schwangerschaftsabbruch gehört. Nach seiner Auffassung würde die Rechtsangleichung einen Zeitraum von drei bis fünf Jahren umfassen.

Ein Sonderparteitag des Demokratischen Aufbruch (DA) beschließt nach längerer Debatte mit knapper Mehrheit die Fusion mit der CDU. Die 150 Delegierten der insgesamt nur noch 3 200 DA-Mitglieder knüpfen an den Zusammenschluß einige Bedingungen. Garantiert werden soll unter anderem die anteilige Vertretung in den verschiedenen CDU-Gremien und auf den Wahllisten. Die Fusion soll auf regionaler Ebene vollzogen werden.

Die Grünen aus der Bundesrepublik werden mit den Grünen-

Ost und weiteren sechs Bürgerrechtsgruppen in der DDR eine Listenverbindung unter dem Namen Bündnis 90/Grüne für die gesamtdeutsche Wahl bilden. Darauf einigen sich die Abgesandten von Demokratie Jetzt, Grüner Liga, Grüner Partei, der Initiative Frieden und Menschenrechte, des Neuen Forum, des Unabhängigen Frauenverbandes und der Vereinigten Linken. Gemeinsam kritisieren sie den Wahlvertrag und fordern die Beseitigung der Sperrklausel.

Auf einer Veranstaltung des Bundes der Vertriebenen (BdV) in Stuttgart erklärt Bundeskanzler Kohl, die Oder-Neiße-Grenze sei „endgültig". Nur bei Verzicht auf die Ostgebiete sei die Einheit Deutschlands zu erreichen.

Montag, 6. August

Der stellvertretende Vorsitzende der DDR-SPD Kamilli schlägt seiner Partei vor, die Regierungskoalition zu verlassen, da de Maizière die Vereinigung unnötig hinauszögere. Der Beitritt der DDR zur Bundesrepublik sollte seiner Meinung nach bereits an die Unterzeichnung des Einigungsvertrages gekoppelt werden. Eine Beitrittserklärung könne er sich auch auf einer kurzfristig angesetzten Volkskammersondersitzung vorstellen.

Der Minister im Amte des DDR-Premiers, Klaus Reichenbach (CDU), befürwortet ebenfalls einen schnellen Beitritt zur Bundesrepublik, den er sich wegen der großen wirtschaftlichen Probleme „lieber vorgestern als morgen" wünsche.

Dienstag, 7. August

Im Parteienstreit über die Termine für den Beitritt der DDR und die gesamtdeutsche Wahl verhärten sich die Positionen. Einen Tag vor den entscheidenden Sitzungen der Parlamente in Bonn und Ost-Berlin gibt es keine Annäherung der Positionen. Die Bonner Regierung und die DDR-Regierungspartei CDU sowie die Ost-Liberalen halten am 14. Oktober als Termin für vorgezogene Wahlen und den Beitritt der DDR fest. Dagegen beharren die Sozialdemokraten in Ost und West auf einen Beitritt bis spätestens zum 15. September und Wahlen am 2. Dezember.

In einer Bonner „Denkschrift", die als Anlage dem Gesetz über die Ratifizierung des Staatsvertrages zur Durchführung der Wahl beigefügt wird, erhalten die Republikaner das Recht zur Beteiligung an den gesamtdeutschen Wahlen auch auf dem Gebiet der DDR zugesprochen. Das von der DDR-Volkskammer am 5. Februar beschlossene Betätigungsverbot für die rechtsradikale Partei ist danach nicht mit Artikel 5 des Wahlvertrages vereinbar, nach dem alle nicht vom Bundesverfassungsgericht oder vom Obersten DDR-Gericht verbotenen Parteien bei der Vorbereitung der Wahl volle Betätigungsfreiheit genießen.

Die Zahl der Arbeitslosen ist im ersten Monat nach der Währungsumstellung auf 272 000 angestiegen, teilt die Zentrale Arbeitsverwaltung in Berlin mit. Dies entspricht einer Quote von 3,1 Prozent. Bis Jahresende wird mit mindestens 190 000 weiteren Entlassungen gerechnet. Derzeit arbeiten rund 656 000 Beschäftigte in ca. 6 000 Betrieben kurz, Anmeldungen auf Kurzarbeit liegen für weitere 847 000 Arbeitnehmer vor. Der Anteil der jugendlichen Arbeitslosen ist auf 20 Prozent gestiegen.

Mittwoch, 8. August

In der Volkskammer wird über den Wahlvertrag und den Beitrittstermin zur Bundesrepublik debattiert. Während ein DSU-Antrag für den sofortigen und ein SPD-Antrag für den Beitritt bis zum 15. September keine Mehrheit finden, wird ein CDU/DA-Antrag auf Beitritt zum 14. Oktober angenommen.

Donnerstag, 9. August

Nach einem Sitzungsmarathon kommt es gegen zwei Uhr früh zur Abstimmung über den Wahlvertrag, der zur großen Überraschung nicht die erforderliche Zweidrittelmehrheit bekommt. Da mehrere Abgeordnete bereits nach Hause gegangen sind, kommen die notwendigen 267 Stimmen nicht zusammen. Es votieren nur 258 für die Vorlage, 63 dagegen, und fünf Abgeordnete der SPD enthalten sich der Stimme. Staatssekretär Krause ist empört und schimpft auf die Sozialdemokraten, deren Abstimmungsverhalten er „bedrückend" nennt, genauso wie auf die 26 Abgeordneten der eigenen Fraktion, die gefehlt haben. Auch SPD-Fraktionsgeschäftsführer Martin Gutzeit droht den Abgeordneten seiner Fraktion, die sich der Stimme enthalten haben, mit Konsequenzen, da sie sich nicht an Fraktionsabsprachen gehalten hätten.

Freitag, 10. August

Finanzminister Romberg (SPD) verweist in einer Stellungnahme darauf, daß der im Ersten Staatsvertrag festgelegte Finanzrahmen zu eng sei und den Erfordernissen der DDR nicht gerecht werde. Aus seiner Sicht sei dringend ein Nachtragshaushalt in einer Größenordnung von 10 bis 12 Milliarden DM notwendig.

Die rechtsradikalen Republikaner lassen sich offiziell als Partei in der DDR registrieren und melden sich zur Wahl für die Landtage an.

Samstag/Sonntag, 11./12. August

Die Liberalen in der Bundesrepublik und der DDR schließen sich in Hannover zur ersten gesamtdeutschen Partei zusammen und wählen auf einem Parteitag mit großer Mehrheit den bisherigen FDP-Chef Otto Graf Lambsdorff zum Vorsitzenden. Die DDR-Liberalen sind mit zwei Stellvertretern (Rainer Ortleb und Bruno Menzel) im Parteivorstand vertreten. Die vereinigte FDP umfaßt damit 210 000 Mitglieder.

Montag, 13. August

Bei einer turnusmäßigen Sitzung des Koalitionsausschusses der DDR-Regierungsparteien verweist Premier de Maizière auf die noch ungeklärten Positionen des Einigungsvertrages. Das betrifft

die Berücksichtigung der in 40 Jahren gewachsenen Eigentumsverhältnisse, die Sozialfragen, den künftigen Länderfinanzausgleich, die Anerkennung von Berufsabschlüssen und die Zukunft
der Angestellten des öffentlichen Dienstes.

Die Deutsche Bundesbank konstatiert einen rapiden Rückgang
der DDR-Industrieproduktion. „Nach einem Minus von 4,5 Prozent im ersten Quartal beschleunigte sich der Rückgang im zweiten Vierteljahr auf 9,5 Prozent", heißt es im aktuellen Monatsbe-
richt. Neben der Abwanderung von Arbeitskräften werden vor
allem Absatzprobleme wegen des Vordringens westlicher Erzeugnisse als Ursache genannt.

Dienstag, 14. August

Die Sowjetunion zieht nach Auffassung des Gorbatschow-Bera-
ters Prof. Wjatscheslaw Daschitschew großen Nutzen aus der
deutschen Einheit. In einem Interview der DDR-Zeitung „Der
Morgen" sagt der Abteilungschef am Moskauer Institut für internationale ökonomische und politische Forschungen, die Sowjetunion werde dadurch von der schweren Last ständiger Konfron-
tation mit dem gesamten Westen und vom Wettrüsten befreit. Die
Vereinigung Europas sei ohne die Vereinigung Deutschlands
nicht denkbar, die auch helfe, die Isolierung der Sowjetunion von
Europa aufzuheben.

Vertreter von 18 westdeutschen Banken unterzeichnen in München einen Vertrag zur Vergabe eines Kredits an die Staatsbank
der DDR in Höhe von acht Milliarden DM.

Mit Traktoren und Mähdreschern protestieren 50 000 Bauern
in Berlin gegen die Landwirtschaftspolitik der DDR-Regierung.
Es fliegen Eier und Tomaten auf Politiker. Die Chefin der DDR-
Gewerkschaft Gartenbau, Land und Forst, Marianne Sandig, sagt,
das Kabinett von Ministerpräsident de Maizière habe die Landwirtschaft der DDR an den Rand des Ruins geführt. Die angekündigten Unterstützungen der Bauern in Höhe von 5,3 Milliarden Mark reichen keineswegs aus, um die Liquidität der
Betriebe zu sichern.

Mittwoch, 15. August

Ministerpräsident de Maizière reagiert auf seine Weise auf die akute Wirtschaftskrise in der DDR: Er entläßt Finanzminister Romberg (SPD) und Landwirtschaftsminister Pollack (parteilos) und entspricht dem Rücktrittsgesuch von Wirtschaftsminister Pohl (CDU). Der Regierungschef wirft ihnen vor, seine Richtlinienkompetenz als Premier mißachtet und finanzielle Mittel zur Stützung von Industrie, Handel und Landwirtschaft nicht richtig eingesetzt zu haben. So seien zwei Milliarden Mark Exportstützungen für den Osteuropahandel bis Wochenbeginn überhaupt nicht ausgezahlt worden, wodurch zahlreiche Betriebe in Liquiditätsschwierigkeiten geraten seien.

Seinen Rücktritt reicht auch der umstrittene Justizminister Wünsche (BFD, dann parteilos) ein, dem der Ministerpräsident jedoch ausdrücklich für seine Arbeit dankt. De Maizière verzichtet auf die Berufung neuer Minister. Bis zur deutschen Einheit werde die Arbeit von Staatssekretären übernommen.

CDU-Generalsekretär Martin Kirchner wird wegen des Verdachts auf Verbindungen zum ehemaligen Staatssicherheitsdienst der DDR von der Wahrnehmung seines Amtes entbunden. Vor dem Hintergrund des Falles Kirchner bestätigt der CDU-Fraktionsvorsitzende Günther Krause, daß es eine Liste von Volkskammerabgeordneten gibt, die in irgendeiner Form mit der Staatssicherheit zu tun gehabt haben sollen.

Die DDR-Regierung stimmt als Gegenleistung für langfristige Milliardenkredite den Anträgen von 52 Hongkong-Chinesen zur Verleihung der DDR-Staatsbürgerschaft zu.

Donnerstag, 16. August

Die Führung der Ost-SPD beschließt nach der Entlassung ihres Finanzministers einstimmig den Ausstieg aus der Regierungskoalition. Präsidium und Fraktionsvorstand entscheiden in getrennten Abstimmungen, daß das Bündnis mit CDU und DSU beendet wird. Die Gremien empfehlen der SPD-Volkskammerfraktion,

Bauernproteste auf dem Berliner Alexanderplatz gegen die Landwirtschaftspolitik der Regierung de Maizière

Kali-Kumpel in Sondershausen fordern nach der Stillegung ihrer Gruben neue Arbeitsplätze

auf ihrer nächsten Sitzung den Koalitionsaustritt zu beschließen.

Bei einem Auszug der Sozialdemokraten, die über 88 der 400 Mandate im Parlament verfügen, ist die im Parlament notwendige Zweidrittelmehrheit für den Einigungsvertrag mit der Bundesrepublik gefährdet.

Vor 220 Landräten und Regierungsbevollmächtigten der Bezirke sagt Premier de Maizière den Kommunen finanzielle Unterstützung zur Verbesserung ihrer Infrastruktur in Höhe von 1,5 Milliarden DM zu.

Freitag, 17. August

Bundesaußenminister Genscher und sein sowjetischer Amtskollege Schewardnadse äußern sich bei einem Gespräch in Moskau zuversichtlich, daß die Zwei-plus-Vier-Gespräche über die deutsche Einigung am 12. September in der sowjetischen Hauptstadt erfolgreich abgeschlossen werden können. Der Abzug der ersten sowjetischen Truppen soll bereits davor beginnen.

In Bonn werden die kritischen Stimmen zum Einigungsvertrag lauter. Drei Tage vor Beginn der abschließenden Verhandlungen über diesen zweiten Staatsvertrag im Bundestag stellen Politiker der West-SPD das Vertragswerk in Frage und fordern einen schnelleren Beitritt und ergänzende Überleitungsgesetze. Auch in der FDP gibt es solche Stimmen. Die Ost-SPD macht ihre Zustimmung zum Einigungsvertrag von sozialen Forderungen abhängig. Beide deutsche Regierungen halten dagegen am Fahrplan für einen Beitritt der DDR am 14. Oktober mit einem bis dahin ratifizierten Einigungsvertrag fest.

Der wirtschaftspolitische Sprecher der SPD-Bundestagsfraktion Wolfgang Roth und die stellvertretende Fraktionschefin Ingrid Matthäus-Maier begründen ihre Forderung nach einem Beitritt „möglichst noch diese Woche" damit, daß jeder Monat Verzögerung den Steuerzahler mindestens eine Milliarde Mark koste. Die nichtausgewechselte SED-Bürokratie blockiere ihrer Meinung nach die Anpassung der DDR-Wirtschaft. Deshalb müsse die Bundesregierung die Verantwortung voll übernehmen.

DDR-Ministerpräsident de Maiziére besteht darauf, zunächst den Einigungsvertrag abzuschließen, der den DDR-Bürgern wesentliche Vorteile bringe. Hier würden deren soziale und eigentumsrechtliche Belange hieb- und stichfest verankert, außerdem auch das Fortbestehen von DDR-Recht wie beispielsweise die Fristenregelung bei Schwangerschaftsabbrüchen festgeschrieben. Bei einem Nein in der Volkskammer zum Einigungsvertrag will der Regierungschef über Punkte, die nur eine einfache Mehrheit benötigen, einzeln abstimmen lassen.

Die DDR-Regierung hat mit rapide sinkendem Ansehen bei der Bevölkerung zu kämpfen. Nach einer Umfrage des infas-Instituts sind nur 27 Prozent der Ansicht, daß die Regierung ihre Aufgaben gut bewältige. Im Mai meinten das noch 56 Prozent der Befragten.

Samstag / Sonntag, 18. / 19. August

Bundespräsident Richard von Weizsäcker setzt mit der Verkündung im Bundesgesetzblatt den 2. Dezember endgültig als Wahltermin für das erste gesamtdeutsche Parlament fest. Die bereits am 13. August getroffene Anordnung betrifft zunächst nur das Bundesgebiet. Nach der Verabschiedung des Wahlrechtsstaatsvertrages durch Bundestag und Volkskammer am 22. bzw. 23. August und dem Beitritt der DDR zum Grundgesetz gilt sie automatisch auch für die DDR.

Die SPD-Volkskammerfraktion beschließt am Sonntag, die Große Koalition zu verlassen. 60 Abgeordnete stimmen für den Austritt, dagegen sind fünf – unter ihnen Fraktionsvorsitzender Schröder –, und vier enthalten sich der Stimme.

Die Schuld für den Koalitionsbruch weist SPD-Chef Thierse Ministerpräsident de Maizière und Staatssekretär Krause zu, die im parteitaktischen Zusammenspiel mit Helmut Kohl die Regierungspolitik zum Scheitern gebracht hätten. Einigkeit bestehe aber in der Fraktion, an einem Einigungsvertrag festzuhalten.

Als eine „Flucht vor der Verantwortung" bezeichnet Ministerpräsident de Maizière den Austritt der SPD aus der Regierungskoalition. Er bedaure den Schritt der Sozialdemokraten, zu dem seiner Meinung nach keine Veranlassung bestanden habe.

Montag, 20. August

Alle fünf verbliebenen SPD-Minister legen ihre Ämter nieder. Ministerpräsident de Maizière übernimmt von Markus Meckel das Außenministerium. Unbesetzt bleiben die Posten von Frank Terpe (Forschung), Regine Hildebrandt (Arbeit), Sybille Reider (Handel) und Emil Schnell (Post). Im Kabinett, das keine parlamentarische Mehrheit mehr hat, sind jetzt nur noch Minister von CDU/DA und der FDP vertreten, obwohl die Liberalen bereits im Juli die Koalition verlassen hatten.

In Berlin bemühen sich alle Parteien, Wege aus der Krise zu finden und gemeinsam zu einem Einigungsvertrag zu kommen. Der Premier will namentlich über das Vertragswerk abstimmen lassen, damit vor der Geschichte deutlich werde, „wer sich wie verhalten hat". Die SPD macht ihre Zustimmung von Verbesserungen in Eigentums- und finanziellen Fragen abhängig.

Der frühere Chef der Bundesbahn, Reiner Gohlke, stellt sein Amt als Präsident der DDR-Treuhandgesellschaft nach nur fünfwöchiger Dauer aufgrund von Meinungsverschiedenheiten mit dem Verwaltungsrat zur Verfügung. Nachfolger wird der bisherige Treuhand-Verwaltungsratsvorsitzende und Hoesch-Manager Detlef Carsten Rohwedder. Gohlke äußerst angesichts der chaotischen Lage der DDR-Wirtschaft Zweifel am baldigen Gelingen des Treuhandvorhabens, möglichst viele ehemalige volkseigene Betriebe und Kombinate unter marktwirtschaftlichen Bedingungen zu retten. Neuer Verwaltungsratsvorsitzender wird der Kaufhof-Manager Jens Odewald.

Dienstag, 21. August

DDR-SPD-Fraktionschef Richard Schröder tritt nach Differenzen mit seiner Fraktion über den Verbleib in der Koalition und den Beitrittstermin zur Bundesrepublik zurück. Nachfolger wird SPD-Chef

Wolfgang Thierse. Der frühere Vorsitzende der Ost-SPD, Ibrahim Böhme, tritt aus der Fraktion aus, da die Vorwürfe der Stasi-Zusammenarbeit nicht vollständig ausgeräumt werden konnten.

Die EG-Kommission in Brüssel beschließt ein umfassendes Gesetzespaket zur Eingliederung der DDR in die Europäische Gemeinschaft.

Mittwoch, 22. August

Die Volkskammer der DDR stimmt mit der erforderlichen Zweidrittelmehrheit dem am 9. August wegen Abwesenheit vieler Parlamentarier zunächst überraschend gescheiterten Wahlvertrag als Grundlage für die ersten gesamtdeutschen Wahlen am 2. Dezember zu. Am 23. August passiert das Gesetz den Bundestag und am 24. August (gegen die Stimmen der rot-grün regierten Länder Niedersachsen und Berlin) den Bundesrat.

Das Minderheitenkabinett von Ministerpräsident de Maizière (CDU) kommt zu seiner ersten Sitzung seit dem Platzen der Großen Koalition in Ost-Berlin zusammen und verabschiedet zahlreiche Gesetze und Verordnungen zur Rechtsangleichung mit der Bundesrepublik.

Die bundesdeutschen Energie-Konzerne RWE, Preussen-Elektra und das Bayernwerk übernehmen durch einen Vertrag mit der Treuhandanstalt 60 Prozent der DDR-Stromwirtschaft.

Die beiden deutschen Staaten erklären in einer in Genf abgegebenen gemeinsamen Verpflichtung den Verzicht des künftig vereinten Deutschland auf atomare, biologische und chemische Waffen.

Donnerstag, 23. August

Auf einer Sondersitzung beschließt die DDR-Volkskammer mit 294 zu 62 Stimmen den Beitritt zur Bundesrepublik Deutschland gemäß Artikel 23 des Grundgesetzes zum 3. Oktober 1990. Die Bonner Parteien begrüßen den nach langen Auseinandersetzungen gefaßten Beschluß einhellig. Bundeskanzler Kohl schlägt vor, den 3. Oktober anstelle des 17. Juni zum Nationalfeiertag zu erheben. Außerdem beschließt das DDR-Parlament ein Vermummungsverbot für Demonstranten sowie Bannmeilen um Volkskammer und künftige Landtagsgebäude.

Freitag, 24. August

Entgegen den Entwürfen im Einigungsvertrag beschließt die Volkskammer, die Akten der Staatssicherheit auf dem Gebiet der DDR zu belassen und nicht dem Bundesarchiv in Koblenz zu unterstellen. Jedem Bürger wird das Recht auf Auskunft über die seine Person betreffenden Daten zugestanden, nicht aber eine persönliche Akteneinsicht. Die Akten sollen ausschließlich der Aufarbeitung der Geschichte durch Historiker oder der Klärung von Straftaten sowie der Rehabilitierung dienen. Ferner wird beschlossen, ehemalige Mitarbeiter der Stasi aus leitenden Positionen im öffentlichen Dienst der DDR zu entlassen.

Der innenpolitische Sprecher der Unionsparteien Johannes Gerster spricht sich dafür aus, den öffentlichen Dienst in der DDR personell auf die Hälfte zu reduzieren. In nächster Zeit sollten etwa 800 000 bis zu einer Million Bedienstete entlassen werden. Die CDU/CSU fordert außerdem, daß vor einer Ernennung zum Beamten auf Lebenszeit eine Probezeit von mindestens drei Jahren liegen müsse. Der Beamte müsse eine Erklärung über seine früheren Tätigkeiten abgeben und darlegen, daß er in der Vergangenheit keine Verbrechen gegen die Menschlichkeit durch Mitarbeit im Stasi-Apparat begangen hat.

Samstag / Sonntag, 25. / 26. August

Der Wahlkampf zu den Landtagswahlen am 14. Oktober beginnt mit je drei Landesparteitagen der CDU und der SPD sowie je zwei der FDP und der Grünen. In Sachsen spricht sich der Landesvorstand der CDU dafür aus, den CDU-Bundestagsabgeordneten Prof. Dr. Kurt Biedenkopf als Anwärter für das Amt des sächsischen Ministerpräsidenten zu benennen. In Mecklenburg-Vorpommern wird der Greifswalder Hochschullehrer Dr. Alfred Gomolka von der CDU aufgestellt. In Thüringen schafft der in Erfurt neugewählte Landesvorsitzende Willibald Böck aus dem Eichsfeld den Sprung auf Listenplatz Nummer 1. Für Brandenburg wird in Werder DDR-Vizepremier und Innenminister Peter-Michael Diestel als CDU-Kandidat gewählt. Er muß hier gegen Konsistorialpräsident Dr. Manfred Stolpe von der SPD antreten. Für die SPD sollen in Mecklenburg-Vorpommern der schleswig-holsteinische Justizminister Dr. Klaus Klingner, in Thüringen der nordrhein-westfälische SPD-Fraktionsvorsitzende Prof. Dr. Friedhelm Farthmann und in Sachsen-Anhalt der Vizepräsident der Volkskammer Dr. Reinhard Höppner in den Wahlkampf ziehen. In Sachsen hat die SPD ihre Bundesgeschäftsführerin, Anke Fuchs, benannt.

Montag, 27. August

Vier Tage vor der Abstimmung über den Einigungsvertrag informiert DDR-Verhandlungsführer Günther Krause über die erreichten Ergebnisse. Danach ginge die Sicherung der Eigentumsrechte nunmehr weit über das zwischen den beiden deutschen Regierungen im Juni Vereinbarte hinaus. Mit einer Änderung des Artikels 143 des Grundgesetzes werde die Festschreibung der Ergebnisse der Bodenreform möglich. Miet- und Pachtrecht gehe prinzipiell vor Eigentumsrecht. In der Frage des Eigentums an Grund und Boden hätte man eine Art Staatshaftung vereinbart, wodurch Investitionshindernisse aus dem Wege geräumt seien. Entgegen früheren Vorstellungen konnte auch erreicht werden, daß die Bundesländer auf ehemaligem DDR-Territorium sofort am Umsatzsteuerausgleich der traditionellen Bundesländer beteiligt werden. Im Einigungsvertrag sei darüber hinaus geregelt, daß mit dem Beitritt auf dem Gebiet der heutigen DDR die Länderstruktur in Kraft trete. Aus der DDR-Volkskammer würden 144 Abgeordnete in den Deutschen Bundestag einziehen, teilt Krause ergänzend mit.

Staatssekretär Heinemann vom DDR-Landwirtschaftsministerium verweist darauf, daß die eingeleiteten Interventionsmaßnahmen bei Getreide, Butter und Magermilchprodukten sowie die jüngsten Exporte den Absatz der Agrarprodukte und den Finanzfluß wieder in Gang gebracht haben. Der Erlösausfall von Juli und Anfang August betrage jedoch 1,4 Milliarden Mark. Wie Heinemann weiter informiert, hat das Landwirtschaftsministerium zur Sicherung der Liquidität der Unternehmen inzwischen weitere Mittel ausgegeben. Bisher seien 1,45 Milliarden Mark Anpassungshilfe bereitgestellt worden.

81 Prozent der DDR-Bürger empfinden die wirtschaftliche Situation in der DDR als „schlecht" oder „sehr schlecht", geht aus einer Umfrage des „Spiegel" hervor. 53 Prozent der Befragten fürchten um ihren Arbeitsplatz. 71 von 100 DDR-Werktätigen – zum Vergleich: 9 von 100 in der BRD – haben nach ihren eigenen Angaben ein Nettoeinkommen von unter 1 000 Mark. Während in der Bundesrepublik 52 Prozent mehr als 2 000 Mark im Monat beziehen, betrifft dies in der DDR nur 1 Prozent.

Dienstag, 28. August

Eine Woche nach Abschluß der Anmeldefrist zu den ersten Landtagswahlen in der DDR seit Auflösung der Länder im Jahre 1952 gibt Wahlleiter Dr. Eberhard Stief, Staatssekretär im Ministerium des Innern, bekannt, daß sich in Mecklenburg-Vorpommern 21 Parteien, Listenverbindungen und politische Vereinigungen eingeschrieben haben, in Thüringen 14, in Brandenburg und Sachsen-Anhalt jeweils 13 und in Sachsen 12.

Mittwoch, 29. August

Die DBD/DFD-Volkskammerfraktion beschließt ihre Auflösung. In einer Mitteilung erklärt die Fraktion, durch den Zusammenschluß der Bauernpartei mit der CDU sei ein Weiterbestehen der Fraktion nicht mehr möglich. Die Mandate der Abgeordneten blieben jedoch bestehen.

Bund und Länder einigen sich in Bonn auf die Entlassung von 650 000 Beschäftigten im öffentlichen Dienst der DDR und bei der NVA. Der Personalabbau soll von einer gemeinsamen Abwicklungsstelle des Bundes und der künftig 16 Bundesländer geregelt werden. Post und Bahn sind davon nicht betroffen.

Auf Anfragen erläutert Staatssekretär Stief den mit dem Einigungsvertrag geregelten künftigen Umgang mit elektronisch gespeicherten Daten der ehemaligen Staatssicherheit, die persönliche Angaben enthalten. Diese würden nach Vereinigung beider deutscher Staaten vom Präsidenten des Bundesarchivs in Koblenz unter Verschluß genommen. Die Daten würden gesperrt, dürften aber nicht gelöscht werden.

Donnerstag, 30. August

Während der Volkskammertagung kommt es zu massiven Protesten, nachdem bekannt wird, daß sich der unterschriftsreife Einigungsvertrag über die Parlamentsbeschlüsse vom 24. August hinwegsetzt und vorsieht, daß die sechs Millionen personenbezogenen Stasi-Dossiers der Bonner Obhut unterstellt werden sollen. Staatssekretär Krause wird vorgeworfen, am Parlament vorbei verhandelt zu haben. In einem fast einstimmig angenommenen Beschluß bekräftigt die Volkskammer ihren Standpunkt und fordert die Regierung auf, die jüngsten Beschlüsse als fortgeltendes Recht gegenüber Bonn durchzusetzen. Noch in der Nacht erfolgt eine entsprechende Nachbesserung des Vertrages.

Bundesaußenminister Genscher und DDR-Premier de Maiziére erklären bei den Wiener Abrüstungsverhandlungen über konventionelle Streitkräfte, daß die künftige gesamtdeutsche Armee auf die verbindliche Höchstzahl von 370 000 Soldaten beschränkt wird.

Freitag, 31. August

In Ost-Berlin wird der deutsch-deutsche Einigungsvertrag von den beiden Unterhändlern Schäuble und Krause unterschrieben. Dieser Zweite Staatsvertrag regelt in 45 Artikeln und auf rund 1 000 Seiten Anlagen Einzelheiten des DDR-Beitritts zur Bundesrepublik. In der Nacht zuvor hatten sich Regierung und Opposition in Bonn noch über einen Kompromiß beim Abtreibungsrecht geeinigt. Danach wird das bisherige Recht in den jeweiligen Gebieten für zwei Jahre beibehalten. Bis dahin soll das gesamtdeutsche Parlament eine Lösung finden. Dies gilt auch für die offen gebliebene Hauptstadtfrage. Für die Eigentumsprobleme gilt der Grundsatz „Rückgabe vor Entschädigung", was jedoch in vielen Einzelfragen noch präzisiert werden muß.

Das Bundeskabinett in Bonn beschließt eine Amnestie für DDR-Agenten. Mit der Vereinigung Deutschlands sollen DDR-Spione straffrei ausgehen, wenn sie weder eine schwere Straftat begangen noch eine Freiheitsstrafe von über drei Jahren zu erwarten haben.

September 1990

Samstag / Sonntag, 1. / 2. September

Die linksliberale Wiener Tageszeitung „AZ" schreibt einen Tag
nach der Unterzeichnung des deutsch-deutschen Einigungsvertrages: „Die Bürger von Deutschland-Ost, die die Hauptlast der
Niederlage des Hitler-Regimes zu tragen hatten, die an Repara-
tion zu leisten hatten, was den gleichermaßen Schuldigen im
Westen erspart blieb, verlieren den Krieg noch einmal. 45 Jahre nach Hitlers bedingungsloser Kapitulation verlangt Bonn von
der DDR ähnliches: Selbstaufgabe ohne Bedingungen. Da mag
es subjektiv verständlich sein, daß es dem einfachen Wessi von
der Straße so leicht nicht in den Kopf will, daß die armen Cou-
sins von ‚drüben' auch noch Forderungen stellen dafür, daß man
sie am ehrlich erworbenen Wohlstand teilhaben läßt. Daß aber
die politische Dampfwalze aus Bonn mit allem Elan diese schie-
fe Ebenen entlangrollt, ist ein schlechtes Omen für die Einheit.
Das nunmehrige Diktat im Abtreibungsrecht zeigt – trotz Kompromiß mit der SPD – daß die Herren in Bonn nicht bereit sind,
auch nur um Millimeter von ihren ausgetrampelten Pfaden ab-
zuweichen."

Mit einem 100-Punkte-Programm zum ökologischen und sozialen Umbau will die SPD nach einem Wahlsieg am 2. Dezember eine Neuorientierung der deutschen Politik einleiten.
SPD-Kanzlerkandidat Oskar Lafontaine unterstreicht bei der
Vorstellung seines Regierungsprogramms in Bonn, daß mit der
Überwindung der deutschen Teilung die brennenden ökologischen und sozialen Probleme keineswegs vom Tisch seien. In
der DDR will die SPD mit Hilfe staatlicher Beschäftigungsge-
sellschaften, öffentlicher Investitionsprogramme für den Ausbau von Infrastruktur und Umweltschutz sowie der Förderung
beschäftigungswirksamer Privatinvestitionen schnell neue Arbeitsplätze schaffen.

Montag, 3. September

Die Finanzverhandlungen mit der UdSSR im Zusammenhang mit der deutschen Einheit werden in Bonn auf Beamtenebene fortgesetzt. Die Bundesregierung strebt einen Abschluß noch in dieser Woche an. Wichtigster Punkt sind die Kosten der Stationierung der sowjetischen Truppen auf dem Gebiet der DDR. Die Sowjetunion fordert dafür einen zinslosen Kredit in Höhe von 1,5 Milliarden Mark, der durch die Verpachtung und den Verkauf ihres Eigentums in der DDR getilgt werden soll, sowie eine Milliarde Mark als direkte Hilfe ohne Rückzahlung. Außerdem wünscht Moskau von Bonn den Bau von Wohnungen für ihre in die UdSSR zurückkehrenden Soldaten.

Die SPD-Volkskammerfraktion fordert die Aufnahme von Arbeitnehmervertretern in den Verwaltungsrat der Treuhandanstalt. Der Umstrukturierungsprozeß der Volkswirtschaft bringe für die Arbeitnehmer gravierende soziale Probleme mit sich. Nur durch eine Zusammenarbeit von Unternehmern, Management, Belegschaften, Gewerkschaften und Treuhand könne die Umgestaltung vernünftig bewältigt werden.

Dienstag, 4. September

Die Zwei-plus-Vier-Verhandlungen über die äußeren Aspekte der deutschen Vereinigung gehen in die letzte Phase. Die Politischen Direktoren der Außenministerien der USA, der Sowjetunion, Großbritanniens, Frankreichs und beider deutscher Staaten treffen sich in Ost-Berlin zu Expertengesprächen, um das Abschlußdokument fertigzustellen. Es soll beim Außenministertreffen am 12. September in Moskau unterzeichnet werden. Der Staatsminister im Auswärtigen Amt, Schäfer, bekräftigt dabei die Position der Bundesregierung, daß mit der Einheit auch die sofortige, volle Souveränität Deutschlands hergestellt werden müsse.

Eine Gruppe von Bürgerrechtlern besetzt die ehemalige Stasi-Zentrale in der Berliner Normannenstraße. Sie fordert die Übergabe der Akten an die Betroffenen, das Verbleiben der MfS-Un-

Kundgebung vor der Stasi-Zentrale in der Berliner Normannenstraße zur Unterstützung für die Besetzer

Volkskammerpräsidentin Sabine Bergmann-Pohl (M.) und Ausschußvorsitzender Joachim Gauck (l.) auf dem Weg zu Verhandlungen mit den Besetzern

terlagen in Ostdeutschland, die Abberufung jener Volkskammerabgeordneten, die für die Staatssicherheit gearbeitet haben, die
Entlassung von Innenminister Diestel sowie die Rehabilitierung
aller Stasi-Opfer. Die Besetzer, unter ihnen Bärbel Bohley und Ingrid Köppe, wollen so lange in dem Gebäude verbleiben, bis ihre
Forderungen durchgesetzt sind.

Das Bonner Finanzministerium sieht sich außerstande, weiteres Geld für den Fonds Deutsche Einheit bereitzustellen. Wie es
in einer Mitteilung der Deutschen Bundesbank heißt, wurde kei-
nes der im Rahmen einer Ausschreibung abgegebenen Kreditan-
gebote von den zuständigen Behörden angenommen. Zu welchen
Konditionen die Gebote eingegangen waren, wird jedoch nicht
mitgeteilt.

Nach Auffassung des Deutschen Raiffeisenverbandes (Bonn)
kommen auf die deutsche Landwirtschaft mit der bevorstehenden
Einheit erhebliche Probleme zu. Allein die von der EG per 1. April
1991 verfügte Einführung des Milchquotensystems in den neuen
Bundesländern werde dazu führen, daß die Milchproduktion um
ein Fünftel und der Rinderbestand um ein Viertel verringert werden muß.

Mittwoch, 5. September

Die Sowjetunion fordert bei den Finanzverhandlungen über die
deutsche Einheit in Bonn von der Bundesregierung den Bau von
36 000 Wohnungen in der UdSSR für ihre 380 000 Soldaten, die
bis 1995 aus Ostdeutschland abgezogen werden sollen. Wie aus
Verhandlungskreisen verlautet, ist Bundesfinanzminister Theo
Waigel jedoch nicht bereit, dafür zehn Milliarden Mark zuzusa-
gen. Auch die von Moskau für 1991 als Stationierungskosten geforderten 2,5 Milliarden Mark hält Bonn mit dem Argument, daß
die ersten Soldaten schon abgezogen würden, für zu hoch.

Bundeskanzler Helmut Kohl will für die zweimonatige Über-
gangszeit zwischen deutscher Vereinigung und gesamtdeutscher
Wahl drei oder vier Sonderminister ohne Geschäftsbereich aus der
DDR berufen. Sie sollen mit beratender Stimme im Kabinetts-

ausschuß Deutsche Einheit vertreten sein. Der Bundestag soll in dieser Übergangszeit um 144 bisherige Volkskammerabgeordnete erweitert werden.

Der DDR-Ministerrat legt eine Verordnung zur Entschuldung bisher volkseigener Unternehmen von Altkrediten vor, die von der Treuhandanstalt begrüßt wird. Sie trage zur Klarheit in bezug auf Investitionsentscheidungen bei, da nun Unternehmen entschuldet werden können, wenn dadurch die Sanierung oder Wettbewerbsfähigkeit des Unternehmens gefördert werden. Dies solle so geschehen, daß verzinsliche Ausgleichsforderungen an die Treuhandanstalt übertragen werden, in der Bilanz die Schulden aus Altkrediten aber bei den Unternehmen blieben.

Die Zahl der Erwerbslosen steigt weiter an. Ende August werden von der Zentralen Arbeitsverwaltung der DDR 361 286 Arbeitslose registriert. Die Quote erreicht damit 4,1 Prozent. Verdoppelt hat sich gegenüber dem Vormonat die Zahl der Kurzarbeiter, die auf 1,5 Millionen angestiegen ist.

Der Hamburger CDU-Bürgerschaftsabgeordnete Gerd Löffler wird nach Aufhebung der parlamentarischen Immunität als mutmaßlicher DDR-Agent festgenommen. Am 6. September wird Haftbefehl gegen ihn erlassen.

Vor dem Stasi-Hauptquartier in Ost-Berlin beginnt eine Mahnwache zur Unterstützung der Besetzer. Die Regierung beschließt, alle Gebäude, Anlagen und das Inventar der Staatssicherheit in das Vermögen der Treuhand zu übergeben.

Donnerstag, 6. September

Die künftigen Landesverwaltungen in der DDR sollen die bisher im öffentlichen Dienst Beschäftigten nicht automatisch übernehmen. Dies sieht ein Entwurf zur Änderung des Ländereinführungsgesetzes vor, der in erster Lesung in der DDR-Volkskammer beraten wird. Das bisherige Personal könne sich gleichberechtigt für die neu zu besetzenden Ministerialstellen in den Ländern bewerben, heißt es in dem an die Ausschüsse überwiesenen gemeinsamen Antrag von Allianz-Parteien und Bündnis 90/Grüne.

DDR-Staatssekretär Günther Krause (CDU) nimmt zum ersten Mal zur umstrittenen Finanzierungsfrage Stellung und schätzt die Kosten der deutschen Einheit auf rund 100 Milliarden Mark.

Das DDR-Geschäft des Volkswagen-Konzerns übertrifft alle Erwartungen. Wie ein VW-Sprecher erklärt, hätten sich die bisherigen Absatzschätzungen als zu niedrig herausgestellt. Man rechne inzwischen für dieses Jahr mit einem Absatz von rund 50 000 neuen VW-, Audi- und SEAT-Fahrzeugen. Das sind fast 20 000 mehr als noch zur Jahresmitte angenommen. Auch für 1991 seien die Verkaufspläne für Ostdeutschland nach oben korrigiert worden. Statt der bisher geplanten 55 000 Einheiten rechne man in Wolfsburg jetzt bereits mit gut 100 000 Fahrzeugauslieferungen.

Freitag, 7. September

Innenminister Peter-Michael Diestel informiert auf einer Pressekonferenz über den deutsch-deutschen Notenwechsel im Zusammenhang mit den Stasi-Akten. Die Frage ihrer Nutzung und ihres Verbleibs müsse seiner Ansicht nach unter Berücksichtigung der Interessen der DDR-Bürger und des diesbezüglichen Volkskammergesetzes entschieden werden. Diestel kritisiert zugleich die Arbeit des Sonderausschusses der Volkskammer zur Überprüfung der Abgeordneten auf eine Stasi-Mitarbeit. Vier Wochen vor Einzug der Abgeordneten in den Bundestag sei immer noch nicht klar, ob alle „sauber" seien. An die Adresse der Besetzer der ehemaligen MfS-Zentrale in der Normannenstraße gerichtet sagt Diestel, er habe zwar für ihre inhaltlichen Forderungen Verständnis, sei aber gegen die „Erpressung der staatlichen Organe".

Die Rechtsverordnung über den „befristeten Aufenthalt" der Sowjettruppen in der DDR und der alliierten Truppenkontingente in Berlin wird vom Bundesrat mit Mehrheit und ohne Aussprache gebilligt. Sie war notwendig geworden, weil Deutschland am Vereinigungstag (3. Oktober) souverän wird und die bisher Besatzungsrecht unterliegenden Berlin-Regelungen dann selbst treffen muß. Die Verordnung stellt eine Art Aufenthaltsgenehmigung für die Sowjettruppen in der jetzigen DDR dar, deren bisherige Rechtsgrundlage eine zweiseitige Vereinbarung zwischen der UdSSR und der DDR ist, die jedoch am 3. Oktober ungültig wird. Die verabschiedete Zwischenregelung gilt, bis der offizielle deutsch-sowjetische Vertrag über den „befristeten Aufenthalt und den planmäßigen Abzug" der Sowjettruppen fertiggestellt ist.

Die Zwei-plus-Vier-Expertengespräche über die Regelung der äußeren Aspekte der deutschen Einheit werden im Ost-Berliner Schloß Niederschönhausen nach vier Tagen beendet, ohne daß alle strittigen Fragen geklärt werden konnten. Die Außenminister der USA, der Sowjetunion, Großbritanniens und Frankreichs sowie der beiden deutschen Staaten wollen nun in der sowjetischen Hauptstadt die letzten ungeklärten Punkte unter Dach und Fach bringen.

Samstag / Sonntag, 8. / 9. September

Nach massiven Protesten von Jugendlichen in allen DDR-Landesteilen wird eine am 7. September verfügte Übergabe von zwölf der 18 überregionalen Frequenzen des DDR-Jugendsenders DT 64 an RIAS Berlin wieder rückgängig gemacht.

DDR-Ministerpräsident Lothar de Maizière appelliert an die westdeutsche Öffentlichkeit, die Vereinigung Deutschlands nicht nur unter finanziellen Aspekten zu sehen. „Wer nur fragt, was die Einheit kostet, geht davon aus, daß Geld investiert wird, das dann irgendwo versickert", sagt de Maizière bei einer Pressekonferenz des Initiativkreises Ruhrgebiet in Oberhausen. De Maizière kritisiert, daß westdeutsche Unternehmer und Politiker in den vergangenen Monaten mit dem Gefühl, sie seien die Sieger, in die DDR gekommen wären.

Der innenpolitische Sprecher der CDU/CSU-Bundestagsfraktion, Johannes Gerster, spricht sich gegen eine Ausweitung der für DDR-Spione geplanten Amnestie aus. Die von der Bundesregierung geplante Amnestie sei nur für Leute gedacht, die in der DDR und in der Bundesrepublik gegen Bonn spioniert hätten. Nach innen gerichtete Machenschaften des DDR-Geheimdienstes müßten anders beurteilt werden.

Nach Ansicht von Innenminister Diestel würden sich wenige Wochen vor der deutschen Vereinigung die beiden deutschen Staaten noch immer gegenseitig ausspionieren. Er wirft Bonn vor, daß der BND noch immer in der DDR aktiv sei. Gleichzeitig räumt er ein, daß es noch „etliche" DDR-Spione in Bonn gebe. „Betrüblich" nennt er die massiven Versuche westlicher Geheimdienste, Experten des ehemaligen Staatssicherheitsdienstes „für viel Geld" anwerben zu wollen.

Im Zusammenhang mit den DDR-Spionageaktivitäten fordert die CSU die sofortige Entlassung von DDR-Verteidigungsminister Eppelmann. Der kürzlich enttarnte Hamburger CDU-Abgeordnete Löffler war nach Darstellung des Verfassungsschutzes eine „Spitzenquelle" für den militärischen Geheimdienst der DDR.

Die Grünen der Bundesrepublik und der DDR kommen überein, bis zum Jahresende den Zusammenschluß ihrer Parteien zu vollziehen.

Montag, 10. September

Bei der bislang umstrittenen Frage der Finanzierung sowjetischer Truppen auf deutschem Gebiet bis zu ihrem Abzug 1994 wird in Moskau ein Durchbruch erzielt. Der sowjetische Außenminister Eduard Schewardnadse spricht von einer Kompromißlösung, ohne eine Summe für die Rückführung der UdSSR-Truppen und die Nachfolgekosten zu nennen. Dem deutschen Angebot von sieben Milliarden Mark stand zuletzt eine sowjetische Forderung von 18 Milliarden Mark gegenüber. Wie tags darauf in Bonn bekannt wird, erhält Moskau 12 Milliarden Mark und einen zusätzlichen zinslosen Kredit über drei Milliarden Mark.

Die geplante Einbürgerung von Tausenden von Hongkong-Chinesen im Gegenzug für Milliardenkredite an die DDR wird nach Auskunft von Regierungssprecher Matthias Gehler nicht stattfinden. Ein entsprechender Vertragsentwurf zwischen zwei Regierungsunterhändlern und den Vertretern der Chinesen werde von der Regierung nicht unterschrieben. Die beiden Beauftragten

312

hätten ihre Kompetenzen überschritten und seien inzwischen von ihrem Mandat entbunden worden.

Für das Sommersemester 1990 haben sich bereits 3 180 Studenten aus der DDR an bundesdeutschen Hochschulen eingeschrieben, teilt die Kultusministerkonferenz in Bonn mit. Fast 60 Prozent davon entfielen auf West-Berlin.

Dienstag, 11. September

Staatssekretär Krause sagt eine einvernehmliche Lösung für die umstrittene Verfügungsgewalt über die Stasi-Akten zu. Auf jeden Fall müsse eine nachrichtendienstliche Verwendung ausgeschlossen werden. Das zentrale Archiv solle in Ost-Berlin verbleiben, der Zugriff aber an den Bund übergehen. Dem Wunsch der Bürger nach Akteneinsicht könne aus Gründen des Datenschutzes nicht entsprochen werden.

Innenminister Diestel gibt die Entlassung geheimer Stasi-Offiziere, sogenannter OibE, aus dem höheren Staatsapparat bekannt. In seinem unmittelbaren Umfeld hätte es aber keinen dieser Offiziere gegeben. Diestel informiert zugleich darüber, daß Akten von prominenten Politikern verschwunden seien, was er auf die „schludrige Art" zurückführt, wie der zuständige Volkskammerausschuß damit gearbeitet habe.

Abrüstungs- und Verteidigungsminister Rainer Eppelmann erklärt nach einem Treffen mit Bundesverteidigungsminister Gerhard Stoltenberg, daß die Mehrzahl der NVA-Soldaten ab 3. Oktober ohne Unterbrechungen und finanzielle Einbußen ihren normalen Dienst fortsetzen könne. Die sozialen Sorgen der Berufssoldaten seien weitgehend unbegründet. Vom vielzitierten Wartestand seien nur wenige Armeeangehörige betroffen.

Mittwoch, 12. September

Die Zwei-plus-Vier-Gespräche werden von den beteiligten Staaten in Moskau mit der Unterzeichnung des „Vertrages über die endgültige Regelung in bezug auf Deutschland" abgeschlossen. Der Vertrag legt fest, daß die mit der Nachkriegsentwicklung verbundenen historischen Rechte der Alliierten erlöschen und ein deutscher Staat, der sich zu demokratischen und friedlichen Absichten verpflichtet, seine volle Souveränität erhält. Artikel 1 schreibt die gegebenen Grenzen fest, wobei auch die Endgültigkeit der Grenze zu Polen völkerrechtlich verankert wird. In Artikel 2 heißt es, daß von deutschem Boden künftig nur noch Frieden ausgehen dürfe und Artikel 3 legt die Obergrenze der deutschen Streitkräfte auf 370 000 Mann fest und enthält die Verpflichtung, ABC-Waffen weder herzustellen noch zu besitzen. Artikel 4 klärt die Modalitäten des Rückzugs der sowjetischen Streitkräfte bis 1994 und in Artikel 5 wird mit der Formulierung „freie Wahl des Bündnisses" de facto die NATO-Mitgliedschaft Deutschlands anerkannt.

Bundesaußenminister Hans-Dietrich Genscher betont nach der Unterzeichnung, dies sei eine historische Stunde für Europa und eine „glückliche Stunde für Deutschland", denn nun sei die Souveränität des Landes wiederhergestellt. „Wir Deutschen werden mit der wiedergewonnenen Freiheit dem Frieden dienen", betont Genscher. Die staatliche Einheit bedeute für die Deutschen eine größere Freiheit, aber nicht Streben nach Macht.

In Bonn wird eine weitere Kompromißlösung für die Angleichung des Arbeitsrechts nach dem 3. Oktober erzielt. Danach gilt in Ostdeutschland weiterhin das Kündigungsschutzgesetz vom 1. Juli des Jahres. Für Schwerbehinderte, „Kämpfer gegen den Faschismus", dessen Opfer oder auch Mitglieder von Arbeitnehmervertretungen bleibt ein besonderer Kündigungsschutz bestehen. Dieser gilt auch weiter bis zum 31. Dezember 1990 für Schwangere, stillende Mütter und Mütter beziehungsweise Väter mit Kindern bis zu einem Jahr.

Die Besetzer der Stasi-Zentrale treten in einen unbefristeten Hungerstreik zur Bekräftigung ihrer Forderungen nach Einsichtnahme in die Stasi-Akten.

Solidaritätskonzert von Wolf Biermann für die hungerstreikenden Bürger-rechtler, die das Recht auf Einsicht in die Stasi-Akten erreichen wollen

Donnerstag, 13. September

Die unabhängige „Basler Zeitung" meint zum Moskauer Deutschlandvertrag: „Die Deutschen zahlen für die Wiederherstellung der
staatlichen Einheit einen vergleichsweise hohen Preis: Die mit dem
Zwei-plus-Vier-Abkommen in einem unmittelbaren Zusammenhang stehenden finanziellen Verpflichtungen bringen eine Belastung mit sich, welche insgesamt die Hundert-Milliarden-Grenze
übersteigen wird. Dabei gilt es allerdings zu bedenken, daß ein wesentlicher Teil des Geldes über Ausgaben der Sowjetsoldaten in der
DDR sowie durch Aufträge aus der UdSSR wieder in die deutsche
Wirtschaft zurückfließen wird. Mittelfristig ist dies sicherlich keine schlechte Investition."

Ergänzend zum Zwei-plus-Vier-Vertrag unterschreiben Hans-
Dietrich Genscher und Eduard Schewardnadse in Moskau einen
„Vertrag über gute Nachbarschaft, Partnerschaft und gute Zusammenarbeit" zwischen der Bundesrepublik und der Sowjetunion. Er sieht regelmäßige politische Konsultationen und eine friedliche Regelung aller Streitfälle vor.

In Berlin erörtert die Volkskammer den Einigungsvertrag.
SPD-Chef Wolfgang Thierse erklärt, seine Fraktion werde dem
Vertrag mehrheitlich zustimmen, da er „alles in allem ein not-
wendiger und verantwortbarer Schritt zur deutschen Einheit" sei.

Der PDS-Vorsitzende Gregor Gysi spricht dagegen von einem
„Anschlußvertrag", mit dem lediglich die Bundesrepublik größer
werde. Es sei die Chance vertan worden, ein Deutschland zu
schaffen, das besser als die DDR, aber auch besser als die Bundesrepublik sei.

In überaus scharfer Form kritisiert Werner Schulz von Bündnis 90/Grüne den Vertrag. „Jetzt wuchert zusammen, was zusammenwachsen sollte", sagte er. Es sei von mancher Seite nicht be-
griffen worden, daß es bei der Vereinigung der Staaten nicht um
die Vereinigung von Regierungsmannschaften oder der Verbrü-
derung von Parlamenten gehe. Die Auswirkungen für die Mehrheit der Bevölkerung seien äußerst belastend.

Der Fraktionschef der Deutschen Sozialen Union (DSU), Hans-

316

joachim Walther, greift Innenminister Peter-Michael Diestel (CDU) scharf an, der sich nicht um „die sozialen Belange der Opfer" des SED-Regimes kümmere. Dabei dürfe es „keine Schonung für Stasi-Kader" geben. Zur Rehabilitierung von Stasi-Opfern müsse das von der Volkskammer am 24. August beschlossene Gesetz noch Eingang in den Einigungsvertrag finden, fordert Walther.

Ein Antrag zur Ablösung Diestels findet im Parlament keine Mehrheit.

Freitag, 14. September

Ministerpräsident de Maizière entzieht Innenminister Peter-Michael Diestel die Zuständigkeit für die Auflösung des ehemaligen Staatssicherheitsdienstes und überträgt dieses Amt dem Staatssekretär im Innenministerium Dr. Stief (FDP).

Zuvor war de Maizière in Berlin mit seinem Umweltminister Steinberg (CDU) zusammengetroffen, der vom ehemaligen Regierungsbeauftragten zur Auflösung der Staatssicherheit, Werner Fischer, der Stasi-Mitarbeit beschuldigt worden war. Die beiden CDU-Politiker kommen überein, daß Steinberg sich dem Prüfungsausschuß der Volkskammer stellt und danach die Öffentlichkeit informiert. Die Vorwürfe gegen zwei andere Minister des Kabinetts sollen in gleicher Weise behandelt werden.

Mit den Stimmen der Koalition und der SPD verabschiedet der Ausschuß Deutsche Einheit des Bundestages den Einigungsvertrag mit der DDR. Der Bundestag wird am 20. September in zweiter und dritter Lesung endgültig darüber entscheiden.

Der deutsche Einigungsprozeß und die Verbesserung der wirtschaftlichen Situation auf dem Gebiet der DDR werden ein wesentliches Thema des 56. deutsch-französischen Gipfels in München sein. Wie Regierungssprecher Dieter Vogel hervorhebt, sei Bundeskanzler Helmut Kohl sehr daran interessiert, daß sich französische Unternehmen noch mehr an Investitionen in Ostdeutschland beteiligen. Vogel räumt ein, daß es zu Beginn der Tätigkeit der Ost-Berliner Treuhandanstalt eine gewisse Bevorzugung deutscher Unternehmen bei Privatisierungen gegeben habe.

Mit Wirkung zum 30. September 1990 wird der FDGB aufgelöst, beschließen die Delegierten des FDGB-Kongresses in Berlin. Ab dem 3. Oktober ist dann der DGB für alle 16 Bundesländer zuständig.

Samstag / Sonntag, 15. / 16. September

Die vor 40 Jahren gegründete ehemalige DDR-Blockpartei Demokratische Bauernpartei Deutschlands (DBD) beschließt auf einer Delegiertenversammlung ihren Zusammenschluß mit der CDU.

Die Jugendverbände der Unionsparteien in der Bundesrepublik und in der DDR, der DSU und des Demokratischen Aufbruch vereinigen sich am Wochenende in Leipzig zu einer einheitlichen Organisation mit etwa 220 000 Mitgliedern und gemeinsamer Führung.

Der Verdacht, Rainer Eppelmann vom Demokratischen Aufbruch habe für die Staatssicherheit gearbeitet, wird vom Vorsitzenden des Stasi-Untersuchungsausschusses der DDR-Volkskammer, Joachim Gauck, ausgeräumt. Verschiedenen Presseberichten zufolge steht Eppelmann auf einer Liste von 68 Volkskammerabgeordneten, die Zuträger der Stasi gewesen sein sollen. Eppelmann hatte die Anschuldigung entschieden zurückgewiesen. Auch Bauminister Viehweger (BFD) dementiert eine Stasi-Mitarbeit.

Bundesfinanzminister Theo Waigel (CSU) lehnt die von SPD-Kanzlerkandidat Oskar Lafontaine zur Finanzierung der deutschen Einheit vorgeschlagene Ergänzungsabgabe für Besserverdienende als „sozialistischen Ladenhüter" ab. In einem Interview sagt Waigel, „der SPD fällt in schwierigen Situationen nichts anderes ein, als die Bürger zur Kasse zu bitten". Eine Ergänzungsabgabe würde die Entlastung durch die Steuerreform in Frage stellen und die Investitionsfähigkeit der Betriebe beeinträchtigen. Zudem werde die Attraktivität des Standorts Deutschland gefährdet.

Montag, 17. September

Bundesinnenminister Schäuble und DDR-Staatssekretär Krause einigen sich auf eine mit einer finanziellen Abfindung verbundene Übergangsregelung für die am 3. Oktober aus der Volkskammer ausscheidenden 256 Abgeordneten. Beim Streit um die Akteneinsicht verständigen sie sich darauf, Betroffenen „so bald wie möglich" Auskunftsrecht über ihre eigene Akte einzuräumen.

Der Prüfungsausschuß zur Stasi-Vergangenheit von Volkskammerabgeordneten fordert den Rücktritt des DDR-Umweltministers Karl-Hermann Steinberg (CDU) wegen erwiesener früherer Stasi-Tätigkeit. Der Ausschußvorsitzende Peter Hildebrandt (Bündnis 90/Grüne) weist ein Dementi Steinbergs als „den Tatsachen kraß widersprechend" zurück.

Die anderen einer Stasi-Mitarbeit verdächtigten DDR-Minister – Bauminister Axel Viehweger (BFD), Wirtschaftsminister Gerhard Pohl (CDU) und der Minister im Amt des Ministerpräsidenten, Klaus Reichenbach (CDU) – weisen alle Vorwürfe gegen sie energisch zurück.

DDR-Ministerpräsident Lothar de Maizière korrigiert seine Entscheidung von vor drei Tagen und teilt mit, daß Innenminister Peter-Michael Diestel weiterhin die Verantwortung für die Stasi-Auflösung besitzt.

Die SPD-Volkskammerfraktion fordert nachdrücklich den Rücktritt von Parlamentspräsidentin Sabine Bergmann-Pohl, die eine Fortzahlung der Diäten bis zu den gesamtdeutschen Wahlen auch für nicht in den Bundestag delegierte Abgeordnete in die Wege geleitet hatte. Auch der Vorsitzende der Bonner CSU-Landesgruppe, Wolfgang Bötsch, übt heftige Kritik an der DDR-Volkskammerpräsidentin und nennt ihren Verstoß „ein ziemlich starkes Stück".

In den Führungen von CDU und CSU wird die Möglichkeit von Steuererhöhungen zur Finanzierung der deutschen Einheit nicht mehr kategorisch ausgeschlossen. Dagegen erteilt das FDP-Präsidium solchen auch von anderen führenden Unionspolitikern bereits angedeuteten Steuermehrbelastungen eine „klare Absage".

Dienstag, 18. September

Das Bundesverfassungsgericht in Karlsruhe weist eine von acht Bundestagsabgeordneten der CDU/CSU eingereichte Klage gegen den deutsch-deutschen Einigungsvertrag als offensichtlich unbegründet zurück. Die Klage richtet sich gegen die endgültige Festlegung der polnischen Westgrenze.

Generalbundesanwalt Alexander von Stahl leitet gegen den ehemaligen DDR-Minister für Staatssicherheit Erich Mielke und dessen Stellvertreter Günter Neiber Ermittlungsverfahren wegen des Verdachts der Unterstützung der RAF ein.

DDR-Umweltminister Karl-Hermann Steinberg sieht in Berlin seine Akten ein. Dort liegen nach Auskunft seiner Sprecherin Monika Litwin keine belastenden Hinweise vor. Steinberg werde nun in seinem Heimatbezirk Halle weitersuchen. Ex-Forschungsminister Frank Terpe (SPD) weist Vorwürfe, für die Stasi gearbeitet zu haben, als „schwere Verleumdung" zurück. SPD-Chef Wolfgang Thierse empfiehlt Terpe trotzdem, nicht mehr für ein Mandat zu kandidieren.

Der Vorsitzende des Bezirksverbandes Chemnitz der DSU, Helmut-Joachim Nestler, wird aus der Partei ausgeschlossen, nachdem bekannt wird, daß er von 1975 bis Mai 1985 unter dem Decknamen „Christiansen" als informeller MfS-Mitarbeiter tätig gewesen ist.

Mittwoch, 19. September

Für den künftigen Umgang mit Stasi-Akten wird eine Einigung zwischen Bonn und Ost-Berlin erzielt. Eine Regierungsvereinbarung und eine Protokollnotiz des Innenausschusses des Bundestages sehen vor, daß es keinen nachrichtendienstlichen Zugriff auf das Datenmaterial der Stasi geben soll. Nur in Ausnahmefällen, wie beim Terrorismus, kann der Verfassungsschutz über einen Antrag der Staatsanwaltschaft Akten anfordern.

Die DDR-Regierung ernennt den Rostocker Pfarrer Joachim

Gauck (Bündnis 90), bisher Vorsitzender des Volkskammerausschusses zur Kontrolle der Stasi-Auflösung, zum Sonderbeauftragten für den Umgang mit personenbezogenen Stasi-Akten. Seine erste Aufgabe ist die Erarbeitung einer Benutzerordnung mit klar definierten Regeln für den Zugang der Betroffenen zu den Akten.

Der Stasi-Untersuchungsausschuß der Volkskammer empfiehlt neun Ministern bzw. Abgeordneten den Rücktritt. Wie der Ausschußvorsitzende Hildebrandt (Bündnis 90/Grüne) mitteilt, gibt es zudem mehrere Problemfälle, darunter hochrangige Politiker, bei denen Akten unvollständig sind.

Die beabsichtigte Amnestie für Stasi-Agenten, die sich keiner schweren Verbrechen schuldig gemacht haben, wird es zum Tag der deutschen Einheit am 3. Oktober nicht geben. In einem Spitzengespräch unter Leitung von Bundeskanzler Helmut Kohl verständigt sich die Bonner Koalition darauf, daß über den Gesetzentwurf des Bundesjustizministers nach dem 3. Oktober weiter beraten werden soll.

Wegen Asbestverseuchung wird der Ost-Berliner Palast der Republik auf Anordnung der Bezirkshygieneinspektion geschlossen. Die Volkskammer siedelt bis zur ihrer Auflösung am 2. Oktober in das Haus der Parlamentarier, den ehemaligen Sitz des SED-Zentralkomitees, über.

Das Rundfunkgesetz, das erst vor einer Woche von der Volkskammer verabschiedet worden war, soll nicht wirksam werden. Wie der Vorsitzende des Medienausschusses des DDR-Parlaments, Jürgen Schwarz (DSU), auf einer Anhörung zum privaten Rundfunk in Dresden mitteilt, wurde das Gesetz in der Nacht zuvor bei Verhandlungen in Bonn auf Verlangen der bundesdeutschen Seite aus den Anlagen des Einigungsvertrages gestrichen.

Am Abend verschanzen sich vier Häftlinge der Strafanstalt Brandenburg im Dachgebälk des Gefängnisgebäudes, um ihren Forderungen nach einer allgemeinen Amnestie, Überprüfung früherer Urteile und Verbesserung der Haftbedingungen Nachdruck verleihen. Die Häftlinge drohen, sich vom Dach zu stürzen, wenn ihre Forderungen nicht geprüft werden.

Donnerstag, 20. September

Die beiden deutschen Parlamente in Bonn und Ost-Berlin stimmen dem Einigungsvertrag zwischen der Bundesrepublik und der DDR mit der notwendigen Zweidrittelmehrheit zu. Er regelt in 46 Artikeln und rund 1 000 Seiten Anlagen die mit dem Beitritt der DDR verbundenen Fragen bis ins Detail.

In Artikel 1 wird die Bildung der fünf DDR-Länder Mecklenburg-Vorpommern, Brandenburg, Sachsen-Anhalt, Sachsen und Thüringen und ihr Beitritt zur Bundesrepublik auf den 3. Oktober festgelegt. In Artikel 2 heißt es: „Hauptstadt Deutschlands ist Berlin", wobei über Parlaments- und Regierungssitz erst später entschieden werden solle. Der 3. Oktober wird als Tag der Deutschen Einheit gesetzlicher Feiertag. Mit Artikel 3 wird das Grundgesetz zum 3. Oktober in den fünf DDR-Ländern und in Ost-Berlin in Kraft gesetzt.

Artikel 4 legt gleichzeitig in Kraft tretende Änderungen des Grundgesetzes fest. Die künftige Präambel lautet unter anderem: „Die Deutschen in den Ländern Baden-Württemberg, Bayern, Berlin, Brandenburg, Bremen, Hamburg, Hessen, Mecklenburg-Vorpommern, Niedersachsen, Nordrhein-Westfalen, Rheinland-Pfalz, Saarland, Sachsen, Sachsen-Anhalt, Schleswig-Holstein und Thüringen haben in freier Selbstbestimmung die Einheit und Freiheit Deutschlands vollendet. Damit gilt dieses Grundgesetz für das gesamte deutsche Volk." Der Grundgesetzartikel 23, in dem es bisher hieß: „In anderen Teilen Deutschlands ist es (das Grundgesetz) nach deren Beitritt in Kraft zu setzen", wird aufgehoben. Artikel 51 des Grundgesetzes wird so geändert, daß Bundesländer mit mehr als sieben Millionen Einwohnern – derzeit sind das Niedersachsen, Nordrhein-Westfalen, Baden-Württemberg und Bayern – eine Stimme mehr im Bundesrat erhalten als bisher. Ein neu ins Grundgesetz eingefügter Artikel 143 bestimmt, daß das Recht auf dem DDR-Gebiet nur bis Ende 1995 von Bestimmungen des Grundgesetzes abweichen kann und bestimmte Enteignungen nicht rückgängig gemacht werden dürfen.

Artikel 146 des Grundgesetzes soll künftig lauten: „Dieses

Grundgesetz, das nach Vollendung der Einheit und Freiheit Deutschlands für das gesamte deutsche Volk gilt, verliert seine Gültigkeit an dem Tage, an dem eine neue Verfassung in Kraft tritt, die von dem deutschen Volke in freier Entscheidung beschlossen worden ist."

Artikel 7 des Einigungsvertrages regelt die vorläufige Umsatzsteuerverteilung zwischen den Ländern und die Verwendung der Mittel aus dem Fonds Deutsche Einheit. Nach Artikel 9 gilt bisheriges DDR-Recht teilweise als Landesrecht der neuen Länder weiter. Mit Artikel 10 wird das gesamte EG-Recht für die DDR übernommen. Artikel 17 legt fest, daß die „Opfer des SED-Unrechts-Regimes" rehabilitiert und angemessen entschädigt werden. Nach Artikel 18 bleiben Entscheidungen der DDR-Gerichte wirksam und vollstreckbar. Sie können nur gerichtlich angefochten werden.

Laut Artikel 20 sollen auch in der DDR hoheitliche Aufgaben „sobald wie möglich" von Beamten wahrgenommen werden. In den folgenden Artikeln geht es um das Vermögen der DDR, das zwischen Bund, Ländern und Kommunen aufgeteilt wird.

Artikel 30 behandelt unter anderem das Arbeitsrecht. Es soll möglichst bald einheitlich neu gestaltet werden. Auch Übergangsregelungen für den Rentenbezug in der DDR werden hier festgelegt. Mit Artikel 31 verpflichtet sich der Bund, sich an den Kosten der Kinderbetreuung in Ostdeutschland bis Mitte 1991 zu beteiligen. Der Kompromiß in der Abtreibungsfrage wird in einem Artikel 31a festgeschrieben. In Artikel 35 heißt es, die „kulturelle Substanz" der DDR „darf keinen Schaden nehmen". DDR-Schul- und Berufsabschlüsse behalten nach Artikel 37 ihre Gültigkeit. Das Schulwesen soll von den Kultusministern der Länder neu gestaltet werden. Die Strukturen des DDR-Sports sollen auf Selbstverwaltung umgestellt werden, so Artikel 39.

Artikel 42 regelt, daß die Volkskammer für die Zeit bis zur Neuwahl des gesamtdeutschen Parlaments 144 voll stimmberechtigte Abgeordnete in den Bundestag entsendet. Im Schlußartikel 45 heißt es: „Der Vertrag bleibt nach dem Wirksamwerden des Beitritts als Bundesrecht geltendes Recht."

Darüber hinaus werden in einer Vereinbarung zwischen der Bundesrepublik und der DDR „zur Durchführung und Auslegung" des Einigungsvertrages unter anderem die Regelung über den künftigen Umgang mit den Akten des ehemaligen Staatssicherheitdienstes und das beschlossene Übergangsgeld für die Volkskammerabgeordneten festgehalten.

Insgesamt gibt es in der zweiten Lesung zum Einigungsvertrag im DDR-Parlament breite Zustimmung. Dennoch wird von verschiedenen Politikern Kritik daran geübt, daß eine ganze Reihe von Gesetzen, die in den letzten Wochen die parlamentarische Absegnung erhalten hatten, keine Berücksichtigung im Einigungsvertrag gefunden hätte.

Die notwendige Zweidrittelmehrheit für den Vertrag wird in der Volkskammer mit 299 Stimmen gegen die von PDS und Vertretern von Bündnis 90/Grüne (80 Gegenstimmen bei einer Enthaltung) erreicht. Im Bundestag votieren 442 Abgeordnete für das Abkommen, 47 stimmen mit Nein, drei enthalten sich.

An ihrem neunten Tag im Hungerstreik sorgen die Besetzer der ehemaligen Stasi-Zentrale in Berlin für einen Eklat in der Volkskammer. Während der Plenardebatte im Haus der Parlamentarier bahnen sich sechs der 24 Hungerstreikenden den Weg zum Rednerpult im Sitzungssaal und lassen sich auch von der Aufforderung, die Tagung nicht zu stören, nicht zurückhalten. In einer dadurch notwendig gewordenen Sitzungsunterbrechung wird einem der Normannenstraßen-Besetzer, Reinhard Schult vom Neuen Forum, die Möglichkeit gegeben, zum Anliegen der Besetzer zu sprechen. Er protestiert dagegen, daß weder der künftige Umgang mit den Stasi-Akten noch die Rehabilitierung der Opfer im Einigungsvertrag klar geregelt seien. Abzulehnen sei es, daß Parlamentarier, die für die Stasi gearbeitet hätten, über den Einigungsvertrag abstimmen dürften.

Freitag, 21. September

An der Erarbeitung einer Benutzerordnung für das Stasi-Archiv sollen die ehemaligen Bürgerkomitees, parlamentarische Ausschüsse sowie das Innenministerium beteiligt werden. Dafür setzt sich der Sonderbeauftragte zur Verwaltung der Stasi-Akten, Joachim Gauck, in einem Presseinterview ein. Die Besetzer der Stasi-Zentrale bezeichnet er als eine isolierte Gruppe. Deren Forderung nach Herausgabe der Akten an die Betroffenen finde keine breite Unterstützung. Die Besetzer ihrerseits erklären, daß sie den Hungerstreik bis Freitag nächster Woche fortsetzen wollen. An diesem Tage berät die Volkskammer über den Stand der Auflösung des MfS.

Samstag/Sonntag, 22./23. September

Bundeskanzler Helmut Kohl (CDU) erklärt auf einer Wahlkampfveranstaltung vor rund 15 000 Zuhörern in Magdeburg, er sei ganz sicher, daß die wirtschaftlichen Probleme in Ostdeutschland in ganz wenigen Jahren zu lösen seien.

Der Bischof der evangelischen Kirche in Berlin-Brandenburg, Gottfried Forck, gesteht Irrtümer in der Bewertung des SED-Regimes ein. In einem Interview sagt er, die Kirche in der DDR habe viel zu lange in der Hoffnung gehandelt, die Vertreter des Staates ändern und einen „besseren Sozialismus" erreichen zu können.

Die Grünen der Bundesrepublik sprechen sich auf einem Bundesparteitag in Bayreuth für einen Zusammenschluß mit den Grünen der DDR zum 3. Dezember aus. Sie beschließen ein Zusammengehen mit den Bürgerrechtsgruppen der DDR bei der gesamtdeutschen Wahl am 2. Dezember und eine Wahlplattform Bündnis 90/Grüne.

Montag, 24. September

Mit einer Protokollunterzeichnung durch DDR-Verteidigungsminister Eppelmann und den sowjetischen Oberkommandierenden des Warschauer Paktes, General Luschew, wird in Ost-Berlin der sofortige Austritt der DDR aus dem Warschauer Vertrag besiegelt.

Nach einer Ausweitung der Häftlingsrevolten auf 20 von insgesamt 38 Strafanstalten schlägt die DDR-Regierung anstelle einer generellen Amnestie zum 3. Oktober eine Einzelfallprüfung auf Strafminderung vor. Die stellvertretende DDR-Regierungssprecherin Angela Merkel sagt vor Journalisten, das DDR-Innenministerium werde in Abstimmung mit Bonn einen Prüfungsausschuß bilden, in dem auch bundesdeutsche Richter sitzen sollen. Häftlinge, die sich ungerecht behandelt fühlen, könnten dort Strafmilderung beantragen.

Die DDR setzt einen Schlußpunkt unter ihre 41jährige Außenpolitik. Ihr amtierendes Staatsoberhaupt, Volkskammerpräsidentin Sabine Bergmann-Pohl, verabschiedet bei einem Empfang im Ost-Berliner Staatsratsgebäude 87 in der DDR akkreditierte Diplomaten. Die ausländischen Missionen verlieren mit der deutschen Vereinigung am 3. Oktober ihre Funktion. Die DDR-Botschafter in aller Welt wurden bereits in den vergangenen Tagen nach Ost-Berlin zurückgerufen. Libanons Botschafter Josef Akl bewertet als Doyen des Diplomatischen Korps den Abschiedsempfang als einmalig in der Geschichte der Staatengemeinschaft. Er sei jedoch das Ereignis eines normalen historischen Prozesses und werde daher von allen als selbstverständlich akzeptiert. Alle Diplomaten hätten die friedliche Wende in der DDR „aufmerksam und mit Bewunderung" verfolgt.

Der Spitzenkandidat der DDR-Grünen für die Bundestagswahl, Henry G. Schramm, gibt zu, mehrere Jahre für das Ministerium für Staatssicherheit (MfS) gearbeitet zu haben. Schramm, der auch dem Vorstand der DDR-Grünen angehört, stellt seine Kandidatur und seine Parteifunktion zur Verfügung. Die Angst vor Entdeckung habe ihn bisher schweigen lassen, erklärt Schramm.

Dienstag, 25. September

Die CDU der Bundesrepublik weist Vorwürfe wegen einer Bereicherung durch das Vermögen der Ost-CDU zurück. Spekulationen über einen milliardenschweren Besitz der DDR-CDU seien „reiner Blödsinn", erklärt CDU-Generalsekretär Volker Rühe

Verteidigungsminister Eppelmann und Gereral Luschew besiegeln den Austritt der DDR aus dem Warschauer Vertrag

Vorbereitung auf die Vereinigung: Die letzten noch verbliebenen DDR-Embleme werden entfernt

in Bonn. Eine Überprüfung durch einen westdeutschen Wirtschaftsprüfer habe zum 31. Dezember 1989 eine Bilanzsumme von 42,8 Millionen DDR-Mark ergeben: 24,9 Millionen an Gebäuden und Anlagen, zwölf Millionen an Büro- und Geschäftsausstattung und 5,2 Millionen Mark an Geldmitteln. Das Firmenvermögen der Ost-CDU sei auf 15 Millionen Mark beziffert worden.

Der Deutsche Beamtenbund und der entsprechende Gewerkschaftsverband in der DDR vereinigen sich zur ersten gemeinsamen Spitzenorganisation des öffentlichen Dienstes in Deutschland.

Mittwoch, 26. September

Die Sozialdemokraten beider Teile Deutschlands beschließen auf getrennten Parteitagen in Berlin ihre Vereinigung, die auf einem gemeinsamen Parteitag am 27. September mit einem Manifest besiegelt wird. Die DDR-SPD bestimmt ihren bisherigen Vorsitzenden Wolfgang Thierse zum vierten stellvertretenden Vorsitzenden der Gesamt-SPD.

DDR-Ministerpräsident Lothar de Maizière (CDU) spricht sich in der Diskussion über eine Amnestie für Strafgefangene zum Tag der deutschen Einheit am 3. Oktober für eine Einzelfallprüfung aus. Der Tag der Einheit dürfe allerdings nicht dazu dienen, „jeden Mörder oder Drogenhändler" aus den Vollzugsanstalten herauszulassen.

Gezielte Fehlinformationen und die Solidarität des Gefängnispersonals haben nach Ansicht des Verbandes der Justizvollzugsbediensteten West-Berlins die DDR-Häftlinge zu den Revolten ermuntert, bei denen u.a. gegen geplante Verlegungen nach West-Berlin protestiert wurde, da die Gefangenen dort Aids und Drogenhandel befürchteten.

Die Volkswagen AG legt bei Zwickau den Grundstein für die sechste Produktionsstätte des Golf-Modells. Das Gemeinschaftsprojekt mit dem DDR-Autokombinat IFA soll bis Ende 1991 fertiggestellt werden.

Donnerstag, 27. September

Der Entwurf für den dritten bundesdeutschen Nachtragshaushalt 1990 ist fertig: 20 Milliarden Mark zusätzliche Ausgaben sind nötig, um vor allem die Sozialleistungen im DDR-Haushalt zu sichern (17,7 Milliarden) und erhöhte Ausgaben für UN-Aktionen am Golf zu bezahlen.

Der gesamtdeutsche SPD-Parteitag in Berlin besiegelt die endgültige Vereinigung der Partei. Die 550 Delegierten erheben in ihrem Manifest zur Wiederherstellung der Einheit den Anspruch, in Deutschland die politische Führung zu übernehmen. Die geeinte deutsche Sozialdemokratie werde in der Regierungsverantwortung für gesellschaftliche Reformen arbeiten.

Die katholischen Bischöfe aus der Bundesrepublik und der DDR begrüßen in der gemeinsamen Erklärung „Christliche Verantwortung in veränderter Welt" die bevorstehende Vereinigung. Sie würdigen die rechtlich-soziale Ordnung Deutschlands und die unantastbaren Rechte jedes Menschen, wie sie im Grundgesetz festgelegt sind.

Freitag, 28. September

Nach anhaltenden Häftlingsrevolten erläßt die DDR-Volkskammer ein Gesetz über eine Teilamnestie, nach der allen vor dem 1. Juli von DDR-Gerichten verurteilten Häftlingen – außer Schwerverbrechern – ein Drittel ihrer Strafe erlassen wird. Die ersten Häftlinge werden bereits am 30. September entlassen. In den Gefängnissen entspannt sich daraufhin die Lage.

Während ihrer letzten Arbeitssitzung gerät die Volkskammer in den Strudel der Stasi-Vergangenheit. Parlamentspräsidentin Sabine Bergmann-Pohl (CDU) sagt, sie könne es mit ihrem Gewissen nicht vereinbaren, Namen der Verdächtigten vorzulesen. Ihr Präsidiumskollege Wolfgang Ullmann (Bündnis 90/Grüne) erklärt daraufhin seine Bereitschaft, gegebenenfalls die Liste zu verlesen. Nach einem längeren Abstimmungs-Hick-Hack und einem Sitzstreik der Bündnis-90-Abgeordneten wird beschlossen, die Namen der 15 als stark belastet eingestuften Parlamentarier in nichtöffentlicher Sitzung zu verlesen. Mehrere verdächtige Abgeordnete weisen jede Schuld von sich. Wohnungsbauminister Viehweger (BFD) gibt seinen Rücktritt bekannt.

Bestätigt wird Joachim Gauck (Bündnis 90/Grüne) als Sonderbeauftragter der Bundesregierung für die Verwahrung der Akten und Datenträger des ehemaligen MfS. Zwar sei die Stasi-Macht gebrochen, so Gauck, jedoch sei die Auflösungsarbeit noch längst nicht getan. In diesem Zusammenhang wird vor dem Plenum darauf verwiesen, daß noch immer 26 Offiziere im besonderen Einsatz in 14 Ländern tätig seien.

Samstag, 29. September

Das Bundesverfassungsgericht erklärt den deutsch-deutschen Wahlvertrag mit seiner auf das gesamte Wahlgebiet bezogenen Fünf-Prozent-Sperrklausel und der Möglichkeit von Listenverbindungen nicht konkurrierender Parteien für verfassungswidrig und somit ungültig. Um den Termin der gesamtdeutschen Wahl am 2. Dezember nicht zu gefährden, erarbeitet die Bundesregierung im Eilverfahren einen neuen Gesetzentwurf, der den Forderungen der Verfassungsrichter entsprechen soll. An der Klage gegen das am 2. August von Bonn und Ost-Berlin paraphierte Wahlgesetz hatten sich Republikaner, Grüne und Linke Liste/PDS beteiligt.

Eine Erklärung zur „Vollendung der Annexion der DDR" verabschiedet der 1. ordentliche Parteitag der KPD, der in Ziegenhals bei Berlin tagt. Außerdem werden ein Grundsatzprogramm und ein neues Statut beraten.

Sonntag, 30. September

Die sowjetischen Kontrollposten zur Abfertigung des alliierten Militärverkehrs in Berlin und Helmstedt werden abgezogen. Die sowjetischen Soldaten verabschieden sich ohne großes Aufheben mit einem Umtrunk. Sie waren dort seit Kriegsende stationiert, um ein „besonderes Zugangsregime" für alliierte Soldaten, Diplomaten und deren Familienangehörige von und nach Berlin zu sichern. Sie unterlagen weder ost- noch westdeutscher Kontrolle.

Mit einem „schlagartigen" Investitionsaufschwung in der DDR ist auch nach der Vereinigung der beiden deutschen Staaten nicht zu rechnen. Mit dem Einigungsvertrag haben sich die Rahmenbedingungen zwar deutlich verbessert, aber noch steht bei westlichen Unternehmen in der DDR der Aufbau des Vertriebs im Vordergrund, während nur wenige in Ostdeutschland produzieren. Dies zeigen die Ergebnisse einer veröffentlichten Umfrage, an der sich 500 westdeutsche Unternehmen beteiligten. Als Hauptprobleme bei der Realisierung von Investitionsvorhaben nannte knapp jedes fünfte Unternehmen rechtliche Schwierigkeiten beim Grundstückserwerb und Verzögerungen bei der Erteilung von Genehmigungen.

Oktober 1990

Montag, 1. Oktober

Die vier Siegermächte des Zweiten Weltkrieges und die beiden
deutschen Außenminister unterzeichnen in New York eine Erklärung, die dem vereinten Deutschland im Vorgriff auf den am
12. September in Moskau unterschriebenen, aber noch nicht ratifizierten Deutschlandvertrag die volle Souveränität zurückgibt.
Die Siegermächte verzichten ab dem 3. Oktober auf ihre Vorbehaltsrechte für Berlin und Deutschland als Ganzes.

Im Zuge des Ratifizierungsverfahrens stimmt dann der gesamtdeutsche Bundestag auf seiner ersten Sitzung am 5. Oktober
dem Souveränitätsgesetz endgültig zu. Mit der Zustimmung des
Bundesrates am 8. Oktober schließt die Bundesrepublik als erster
Vertragspartner das formale Procedere ab. Als erstes Parlament
der Siegermächte ratifiziert am 10. Oktober der US-Senat den
Deutschlandvertrag.

Mit einer Würdigung der deutschen Einheit und einem Aus-
blick auf eine „neue transatlantische Partnerschaft" zwischen den
USA und Europa eröffnet US-Präsident George Bush in New
York die erste KSZE-Außenministerkonferenz auf amerikani-
schem Boden. Er bezeichnet die deutsche Vereinigung als „einen
Höhepunkt eines Jahres der Veränderungen". Die Unterzeichnung des Deutschlandvertrages wenige Minuten zuvor nennt er
„einen bewegenden Augenblick", der „eine Ära der Zwietracht
und der Teilung" beende und einen Kontinent verändert habe.

Die CDU-Verbände aus dem noch geteilten Deutschland
schließen sich in Hamburg zur gesamtdeutschen CDU zusammen.
Auf dem Vereinigungsparteitag wird Bundeskanzler Kohl mit einem Rekordergebnis von 98,5 Prozent (943 Ja, 14 Nein, 7 Enthaltungen) zum ersten gesamtdeutschen Parteichef gewählt. Einziger
Stellvertreter wird der bisherige Chef der DDR-CDU, Lothar de
Maizière. Helmut Kohl meldet für die vereinigte CDU den Anspruch an, auch in Gesamtdeutschland die führende politische Kraft

zu sein. Die CDU „war und ist die Partei der deutschen Einheit",
betont er in seiner Grundsatzrede. Im letzten Jahrzehnt dieses Jahr-
hunderts wolle die CDU erreichen, daß die neuen Bundesländer
„schon bald wieder blühende Landschaften sein werden". Als weiteres Ziel nennt Kohl die Vollendung der Europäischen Union mit
der Vision eines europäischen Bundesstaates und einen stärkeren
Beitrag Deutschlands bei der Gestaltung der Welt.

Einheit auch bei den Narren: Der Bund Deutscher Karneval
(BDK) hat mit einer Satzungsänderung die Voraussetzungen für
die Aufnahme von fünf Landesverbänden aus der bisherigen DDR
geschaffen. Damit können auch die Karnevalisten in den Verbän-
den Berlin-Brandenburg, Mecklenburg-Vorpommern, Sachsen,
Sachsen-Anhalt und Thüringen in die 1937 in München gegründete und 1953 in Mainz wiedergegründete Narrengemeinschaft
aufgenommen werden, die ihren Sitz in Köln hat.

Dienstag, 2. Oktober

Die DDR-Volkskammer löst sich mit einer Festsitzung in Ost-
Berlin auf. Parlamentspräsidentin Bergmann-Pohl (CDU) erklärt:
„Wir haben unseren Auftrag erfüllt, die Einheit Deutschlands in
freier Selbstbestimmung zu vollenden." Ministerpräsident Lothar
de Maizière nennt den Abgang der DDR von der Weltbühne
während der Feierstunde im Schauspielhaus in Berlin-Ost „eine
Stunde großer Freude" und „einen Abschied ohne Tränen".

Mit der Verabschiedung der westalliierten Stadtkommandan-
ten in Berlin wird nach 45 Jahren der Besatzungsstatus Berlins beendet. Auch die Ständige Vertretung Bonns in Ost-Berlin, die
noch im Sommer 1989 Unterschlupf für ausreisewillige DDR-
Bürger gewesen war, wird geschlossen.

Der Senat und der Magistrat von West- bzw. Ost-Berlin verabschieden eine gemeinsame Erklärung zur Wiederherstellung der
Einheit, in der es heißt: „Von morgen an ist das wiedervereinigte
Berlin die Hauptstadt des vereinten Deutschland. Alle noch bestehenden Vorbehaltsrechte der drei Alliierten und der Sowjetunion sind suspendiert und werden bald endgültig entfallen. Der

Bundestag wird deshalb nach 20 Jahren wieder in Berlin tagen können. Wir heißen ihn herzlich willkommen. Berlin wird alles in seinen Kräften Stehende tun, um ein würdiger Sitz von Parlament und Regierung Deutschlands zu sein."

Die Brüsseler Exekutive der Europäischen Gemeinschaft veröffentlicht eine Erklärung zur deutschen Vereinigung, in der von einer „schmerzhaften" Eingliederung des DDR-Gebietes mit „unvermeidlichen Härten" gesprochen wird. Es wird die Hoffnung ausgesprochen, daß das vereinte Deutschland die Gemeinschaft stärken werde.

Die amtliche sowjetische Nachrichtenagentur TASS spricht in einer Erklärung zur Vereinigung Deutschlands von einen „Vertrauensvorschuß, den die Deutschen hoffentlich zu Recht" bekommen haben.

In Berlin beginnt ein großes „Fest der Einheit" vor dem Reichstagsgebäude. Auf militärische Zeremonien wie Paraden, Ehrensalut und Fackelzüge ist bewußt verzichtet worden. Um Mitternacht erleben schätzungsweise eine Million Menschen das offizielle Zeremoniell. Am Reichstag nahe der ehemaligen Mauer wird in Anwesenheit von Bundespräsident Richard von Weizsäcker, Bundeskanzler Helmut Kohl und DDR-Ministerpräsident Lothar de Maizière eine 60 Quadratmeter große schwarz-rot-goldene Fahne zu den Klängen der Freiheitsglocken gehißt, Feuerwerk wird gezündet.

In seiner Heimatstadt Halle tritt wenige Stunden vor Vollendung der deutschen Einheit Bundesaußenminister Hans-Dietrich Genscher (FDP) auf. Beim bunten Volksfest auf dem Marktplatz erscheint er plötzlich zwischen Blasmusikanten und schwingt mit der Präsidentin des hallischen Stadtparlaments, Heidi Eckert, das Tanzbein zur böhmischen Polka.

Mittwoch, 3. Oktober

Die Feste zur Begrüßung der deutschen Einheit ziehen sich bis in die Morgenstunden hin, da der 3. Oktober zum ersten Mal arbeitsfreier Nationalfeiertag ist. Vielerorts wird die Nationalhym-

Eine Demonstration von Vereinigungsgegnern löst die Polizei in Berlin unter Einsatz von Schlagstöcken, Wasserwerfern und Tränengas auf

ne gesungen, auch mit der offiziell nicht dazugehörenden dritten Strophe „Deutschland, Deutschland über alles".

Rund zehntausend Menschen – vor allem aus der alternativen Szene – demonstrieren in Berlin unter der Losung „Halt's Maul, Deutschland" gegen die Vereinigung. Im Anschluß daran kommt zu Auseinandersetzungen mit der Polizei, die Wasserwerfer und Tränengas einsetzt.

Bundespräsident Richard von Weizsäcker betont während des Staatsaktes am Vormittag in der Berliner Philharmonie, daß kein Vertrag der Regierungen, keine Verfassung und keine Beschlüsse des Gesetzgebers entschieden, wie gut die Einheit menschlich gelinge. Das richte sich nach dem Verhalten eines jeden selbst. Zugleich räumt er ein: „Es gibt drinnen und draußen drückende Sorgen, das übersehen wir nicht. Vorbehalte unserer Nachbarn nehmen wir ernst."

Der Vorsitzende des Zentralrats der Juden in Deutschland, Heinz Galinski, nennt die Vereinigung eine „große Chance und Bewährungsprobe". Zugleich bedauert er, daß auf Probleme wie Ausländerhaß, Rechtsradikalismus und Antisemitismus im Einigungsvertrag nicht eingegangen worden ist, obwohl doch eine gemeinsame Abwehrstrategie dringend notwendig sei.

Im Ausland werden die deutschen Jubelfeiern „mit gemischten Gefühlen" aufgenommen, wie Israels Ministerpräsident Schamir erklärt. Die Einheit sei in einem derartigen Tempo vollzogen worden, daß „viele Nationen ratlos dastehen und einige auch beunruhigt sind", schreibt Japans auflagenstärkste Zeitung „Yomiuri Shimbun". Die Londoner „Times" fordert als Gegengewicht zur befürchteten deutschen Hegemonie in Europa eine Erweiterung der EG durch die neuen osteuropäischen Demokratien. Die Zukunft müsse zeigen, welche Rolle das vereinte Deutschland weltpolitisch zu spielen gedenke.

Begeisterte Begrüßung und vehemente Ablehnung der deutschen Einheit am 3. Oktober 1990

Register

Die mit **I** gekennzeichneten Seitenzahlen beziehen sich auf Teil 1 der „Chronik der Wende" (7. Oktober bis 18. Dezember 1989), die mit **II** versehenen auf den vorliegenden 2.Teil (19. Dezember 1989 bis 3. Oktober 1990).

Bildnachweis

Personen

Abend, Volker **I** 196
Ahrendt, Lothar **I** 146, 178
Akl, Josef **II** 326
Albrecht, Ernst **II** 87, 130
Albrecht, Hans **I** 72, 160
Albrecht, Susanne **II** 242, 267
Ardenne, Manfred von **I** 36, 150, 154
Arens, Mosche **II** 143
Arnold, Michael **I** 144
Aurich, Eberhard **I** 136
Axen, Hermann **I** 76, 88, 179

Bahr, Egon **II** 83, 119, 120, 283
Bahro, Rudolf **I** 105, 113, 200
Baker, James **I** 189, 190; **II** 109, 218, 239, 275
Bangemann, Martin **I** 74
Barbe, Angelika **II** 137
Bartsch, Kurt **I** 132
Baumgärtel, Gerhard **II** 36
Becher, Johannes R. **II** 37
Beer, Henning **II** 267
Beil, Gerhard **I** 136
Bentzien, Hans **I** 155; **II** 12, 14, 66
Berger, Almuth **II** 148, 152
Berger, Götz **I** 124
Berghofer, Wolfgang **I** 15, 34, 35, 41, 47, 54, 65, 83, 146, 160, 181; **II** 71, 72,

81, 186, 187
Bergmann-Pohl, Sabine **II** 188, 190, 191, 233, 270, 307, 319, 326, 329, 333
Beuchel, Dietmar **I** 201
Beyer, Frank **I** 131
Biedenkopf, Kurt **II** 136, 300
Biermann, Wolf **I** 80, 124, 139, 149, 150, 155, 156, 315
Birthler, Marianne **I** 87, 137; **II** 39
Bischoff, Herbert **I** 75
Bläss, Petra **II** 156
Bloch, Ernst **I** 110
Blüm, Norbert **II** 136, 157, 172
Böck, Willibald **II** 301
Bogisch, Frank **II** 245
Bohl, Friedrich **II** 75, 95
Bohley, Bärbel **I** 51, 53, 63, 77, 90, 91, 155, 176; **II** 57, 138, 308
Böhm, Tatjana **II** 104
Böhme, Hans-Joachim **I** 83, 91
Böhme, Ibrahim **I** 73, 74; **II** 53, 55, 56, 57, 64, 65, 67, 74, 101, 135, 137, 139, 149, 158, 175, 176, 179, 180, 184, 185, 191, 201, 244, 248, 299
Bökel, Gerhard **II** 37
Bolz, Lothar **II** 218
Borchert, Karl-Heinz **II** 87
Bötsch, Wolfgang **II** 319

349

Honecker, Erich **I** 7, 15, 26, 36, 38, 39, 47, 49, 50, 62, 68, 70, 87, 88, 106, 107, 124, 130, 146, 152, 154, 160, 166, 170, 171, 172, 173, 179, 192, 197; **II** 8, 33, 34, 48, 60, 87, 90, 107, 123, 150

Honecker, Margot **I** 67, 73; **II** 8, 33, 90

Höppner, Reinhard **II** 188, 301

Huber, Erwin **II** 142

Hubrich, Gotthard **II** 64

Hupka, Herbert **II** 158

Hurd, Douglas **II** 75, 218, 221, 275

Jahn, Gerhard **II** 129

Jakes, Milos **I** 8

Janka, Walter **I** 59, 60, 196, 199

Jaruzelski, Wojciech **I** 8

Jenninger, Philipp **II** 233

Jentzsch, Bernd **II** 154

Joseph, Hans-Jürgen **II** 50, 170

Jungk, Robert **I** 201

Junker, Wolfgang **II** 72, 191

Kahane, Anetta **II** 125

Kahnwald, Brigitte **II** 55

Kalweit, Carla **I** 153

Kamilli, Karl-August **II** 137, 290

Kaminski, Hans-Jürgen **II** 31

Kaminsky, Horst **I** 124, 134; **II** 36, 144, 146

Kansy, Dietmar **II** 129

Kant, Hermann **I** 16, 62; **II** 15

Keller, Dietmar **I** 70, 139, 142, 143, 149, 156

Kelly, Petra **I** 52, 53

Kertscher, Norbert **I** 125

Keßler, Heinz **II** 50

Kimmel, Annelis **I** 72, 95, 141, 155, 183

Kirchner, Martin **I** 42, 198; **II** 64, 65, 69, 86, 172, 175, 294

Kirsch, Rainer **II** 154

Kleditzsch, Jürgen **II** 197, 241

Kleiber, Günther **I** 152, 179

Klein, Manfred **I** 155

Klingner, Klaus **II** 301

Knapp, Udo **II** 106

Knobloch, Heinz **II** 91

Koch, Peter **II** 38, 42, 52, 90

Kohl, Helmut **I** 55, 96, 134, 147, 148, 156, 177, 203; **II** 7, 9, 13, 15, 25, 45, 57, 62, 66, 81, 95, 99, 101, 105, 106, 107, 108, 115, 118, 120, 121, 122, 140, 141, 144, 150, 151, 157, 163, 164, 171, 174, 178, 179, 180, 190, 195, 208, 209, 210, 211, 214, 225, 226, 230, 235, 255, 257, 260, 263, 273, 275, 276,

356